U0616337

铁路信号基础

（第 2 版）

主　编 ◎　刘玉芝　　高静巧　　李德威

主　审 ◎　王俊萍

西南交通大学出版社

·成　都·

图书在版编目（CIP）数据

铁路信号基础 / 刘玉芝，高静巧，李德威主编.
2 版. -- 成都 ：西南交通大学出版社，2024. 8.
ISBN 978-7-5643-9973-3

Ⅰ．U284

中国国家版本馆 CIP 数据核字第 2024MJ3297 号

Tielu Xinhao Jichu（Di-er Ban）

铁路信号基础（第 2 版）

主编 刘玉芝　高静巧　李德威

策 划 编 辑	梁志敏　王　旻
责 任 编 辑	梁志敏
封 面 设 计	GT 工作室
	西南交通大学出版社
出 版 发 行	（四川省成都市金牛区二环路北一段 111 号
	西南交通大学创新大厦 21 楼）
营 销 部 电 话	028-87600564　028-87600533
邮 政 编 码	610031
网　　　址	http://www.xnjdcbs.com
印　　　刷	四川森林印务有限责任公司
成 品 尺 寸	185 mm × 260 mm
印　　　张	21.5
字　　　数	535 千
版　　　次	2018 年 7 月第 1 版
	2024 年 8 月第 2 版
印　　　次	2024 年 8 月第 5 次
书　　　号	ISBN 978-7-5643-9973-3
定　　　价	56.00 元

课件咨询电话：028-81435775

图书如有印装质量问题　本社负责退换
版权所有　盗版必究　举报电话：028-87600562

第二版前言

《铁路信号基础》自 2018 年 7 月首次出版以来，受到读者的广泛欢迎。近年来，随着我国铁路事业的快速发展，铁路技术装备加快升级，铁路生产组织、作业方式、作业规章发生了较大变化，对铁路专业技术及技能人才的知识结构、技能结构提出了更高要求。鉴于这一发展趋势，我们全面修订了第一版教材，以适应铁路信号技术的最新发展。新版教材构建了全面、系统的铁路专业知识体系，反映了铁路专业学科特色和基本要求。坚持学以致用，注重对最新规章标准文件的运用和解读，针对铁路现场岗位技能要求，确保教材内容与铁路运输岗位标准相契合，对铁路信号前沿技术等方面的内容进行了更新和扩充，同时融入了思政元素。经过此次修订，本书更加符合我国铁路信号技术的发展趋势，也更适合作为高等学校轨道交通信号与控制专业人员的学习与参考书籍。

我国铁路信号技术的发展历程是从传统的指挥行车信号设备，逐步发展成为控制高速列车运行、保证行车安全、提高运输效率、改善行车组织方式、实现行车指挥自动化的关键设施。高速铁路信号系统是高速铁路核心系统之一。本书紧密结合铁路信号领域的新技术和现代铁路对信号高级应用人才的需求，坚持专业领航、产教融合，校企合作，潜心撰写，深入研讨，全方位、多视角呈现了铁路专业学科知识。全面系统地阐述了铁路信号基础设备和铁路信号运营基础等基础知识和原理。内容涵盖继电器、信号机、转辙机、轨道电路等基础设备，以及区间闭塞、车站联锁、列车运行控制系统、行车指挥自动化、编组站自动化、信号集中监测等信号系统。同时，本书还介绍了与铁路信号运营密切相关的列车运行图、铁路线路等知识。无论是轨道交通信号相关专业的本科生，还是铁道信号工程技术人员，都可以从本书中获得宝贵的参考信息。

本书由石家庄铁道大学刘玉芝、高静巧和沧州交通学院的李德威主编，中国铁路上海局集团有限公司南京电务段高级培训师王俊萍主审。全书共分十一章，其中第一章、第九章由刘玉芝编写；第二章至第五章由高静巧编写；第六章由赵南编写；第七章由胡晓娟编写；第八章由邸建红编写；第十章由胡立强编写；第十一章由李德威编写；全书由刘玉芝负责统稿，李德威负责校稿。本书内容结合现场实际，并注意纳入最新的科技成果。本书每章后面都附有复习思考题，以便读者进一步加深对知识点的理解和掌握。

在本书编写过程中，参考了中国通号 ZPW-2000 等方面的资料，邓晓燕老师提出了许多宝贵意见与建议，硕士生康晓锐、翟宽宽、肖娜在书稿的录入与校对方面做了大量工作，本书的出版还得到了西南交通大学出版社的鼎力支持，在此一并表示感谢。

由于编者学识和能力的限制，书中难免有疏漏之处，恳请读者和同行不吝赐教，以期不断改进与提高。

编　者

2024 年 3 月

第一版前言

铁路信号技术经历了百余年的发展历史，从指挥行车的信号设备，逐步发展成为肩负保证行车安全、提高运输效率、改善劳动条件三大重任于一身的现代化铁路信号系统。随着我国铁路建设的快速发展，铁路信号在铁路运输领域的作用越来越突出，本书密切结合铁路信号领域的新技术和现代铁路对信号高级应用人才的需求，全面系统地对铁路信号基础设备和铁路信号运营基础等基本知识及其基本原理进行阐述。

本书内容将铁路信号分为铁路信号基础设备与信号系统两个层次进行介绍，基础设备包括继电器、轨道电路、转辙机、信号机和信号表示器等，信号系统包括区间闭塞、车站联锁、列车运行控制系统、行车指挥自动化、编组站自动化等。并对与铁路信号运营密切相关的列车运行图、铁路线路等知识进行了介绍。本书既可供轨道交通信号相关专业的本科生学习使用，也可供铁道信号工程技术人员学习和参考。

本书由石家庄铁道大学刘玉芝和高静巧主编，共分十章，其中第一章、第九章由刘玉芝编写；第二至五章由高静巧编写；第六章由赵南编写；第七章由胡晓娟编写；第八章由邸建红编写；第十章由胡立强编写；全书由刘玉芝负责统稿。本书内容结合现场实际，并注意纳入最新的科技成果。本书每章后面都附有复习思考题，以便读者进一步加深对知识点的理解和掌握。

在本书编写过程中，参考了中国通号 ZPW-2000 等方面的资料，邓晓燕老师提出了许多宝贵意见与建议，硕士生康晓锐与翟宽宽两位同学在书稿的录入与校对方面做了大量工作，本书的出版还得到了西南交大出版社的鼎力资助，在此一并表示感谢。

由于编者学识和能力的限制，书中难免有疏漏和不妥之处，恳请读者和同行不吝赐教，以期不断改进与提高。

编　者

2018 年 4 月

数字资源目录

目　录

现代化交通运输涵盖了铁路、水路、公路、航空和管道五种主要方式，每种方式都拥有其独特的经济技术特征和适用场景。与其他运输方式相比，铁路运输具有运量大、成本低、速度快、安全可靠、能全天候运输等众多优势。铁路客货运量的特征和优势决定了铁路运输在国民经济中的重要地位。党的十八大以来，我国铁路建设取得了举世瞩目的成就，不仅为国家重大战略的实施提供了有力支撑，也为人民群众的便捷出行提供了极大便利。截至 2023 年年底，我国铁路营业里程已突破 15.9 万 km，其中高铁里程达 4.5 万 km。铁路在现代综合交通运输体系中的骨干作用日益凸显，尤其是高铁已成为我国铁路高质量发展的亮丽名片，成为促进区域协调发展的重要引擎，让"流动的中国"更具发展繁荣的活力。目前，我国高速铁路运营里程位居世界第一，更是世界上唯一实现高速铁路时速 350 km 商业运营的国家。中国已树起了高速铁路商业化运营标杆，以最直观的方式向世界展示了"中国速度"。

在当今铁路运输系统中，铁路信号设备是铁路主要技术装备之一，是铁路安全高效运营的重要保障，是铁路高端技术水平的集中体现。如果我们把路基、桥梁、隧道等建筑物以及轨道工程当作高速列车的载体和高速铁路的"躯干"，那么铁路信号系统就是高速列车的控制中心和高速铁路的"大脑"。列车调度员、车站值班员利用铁路信号设备指挥列车运行，进行调车作业，向行车有关人员指示运行条件。铁路信号设备包括信号基础设备和信号系统两方面，按信号设置的处所可分为车站信号、区间信号、驼峰信号、道口信号等；按其作用可分为指挥列车运行的行车信号和指挥调车作业的调车信号。铁路信号设备具有投资少、见效快、效益高、贡献大等显著特点，是组织指挥列车运行、保证行车安全、提高运输效率、传递信息、改善劳动条件的关键设施。信号设备包括继电器、信号机、轨道电路、转辙装置、控制台、电源屏、应答器、计轴器等。

信号继电器是用于铁路信号系统中的各类继电器的统称，它无论是作为继电式信号系统的核心部件，还是作为电子式或计算机式信号系统的接口部件，都发挥着重要的作用，是各类信号控制系统不可缺少的重要器件。安全型继电器是信号继电器的主要定型产品，是直流 24 V 系列的重弹式电磁继电器。以无极继电器为基础，派生出偏极继电器、有极继电器、整流式继电器和加强接点型继电器，以满足不同电路的需要。时间继电器是一种缓吸继电器，借助电子电路或单片微机能获得所需的延时。电源屏用继电器包括直流继电器和交流继电器，是为信号电源屏专门设计的继电器。交流二元继电器具有可靠的频率选择性和相位选择性，对于轨端绝缘破损和不平衡造成的 50 Hz 干扰能可靠地防护，在 25 Hz 相敏轨道电路中作为轨道继电器。

信号显示系统由信号机和信号表示器组成，主要用于指挥列车的运行和调车作业，是铁路信号系统中不可或缺的组成部分。我国铁路以透镜式色灯信号机为主要应用形式，臂板式和探照式色灯信号机已逐渐被淘汰。组合式色灯信号机是新型的信号机，它解决了曲线段信号连续显示的问题。当前，普速铁路已经将透镜式信号机更新为组合式色灯信号机，而高速铁路则采用双灯泡设计，以满足更高的运行要求。LED 色灯信号机是最新型的信号机，它具有很多优点。各种用途的信号机和信号显示器在满足设置原则的基础上，根据需要进行设置，以实现各自的功能。信号显示是行车和调车的命令，信号显示制度是表达信号显示意义的基本体系，通常分为进路制和速差制两种，我国现行的地面信号显示制度基本上属于简易速差制，同时在机车车载信号端实现了机车信号主体化。

道岔转换和锁闭设备是将道岔的可动部分从一个位置改变到另一个位置并可靠锁住的设备。以前道岔是通过人力进行转换，现在道岔是通过动力转换设备进行转换，主要利用各种动力转辙机来完成道岔的转换和锁闭，并正确反映道岔位置和尖轨的密贴程度。之前 ZD6 系列电动转辙机使用较多，它采用直流电动机作为动力源，用行星传动式减速器减速，采用内锁闭方式，按不同需要有 A、D、E、F、G、J、H、K 等派生型号，以及用于驼峰分路道岔的快动型 ZD7 型转辙机。由于列车提速，ZD6 型电动转辙机不能满足需要，必须采用外锁闭方式，即由转辙机以外的锁闭装置来实现道岔的锁闭。目前主要使用三种交流转辙机，直流转辙机主要是 ZD6-D、ZD6-E、ZD6-J 型。外锁闭装置分为燕尾式和钩式两种。燕尾式外锁闭装置属于平面锁闭，现场应用证明这种锁闭方式不适合我国铁路现状，已被钩式所取代。钩式外锁闭装置为垂直锁闭方式，锁闭更可靠，安装调整方便，配合 S700K、ZYJ7、ZD（J）9 型转辙机多用于高速铁路中。S700K 型电动转辙机采用三相交流电动机，用滚珠丝杠作为驱动装置，结构先进、工艺精良、故障率低。ZD（J）9 型电动转辙机结构借鉴 S700K 型，有交流、直流两种供电方式。ZYJ7 型电液转辙机采用交流电动机，液压传动，机械转换和锁闭道岔。高速铁路均为多点牵引，因此要求多点密贴检查，下拉装置也已不再使用。ZK 系列电空转辙机主要用于驼峰调车场，用压缩空气作为动力，锁闭可靠，转换时间短，目前主要使用 ZK3、ZK3-A、ZK4-170 型。

轨道电路是重要的信号基础设施，用来监督线路的占用情况和向列车传递行车信息。轨道电路是以钢轨作为导体，两端加以机械绝缘（或电气绝缘），配以发送和接收设备构成的电路。当有列车占用时，电流被分路，接收设备（一般是继电器）不工作，即可反映轨道电路被占用。工频交流连续式轨道电路（JZXC-480）之前是非电气化站内最常用的轨道电路，钢轨中传输连续的 50 Hz 交流电，轨道继电器采用整流式，结构简单，但性能上存在较多问题，目前 480 轨道电路基本已淘汰。25 Hz 相敏轨道电路，采用交流二元继电器作为轨道继电器，要求其局部电源电压的相位必须超前线路电源电压相位 90°，轨道继电器才吸起，因此具有安全、可靠性高的优点，主要应用在电气化区段的站内。目前，25 Hz 相敏轨道电路除了有继电式外，微电子式也开始推广使用。高压脉冲轨道电路用于分路不良区段，开路式轨道电路由于不满足故障—安全原则已经不采用，直流轨道电路也很少使用。移频轨道电路是移频自动闭塞的基础，可以向列车发送各种行车信息，分为有绝缘移频和无绝缘移频两种。ZPW-2000 系列的无绝缘移频轨道电路主要采用谐振方式，引入单片微机和数字信号处理技术，实现轨道电路全程断轨检查，延长了传输长度，提高了轨道电路的抗干扰能力，在我国得到了广泛应用。驼峰轨道电路是为了满足驼峰溜放的特殊要求而设计的，采用双区段轨道电路和高灵敏度轨道电路来防止轻车跳动和提高轨道电路的灵敏度。

除了轨道电路，近年来诞生的计轴设备利用记录进入、出清指定线路的轮对数量，也能实现自动检查线路空闲的功能，在我国主要用于半自动闭塞区间，可与 64D 继电半自动闭塞系统相结合构成站间自动闭塞。另外，查询应答器和轨道感应环线也由于具有列车定位与向列车传输信息的能力，在现代铁路信号系统中得到广泛应用。

信号设备是铁路的主要技术装备，在保证行车安全、提高运输效率等方面起着不可替代的作用，信号设备大体上可分为区间闭塞设备、机车信号和列车运行控制系统、车站联锁设备、行车调度指挥系统和调度集中设备、驼峰信号设备和道口设备。

铁路信号系统以继电器、信号机、轨道电路、转辙机等信号设备为基础，利用计算机、通信、控制等高科技技术来完成铁路运营需求。信号系统包括车站联锁、区间闭塞、列车运行控制、驼峰调车控制、行车调度指挥、道口信号、信号微机监测等系统。

车站联锁用来控制、监督车站的道岔、进路和信号机，并实现它们之间的联锁关系，操纵道岔和信号机。目前，车站联锁系统主要有继电集中联锁和计算机联锁。电气（继电）集中联锁是指用继电的方法集中控制、监督全站的道岔、进路和信号机，并实现它们之间联锁关系，系统中所用继电器数量多、故障率高，难以实现网络化，所以逐步被计算机联锁所代替。计算机联锁系统以计算机技术、控制技术和通信技术为基础，全部联锁关系都是通过计算机程序实现的。它与继电集中联锁相比，具有十分明显的技术经济优势和更高的可靠性。从 2007 年开始，我国国铁不再安装继电联锁设备，所有新站建设和老站更换车站联锁设备均采用计算机联锁系统，目前继电联锁占比已不到 20%，双机热备、三取二计算机联锁也已淘汰，只安装二乘二取二设备。高铁线路所、动车段（所）单独采用计算机联锁，多车场各场分别设计算机联锁。

区间闭塞系统是保证区间行车安全，提高运输效率的系统。按闭塞方式的不同，闭塞系统主要有半自动闭塞、自动站间闭塞和自动闭塞系统。半自动闭塞主要用于单线不繁忙铁路，自动闭塞主要用于双线铁路。目前，我国大量采用和发展的是 ZPW-2000 型无绝缘移频自动闭塞，其中以 ZPW-2000A 为主，ZPW-2000R、ZPW-2000S 用得很少。交流计数、UM71 等轨道电路都在逐步淘汰。非自动闭塞只占 30%，自动站间闭塞数量不多，长轨道电路缺点较多，很少使用，主要为半自动闭塞结合计轴设备。高速铁路的轨道电路编码由列控中心完成，现称为通信编码。

列车运行控制系统包括机车信号、列车运行监控记录装置和列车运行超速防护系统。列车运行控制系统自动控制列车运行，用来保证行车安全，并以最佳运行速度驾驶列车。在列车速度不断提高和密度加大的情况下，机车信号不仅用于改善司机的瞭望条件，而且要求主体化，同时必须发展列车超速防护系统。目前，我国铁路主要使用 CTCS-2 级列控系统和 CTCS-3 级列控系统。CTCS-4 级列控系统正在研发、试用，目前已在库格、和若铁路试用，还准备用于川藏、滇藏以及青藏铁路。

行车调度指挥自动化是随着微电子技术、现代通信技术的发展而发展起来的，是铁路信号发展的关键技术。它提高了行车指挥的技术水平，改善了调度人员的工作环境和条件，我国目前是以列车调度指挥系统 TDCS 为平台，重点发展分散自律调度集中 FZ-CTC。FZ-CTC 是利用遥控遥信等远程技术对铁路车站信号设备、区间信号设备等进行远程控制和监测，在车站联锁、区间闭塞、调度集中等设备的基础上，广泛引入计算机技术，实现调度集中的控制与监督功能，目前推广的是分散自律、智能化、高安全、高可靠的新一代调度集中。普速铁路也在发展 CTC。

驼峰调车控制及编组站综合自动化系统装备，是提高编组站（以及区段站）解编能力的最有效手段。驼峰调车自动化主要包括驼峰推峰机车速度自动控制、溜放车辆进路自动控制和溜放车辆速度自动控制。我国目前 368 座驼峰中自动化驼峰 333 座，装备率达到 90%，使用的两大主流编组站调车自动化系统是 SAM 和 CIPS，驼峰过程自动化系统只发展 TW-2 和 TBZK 型两种。

道口信号是保证道口安全的重要设备，用于指示道路上的车辆、行人通过或禁止通过道路道口的听觉和视觉信号。在无人看守道口，其显示的信号向道路方面表示能否通过道口的信息；在有人看守的道口，自动通知看守人员列车接近。

信号集中监测（原微机监测）系统是保证行车安全、加强信号设备结合部管理、监测铁路信号设备运用质量的重要行车设备，信号集中监测装备率达到 95% 以上，最新的集中监测类型是 CSM-2000。

随着铁路运输产业的不断发展和无数次的经验交流与总结，铁路信号设备的研发与生产逐步发展成为有别于其他控制设备的特殊行业，具有特殊的设计原则，即"故障—安全"原则，也叫"故障导向安全"原则。故障—安全原则是铁路信号设备和系统设计必须遵守的原则。

在信号设计中，一般把前接点对应危险侧，如信号开放；把后接点对应安全侧，如信号关闭。当继电器输入回路或继电器本身发生故障时，继电器由于重力效应，会导向后接点吸合，指示列车停止前进，满足故障导向安全原则。

向高速、高密、重载发展的铁路运输需要现代化的信号设备，随着计算机技术（computer）、通信技术（communication）和控制技术（control）的飞速发展，计算机网络技术、现代控制与通信技术、数字信号处理技术等高科技手段的融入为铁路信号实现现代化奠定了基础，铁路信号现代化越来越成为铁路现代化的重要标志和主要内容。

铁路信号现代化的方向是数字化、网络化、智能化和综合化。网络化是铁路运输综合调度指挥的基础。在网络化的基础上实现信息化，从而实现集中、智能管理；智能化包括系统的智能化与控制设备的智能化。系统智能化是指上层管理部门根据铁路系统的实际情况，借助先进的计算机技术来合理规划列车的运行。使整个铁路系统达到最优化。控制设备的智能化则是指采用智能化的执行机构，来准确、快速地获得指挥者所需的信息，并根据指令来指挥、控制列车的运行；综合化是指多系统或技术的集成与融合。随着当代铁路的发展，铁路通信信号技术发生了重大变化，车站、区间和列车控制的一体化，铁路通信信号技术的相互融合，以及行车调度指挥自动化等技术，冲破了功能单一、控制分散、通信信号相对独立的传统技术理念，逐步向数字化、智能化、网络化和一体化的方向发展。比如，基于通信的列车运行控制系统（Communication Based Train Control，CBTC）就是综合利用 3C（Computer，Communication，Control）技术代替轨道电路技术构成的新型列车控制系统。新一代列控系统符合 CTCS 技术标准体系，符合 CTCS-4 级列控系统的定义特征，集成卫星定位、5G 通信、人工智能算法等技术，构成具有自动驾驶功能的空天地一体的新型列控系统。目前列控闭塞一体化已实现，列控联锁一体化设备 TIS 已在和若铁路使用，将来还要进行调度与控制一体化。

铁路运输是以机车车辆等移动设备和铁路线路、桥梁、隧道、站场等固定设备为基本设备，以车站为运输生产基地的实现旅客和货物运输的庞大系统。线路状态不同，铁路信号的设置与显示也有所不同，且发出信号显示的地面信号机在线路旁（轨旁）安装时还要满足一定的限界要求。为了保证机车车辆的运行安全，信号工作人员必须对车站内外的铁路线路及相关知识有一定的了解。

第一节　铁路线路的组成

机车车辆走行的通路叫铁路线路，它是机车车辆运行的基础，铁路线路主要由线上和线下两部分组成，线上主要是轨道部分；线下主要包括路基、桥涵、隧道。

一、铁路线路概述

铁路轨道类型分为两种：一种为有砟轨道线路；另一种为无砟轨道线路。随着铁路运量的增加以及机车车辆轴重和行驶速度的提高，相继出现了许多新型线路，如无缝线路、宽轨枕线路、整体道床线路和板式轨道线路等。

1. 有砟轨道线路

有砟轨道指轨下基础为石质散粒道床的轨道，通常也称为碎石道床轨道，是轨道结构的主要形式之一。有砟轨道线路由有砟轨道和下部建筑两部分组成，如图1-1所示。

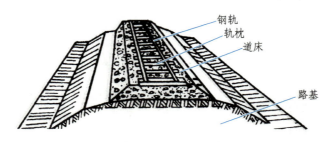

图1-1　有砟轨道线路构成示意图

有砟轨道具有铺设简便、弹性良好、综合造价低廉、更换与维修方便、吸噪特性好等优点。但其线路平面几何形状不易保持，容易变形，使用寿命短，养护维修工作量大，维修费用高。

2. 无缝线路

无缝线路又称焊接长轨线路，是一种把普通钢轨焊接起来不留轨缝的线路。焊接钢轨每根长不少于 200 m，实际应用的一般为 800～1 000 m 或更长一些。无缝线路大量减少了钢轨接头，减少了车轮通过接头时对钢轨的冲击，有利于节约线路维修费用，延长钢轨使用寿命，减弱机车车辆噪声等，因此发展较快。

无缝长轨是在规定温度范围内铺设并固定在轨枕上的，长轨端部有轨缝，中间部分不能随温度升降而伸缩。因此，随着气温变化，钢轨中段夏季将产生很大的压力，冬季将产生很大的拉力。钢轨内的最大压力和拉力可根据钢轨铺设地的年最高气温和最低气温计算，要求钢轨所受最大压力应不至于造成轨道鼓曲，所受最大拉力应不至于造成钢轨断裂。

3. 宽轨枕线路

宽轨枕线路又称轨枕板线路；是用预应力混凝土轨枕板，密排铺设在经过压实的道床上，板缝间用沥青或其他材料填封。预应力混凝土轨枕板宽 55 cm，比普通预应力混凝土轨枕底宽两倍，其长度和厚度同普通预应力混凝土轨枕相同。因此，宽轨枕和道床间的接触面积比普通轨枕和道床间接触面积增大一倍，从而减少了对单位面积内道床的压力。

宽轨枕线路适用于繁忙干线，也可铺设在维修困难的隧道和站场内。不论石质或土质路基均可铺设，但在具有翻浆冒泥病害的路基上铺设必须先整治路基病害。宽轨枕线路的主要优点有：

（1）轨道下沉量小。振动加速度比混凝土轨枕线路小，铺设后下沉速度逐渐减慢和停止。所以线路维修工作量大大降低，约为普通混凝土轨枕线路的三分之一。

（2）轨道易保持整洁。脏污不易侵入道床，延长了线路大修中修周期。

（3）线路平顺、稳定，有利于高速运行及铺设无缝线路。

其缺点是造价较高，在繁忙干线上换铺也较困难。

4. 整体道床线路

整体道床线路是用混凝土（一般配有钢筋）直接灌注在稳定坚实路基上，不使用普通轨枕及碎石道床的新型线路，而是用某些胶合材料（如沥青砂浆、快硬水泥砂浆、某些黏性的聚合物等）和碎石道砟浇灌在一起，形成整体化道床。

这种线路外观整洁，承载能力高，适用于运量大、维修困难的地段，特别适用于在隧道、地下铁道、港口码头及石质路基上铺用。道床的下沉量比普通道床减小约 90%，而且可使线路的纵向、横向阻力增加约 0.7～4 倍，排水性能也大大得到改善，具有防脏、防冻、不长草的特点，颇受国内外铁路工程界的青睐，我国在隧道内铺设的整体道床线路总长超过 300 多千米。但它的修建投资大，如因施工草率或基底不稳造成混凝土层断裂，整治也比较困难。

5. 板式轨道线路

板式轨道线路是一种新型无砟轨道线路，以混凝土等整体结构为轨下基础的轨道结构。

（1）轨道板：预制的钢筋混凝土板或预应力钢筋混凝土板，是板式轨道的主要部件。

（2）双块式轨枕：采用钢筋桁架连接两块混凝土支承块而形成的轨枕，是双块式无砟轨道的主要部件。

（3）混凝土底座：现场浇筑的用于支承 CRTSI 型轨道板、CRTSIII 型轨道板、道岔区道床板，或在桥上支承 CRTSII 型轨道板和双块式道床板的钢筋混凝土基础。

（4）支承层：在铁路无砟轨道系统中，用于支承混凝土道床板或轨道板的水硬性混合料或低塑性混凝土承载层。

（5）水泥乳化沥青砂浆：由乳化沥青、水泥、细骨料、水和外加剂经特定工艺搅拌制得的具有特定性能的砂浆。

（6）板下充填层：灌注于已定位的轨道板（道岔板）和混凝土底座或支承层之间的结构层。

（7）自密实混凝土：拌合物具有高流动性、间隙通过性和抗离析性，浇筑时仅靠其自重作用而无需振捣便能均匀充填密实成型的高性能混凝土。

（8）混凝土道床板：现场浇筑的埋设双块式轨枕或混凝土岔枕的整体钢筋混凝土层。

板式无砟轨道分为 CRTSI 型板式无砟轨道、CRTSII 型板式无砟轨道、CRTSIII 型板式无砟轨道、双块式无砟轨道以及道岔区轨枕埋入式和板式无砟道床等。

注：CRTS（China Railway ballastless Track System）为中国铁路无砟轨道系统的英文缩写。

无砟轨道道床伤损等级分为 I、II、III 级。对 I 级伤损应做好记录，对 II 级伤损应列入维修计划并适时进行修补，对 III 级伤损应及时修补。

CRTSI 型板式无砟轨道在现浇的钢筋混凝土底座上铺装预制轨道板，通过水泥乳化沥青砂浆进

行调整，通过凸形挡台进行限位，并适应 ZPW-2000 轨道电路要求的无砟轨道结构形式，如图 1-2 所示。

图 1-2　CRTSI 型板式无砟轨道线路

CRTSI 型板式无砟轨道道床结构由轨道板、水泥乳化沥青砂浆充填层、混凝土底座、凸形挡台及其周围填充树脂等部分组成。

注：轨道板为平板，采用无挡肩扣件系统，轨距保持能力相对有挡肩扣件较弱。预应力轨道板为后张结构，轨道板易发生变形和钢棒断裂风险。

CRTSII 型板式无砟轨道系统是经过改进的博格板式无砟轨道系统，是我国高速铁路引

进、消化、吸收、再创新的成果之一。它是通过水泥乳化沥青砂浆调整层将预制轨道板铺设在现场摊铺的混凝土支承层或现浇筑的钢筋混凝土底座上，并适应 ZPW-2000 轨道电路要求的纵连板式无砟轨道结构形式，如图1-3 所示。

　　注：轨道板纵连设计应结合环境温度、底座合拢温度、轨道板张拉及相邻缝混凝土施工工艺等因素综合考虑。合拢温度过高，轨道结构容易拉开，结构开裂；合拢温度过低容易造成轨道板涨板，造成轨道板与 CA 砂浆离缝；轨道结构破损。

图 1-3　CRTSII型板式无砟轨道线路

　　CRTSIII 型无砟轨道板是我国首个独立自主创新的高铁技术。在现场浇筑的钢筋混凝土底座上铺装预制轨道板，通过自密实混凝土进行调整，通过底座和自密实混凝土层设置的凹槽和凸台进行限位，并适应 ZPW-2000 轨道电路要求的无砟轨道结构形式，如图1-4 所示。

图 1-4　CRTSIII 型板式无砟轨道线路

　　CRTSIII 型无砟轨道板与以往进口的 CRTSII 型和 CRTSI 型无砟轨道板相比具有结构简单、性能稳定、用料节省、施工便捷、工效相对提高、造价相对低廉等优点，可适用于时速300 km 以上的城际铁路及严寒地区高铁，已成为中国高铁走出去的主要技术支撑。

　　CRTSIII 型板式无砟轨道是对既有无砟轨道的优化与集成，其主要创新点是改变了板式轨道的限位方式，采用板下 U 形筋＋自密实混凝土＋底座凹槽的限位方式，彻底取消了 I 型板的凸台、II 型板的端刺限位方式；扩展了板下填充层材料、优化了轨道板结构，通过轨道板板下两排 U 形筋，将内设钢筋网片的自密实混凝土与轨道板可靠连接成复合结构，结构整体性好，可以控制轨道板离缝、翘曲和板下填充层开裂；改善了轨道弹性，完善了设计理论体系，轨道板改原有无挡肩板为有挡肩板，配套弹性不分开式扣件，有利于降低轨道刚度、提高轨道弹性。

二、有砟轨道

轨道，也称上部建筑，由钢轨、轨枕、道床、道岔和联结零件、防爬设备（防爬器、防爬撑）等组成，如图 1-5 所示。

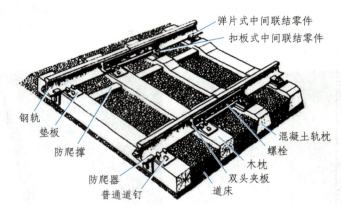

弹片式中间联结零件
扣板式中间联结零件
钢轨
垫板
防爬撑
混凝土轨枕
螺栓
木枕
防爬器
双头夹板
普通道钉
道床

图 1-5　有砟轨道构成示意图

1. 钢轨

钢轨承受列车车轮传来的力，并把此力传给轨枕，引导列车按一定方向运行，因而它应具备足够的强度、稳定性和耐磨性。我国和多数国家一样，采用稳定性良好的宽底式钢轨，它的断面为"工字形"，由轨头、轨腰、轨底三个部分组成。

钢轨类型是以每米钢轨质量来表示，如 75 kg/m、60 kg/m、50 kg/m、43 kg/m 等，对应称为 75 轨、60 轨、50 轨、43 轨。钢轨越重越能承受较大的冲击力。在车辆的载重不断加大，列车速度不断提高的情况下，今后将广泛使用重型钢轨。

目前，我国钢轨的标准长度有 12.5 m 和 25 m 两种，75 轨的长度只有 25 m 一种。在铺设时，为了消除车轮通过轨缝处所引起的冲击力，可把钢轨焊接成几百米或几千米一段，即所谓长钢轨。钢轨越长，接缝越少，可节省联结零件，也可减少行车阻力和节省线路及机车车辆的维修费用。长钢轨对轨道电路也有利，因为可以节省在钢轨接缝处用的导接线，可以使钢轨阻抗更加稳定。

2. 联结零件

钢轨接缝处必须保持的缝隙叫作轨缝，当温度变化使钢轨产生伸缩时，它可以起调节作用。钢轨接缝处的联结零件包括鱼尾板（又称夹板）、螺栓、螺帽和弹性垫圈等。在装有轨道电路的区段，轨道电路的两端要在钢轨接缝处装上电气绝缘，叫作钢轨绝缘；在轨道电路中间的钢轨接缝处，要用导接线把接缝两边的钢轨连接起来，以便使钢轨阻抗稳定不变，更好地导通信号电流。由此可见，钢轨接缝越少，对轨道电路越有利。在轨缝处安装的钢轨绝缘与钢轨类型有关，如有 50 kg/m 钢轨用的钢轨绝缘、60 kg/m 钢轨用的钢轨绝缘等。

3. 防爬设备

列车运行时，常常产生作用在钢轨上的纵向力，使钢轨作纵向移动，有时甚至带动轨枕一起移动，叫作爬行。线路爬行不仅能引起轨缝不均、轨枕歪斜等威胁行车安全的事情发生，还可能使得道岔不能转换。为此，在容易产生爬行的线段，如在列车经常实行制动的线段或单向运行的线段，都需要安装防爬设备，如安装防爬器和防爬撑等。

4. 道床

道床是铺设在路基面上的道砟（碎石或砂子）层，其作用是将轨枕传下来的压力均匀地传给路基，排除轨道中的雨水，阻止轨枕移动和缓和车轮对钢轨的冲击，使轨道具有足够的弹性。由于我国用钢轨传输信号电流构成轨道电路，道床的状态对轨道电路影响很大，所以对道床材料有一定要求。为了提高线路阻力，保持轨道稳定，对于不同线路条件有不同的道床断面尺寸。自动闭塞区段，为了避免传失轨道电流，道床顶面应比轨枕顶面低 20～30 mm。

5. 轨枕

轨枕是钢轨的支座，并用它保持钢轨的位置、方向及轨距。轨枕按制造材料分有木枕和钢筋混凝土枕两种，不论采用哪一种轨枕，对轨道电路来说，都要求它对钢轨有较好的电气绝缘。在曲线处除用轨枕保持轨距外，还加装有轨距杆，使调整好的轨距不变。设有轨道电路时，轨距杆要实行电气绝缘。我国普通轨枕的长度为 2.5 m，道岔用的岔枕和桥梁上用的桥枕，其长度有 2.6～4.85 m 多种。每千米线路上铺设轨枕的数量，由运量、行车速度、线路等级等条件决定。力求在最经济条件下，保证轨道具有足够的强度与稳定性。一般木枕轨道，每千米轨枕数最多为 1 920 根，最少为 1 440 根；混凝土枕轨道，每千米轨枕数最多为 1 840 根，最少为 1 440 根。

关于道岔的内容将在第四章第一节中作详细介绍。

三、路基与桥隧建筑物

下部建筑由路基、桥梁、隧道、涵洞等组成。在实际管理中，除路基之外，其他部分不属于"线路"范围。

1. 路基

路基是铁路线路的重要组成部分，与桥涵、隧道连接组成贯通的坚实轨道基础，承载轨道结构和列车荷载，是保证列车高速、安全舒适运行系统中的关键设备。

按路基填挖的情况，可分为路堤、路堑、半填半挖等类型。路基是由路基本体和路基附属设施两部分组成，路基本体又包括路基顶面、路肩和路基边坡。

与铁路信号相关的为路肩部分，位于轨道的两侧，比轨面低一些，指的是路基顶面两侧无道床覆盖的部分，如图 1-6 所示。

图 1-6　铁路路基的组成

路肩的作用包括：

（1）抵抗路基核心部分在受压力时向外发生挤动、变形，加强路基的稳定性。

（2）防止道砟滚落于路基坡面，保持道床完整。

（3）便于设置必要的线路、信号标志。

（4）供铁路现场作业人员行走，便于进行工作。

2. 桥隧建筑物

桥梁是供铁路线路跨越水流、山谷或其他建筑物的设施，在铁路架空的部位承托轨道。

高速铁路桥梁主要结构形式包括：梁式桥、预应力混凝土连续梁桥、框构桥、拱桥、钢构连续梁桥、组合体系桥和斜拉桥等。

混凝土简支箱梁：常用跨度有 20 m、24 m、32 m，如图 1-7 所示。

图 1-7 箱梁式的简支梁

（2）简支 T 形梁桥：T 形截面梁是梁式桥中应用广泛的一种梁型，在分片架设后再将横隔板和桥面通过施加横向预应力连成整体，构造简单，运输、架设方便。

（3）混凝土连续梁：常用跨度有（32+48+32）m、（40+56+40）m、（40+64+40）m、（48+80+48）m、（60+100+60）m、（80+128+80）m，如图 1-8 所示。

图 1-8 箱梁式的简支梁

框构桥：常用跨度有 6m、8m、16m 可分为单孔，双孔、多孔。主要用于城市立交道路。

《高速铁路设计规范》第 7.5.1 条规定：为了便桥上线路养护维修作业，高速铁路桥面采用加高挡砟墙的措施，以防止列车倾覆。有砟桥面线路中心线至挡砟墙内侧净距不小于 2.2 m 是为满足大型养路机械道床清筛的要求而定。对于无砟轨道桥梁桥面线路中心至防护墙净距目前高铁桥梁一般按不小于 1.9 m 设计。桥上应设置挡砟墙或防护墙，有砟轨道桥梁，直线上时线路中心线至挡砟墙内侧净距不小于 2.2 m。无砟轨道不小于 1.9 m。防护墙外侧桥面设置信号、通信、电力电缆槽。电缆槽由钢筋混凝土竖墙隔离。桥面设施如图 1-9 所示。

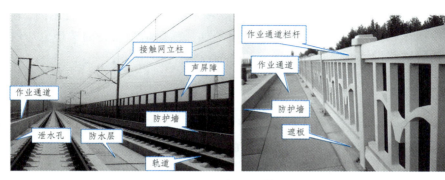

图 1-9　桥面设施

《高速铁路设计规范》第 7.7.2 条规定：位于道岔区的桥梁结构，道岔结构对桥梁结构提出了相对变形和变位的要求。如整组道岔应位于连续结构上，道岔首尾距两端的最小距离，整组道岔应位于横向整体结构上，以及梁的挠屈、自振频率等要求。设计时应予协调解决。

高速铁路大量采用高架桥，单座桥梁长度普遍在 3 km 以上。运营中，为应对列车在桥上可能发生的诸如地震、洪水、火灾、电力中断及设备故障等突发事件。旅客能够安全、有序、快速疏散至安全地区及方便运营单位到桥上对固定设备进行养护维修。桥长超过 3 km 时，应结合地面道路条件，每隔 3 km（单侧 6 km）左右，在线路两侧交错设置 1 处可上下桥的救援疏散通道。桥上应设置疏散导向标志，救援疏散通道侧对应的桥上栏杆或声屏障位置应预留出口。救援疏散通道应与地面道路顺接。

隧道是为铁路穿越山岭所开凿的地下通道，其底部承托着轨道，四周承受着围岩的压力。隧道也可以代替桥梁，从河道、海峡下穿过，即水下隧道。与信号工作人员相关的隧道设施是避车洞，隧道两侧，每隔 60 m 设置一小洞，每隔 300 m 设置一大洞，如图 1-10 所示。小避车洞用于保证隧道内维修人员的安全，大避车洞用于存放工具材料。

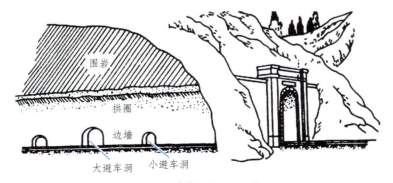

图 1-10　避车洞设置示意图

涵洞设在路堤下面的填土中，是用以通过水流等的一种建筑物。

第二节　铁路线路的平纵断面

在铁路信号系统中，铁路等级是铁路的主要技术标准之一。铁路等级不同，在线路平、纵断面设计中所采用的标准和装备的类型也不一样。铁路信号设备的选型也与铁路等级有关，所以在进行铁路设计时，首先要确定铁路的等级。

一、铁路等级

我国《铁路线路设计规范》（简称《线规》）中规定：新建和改造铁路（或区段）的等级，应根据它们在铁路网中的作用、性质和远期的客货运量确定。我国铁路划分为四个等级，即I级、II级、III级、IV级。划分等级的主要依据和具体条件如表1-1所示。

表1-1　铁路等级

等级	铁路在路网中的作用、性质	远期年客货量
I级铁路	在路网中起骨干作用的铁路	≥20 Mt
II级铁路	在路网中起联络、辅助作用的铁路	<20 Mt
		≥10 Mt
III级铁路	为某一区域服务，具有区域运输性质的铁路	<10 Mt
		≥5 Mt
IV级铁路	为某一区域服务，具有区域运输性质的铁路	<5 Mt

注：远期是指交付运营后第十年；年货运量为重车方向的货运量，每对旅客列车上下行各按0.7 Mt年货运量折算。

二、铁路的平面与纵断面

1. 铁路中心线

一条铁路线是以横断面上距外轨半个轨距的垂直线 AB 与路肩水平线 CD 的交点 O 在纵向的连线来表示的，如图1-11所示。这条纵向的连线就是铁路线路的中心线，称为中线。线路在空间的位置，可以用它的中心线表示。

2. 平面图和纵断面图的简单表示法

铁路线路的中心线在水平面上的投影，就是铁路线的平面；它（其曲线部分展直后）在垂直断面上的投影，叫作铁路线的纵断面图。

由图1-12可见，平面图能反映出线路的直线线段和曲线线段，纵断面图能反映出线路的平道线段和坡道线段。在平面图上注明有圆曲线切线长度 T、曲线长度 L、圆曲线半径（曲率半径）R 和线路转向角 α，有时也注有缓和曲线长度。构成圆曲线的几项要素之间的关系如图1-13所示。

线路坡道的坡度用千分率表示，$i\,(‰) = h/L = \tan\alpha$，如图1-14(a)所示。假设 L 为 1 000 m，

如 h 为 6 m，则 $i = 6‰$。在纵断面图中，既要注明坡道坡度，又要注明坡道长度。在图 1-9（b）中，两段坡道的坡度分别为 4‰和 5‰，坡道长度分别为 450 m 和 350 m。

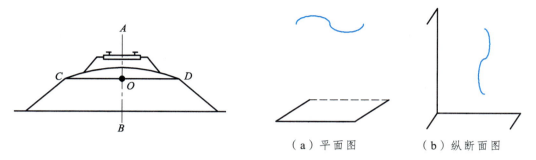

图 1-11　铁路线路中心线

（a）平面图　　　　（b）纵断面图

图 1-12　线路平面及纵断面图简单表示法

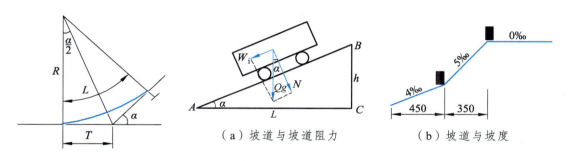

图 1-13　圆曲线要素

（a）坡道与坡道阻力　　（b）坡道与坡度

图 1-14　坡道、坡道阻力与坡度

三、线路曲线与坡度对列车运行的影响

1. 线路曲线对列车运行的影响

1）限制行车速度

列车在曲线上运行时，产生向外的离心力，这离心力使曲线外轨承受较大压力，外轨磨耗加重，同时也使旅客不舒服，严重时，车轮脱轨，造成列车倾覆。为了平衡这个离心力，把曲线处的外轨抬高（超高），使车辆内倾，借用车辆重力向内的分力来抵消或减轻离心力影响，保持作用于外轨、内轨上的总垂直压力大致相等。外轨超高可按下式计算：

$$h = \frac{11.8v^2}{R}$$

式中，h 为曲线外轨超高（单位为 mm）；v 为通过曲线时各类列车的平均速度（单位为 km/h）；R 是曲线半径（单位为 m）。外轨超高是有一定限度的，最大超高 h 不得大于 150 mm，在上、下行行车速度相差悬殊时，h 不得超过 125 mm。

由于超高是按各类列车的平均速度求得的。实际上，列车速度的不同，当高速或低速列车通过曲线时，超高就显得不足或太大，当超高与列车速度不适应时，就会产生向心力或离心力。

因此，要根据曲线半径的大小决定最大允许行车速度，如表1-2所示。

表1-2　采用最大超高各种曲线半径的最大允许速度

曲线半径/m	250	300	350	400	500	600	700	800	1 000	1 200	1 500
最大允许速度/（km/h）	68	74	80	86	96	105	114	122	136	149	166

2）增加附加阻力

列车在曲线线路上运行，即使外轨超高，但外侧车轮的轮缘仍紧压外轨，摩擦增大；同时，由于内侧车轮和外侧车轮的滚动长度不同，车轮的滑行也加大了摩擦，单位曲线阻力 w_r 的经验公式为

$$w_r = \frac{700}{R} \quad (\text{N/kN})$$

该公式适用于曲线长度大于或等于列车长度的情况。当曲线长度小于列车长度时，出现列车的一部分处于曲线段运行，另一部分处于直线段运行的情况，则列车实际上所受的单位曲线阻力（平均值）要小于计算值。从公式可见：曲线半径 R 越小，曲线阻力越大，对列车运行的影响越大，即运营条件越差。

在设计时必须根据铁路所允许的旅客列车的最高运行速度，由大到小合理地选择曲线半径。我国铁路采用的曲线半径有 4 000 m、3 000 m、2 500 m、2 000 m、1 500 m、1 000 m、1 200 m、1 000 m、800 m、700 m、600 m、550 m、500 m、450 m、400 m、350 m 和 300 m。各级铁路区间线路的最小半径规定如表1-3所示。

表1-3　各级铁路区间线路最小曲线半径

铁路等级	铁路设计行车速度/（km/h）	最小曲线半径/m	
		一般地段	困难地段
I	160	2 000	1 600
	120	1 200	800
	80	500	450
II	120	1 000	800
	80	450	400
III	100	600	550
	80	400	

在铁路线路上，直线和圆曲线不是直接相连的，它们之间需要插入一段缓和曲线，如图1-15所示。缓和曲线的半径是变化的，它与直线衔接一端的半径是无穷大，逐渐变化到等于它所衔接的圆曲线半径 R。这样才能保证列车平稳地从直线段进入圆曲线（或从圆曲线进入直线段），使离心力逐渐增加（或消失），可避免轮轨间的突然冲击，提高列车运行速度并提高旅客的舒适感。

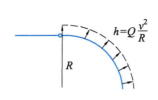
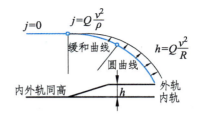

（a）无缓和曲线　　　　　　　　　　（b）有缓和曲线

j，h—外轨超高量（mm）；v—通过曲线时的列车速度（km/h）；R—曲线半径（m）；

ρ—缓和曲线的半径（m），ρ 是不断变化的，从 ∞（直线段）变到 R（曲线段）；

Q—系数，为 11.8。

图 1-15　缓和曲线和圆曲线

2. 线路坡度对列车运行的影响

1）增加附加阻力

设坡道上的车辆总质量为 Q（单位为 t），竖直向下的重力 $1\,000Qg$ 可分解为两个互相垂直的分力：一个分力为 N（垂直于坡道平面）；另一个分力为 W_i，与列车运行方向相反，形成坡道附加阻力，如图 1-9（a）所示。

$$W_i = 1\,000Qg \tan\alpha \approx 1\,000Qg \sin\alpha \quad （N）$$

单位坡道附加阻力则为　　　　$\dfrac{W_i}{Qg} \approx 1\,000\sin\alpha = i \quad （N/kN）$

从上式可以看出：列车单位坡道阻力，在数值上等于坡道坡度的千分数 i，即坡道的坡度越大，坡道的附加阻力也越大。

2）限制坡度的概念

在某一铁路区段，当牵引类型定下来以后，确定货物列车最大重量的坡道坡度，称为限制坡度（i_x‰），简称限坡。减少限坡可增加列车重量，提高运输能力，但线路落坡会大大提高工程造价，往往受工程条件的限制。因此，限坡的大小是铁路线的又一项重要指标，根据《线规》规定，各级铁路的限制坡度一般不得超过如表 1-4 所示的数值。

表 1-4　各级铁路线路最大限制坡度

铁路等级	牵引类型	最大限制坡度/‰		
		平原	丘陵	山区
I	内燃	6	9	12
	电力	6	12	15
II	内燃	6	9	15
	电力	6	15	20
III	内燃	6	15	15
	电力	6	20	20

第三节　铁路限界与线间距

为了确保机车车辆在铁路线上安全运行，防止机车车辆撞击邻近的建筑物、设备、在沿线临时堆放的工程材料，同时，也为了机车车辆之间保持一定的间隙，建筑物和设备，以及机车车辆本身都要规定一个不得侵入或超出的轮廓尺寸，这个轮廓尺寸线叫作限界。

一、铁路限界

铁路限界分为建筑接近限界和机车车辆限界两大类。

机车车辆限界规定了机车车辆不同部位的宽度、高度的最大尺寸和其零部件至轨面、铁路中心线的距离。无论是新造的机车车辆还是各种部件，其停在水平直线上时，沿车身所有一切凸出与悬挂部分，除升起的受电弓之外，均不得超出机车车辆限界规定的要求。

建筑接近限界就是每一条铁路线路必须保证有最小空间的横断面，以便机车车辆安全通过。凡靠近铁路线路的建筑物及设备的任何部分，除与机车车辆相互作用的设备（车辆减速器、脱轨器等）外，桥梁、隧道、天桥或房舍、信号机、站台、道岔转辙机等设备和建筑物均不得侵入这个轮廓尺寸线。

在机车车辆限界与建筑接近限界之间留有一定的"安全空间"，其主要原因是：

（1）在列车运行过程中，装载的货物要发生横向晃动或竖向偏移振动。

（2）随着工业的发展有很多巨大的机器和设备，经由铁路运输，在装载时可能超出机车车辆限界，即超限货物。按货物超限的程度分为一级超限、二级超限和超级超限三个级别。为了确保行车安全，在机车车辆限界与建筑接近限界之内，必须留有"安全空间"。凡装有超限货物的车辆，在运行上要遵守一些特殊条件，在编入列车以前须得到列车调度员指定编挂车次的命令，按铁路超限货物运送规则办理。

机车车辆限界及直线建筑接近限界如图1-16所示。

根据建筑接近限界的尺寸，高柱信号机的凸出边缘（一般是信号机梯子）距正线和准许接发超限货物列车的站线，距线路中心应不少于2 440 mm。考虑到信号机柱的准许最大倾斜限度，信号机的基本宽度为380 mm时，则从机柱中心算起应为2 630 mm。高柱信号机的凸出边缘距一般到发线的线路中心应不少于 2 150 mm，如从机柱中心算起应为2 340 mm；在曲线处设置时，应根据曲线上建筑限界加宽数值相应地加宽。矮型信号机、继电器箱和道岔表示器等，因为它们的高度都不超过1 100 mm，所以根据建筑接近限界的尺寸可以靠近线路中心一些，从其凸出边缘算起，应不少于1 875 mm。

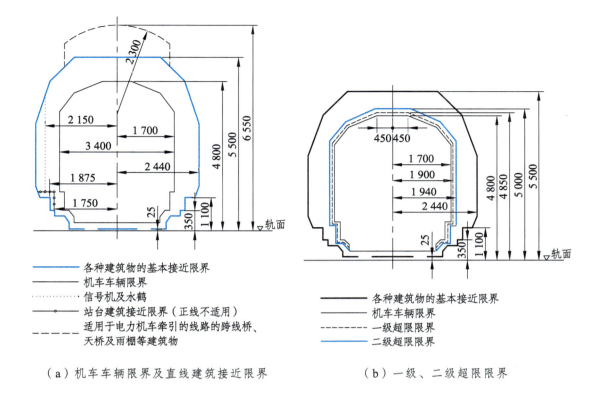

（a）机车车辆限界及直线建筑接近限界　　　　　（b）一级、二级超限限界

图 1-16　限界图

二、铁路线间距离

相邻两线路中心线之间的距离，叫作铁路线间距，简称为线间距。

铁路无论在区间或站内，平行的两线路中心线之间，必须留有一定的距离，这个距离一方面要保证列车按规定速度安全运行；另一方面要保证工作人员进行有关作业的安全和便利。

线间距离的大小决定于以下四种因素：机车车辆限界、建筑接近限界、超限货物装载限界、相邻股道间办理作业的性质。

在曲线处，建筑接近限界需要加宽，相邻股道中心线间距离也要相应加宽。有关曲线处线距加宽的尺寸可根据曲线半径、行车速度进行计算或查有关表格。区间及站内两相邻线路中心线间的标准距离见表 1-5 和表 1-6。

站内正线需保证能通行超限货物列车。此外，在编组站、区段站及其区段内选定的 3~5 个中间站上，单线铁路应另有一条线路，双线铁路上下行各另有一条线路，须能通行超限货物列车。

为了保证车站行车及调车作业的安全，《铁路技术管理规程》（简称《技规》）对车站线路间的距离做了明确的规定，即在线路的直线地段上，站内两相邻线路中心线的间距应符合表 1-6 的规定。

表 1-5　客货共线铁路线间距离表

序号	名　称			线间最小距离/mm
1	区间双线	$v \leqslant 120$ km/h		4 000
		120 km/h$<v \leqslant 160$ km/h		4 200
		160 km/h$<v \leqslant 200$ km/h		4 400
2	三线及四线区间的第二线和第三线			5 300
3	站内正线			5 000
4	站内正线与相邻到发线	无列检作业		5 000
		有列检作业或上水作业	$v \leqslant 120$ km/h 一般	5 500
			$v \leqslant 120$ km/h 改建特别困难	5 000
			120 km/h$<v \leqslant 160$ km/h 一般	6 000
			120 km/h$<v \leqslant 160$ km/h 改建特别困难	5 500
			160 km/h$<v \leqslant 200$ km/h 一般	6 500
			160 km/h$<v \leqslant 200$ km/h 改建特别困难	5 500
5	到发线与相邻到发线或其他线			5 000
6	站内相邻两线均需通行超限货物列车	线间装有高柱信号机		5 300
		线间装有水鹤		5 500
7	站内相邻两线只有一条通行超限货物列车	线间装有高柱信号机		5 000
		线间装有水鹤		5 200
8	铺设列检小车轨道的两到发线			5 500
9	换装线			3 600
10	其他站线间（换装线除外）			4 600
11	中间有或预留有电力机车铁塔地位的线路间			6 500
12	编组站、区段站的站修线与相邻的一条线			8 000
13	牵出线与其相邻线	调车作业繁忙车站		6 500
		改建困难或仅办理摘挂取送作业		5 000
14	站内中间设有接触网支柱的相邻线			6 500
15	线间设有融雪设备的相邻线			5 800
16	安全线与其他线路			5 000

表 1-6　客运专线铁路线间距离表

序号	名　称		线间设施	线间最小距离/mm
1	区间正线、站内正线	200 km/h		4 400
		200 km/h<v≤250 km/h		4 600
		250 km/h<v≤300 km/h		4 800
		300 km/h<v≤350 km/h		5 000
2	站内正线与相邻到发线		无	5 000
			声屏障	5 940+结构宽
			接触网支柱	5 200+结构宽
			雨棚柱	4 590+结构宽
			有站台	3 530+站台宽
3	到发线间或到发线与其他线		无	5 000
			接触网支柱	5 000+结构宽
			雨棚柱	4 300+结构宽
			有站台	3 500+站台宽
4	正线与其他线			5 000

第四节　区间与车站分类及各种类型的车场

一、区间的概念与分类

　　为了保证行车安全与铁路线路必要的通过能力，把铁路线路分成若干长度不等的段落，每一段线路叫作一个区间。

　　相邻两站之间的区间称为站间区间，如图 1-17 所示。为了提高线路的通过能力，在两站之间可以设置无站线的分界点，又叫线路所。有了线路所，就可以把站间区间划分成两个所间区间（车站与线路所之间的区间），如图 1-17（a）所示。原来只允许一列列车运行，现在就可以增加一列，允许两列列车运行了。但在这样的线路所，两列车无法进行交会和越行，因为它没有站线。

　　如果还想进一步提高通过能力，就可以将站间区间分为多个闭塞分区，以实现列车的追踪运行，如图 1-17（b）所示。

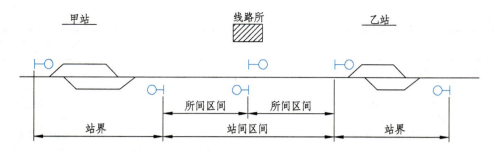

（a）站间区间与所间区间

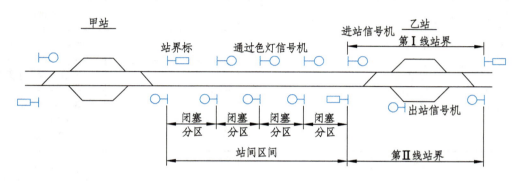

（b）站间区间与闭塞分区

图 1-17　站间区间、所间区间、闭塞分区

二、车站的概念与分类

车站是有站线的分界点。按其技术作业，车站可以分为会让站、越行站、中间站、区段站和编组站；按其业务性质，车站又可分为客运、货运站和客货混合站。

《铁路车站及与枢纽设计规范》规定：仅办理列车的会让与越行（接、发和通过作业），必要时可兼办少量旅客乘降作业的车站，在单线铁路上称为会让站，在双线铁路上称为越行站。会让站和越行站都是有站线的分界点，所以是车站的一种。除办理列车接、发和通过作业外，还能办理客货运作业的车站称为中间站。值得注意的是，《技规》中将会让站、越行站和中间站统称为中间站。

区段站和编组站除能办理与中间站同样作业外，还办理列车的编组和解体，以及更换机车等作业。为此，在区段站或编组站上都要有调车场和整备机车的设备（设机务段或机务折返段）。区段站与编组站的不同点在于，前者承办的列车解编作业量小，而后者则是大量的，大部分列车是在编组场编成的。

在几条铁路干线的交叉地点（如北京、郑州等）或接轨地点（如宝鸡等），需要设一个或几个车站，以及连接这些车站的一系列设备（如联络线、进站线路等）。这些车站和设备统称为铁路枢纽。在某些铁路线路的终端，往往是港口或大矿区，由于客货业务的需要，要设置客运站、货运站或其他铁路设备，也会形成铁路枢纽（如大连、青岛等）。

三、各种类型的车场

　　沿着铁路线的方向叫纵向，与铁路线垂直的方向叫横向。如果线路或者车场是横向排列的，就称为横列式；如果线路或者车场是纵向排列的，就称为纵列式。

1. 会让站和单线铁路中间站的车场

　　图 1-18（a）（b）都是单线铁路会让站的车场，（a）有一条到发线，（b）有两条到发线。在车场里并列铺设的线路，一般称股道。比如，（b）有三条股道，从站舍一侧起依次把股道编为 1G、IIG、3G，叫作 1 股道、II股道、3 股道（可简称 1 道、II道和 3 道）。其中"II"表示为正线，即与区间相连贯的线路。列车通过车站时要经由正线。1 道和 3 道叫到发线，即接发列车用的线路。II道也兼做到发线用。股道编号两边的箭头表示列车运行方向，如图 1-18 所示，在单线区段的小站，对每一条到发线来说，两个方向的列车都接发。

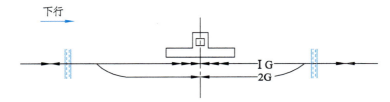

（a）设一条到发线的横列式会让站

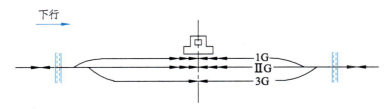

（b）设两条到发线的横列式会让站

图 1-18　单线铁路会让站的站场布置图

　　图 1-19（a）（b）都是单线铁路中间站的车场，两者的区别在于站台位置的布置，另外（b）比（a）多了一条装卸线，即与 1G 相连接的那条短线路，是用来装卸整车货物的线路。在装卸线上不标箭头，表示它不是到发线。由图可知，如果拆除图 1-19（b）中的装卸线和站台，那么该中间站便成了图 1-18（b）所示的单线铁路具有三股道的会让站。

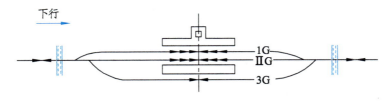

（a）没有装卸线的横列式中间站

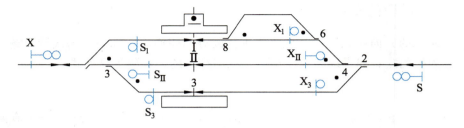

（b）设一条装卸线的横列式中间站

图 1-19　单线铁路中间站的站场布置图

2. 越行站和双线铁路中间站的车场

图 1-20（a）与（b）对应的分别是双线铁路的越行站与中间站。双线铁路区段的中间站和越行站，其股道编号是从正线开始，下行到发线依次编为奇数，如图中的 I 和 3；上行到发线依次编为偶数，如图中的 II 和 4。值得注意的是，这种股道编号方法仅适于双线铁路的越行站和中间站，对区段站和编组站而言，因下行到发线群与上行到发线群是混在一起的，不能截然分开，故不论单线或双线，一般都按单线规律编号，如图 1-21 所示。I 和 II 都表示是正线，在正线和到发线上只标有一个箭头的，表示单方向固定使用。在正常情况下，I 道和 3 道只接发下行列车，II 道和 4 道只接发上行列车。

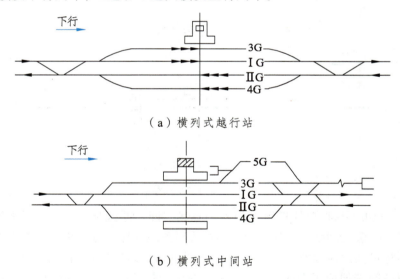

（a）横列式越行站

（b）横列式中间站

图 1-20　越行站与双线铁路中间站的站场布置图

3. 区段站的车场

图 1-21 是双线铁路区段的一个区段站的车场，图中包括机务段、车辆段、货场和去厂矿的专用线。站内除 II 道、III 道两条正线外，1 道和 4 道是上下行兼用的旅客列车到发线，6 道是机车出入库用的走行线，简称机车走行线；5 和 7 道分别为下行和上行到本站没有改编作业的货物列车到发线；10～15 道为调车线；1～4 道为旅客列车到发场；5～9 道（6 道除外）为货物列车到发场；还有 10～15 道的调车场。从图 1-21 看出，上述三个车场是由上

至下横向排列的，所以叫横列式车场。

机车出、入库的表示符号如图 1-21 标注所示。机车出库到上行咽喉，或由上行咽喉入库，都须经由机车走行线。为了保证本务机车（牵引列车用的机车）按时出、入库，在机车走行线上不允许停有车辆，也不准向机车走行线上接车。

通过的列车都要经由正线通过。到本站停车的旅客列车要接入 1 道或 4 道，因为这两条线路备有旅客上下车用的站台。按左侧行车制，在一般情况下，下行旅客列车接入 1 道，上行旅客列车接入 4 道。旅客列车在本站一般不进行更换机车作业。

由区间开来的货物列车，不论在本站有无改编作业，都要先接入到发线。下行无改编作业的列车接入 5 道，上行则接入 7 道，接入后使本务机车入库，进行机车整备，更换一台已整备好的机车，再由 5 道或 7 道向区间发车。对于有改编作业的货物列车要接入 8 道或 9 道。将列车接入 8 道或 9 道后使本务机车入库，然后再用调车机车（专门用作调车作业的机车）进行改编。

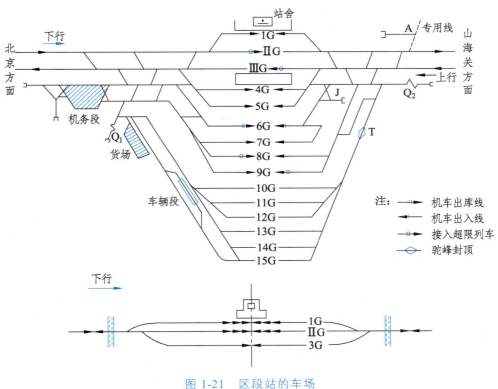

图 1-21　区段站的车场

调车场里的调车线是专为停留和集结车辆用的线路。与调车场两端相连的是两条牵出线 Q_1 和 Q_2。调车机车把接入 8 道或 9 道的待编列车拉到牵出线上去，叫作列车转线作业。利用牵出线向调车线群里根据车辆的不同去向进行分解，叫作解体。待同一去向的车辆集结凑足一列时，再利用牵出线和调车场按照一定的长度、重量和连挂顺序，把它们连挂在一起，叫作编组。编组好的列车还要利用牵出线，把它们转线到到发场里去，才能挂本务机车发车。编组场利用驼峰的坡度进行溜放解体作业可大大提高改编作业效率。

图 1-21 中的 "J" 表示机待线。本务机车由机务段开出来经由机车走行线可到机待线上

等待。一旦在本站没有改编作业的列车接入 5 道，摘下来的本务机车离开股道后，等待在机待线的本务机车马上去 5 股道挂车。这样可缩短列车在本站停留时间，提高作业效率。

机务段是整备机车的地方。车辆段是检修破损车辆的地方。货场是装卸货物的场所。在货场应设有装卸线和留置线。待装待卸的车辆停放在留置线上。专用线一般是工厂、矿山等自己修建的线路。为了保证列车运行安全，专用线与正线接轨时，一般都铺设安全线（A）。调车机车到车辆段，或货场专用线取送车辆的作业，叫作取送车作业。从车列中摘下几节车或向车列中加挂几节车，叫作摘挂作业。

4. 编组站的车场

图 1-22 是双线区段的一个编组站。它有五个车场：到达场、驼峰调车场、出发场、到发场和调车场。因为图中到达场、驼峰调车场、出发场是纵向排列的，所以称为纵列式车场。

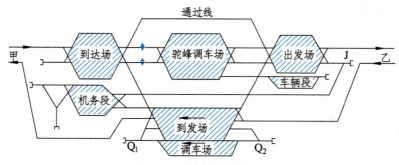

图 1-22　编组站的车场

甲方面来的在本站没有改编作业的货物列车，沿到达场旁边的股道经通过线进入出发场，在出发场办理更换机车作业后，即由出发场向乙方面发车。甲方面来的有改编作业的货物列车，接入到达场后，本务机车转场入库，后用驼峰调车机车把车推上驼峰解体。

乙方面来的在本站没有改编作业的货物列车，接入到发场更换机车后，由到发场向甲方面发车。乙方面来的有改编作业的货物列车，接入到发场后，有的车辆转线到牵出线 Q_1 或 Q_2 分解入调车场，有的车辆由驼峰机车取往到达场，推上驼峰解入驼峰调车场。

在驼峰调车场编组好的列车，大部分拉到出发场发往乙方面；也有的转送到发场发往甲方面。本站是铁路枢纽中的一个编组站，它不承办客货营业。本站承办的改编列车任务主要是下行列车。

列车接入到达场，经通过线到出发场的作业，叫作转场作业。列车转场作业要用列车信号机指挥行车。机车由到达场到出发场然后入库的作业，或车列由到发场转场至到达场然后进行解体的作业，都叫机车车辆转场作业，这些作业要用调车信号机指挥调车。

第五节　车站里的铁路线路及其规定

上述车场里的线路，除正线外，其他如到发线、调车线、牵出线、机待线、装卸线和留置线等，统称为站线。机务段和车辆段的线路叫段管线。

一、列车作业与调车作业

由区间向股道接车，叫作接车作业。由股道向区间发车，叫作发车作业。准许列车由股道通过，叫作通过作业。接发车作业和通过作业，统称列车作业。

机车出入库、列车转线、车列解体、列车编组、车列摘挂及取送车作业等，统称调车作业。

为了保证列车运行安全，列车作业要由列车信号机指挥行车，对列车有干扰的调车作业，要由调车信号机指挥调车。

二、股道和道岔的编号

1. 股道编号

车站上线路（股道）在较大的车站数目很多，为了便于使用、维修和管理，站内股道要有规定的编号。股道的编号方法：在单线铁路的车站从靠近站舍起，向远离站舍方向顺序编号。正线用罗马数字（Ⅰ、Ⅱ…）编号，站线用阿拉伯数字（1、2…）编号，如图 1-19 所示。复线铁路的车站股道的编号方法：先编正线股道号码，下行正线一侧用单数；上行正线一侧用双数，从正线向外顺序编号，如图 1-20 所示。

2. 道岔编号

道岔编号的方法：在下行列车进站一侧从外向内顺序编为单数，在上行列车进站一侧顺序编为双数，并以站舍中心线作为划分单、双数编号的分界线，如图 1-23 所示。

道岔的编号方法

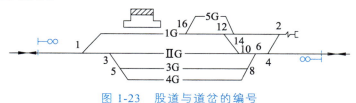

图 1-23　股道与道岔的编号

三、警冲标和股道有效长

1. 警冲标

两条股道汇合在一起时，在两混合股道中心相距 4 m 的地方，设置警冲标，如图 1-24 所示。警冲标是指示机车车辆不准越过道岔方面或线路交叉地点的标志，4 m 数值是根据机车车辆限界 3.4 m 再加上一些间隙确定的。列车进站在股道上停车时，其尾部（一般指车钩）必须越过警冲标（由另一咽喉开来的停站列车，其头部不得越过警冲标），否则会妨碍其他机车车辆由另一股道进出，有造成两列车侧面冲突的危险。

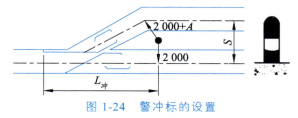

图 1-24　警冲标的设置

当我们确定信号机设置位置时，与警冲标的坐标有关（一定要在警冲标内方，且不得侵入建筑接近限界）。警冲标至道岔尖轨尖端的距离（ $L_冲$ ）由道岔的辙叉号 N，道岔的连接曲线半径 R 和两线路中心线间的距离 S 来确定。当警冲标设在弯股曲线部分时，警冲标至弯股中心线距离为 2 000 mm 加上建筑接近限界加宽量 A。

2. 股道有效长

股道有效长应大于或等于规定的列车长度再加上附加长度（30 m），车站内每一条股道都有全长和有效长之分。

股道全长系指股道的实际长度，即该股道一端的道岔基本轨接缝至另一端的道岔基本轨接缝处的长度（如为尽头线则为至车挡的距离）。在铁路行车中不能根据道岔的全长来考虑该股道可能容纳的车数，因为那样往往会影响邻线行车，有碍行车安全。因此，股道的容纳车数是根据股道有效长确定的。股道有效长指在股道全长范围内可以停留机车车辆而不影响邻线行车的一段长度。由于股道的设置位置不同，其起止点也不一样。

决定股道有效长起止点的主要因素有：警冲标、出站信号机、道岔尖轨尖端及车挡等，如图 1-25 所示。图中分别标出了各股道不同行车方向的有效长度。通常，一个区段内各站供列车到达或出发的线路（到发线）的有效长应力求一致，因为确定列车长度的重要原因之一就是要考虑列车运行区间内各站到发线的有效长，如果相差太大，就要按最小的有效长度来确定，显然是不经济的。

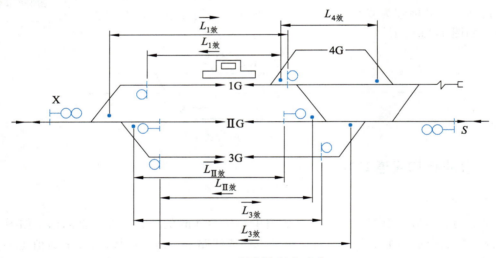

图 1-25　股道有效长的确定

由图 1-25 可知，在有出站信号机时，股道有效长度应从警冲标至出站信号机；如无出站信号时，应从警冲标至另一端的警冲标。应当注意：当同一股道接发上行和下行两个方面的列车时，上行和下行的股道有效长不一样，必须分别确定。

我国《铁路车站及枢纽设计规范》规定：货物列车到发线的有效长度，应根据运输能力的要求、机车类型及牵引列车的长度，结合地形条件，并与相邻各铁路到发线有效长度的配合等因素规定。I级和II级铁路应采用 1 050 m、850 m、750 m 和 650 m 的到发线有效长度，III级铁路应采用 850 m、750 m、650 m 和 550 m 的到发线有效长度。

随着我国国民经济的不断发展，要求铁路运输能力不断提高。为此，有的铁路局在繁忙的铁路干线上组织开行重载列车和组合列车（将两个以上的列车编挂在一起开行），为使站线有效长与列车重量、列车长度相匹配，就势必要求增加站线的有效长。现行《技规》规定，一般货物列车重量为 4 000 t 并向 5 000 t 以上发展的重载列车，主要干线的站线有效长采用 1 050 m 的标准；在开行组合列车的线路上，其站线有效长可采用 1 700 m 的标准。

四、安全线和避难线

1. 安全线

安全线是防止列车或机车车辆进入另一列车或机车车辆进路的安全设备，其有效长度一般应不小于 50 m。通常，在车站有工矿企业专用线，岔线与站内正线或到发线接轨时应设置安全线，从而防止专用线或岔线上的机车车辆，因故进入正线或到发线而发生冲突。另外，在进站信号机外方制动距离内有 6‰ 及以上的连续下坡道时，为使车站能同时从两方向接车或同一方向同时接发列车，在车站接车方向的末端要设置安全线，如图 1-26 所示。

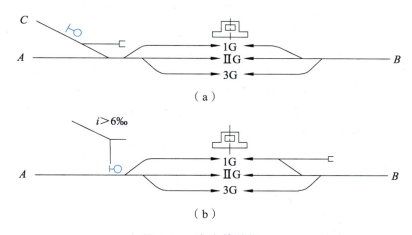

图 1-26　安全线的设置

2. 避难线

为了防止列车在又陡又长的下坡道上失去控制发生冲突或颠覆，或在陡长的上坡道上因车辆断钩而溜入占用的区间或站内，应根据线路情况，在陡长坡道的下方设置避难线，如图 1-27 所示。避难线主要依靠逐渐升高的坡度来抵消失控列车的动能，具有尽端式、环形、套线式（砂道）避难线等类型。

安全线与避难线上的道岔

避难线的构造特点是"翘尾巴"，即车挡一端高，靠道岔的一端低，坡度很大，有达 20‰ 以上的。避难线也较长，一般有几百米。因避难线有适当的坡度和长度，所以溜下来的列车会因坡道减速而停车。

根据规定，在设置安全线和避难线时，其引向安全线和避难线的道岔开通方向，均为开通于安全线和避难线的位置。

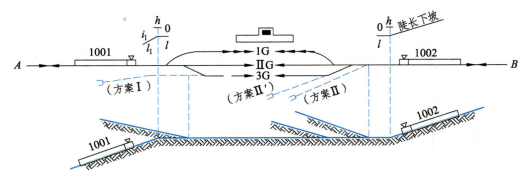

图 1-27　避难线的设置

第六节　铁路线路与铁路信号的关系

一、线路曲线与铁路信号的关系

为便于司机瞭望，信号机最好设在线路的直线线段上，因为曲线会影响信号机的显示距离和角度。当信号机的设置位置避不开小半径的曲线时，有必要在信号机机构内增设一块偏光玻璃，以扩大信号光束的散角，如图 1-28 所示。

在两条平行线路的曲线处，不准一前一后设置信号机，必须并排设置。因为若一前一后设置信号机，容易被司机误认。如图 1-29 所示，在夜间，由 A 方向开来的列车，容易把信号机 b′ 的信号显示误认为是给自己的信号，因为从远处看，信号机 b′ 的信号显示在左侧，而信号机 a 的信号显示反而在右侧。

曲线处的轨距有时加宽，这时信号机距曲线线路中心的距离也应该相应地加大，以保证设在线路旁的信号机符合建筑接近限界要求。

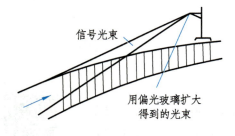

图 1-28　线路曲线与信号机光束

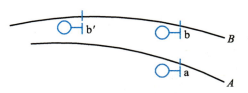

图 1-29　线路曲线处并排设置信号机

二、线路坡度与铁路信号的关系

设置信号机时，信号机应避开设在比起动坡度还大的坡道上。道理很明显，列车停在起动坡度的坡道上刚刚能够起动，如果停在比起动坡度还大的坡道上，则就不能再起动了。如果避不开这种坡道，必须在信号机上加装容许信号，对指定的货物列车，准许其在该信号机显示停车信号时不停车，用低速继续前进，但要求它随时都要做好停车准备，即遇到前方有障碍时及时停车。

　　禁止把信号机设在凹形有害坡度的坡道上，因为在此种地点停车后再起动时容易引起断钩事故。列车在下坡道上运行时，如果不制动就会超过线路最大容许速度，则该坡道的坡度叫作有害坡度，如图 1-30 所示。列车停在凹形有害坡度的坡道上时，车钩在受压状态，起动时将突然受到强大拉力，容易产生断钩事故。

　　起动坡度和有害坡度的大小，都决定于牵引类型和牵引重量，其具体数值各铁路线不同。在进站信号机外方的制动距离（800 m）范围内，如果向车站方向有 6‰ 及以上的下坡道时，则在接车股道末端无线路隔开设备的情况下，禁止同时接发列车。如图 1-31 所示，在下行进站信号机 X 的外方 800 m 范围内向车站方向有 6‰ 的下坡道，接车股道末端又没有线路隔开设备（如铺设有虚线那样的安全线，就叫作有线路隔开设备），为了保证列车运行的安全，避免进站列车因停不住车引起两列车冲突，则要求另一列车在站外停车，不准许同时进站。这种情况就叫作不准许同时接车。如果有图 1-31 中虚线所示的线路隔开设备，条件就变了，就准许同时接车。

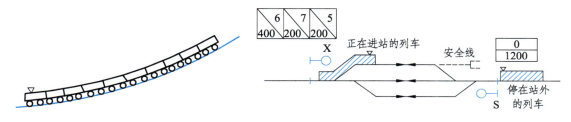

图 1-30　凹形有害坡度的坡道　　　　　　图 1-31　坡道与同时接车的关系

思政小课堂

柔弱女子撑起百吨盾构国产研发重任

——中铁装备总工程师王杜娟

　　很少有人想到，动辄百米长、数百吨重的庞大盾构机，竟出自一名柔弱女子之手。从 2008 年和团队研制出我国第一台具有自主知识产权的复合式盾构机开始，到如今打破"洋盾构"垄断，这位"女汉子"已主持设计盾构机近 700 台。她，就是全国人大代表、中铁工程装备集团有限公司总工程师王杜娟

　　王杜娟出生于陕西省扶风县的一个农村家庭，1997 年走出黄土高原，2001 年 7 月，从石家庄铁道学院机械工程学院工程机械专业毕业，进入中铁隧道股份新乡机械制造公司工作。那时的国内盾构市场完全依赖进口，不仅价格昂贵、制造周期长，关键技术也受制于人。有一次，某项目引进了德国制造的盾构机，但设计图纸存在上千个问题，明明是对方的失误，但德国人表示，若要派工程师来国内进行修改，需要我方负担每天一万元的费用。这让王杜娟有了自主生产盾构的想法，"在这个过程中我们觉得有一些问题，一个是很多改进的想法不能得到实现，得不到外国人的重视；另外就是外国盾构设计师离我们遥远，平时也不愿意长

途跋涉来到中国。后来我们就在考虑，自己能不能试着做一些盾构的部件，比如说刀盘。"……

如今，中铁装备盾构订单累计达到 765 台，出厂 623 台，出厂盾构已累计安全掘进 1 200 多公里，盾构产品市场占有率连续 6 年国内第一。同时，中铁装备积极响应"一带一路"倡议，产品远销马来西亚、新加坡等 14 个国家和地区，在国际市场上向"世界第一"发起冲锋……

扫码阅读全文

复习思考题

1. 简述铁路线路的类型。
2. 说明有砟轨道的组成部分和它们的作用。
3. 什么是铁路线路的中心线、线路的平面和纵断面？
4. 我国铁路分成几个等级？划分等级的主要依据是什么？
5. 简述线路曲线对列车运行的影响。
6. 什么是坡道的坡度？在坡道上运行对列车运行有什么影响？
7. 什么是限制坡度？它的大小对运营条件和工程条件有什么影响？
8. 铁路上为什么要规定限界？什么是建筑接近限界和机车车辆限界？
9. 高柱信号机的凸出边缘距不同线路的线路中心多远才满足限界要求？
10. 什么是区间？站间区间、所间区间与闭塞分区有哪些区别？
11. 什么是车站？会让站、越行站与中间站有哪些区别？
12. 区段站与编组站有哪些区别？
13. 横列式与纵列式车场布置的特点各是什么？
14. 安全线的作用有哪些？与牵出线的异同点有哪些？
15. 简述避难线的特点与功能。
16. 简述线路曲线、坡度与铁路信号的关系。

铁路信号技术中广泛采用的继电器，称为信号继电器（在铁路信号系统中，可简称继电器），是铁路信号技术中的重要部件。它无论作为继电式信号系统的核心部件，还是作为电子式或计算机式信号系统的接口部件，都发挥着重要的作用。继电器动作的可靠性直接影响到信号系统的可靠性和安全性。

第一节 信号继电器概述

信号继电器是用于铁路信号系统中的各类继电器的统称，是各类信号控制系统不可缺少的重要器件。

一、铁路信号对继电器的要求

信号继电器作为铁路信号系统中的主要（或重要）器件，它在运用中的安全、可靠是保证各种信号设备正常使用的必要条件。为此，铁路信号系统对继电器提出了极其严格的要求，具体如下：

（1）动作必须可靠、准确。

（2）使用寿命长。

（3）有足够的闭合和断开电路的能力。

（4）有稳定的电气特性和时间特性。

（5）在周围介质温度和湿度变化很大的情况下，均能保持很高的电气绝缘强度。

具体要求见《信号维修规则技术标准》11 继电器 11.1 通则。

二、继电器的基本工作原理

继电器是一种电磁开关，能以较小的电信号控制执行电路中大功率的设备，是实现自动控制和远程控制的重要设备。

继电器类型很多，但均由电磁系统和接点系统两部分组成。电磁系统主要包括线圈、铁心以及可动的衔铁等，接点系统由动接点和静接点组成。

继电器工作原理如图 2-1 所示，当给线圈中通以一定数值的电流后，在衔铁和铁心之间就产生一定数量的磁通，该磁通经铁心、衔铁、轭铁和气隙形成一个闭合磁路，铁心对衔铁就产生了吸引力。吸引力的大小取决于所通电流的大小。当电流增大到一定值时，吸引力增大到能克服衔铁向铁心运动的阻力时（主要是衔铁自重），衔铁就被吸向铁心。由衔铁带动的动接点（随衔铁一起动作的接点）也随之动作，与动合接点（前接点，以下称前接点）接通，此状态称为继电器励磁吸起（以下简称吸起）。

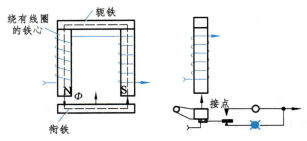

图 2-1　电磁继电器工作原理

吸引力随电流的减小而减小，当吸引力减小到不足以克服衔铁重力时衔铁靠自重落下（称为释放），衔铁带动动接点与前接点断开，与动断接点（后接点，以下称后接点）接通，此状态称为继电器失磁落下（以下简称落下）。

可见，继电器具有开关特性，可利用它的接点通、断电路，构成各种控制和表示电路。如图 2-1 的信号点灯电路，前接点接通时点亮绿灯，后接点接通时点亮红灯。

三、继电器的继电特性

继电器的特性是当输入量达到一定值时，输出量发生突变，如图 2-2 所示。继电器线圈回路为输入回路，继电器接点所在回路为输出回路。当线圈中电流 I_x 从 0 增加到某一定值 I_{x2} 时，继电器衔铁被吸引，接点闭合，接点回路中的电流 I_y 从 0 突然增大到 I_{y2}。此后，若 I_x 继续增大，由于接点回路中阻值不变，I_y 保持不变。当线圈中电流 I_x 减到 I_{x1} 时，继电器衔铁释放，输出电流 I_y 从 I_{y2} 减小到 0，此后，I_x 再减小，I_y 保持为 0 不变。

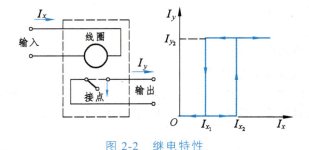

图 2-2　继电特性

四、信号继电器分类

1. 按动作原理分为电磁继电器和感应继电器

电磁继电器是通过继电器线圈中的电流在磁路的气隙（铁心与衔铁之间）中产生电磁力，吸引衔铁，带动接点动作的；此类继电器数量最多。感应继电器是利用电流通过线圈产生的交变磁场与另一交变磁场在翼板中所感应的电流相互作用产生电磁力，使翼板转动而动作的。

2. 按动作电流分为直流继电器和交流继电器

直流继电器是由直流电源供电的，它按所通电流的极性，又可分为无极、偏极和有极继电器。直流继电器都是电磁继电器。交流继电器是由交流电源供电的。它按动作原理，又分为电磁继电器和感应继电器。整流式继电器虽然用于交流电路中，但它用整流元件将交流电整流为直流电，所以其实质上是直流继电器。

3. 按输入量的物理性质分为电流继电器和电压继电器

电流继电器反映电流的变化，它的线圈必须串联在所反映的电路中。该电路中必有被反映的器件，如电动机绕组、信号灯泡等。电压继电器反映电压的变化，它的线圈励磁电路单独构成。

4. 按动作速度分为正常动作继电器和缓动继电器

正常动作继电器衔铁动作时间为 0.1～0.3 s，大部分信号继电器属于此类，一般无需加以称呼。缓动继电器，衔铁动作时间超过 0.3 s，又分为缓吸、缓放。时间继电器是利用脉冲延时电路或软件设定使之缓吸。缓放型继电器则利用短路铜环产生磁通使之缓动，主要取其缓放特性。

5. 按接点结构分为普通接点继电器和加强接点继电器

普通接点继电器具有开断功率较小的接点的能力，以满足一般信号电路的要求，多数继电器为普通接点继电器。加强接点继电器具有开断功率较大的接点的能力，以满足电压较高、电流较大的信号电路的要求。

6. 按工作可靠程度分为安全型继电器和非安全型继电器

安全型继电器（N 型）是无须借助于其他继电器，亦无须对其接点在电路中的工作状态进行监督检查，其自身结构即能满足一切安全条件的继电器。其特点是：

（1）当线圈断电时，衔铁可借助于自身重量释放，从而使前接点可靠断开。

（2）选用合适的接点材料，构成非熔接性前接点，或采用能防止接点熔接的特殊结构（如接熔断器、接点串联）。

（3）当一组不应闭合的后接点仍然闭合时，结构上能防止所有前接点闭合。

非安全型继电器（C 型）是必须监督检查接点在电路中的工作状态，以保证安全条件的继电器。其特点是：

（1）由于继电器在使用时已检查了衔铁的释放，因此不必采用非熔接性接点材料。

（2）当一组不应闭合的前接点仍然闭合时，结构上能保证所有后接点不闭合。反之亦然。

N 型继电器主要依靠衔铁自身重力释放，故又称重力式继电器。C 型继电器主要依靠弹簧弹力释放衔铁，故又称弹力式继电器。一般说来，N 型继电器的安全性、可靠性高于 C 型继电器。

第二节　安全型继电器

在铁路信号系统中，凡是涉及行车安全的继电电路都必须采用安全型继电器。所谓安全型继电器是指它的结构必须符合故障—安全原则（发生安全侧故障的可能性远远大于发生危险侧故障的可能性；处于禁止运行状态的故障有利于行车安全，称为安全侧故障；处于允许运行状态的故障可能危及行车安全，称为危险侧故障）。它是一种故障不对称器件，在故障情况下使前接点闭合的概率远小于后接点闭合的概率。这样，就可以用前接点代表危险侧信息，用后接点代表安全侧信息。

AX 系列安全型继电器，是直流 24 V 系列的重弹力式直流电磁继电器，是在座式继电器和大插入式继电器的基础上，由我国自行设计和制造的。它与座式和大插入式相比，结构新颖、重量轻、体积小。经现场几十年的运用考验，证明其安全可靠、性能稳定，能满足信号电路对继电器提出的各种要求。因此，已经成为我国铁路信号继电器的主要定型产品，应用最为广泛。

安全型继电器型号用汉字拼音字母和数字表示，字母表示继电器种类，数字表示线圈的电阻值（单位符号 Ω），例如：

一、安全型继电器的结构和动作原理

1. JWX 型无极继电器

我国铁路信号中应用最为广泛的 AX 系列继电器，其基本结构是直流无极继电器，其他类型继电器由无极继电器派生而出。因此，它们中的绝大部分零件能通用。继电器分为插入式（型号中带有 C 字）和非插入式两种。插入式多为单独使用，非插入式常使用于有防尘外壳的组匣中。两者的区别仅在于，插入式继电器带有透明性很好的外罩（由聚甲基丙烯酸甲酯或聚碳酸酯制成），用以密封防尘，同时为了与插座配合使用，插入式继电器安装在酚醛塑料制成的胶木底座上。

1）结构

插入式无极继电器如图 2-3 所示，由直流电磁系统和接点系统两部分构成。

电磁系统由线圈、铁心、衔铁等组成。接点系统包括拉杆和接点组，接点组分为静止的前接点、后接点和固定在拉杆上的动接点。接点的接通情况可以反映继电器的状态，同时用于控制其他设备。直流无极继电器共有 8 组接点，彼此绝缘但动作一致。

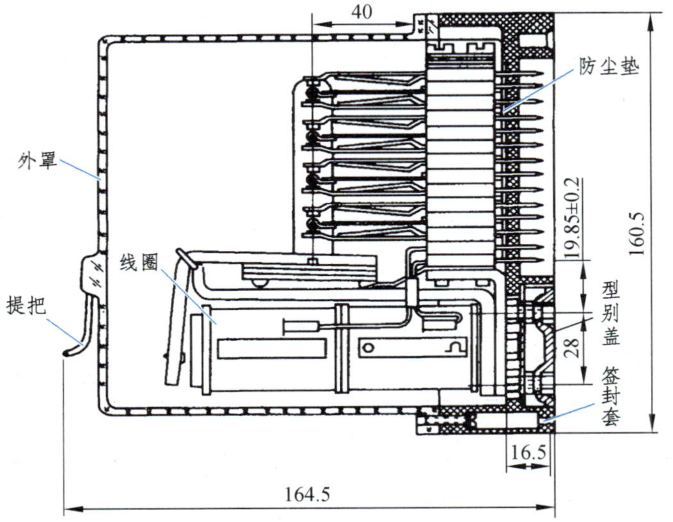

图 2-3　插入式无极继电器

2）工作原理

无极继电器的磁系统为无分支磁路，如图 2-4 所示。在线圈上加上直流电压后，线圈中的电流 I 使铁心磁化，在铁心内产生工作磁通 Φ，它由铁心极靴处经过主工作气隙 δ 后进入衔铁，又经过第二工作气隙进入轭铁，然后回到铁心，形成一闭合磁路。在工作气隙 δ 处，由于磁通 Φ 的作用，铁心与衔铁间产生电磁吸引力 F_D，当 F_D 大到足以克服机械负载的阻力 F_J（主要是衔铁自重）时，衔铁即与铁心吸合。此时，衔铁通过拉杆带动接点运动，使后接点断开，前接点闭合，此时称为励磁状态（又称为吸起状态）。

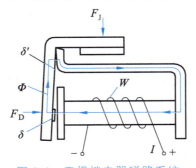

图 2-4　无极继电器磁路系统

当线圈中的电流减小时，铁心中的磁通按一定规律随之减小，吸引力也随之减小。当电流小到一定值时，它所产生的吸引力小于机械力时，衔铁离开铁心，被释放。此时拉杆带动接点运动，使前接点断开，后接点闭合，此时称为失磁状态（又称为落下状态）。

这种继电器的电源使用直流电，同时继电器的动作与通入线圈的电流方向无关，故称直流无极继电器。

无极继电器有 JWXC-2000、JWXC-1700、JWXC-1000、JWXC-7、JWXC-2.3、JWXC-370/480 型及缓放的 JWXC-H600、JWXC-H340、JWXC-500/H300 等型号。

2. JPX 型偏极继电器

偏极继电器具有反映电流极性的性能，一般使用在道岔表示电路及单复线半自动闭塞电路中，常用有 JPXC-1000 型和 JPXC-400 型偏极继电器。它与无极继电器不同，衔铁的吸起与线圈中电流的极性有关，只有通过规定方向的电流时，衔铁才吸起，而电流方向相反时，衔铁不动作。

1）偏极继电器的结构

偏极继电器的磁系统与无极继电器基本相同，如图 2-5 所示。但铁心的极靴是方形的，在方极靴下方用两个螺钉固定 L 形永久磁铁，使衔铁处于极靴和永久磁铁之间，受永磁力的作用偏于落下位置。

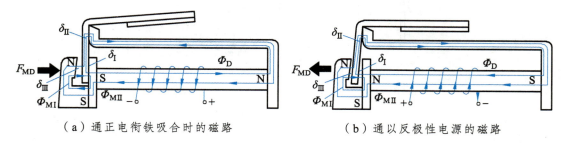

（a）通正电衔铁吸合时的磁路　　　　（b）通以反极性电源的磁路

图 2-5　偏极继电器磁路及工作原理

2）偏极继电器的工作原理

偏极继电器的磁路系统由永磁磁路与电磁磁路两部分组合而成，如图 2-5 所示。永久磁铁的磁通 Φ_M 从 N 极出发，经第三工作气隙 δ_{III} 进入衔铁后分为两条并联支路：一部分磁通 Φ_{MI} 经第一工作气隙 δ_I 进入方形极靴，然后直接返回 S 极；另一部分磁通 Φ_{MII} 穿过第二工作气隙 δ_{II} 进入轭铁，再经铁心至方形极靴，返回 S 极。由于 $\delta_I > \delta_{II}$，所以 $\Phi_{MII} > \Phi_{MI}$，而 $\Phi_M = \Phi_{MI} + \Phi_{MII}$，故 $\Phi_M >> \Phi_{MI}$。这样，δ_{III} 处由 Φ_M 产生的永磁力 F_M 远大于 δ_I 处由 Φ_{MI} 产生的永磁力，使衔铁处于稳定的落下位置。

线圈通正方向电流（1 正 4 负）时，铁心中产生电磁通 Φ_D，Φ_D 的磁路与无极继电器相同，见图 2-5（a）。若线圈中电流方向使电磁通在极靴处为 S 极，这时，δ_I 处 Φ_D 和 Φ_{MI} 方向相同，总磁通为两者之和，相应的总电磁吸引力 F_{MD1} 增大；在 δ_{II} 处 Φ_D 和 Φ_{MII} 方向相反，总磁通为两者之差，相应的总电磁吸引力 F_{MD2} 减小。由于力臂相差较大，F_{MD1} 的增大较 F_{MD2} 的减小作用要大得多，因此，对衔铁的总吸引力 F_{MD} 增大。当 $F_{MD} > F_M$ 时，F_{MD} 克服 F_M 与接点的反作用力，使衔铁被吸合。

衔铁吸合后，磁路气隙发生变化，$\delta_{III} >> \delta_I$，永磁磁通在磁路中大大减小，F_M 显著减小，这时只要有一定值的电流存在，衔铁即保持在吸起状态。

断开线圈电源时，衔铁重力和接点的反作用力使衔铁返回。在衔铁返回的过程中，δ_I 增大，δ_{II} 减小，永磁磁通 Φ_M 迅速增加，加速衔铁的返回，直到衔铁被下止片阻挡为止。

当线圈通以相反方向电流时，见图 2-5（b），由于电磁通 Φ_D 改变了方向，在 δ_I 处，Φ_D 与 Φ_{MI} 相减。而在 δ_{II} 处 Φ_D 与 Φ_{MII} 相加，总的电磁吸引力反而下降，因此衔铁不会吸合，从而具有鉴别电流极性的功能。

偏极继电器还有一个特点，如果永久磁铁失磁，继电器无论通过什么方向的电流，都不能使继电器吸起。

3. JYX 型有极继电器

有极继电器根据线圈中电流极性不同而具有定位和反位两种稳定状态，这两种稳定状态在线圈中电流消失后，仍能继续保持，故又称极性保持继电器。在线圈中通以规定极性的电流时，继电器吸起，断电后仍保持在吸起位置；通以反方向电流时，继电器打落，断电后保持在打落位置。

1）有极继电器的结构

有极继电器的磁路结构与无极继电器基本相同，不同的只是用一块端部呈刀形的长条形永久磁铁代替无极继电器的部分轭铁。有极继电器的接点系统与无极继电器相同。改进型的有极继电器 JYJXC-135/220、JYJXC-J3000 的接点系统有较大改变：加强接点片加厚，取消接点托片，动接点片改为面接触以增大接触面积。JYJXC-J3000 还取消了普通前接点。

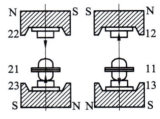

图 2-6　磁吹弧器的极性

加强接点继电器磁吹弧器的极性与接点电源极性的配合如图 2-6 所示。

2）有极继电器的工作原理

有极继电器的磁路系统由永磁磁路与电磁磁路两部分组合而成，为不对称的并联磁路结构，如图 2-7 所示。

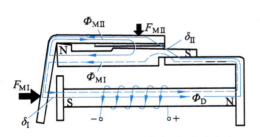
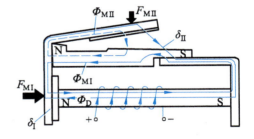

（a）由反位转换至定位的磁通方向　　　（b）由定位转换至反位的磁通方向

图 2-7　有极继电器磁路

永久磁铁的磁通分为 Φ_{MI} 和 Φ_{MII} 两条并联支路。Φ_{MI} 从 N 极出发，经衔铁、第一工作气隙 δ_I、铁心、轭铁，到 S 极；Φ_{MII} 从 N 极出发，经衔铁上部、重锤片、第二工作气隙 δ_{II}，到 S 极。这两条支路不对称，磁路的不平衡就形成有极继电器的正向转极值与反向转极值的较大差别。

当衔铁处于打落状态时（反位），由于 $\delta_I \gg \delta_{II}$，因此 $\Phi_{MII} \gg \Phi_{MI}$。由 Φ_{MII} 所产生的吸引力 F_{MII} 与衔铁重力、动接点预压力共同作用，克服了 Φ_{MI} 产生的吸引力 F_{MI} 与后接点压力，使衔铁保持在稳定的打落位里。反之，当衔铁处于吸合状态（定位）时，由于 $\delta_I \ll \delta_{II}$，因此 $\Phi_{MI} \gg \Phi_{MII}$。由 Φ_{MI} 所产生的吸引力 F_{MI} 将克服 Φ_{MII} 中产生的吸引力 F_{MII}、衔铁重力及接点的反作用力，使衔铁处于稳定的吸合位置。

显然，有极继电器从一种稳定位置转变到另一种稳定的位置，只有依靠电磁力的作用。图 2-7（a）表示有极继电器由反位转换到定位的过程。继电器原处于反位状态，现在线圈中通以正极性电流，产生电磁通 Φ_D 的方向是极靴处为 S 极。这时在 δ_I 处 Φ_D 与 Φ_{MI} 方向一致，磁通是加强的，等于 $\Phi_D+\Phi_{MI}$。而在 δ_{II} 处 Φ_D 与 Φ_{MII} 方向相反，磁通是削弱的，等于 $\Phi_{MII}-\Phi_D$，当 Φ_D 增到足够大时，$\Phi_D+\Phi_{MI}>\Phi_{MII}-\Phi_D$，则 $F_{MDI}>F_{MDII}$，F_{MDI} 将克服 F_{MDII}、衔铁重力及接点反作用力，使衔铁开始吸合。在衔铁吸合过程中，随着 δ_I 的不断减小、δ_{II} 的不断增大，$F_{MDI}>>F_{MDII}$，衔铁便迅速运动到吸合位置。

如果线圈接以反极性电流，如图 2-7（b）所示。则铁心中电磁通 Φ_D 的方向随之改变，极靴处为 N 极；则在 δ_I 处 Φ_D 与 Φ_{MI} 方向相反，磁通削弱，等于 $\Phi_{MI}-\Phi_D$；在 δ_{II} 处 Φ_D 与 Φ_{MII} 方向相同，磁通加强，等于 $\Phi_{MII}+\Phi_D$，当 $\Phi_{MII}+\Phi_D>\Phi_{MI}-\Phi_D$ 时，$F_{MDII}>>F_{MDI}$，在 F_{MDII}、衔铁重力、接点作用力的共同作用下，衔铁返回到打落位置。

4. JZX 整流式继电器

整流式继电器用于交流电路中，它通过内部的半波或全波整流电路将交流电变为直流电而动作。之所以如此，是为了避免在 AX 系列继电器中采用结构形式完全不同的交流继电器，以提高产品的系列化、通用化程度。

整流式继电器的电磁系统与无极继电器相同，只是磁路结构参数有所不同，更主要的是，在接点组上方安装由二极管组成的半波或全波整流电路。

整流式继电器有 JZXC-480、JZXC-0.14、JZXC-156、JZXC-H18 型及派生的 JZXC-H18F 型等型号。

JZXC-480 型继电器的磁路具有加大的尺寸（加大止片厚度），是为了增大返还系数而不使工作值增加很多。它具有不规则的 4QH 与 2Q 接点组。在接点组上，安装有二极管 2CP25 组成的桥式全波整流电路。

JZXC-0.14 型继电器磁系统与 JZXC-480 相同。两线圈并联连接，有 4QH 接点组，接点组上方安装由 2CZ-1 型二极管组成的半波整流电路。

JZXC-H156 与 JZXC-H18 型继电器为具有缓放特性的整流式继电器，其采用铜线圈架，接点系统为 4QH 接点组，在接点组上方，安装由二极管 2CP25 组成的桥式全波整流电路。JZXC-H18F 是 JZXC-H18 的派生型号，具有防雷性能，以保护整流二极管免遭击穿。

JZXC-H142 型、JZXC-H138 型和 JZXC-H60 型整流式继电器用于 LED 为光源的信号点灯电路。JZXC-16/16 型整流式继电器具有较高的返还系数，用于自动闭塞区间信号点灯电路，可解决长距离供电电缆漏泄电流大、灯丝继电器释放不可靠的问题。其前圈为二极管封闭的短路线圈，无整流单元与电源线直接连接，具有一定的防雷功能。

整流式继电器的线圈、整流器与电源片连接如图 2-8 所示。

整流式继电器接点系统的结构与无极继电器相同，零部件全部通用，只是接点的编号有区别。

整流式继电器动作原理与无极继电器相同，但由于交流电源通过整流后动作继电器，在线圈上加上的是全波或半波的脉动直流电，其中存在交变成分，使电磁吸引力产生脉动，工作时发出响声，对继电器正常工作带来不利影响。

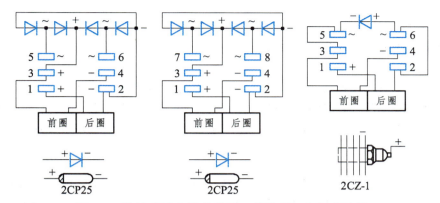

图 2-8 整流式继电器的线圈、整流器与电源片连接

二、安全型继电器的特性

安全型继电器的特性包括电气特性、时间特性和机械特性。这些特性用来表征继电器的性能，是使用和检修继电器的重要依据。

1. 电气特性

电气特性是安全型继电器的基本要求，也是设计和实现信号逻辑电路的依据。电气特性包括额定值、吸起值、释放值、工作值、转极值等。

1）额定值

额定值是满足继电器安全系数所必须接入的电压或电流值。AX 系列继电器的额定电压为直流 24 V，作为轨道继电器、灯丝继电器、道岔起动继电器时除外。

2）吸起值

使继电器动作（动接点与前接点接触）所需要的最小电流或电压值。

3）释放值

使继电器从规定值逐渐降低电压或电流，至全部前接点断开时的最大电压或电流值。

4）工作值

向继电器线圈通电，直到衔铁止片与铁心接触、全部前接点闭合，并满足规定接点压力所需要的最小电压或电流值。此值使继电器的电磁系统及接点系统处于刚好能工作的状态，一般规定工作值不大于额定值的 70%。

5）转极值

使有极继电器衔铁转极的最小电压或电流值，又分为正向转极值和反向转极值。

正向转极值是使有极继电器的衔铁转极，全部定位接点闭合，并满足规定接点压力时的正向最小电压或电流值。

反向转极值是使有极继电器的衔铁转极，全部反位接点闭合，并满足规定接点压力时的反向最小电压或电流值。

6）过负载值

继电器允许接入的最大电压或电流（一般为工作值的 4 倍），接入过负载值后，线圈不会损伤，电气特性亦不变化。

7）安全系数

额定值与工作值之比称为安全系数。

8）返还系数

释放值与工作值之比称为返还系数。返还系数对于信号继电器有着特别重要的意义，返还系数越高，标志着继电器的落下越灵敏。AX系列继电器的返还系数为0.2～0.5。规定普通继电器的返还系数不小于30%，缓放型继电器不小于20%，轨道继电器不小于50%。

2. 时间特性

电磁继电器的电磁系统是具有铁心的电感，在接通或断开电源时，由于电磁感应作用，在铁心中产生涡流，在线路中产生感应电流。这些电流产生的磁通阻碍铁心中原来的磁通的变化，所以电磁继电器或多或少地都具有一些缓动的时间特性。

在各种继电器控制的电路中，由于它们完成的作用不一样，对继电器的时间特性要求也不一样，如果不能满足对时间特性的要求，控制电路便不能正常工作。因此，不仅要了解继电器固有的时间特性，而且还要按电路的要求，设法改变继电器的时间特性。

1）继电器的时间特性

电磁继电器线圈所具有的电感不仅电感量大，而且是非线性的，再加上继电器磁路中的工作气隙在动作过程中是变化的，因此继电器线圈中的电流变化规律较为复杂。

当线圈通电到衔铁动作，带动后接点断开，前接点接通，需要一定的时间。当线圈断电到衔铁动作，带动前接点断开，后接点接通，也需要一定的时间；即吸起需要时间，落下也需要时间。

吸起时间指向继电器通入额定值起至全部前接点闭合所需的时间（包括通电至后接点断开的吸起启动时间和从后接点断开到前接点闭合的衔铁运动时间）。落下时间指向继电器通入额定值，从线圈断电时至后接点闭合所需的时间（包括断电至前接点断开的落下启动时间和从前接点断开至后接合闭合的衔铁运动时间）。继电器动作时间如图2-9所示。

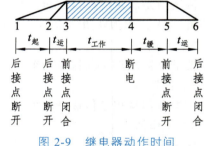

图2-9　继电器动作时间

例如 JWXC-1000 型继电器的吸起时间为0.10～0.15 s，落下时间为0.01～0.02 s。可见继电器都是缓动的，但其缓吸、缓放时间都非常短。

2）改变继电器时间特性的方法

继电器用于控制电路中，要满足不同控制对象对时间特性的要求，光依靠继电器的固有时间特性是不行的，必须根据需要改变继电器的时间特性。改变继电器时间特性的方法，一是改变继电器的结构；二是用电路来实现。

（1）改变继电器结构的方法。

用改变继电器结构的方法来改变继电器时间特性的方法有：改变衔铁与铁心间止片厚度，来改变继电器的返回时间；选用电阻率较高的铁磁材料，以缩短继电器的动作时间；增大线圈导线的线径来减小继电器的吸合时间等方法。而采用最多的方法是在继电器铁心上套短路铜环使继电器缓动，构成缓放型继电器。安全型继电器用铜线圈架作为铜环，如图2-10所示。

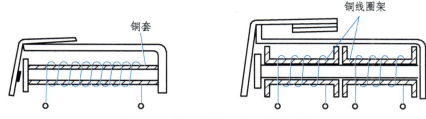

图 2-10　缓放型继电器的铜线圈架

这样的继电器，当其线圈接通电源或断开电源时，铁心中的磁通发生变化，在铜线圈架中产生感应电流（涡流），感应电流所产生的磁通阻止原磁通的变化，使铁心中的磁通变化减慢（即接通电源时感应电流产生的磁通与原磁通方向相反，使磁通增长减慢；切断电源时感应电流的磁通与原磁通方向相同，使磁通减小变慢），从而使继电器缓吸缓放。

（2）改变电路的方法。

通过改变电路改变继电器时间特性的方法有：提高继电器端电压使其快吸；与继电器线圈并联 RC 串联电路使其快吸；在继电器线圈两端并联电阻或二极管使其缓放；短路继电器一个线圈使其缓放等。最多采用的是在继电器线圈两端并联 RC 串联电路，使继电器缓吸缓放，如图 2-11 所示。在继电器通电时，电容器充电，因充电电流一开始很大，在 R 上产生较大压降，降低了继电器的端电压，使继电器线圈中的电流增长减缓，起到缓吸的作用。在继电器断电时，依靠电容器 C 的放电，使继电器缓放。

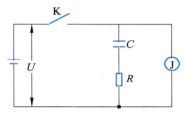

图 2-11　继电器线圈两端
并联 RC 电路

缓放时间长短与电容器的容量、放电回路中的电阻值及继电器的释放值有关。可通过改变 C 的电容量和 R 的电阻值来获得所需要的缓放时间。

3. 安全型继电器的机械特性与牵引特性

在继电器衔铁的动作过程中，衔铁上受到电磁吸引力和反作用力。电磁吸引力又称牵引力。反作用力与之方向相反，对于安全型继电器来说是由衔铁（及重锤片）的重力和接点簧片的弹力组成的，所以称为机械力。要使继电器可靠工作，牵引力必须大于机械力，因此牵引力的大小要根据机械力来确定。

1）机械特性

AX 系列继电器机械力的大小与接点片的数量、重锤片的数量、衔铁的动程等有关，而且在衔铁的整个运动过程中所受到的机械力不是固定不变的，而是在一个很大的范围内变化的。也就是说，继电器的机械力 F_J 是随着衔铁与铁心间的气隙 δ 的变化而变化的。$F_J = f(\delta)$ 的变化关系称为继电器的机械特性。表示这种变化关系的曲线，称为机械特性曲线。不同类型的继电器，其结构不同，机械特性也不同。

图 2-12 所示为无极继电器的机械特性曲线，图中纵坐标表示衔铁运动时所克服的机械力 F_J（单位为 N），横坐标表示衔铁与铁心间的工作气隙 δ（单位为 mm），横轴上线段 Oa 代表最大气隙 δ_a 值，$O\delta_0$ 代表止片厚度，$a\delta_0$ 代表衔铁动程值（$\delta_a - \delta_0$）。

继电器衔铁释放时气隙最大，这时在衔铁重力和动接点片的预压力（动接点片预先向下弯曲变形所产生的弹力）的作用下，使动接点片与后接点片间保持一定的压力，以保证接触良好。后接点片的预压力与衔铁重力及动接点片预压力之和相平衡，衔铁上的机械力 F_J 为零，在机械特性曲线上用 a 点表示。

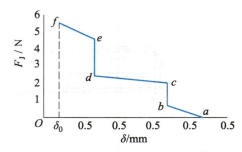

图 2-12　无极继电器的机械特性曲线

当衔铁开始运动，工作气隙从 δ_a 逐渐减小时，后接点片的挠度随之逐渐减小，使后接点片与动接点片之间的压力逐渐减小。这时，后接点片给予动接点片的作用力也逐渐减小，动接点片的挠度逐渐增大。因此，随着气隙的减小，机械力 F_J 逐渐增大，如线段 ab 所示。该线段的陡度由后接点片和动接点片的弹性变形决定。

当动接点与后接点刚分离时，动接点片失去了后接点片对它的作用力，使机械力突然增大，如线段 bc 所示。其值决定于衔铁重量和动接点片的预压力之和。

衔铁继续运动，使动接点片逐渐向上弯曲，由于动接点片的挠度加大，使动接点片对衔铁的压力逐渐上升，如线段 cd 所示。上升的陡度由动接点片的弹性变形决定。

当动接点片与前接点片接触并使前接点片刚离开上托片时，动接点片上增加了前接点的预压力，使机械力突然加大，如线段 de 所示。

为使动接点片与前接点片间接触良好，必须要求它们之间有一定的压力，所以衔铁仍需运动，直至衔铁运动完毕。在这一过程中由于动接点片和前接点片共同弹性变形，弹力增大，所以机械力较快上升，如线段 ef 所示。

可见，继电器的机械特性曲线是一条折线，它表示了衔铁运动在不同位置时的机械反作用力 F_J。折线上 c、e 两个折点突出向上，它们反映了衔铁运动在这两个位置的机械反作用力变化最大。如果继电器的牵引力在这两个位置均能大于机械反作用力，该继电器就能吸起。所以 c、e 两个点中的一个，一般作为确定牵引力的依据，称为临界点。

2）牵引特性

当无极继电器线圈上加上直流电源后，铁心中就产生磁通，磁通经过铁心与衔铁间的气隙 δ 时，对衔铁产生电磁吸引力，称为牵引力 F_Q。牵引力 F_Q 与线圈的磁势（线圈的匝数和所加电流的乘积 IW，通常称安匝）及气隙大小有关。当 δ 一定时，F_Q 与安匝（IW）的平方成正比；当安匝一定时，F_Q 与 δ 的平方成反比；即 F_Q 随 δ 呈双曲线规律而变化。牵引力 F_Q 随工作气隙 δ 变化的关系 $F_Q = f(\delta)$，称为牵引特性。牵引特性曲线如图 2-13 所示。从图中可看出，当安匝一定时，牵引力 F_Q 随 δ 的减小呈双曲线规律急剧增大；而相同的工作气隙，在不同的安匝下，牵引力 F_Q 也不同，安匝大，牵引力也大。因此，不同的安匝值牵引力 F_Q 与工作气隙 δ 的牵引特性曲线也不同，安匝大，曲线 $F_Q = f(\delta)$ 位置就高。

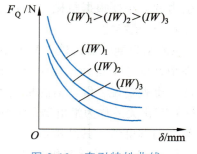

图 2-13　牵引特性曲线

3）牵引特性与机械特性的配合

将机械特性曲线和一族牵引特性曲线用同一比例尺绘在同一坐标上，如图 2-14 所示。这一族牵引特性曲线对应于不同的继电器安匝。显然，要使继电器吸起，就必须要求继电器衔铁在整个运动过程中，牵引力处处大于或等于机械力。也就是说，牵引特性曲线必须在机械特性曲线之上，至少也要与机械特性曲线相切。如前述，机械特性曲线上的 c 和 e 点是两个凸出的折点，如果衔铁运动到这两点时牵引力都大于或等于机械力，那么在其他点的牵引力都能满足要求。因此，只要根据这两点中的任一点相切在另一点之上的牵引特性曲线，就能确定该继电器的吸起安匝。在图 2-14 中，$(IW)_3$ 的牵引特性曲线不能满足要求，因它虽与 e 点相切，上部分处于机械

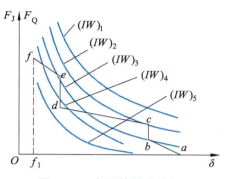

图 2-14　牵引特性曲线与机械特性曲线配合

特性曲线之上，但下部分处于机械特性曲线之下，说明下部分的牵引力小于机械力，继电器不能吸起。而与 c 点相切的 $(IW)_2$ 牵引特性曲线，除 c 点牵引力等于机械力外，其余都大于机械力，所以能使继电器吸起，$(IW)_2$ 就是吸起安匝。又因为 c 点的牵引力等于机械力，所以这个吸起安匝称为临界安匝，切点 c 称为临界点。为使继电器可靠吸起，继电器的安匝应大于临界安匝，在临界安匝上再加上一个储备量，即乘以储备系数 K，就成为工作安匝 $(IW)_G$，即 $(IW)_G = K(IW)_2$。

储备系数 K 越大，牵引力越大，吸起时间越短。但 K 不能过大，K 过大不但造成不必要的功率消耗，而且因吸引力过大会造成接点在闭合时发生剧烈振动，影响接点稳定工作，甚至产生强烈的电弧或火花使接点损坏。K 值一般为 1.1～1.3。

三、安全型继电器的接点

继电器接点是继电器的执行机构，通过接点来反映继电器的状态，进行电路的控制。对于继电器接点有较高的要求，从接点材质到接点结构，从接点组数到接点容量，对频繁通断大电流的接点，还必须采取灭火花措施。

1. 对接点系统的要求

在实际应用过程中，继电器的大部分故障发生在接点系统上，因此继电电路的可靠性在很大程度上取决于接点系统工作的可靠性。为保证继电器的可靠工作，必须对接点系统有一定的要求，这些要求包括：

（1）接点闭合时，接触可靠，接触电阻小而且稳定。

（2）接点断开时，要可靠分开，接点间电阻为无穷大，即有一定的间隙。

（3）接点在闭合和断开过程中没有颤动。

（4）不发生熔接。

（5）耐各种腐蚀。

（6）导热率和导电率要高。

（7）使用寿命长。

2. 接点参数

接点接触时两导体间的连接是接触表面间若干个接触过渡段的结合，因此它的电阻比同样形状、尺寸的整个导体要大得多，这种接触连接所形成的电阻叫作接触电阻。这样，接点电阻由接触电阻及接点本身的电阻两部分组成。由于接点材料本身的电阻比接触电阻小得多，可略去不计，接点电阻也就近似为接触电阻。接触电阻与接点材料、接点间压力、接点的接触形式、接点间电压降、温度及化学腐蚀、电腐蚀等因素有关。

继电器接点的闭合就是为了接通电路，接通电路工作的质量好坏直接取决于接点接触电阻的大小和稳定性，所以总是希望接点的接触电阻小而稳定。

1）接点材料的影响

一般继电器要求接点材料的电阻系数小，抗压强度低，而且选用不易氧化或其氧化物电阻率小的材料。因为，接触材料电阻系数越小，接点本身的电阻越小，接触电阻越小；材料的抗压强度越小，在一定的接点压力下，接触面积就越大，接触电阻越小。银的电阻率最低，银的氧化膜的导电率与纯银几乎相等，且抗压强度不高，因此几乎所有类型的继电器，都采用银和银合金作为接点材料。对控制大电流和高电压的接点，应选择耐电腐蚀和难熔的材料，如钨和金属陶瓷等。钨熔点高，硬度也很高，不会熔合，几乎没有机械磨损，耐电腐蚀能力强，但它在大气中易氧化。金属陶瓷大部分是由两种互相不能熔成合金的成分，用金属陶制法（粉末冶金法）制成的。它磨损小，熔点非常高，耐电腐蚀能力强，不易熔合，导电导热性能好，很适宜作为接点材料，银氧化镉就是其中的一种。安全型继电器的普通接点，静接点常用银或银氧化镉制成，动接点用银氧化镉制成；加强接点的静接点、动接点均用银氧化镉制成。

2）接点压力的影响

接触点之间的压力和材质，在很大程度上决定着接点电阻的大小。开始接触的瞬间，接点压力加在为数不多的接触点上，这些接触点被压平，使两接触表面更加接近一些，产生一些新的接触点，总的接触电阻就会降低。但当压力达到某数值时，再增大压力，也不会使接点电阻有明显减小。

3）接点接触形式的影响

接点的接触形式，有面接触、线接触和点接触三种，如图 2-15 所示。从表面上看，面接触的接触面最大，接触电阻最小。但实际上并非如此，由于接点的接触面稍有歪斜，两个接点的接触面就不能全面接触，往往只能在一个点或一个不大的面积上接触，因此接触电阻仍然较大。而且接触的部分每次闭合都有不同，加上接点表面的氧化物层自动净化不良，所以接触电阻很不稳定。线接触的压力比较集中，在接点闭合和断开过程中，线接触的接点表面能沿另一接点表面滑动，表面氧化层和灰尘会自动脱落，起到自动净化的作用，使接触电阻减小，而且接触电阻也较稳定。点接触压力最为集中，接触电阻也最稳定，但接触电阻大，散热面积小，温升高，只适用于小功率的控制电路。

如 JWXC 型无极继电器的接点采用点接触方式，在接点簧片的端部开一条 0.5 mm 宽的细长槽口，在槽的两边各焊一个银接点。它与动静点一起构成点接触方式，且形成一个簧片上有两个接触点的并联接触方式，大大提高了触头接触的可靠性。

JYJXC-135/220 型加强接点有极继电器，为满足通断较大电流的需要，除了加强接点片厚度外，接点采用面接触方式。

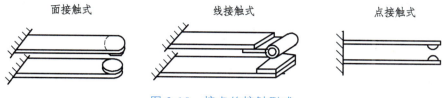

面接触式　　　　线接触式　　　　点接触式

图 2-15　接点的接触形式

3. 接点的灭火花电路

为了提高接点的使用寿命，应设法避免接点间发生火花。发生火花的原因，是接点控制电路中有电感元件，电感元件中储存着磁场能量，当接点断开时往往以高电压击穿空气隙，将这些能量出现在接点之间，形成火花放电（但此时，因电流未达到电弧临界电流 I_0，不会产生电弧）。要消灭接点火花，必须采取措施将这部分磁场能量引出，不使它出现在接点上，使接点间的电压低于击穿空气的电压，那么接点间的火花即可消灭。具体方法一般采用灭火花电路，总的原理是利用灭火花电路沟通电感负载所产生的感应电流回路，以降低自感电势，并把磁场能量消耗在回路中的电阻上，这样接点间的电压就可能降低到不能击穿空气隙，避免接点火花的出现。

灭火花电路如图 2-16 所示，分别为灭火花电阻与电路电感元件并联、灭火花二极管与电路电感元件并联、灭火花电阻电容与电路电感元件并联、灭火花电阻与接点并联、灭火花电阻电容与接点并联。灭火花电阻电容与接点并联是最常用的方法，在接点断开瞬间，电感负载所产生的感应电流流经并联在接点上的电容和电阻串联电路，使接点上的电压降至击穿空气隙的电压之下，而避免发生火花。此时，磁场能量消耗在回路电阻上。

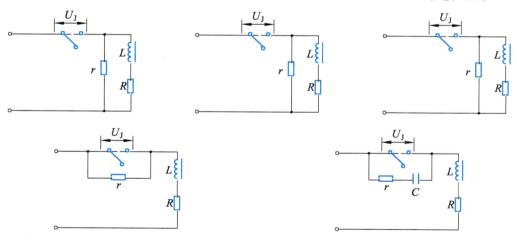

图 2-16　灭火花电路

4. 熄灭接点电弧

当电路中的电流较大（大于产生电弧的临界电流 I_0）时，接点断开过程中，由于在强大电场作用下从负极发出的电子具有足够大的能量使气体电子发生强烈游离，就在接点间产生电弧。电弧温度很高，会引起接点材料的蒸发与喷溅，更增加了接点的电腐蚀，同时还引起接点表面的氧化，必须设法熄灭接点电弧。

电弧在接点间燃烧时，对电路来说具有一定的电阻值，使电路继续保持接通状态。要使电弧自行熄灭，就必须使电流值的增长率小于零，电流逐渐减小至零。要保证这一点，有两条途径：限制电路功率和增大接点间隙距离。限制电路功率，可使电流值达不到临界电流，但这种方法不是任何情况下都能采用的。单纯增大接点间距离熄弧效果有限。于是，在接点组数有多余的情况下，可采用几组接点串联的方法。串联几组接点，增大了接点间距离，也提高了电弧临界电压，有较好的熄弧效果。

最常用的则是磁吹弧，这种方法是利用磁场的电磁力把电弧拉长，起到增大接点间距离的作用，使电弧拉长到加在接点间的电压不足以维持电弧燃烧所需的电压而自行熄灭。磁吹弧法是在接点上加装一块永久磁铁，永磁磁通经过接点间的气隙构成磁回路。接点断开时在接点之间产生电弧，实际上就是电子和离子在接点间的移动。当接点间产生电弧时，电子和离子就要受到永磁的电磁力，使电弧向外拉长，最后使电弧自行熄灭。其原理如图2-17所示。

图 2-17　磁吹弧

磁吹弧的方向根据左手定则确定，如图 2-18 所示。此时要求通过接点电流的方向，应符合使接点间电弧向外吹的原则。否则，向内吹弧，非但不会熄灭电弧，还会造成接点的损伤。

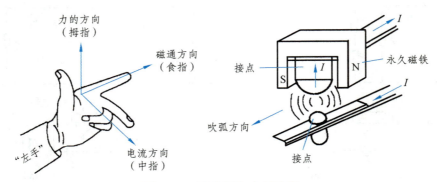

图 2-18　磁吹弧方向示意图

因此，加强接点上用磁吹弧的继电器，如 JWJXC-480、JWJXC-H125/0.44、JWJXC-H125/0.13、JYJXC-135/220 等都规定了接点的正负极性，使用中要注意磁吹弧的方向。这样，接点电流产生的磁场方向与磁铁的磁场方向一致，还保证不会产生对磁铁的去磁作用。

用永久磁铁作磁吹弧有许多优点：可节省铜线和绝缘材料，灭弧系统结构简单；灭弧功能较稳定；没有电能消耗；可使接点开距缩小。

第三节　时间继电器

JSBXC-850 和 JSBXC$_1$-850 型时间继电器是一种缓吸继电器,借助电子电路,能获得 180 s、30 s、13 s、3 s 等延时,以满足信号电路的需要。时间继电器由时间控制单元与 JWXC-$\dfrac{370}{480}$ 型无极继电器组合而成。时间控制单元装在印刷电路板上,安装在接点组的上方。

一、JSBXC-850 型半导体时间继电器

1. 延时电路

JSBXC-850 型半导体时间继电器(型号中 S 为时间,B 为半导体,850 是 370 和 480 之和)的时间控制电路如图 2-19 所示。其核心是由单结晶体管等组成的脉冲延时电路。

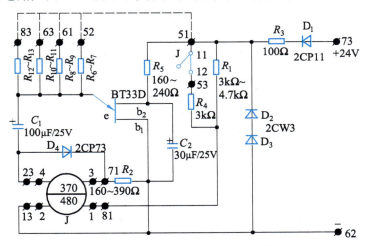

图 2-19　JSBXC-850 延时电路

在单结晶体管 BT 的发射极 e 和第一基极 b_1 的放电回路中接入继电器 J 的前圈(3-4,370 Ω),它的后圈(1-2,480 Ω)通过电阻 R_1 直接与电源相连。接通电源时,后圈有电流流过,其电路为

+24 V 电源(73 端子)—二极管 D_1—R_3—R_1—J_{1-2}—电源(62 端子)

但是,R_1 的阻值很大,为 3 ~ 4.7 kΩ,因此流过后圈的电流很小,继电器 J 不会动作。与此同时,电容器 C_1 也开始充电,其电路为

+24 V 电源(73 端子)—D_1—R_3—

$R_6 \sim R_7$(或 $R_8 \sim R_9$、$R_{10} \sim R_{11}$、$R_{12} \sim R_{13}$)—$C_1 \overset{D_4}{\underset{J_{3-4}}{}} R_2$—电源(62 端子)

此电流流过前圈的方向正好与后圈的相反,继电器更不会动作。

当电容器 C_1 充电电压上升至高于单结晶体管 BT 的击穿电压时,BT 的发射极 e 与第一基极 b_1 间导通,C_1 放电,其电路为

$$C_1（+）— BT_{eb_1} — R_2 — J_{3-4} — C_1（-）$$

此电流流过前圈的方向与后圈的相同，当两者之和达到继电器的工作值时，继电器吸起，其前接点 11-12 沟通了自闭电路，电路为

$$+24\text{ V 电源（73 端子）}— D_1 — R_3 — J_{11-12}\overset{\displaystyle R_1}{\frown} R_4 — J_{1-2} —\text{电源（62 端子）}$$

由于 R_4 的接入，电路的电阻值降低近一半，流过后圈的电流大于继电器的落下值，继电器可靠吸起。

2. 延时时间

综上可见，由于 BT 和 C_1 组成的脉冲延时电路的存在，使继电器从接通电源到完全吸起经过了一段时间，这段时间就是继电器的缓吸时间。缓吸时间与充电电路的时间参数有关，C_1 的电容量越大，充电至单结晶体管 BT 击穿电压的时间越长，缓吸时间越长。充电电路的电阻值越大，电容器的充电电流越小，充电时间必然延长，缓吸时间越长。在端子 52、61、63、83 上分别接入不同阻值的电阻，即获得 4 种延时。缓吸时间还与单结晶体管的击穿电压有关，而击穿电压又决定于单结晶体管的分压比，分压比越大，击穿电压越高，缓吸时间越长。

在半导体时间继电器中，C_1 和单结晶体管选定后，改变延时时间，就靠接入不同的阻值的电阻来完成。

一般情况是，连接端子 51-52 为 3 min；51-61 为 30 s；51-63 为 13 s；51-83 为 3 s。此外，通过端子的不同连接还可获得其他延时时间，如 51 与 61、63 相连为 9 s；51 与 61、63、83 相连为 2.3 s，以满足电路的特殊需要。

3. 其他元件的作用

1）稳压管 D_2、D_3

D_2、D_3 与 R_3 串联后成为稳压电路，稳压值 19.5～20.5 V，使继电器电源电压在 21～27 V 变化时保持标准值的吸起时间，以消除电源电压波动对延时的影响。

2）二极管 D_1

D_1 是防止电源极性接错而设的，电源接错时它使电路不通。

3）二极管 D_4

D_4 并联在继电器前圈两端，构成继电器断电时产生的反电势产生电路的回路，以免击穿单结晶体管。

4）电容器 C_2

C_2 是单结晶体管第二基极的平滑电容，也是稳压电路的滤波电容，以消除电源杂音对电路延时的干扰。

5）电阻 R_5

R_5 是单结晶体管的基极电阻。

4. 特性

JSBXC-850 型继电器的电气特性与 JWXC$\dfrac{370}{480}$型相同，但有以下补充规定：

（1）继电器的延时误差不能超出标准值的±15%。

（2）在通电至继电器吸起的缓吸时间内，后接点的压力为 0.098～0.147 N。

5. 接点使用

JSBXC-850 型继电器的接点编号与无极继电器相同。图 2-19 中，除 73、62 外，时间控制单元的端子号与继电器接点完全相同。除 73 接"+"电源，62 接"–"电源以及按所需时间连接对应接点外，继电器内部尚需连接 1-81、2-13、3-71、4-23、11-51、12-53。因此，可供使用的只有第三、第四组两组接点组和第二组前接点。

二、JSBXC₁-850 型时间继电器

JSBXC-850 时间继电器采用 RC 延时电路，在使用中由于电容器老化和环境温度变化，延时时间有漂移，需定期检修和调整其时间常数，而 JSBXC₁-850 型可编程时间继电器是新一代的时间继电器，它采用微电子技术，通过单片机软件设定不同的延时时间。它采用动态电路输出，延时精度高（为±5%），不需要调整，电路安全可靠，它不改动继电器的外部配线，使用很方便。JSBXC₁-850 型时间继电器内部电路如图 2-20 所示。电路由 4 部分组成：输入电路、控制电路、电源电路和动态输出电路。

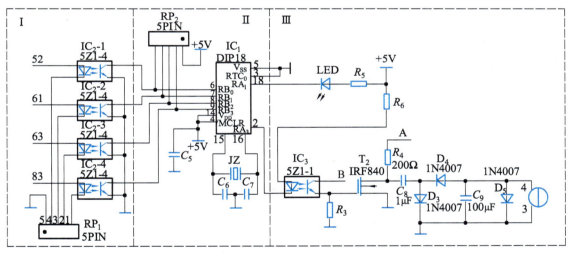

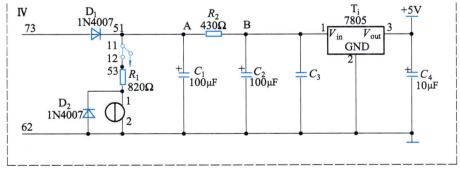

图 2-20　JSBXC₁-850 型继电器

Ⅰ为输入部分，经 4 个光电耦合器 $IC_{2-1} \sim IC_{2-4}$（5Z1-4 型）输入端不同连接，设定不同的延时时间，其连接同 JSBXC-850 型继电器。光电耦合器起隔离作用，将外部电路和单片机隔离开。当光电耦合器的发光二极管有输入导通时，其光敏三极管就导通；否则，就截止。

Ⅱ为控制电路，由 IC_1（DIP18 型）和晶体振荡器 JZ 及 C_6、C_7 等组成。JZ 为 IC_1 提供振荡源。当 IC_1 的输入端 $RB_0 \sim RB_3$ 其中一个有输入时，通过软件的设定，其输出端 $RA_1 \sim RA_3$ 在不同的延时时间后就有序列脉冲输出。在延时过程中发光二极管 LED 每秒钟闪亮一次。

Ⅲ为动态输出部分。当单片机的输出通过光电耦合器 IC_3 接至 MOS 管 T_2（IRF840 型）栅极。在序列脉冲的作用下，T_2 反复导通和截止。T_2 导通时，对电容器 C_8 充电。T_2 截止时，C_8 对 C_9 放电。当 C_9 上电压充至继电器工作值时，通过前圈（370 Ω）使继电器吸起。继电器吸起，其前接点 11-12 闭合，又使后圈（480 Ω）励磁，于是继电器可靠吸起。

Ⅳ为电源部分。经 73-62 输入的电源经 D_1 鉴别极性。C_1、R_2、C_2 组成的滤波电路滤除交流成分，三端稳压器 T_1（7805 型）稳压，为单片机提供工作电源。

JSBXC$_1$-850 型继电器在使用时应注意以下各点：

（1）继电器线圈两端并联有二极管，所以线圈的 1、3 端应接正电，2、4 端接负电。

（2）如果继电器缓吸时间出现误差，应更换控制电路中的晶振或单片机。

（3）如果继电器通电后工作正常，但发光二极管不亮，可更换发光二极管。

（4）如果继电器通电后不吸起，此时若发光二极管每秒闪 1 次，应检查动态输出电路中的元件是否有损坏；若发光二极管不闪，应对 4 部分电路进行分别检查。经检查输入条件正确，则是控制电路板出现故障，建议更换电路板。

第四节　电源屏用继电器

电源屏用系列继电器是为信号电源屏专门设计的继电器，用来代替交流接触器和中间继电器，在电源屏中起转换、表示和监督作用，以减少电源屏故障，提高设备的可靠性。

电源屏用继电器分为无极、整流、交流三种继电器，按使用电源分为交流 24 V、交流 220 V 和直流 24 V、直流 220 V 四种。此外，还有加强接点的，这样一共有 14 个品种。

电源屏系列继电器采用插接式结构，安装方式与 AX 系列继电器相同。采用专用插座，其上端带有锁住装置，在继电器插入插座后，可以用卡板将继电器锁住，保证继电器在使用时与插座接触可靠。

一、电源屏用直流继电器

电源屏用直流加强接点继电器有 JWJXC-7200、JWJXC-100、JWJXC-6800 和 JWJXC-440 型。

前三种继电器的电磁系统的构造及动作原理与安全型无极继电器基本相同，不同点在于它们采用专用铁心，衔铁止片厚 1.2 mm，以提高释放值，减小释放时间。

JWJXC-440 型继电器的电磁系统与安全型偏极继电器基本相同，但极靴是方形的，方形极靴下方固定有特制的永久磁铁，使衔铁处于极靴与永久磁铁之间，受永久磁铁的吸引力和重锤片重力的作用，衔铁处于释放位置。这样后接点压力由永久磁铁与重锤片共同产生，使加强后接点保持足够的接点压力。其动作原理同偏极继电器，使用时应注意线圈电源的极性。

JWJXC 型继电器的接点系统由普通接点和加强接点组成，它们的结构与安全型继电器的相同。只是接点组数与载流量不同，接点弹片与触头的尺寸有所变化。

JWJXC 型继电器电源片与接点位置如图 2-21 所示。

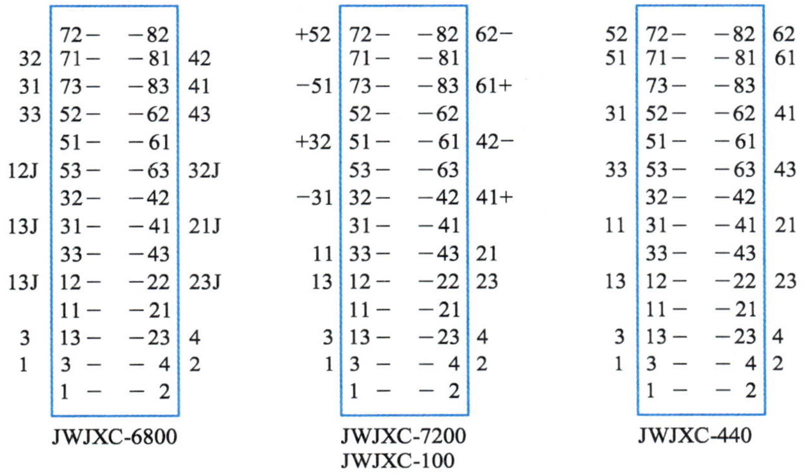

72– –82
32 71– –81 42
31 73– –83 41
33 52– –62 43
51– –61
12J 53– –63 32J
32– –42
13J 31– –41 21J
33– –43
13J 12– –22 23J
11– –21
3 13– –23 4
1 3 – – 4 2
1 – – 2
JWJXC-6800
+52 72– –82 62–
71– –81
–51 73– –83 61+
52– –62
+32 51– –61 42–
53– –63
–31 32– –42 41+
31– –41
11 33– –43 21
13 12– –22 23
11– –21
3 13– –23 4
1 3 – – 4 2
1 – – 2
JWJXC-7200
JWJXC-100
52 72– –82 62
51 71– –81 61
73– –83
31 52– –62 41
51– –61
33 53– –63 43
32– –42
11 31– –41 21
33– –43
13 12– –22 23
11– –21
3 13– –23 4
1 3 – – 4 2
1 – – 2
JWJXC-440

图 2-21 JWJXC 型继电器电源片与接点位置

JWJXC-440 型继电器由于加强后接点压力只有 400 mN，如果在静接点片上加熄弧器，后接点无论闭合或断开，都容易产生颤动，使接点磨损加剧，因此该继电器静接点片不设熄弧器。其他三种继电器熄弧器安装位置与使用电流的方向如图 2-22 所示。

N
S
S
N
JWJXC-7200
JWJXC-100
JWJXC-6800

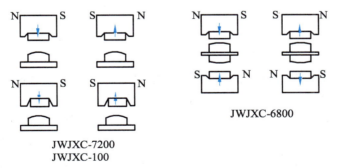

图 2-22 JWJXC 型继电器熄弧器安装与使用电流的方向

二、电源屏用整流继电器

电源屏用整流继电器有 JZJXC-7200、JZJXC-100 和 JZXC-20000 三种。它们由电磁系统、接点系统与整流单元组成。电磁系统的构造与 JWJXC-7200 型继电器相同。JZJXC-7200 和 JZJXG-100 有加强接点，接点构造与 JWJXC-7200 型继电器相似，只是加强静接点没有安装熄弧器。这是因为熄弧器的吹弧方式与电流方向有关，而 JZJXC 型继电器的接点负载为交流，如果安装熄弧器，就会一会儿向内吹弧，一会儿向外吹弧，当电弧往接点片内部吹时，可能造成接点片间互相短路。因此，不安装熄弧器，而是利用接点间隙及交流电过零点的原理熄弧。

JZJXC-7200 和 JZJXC-100 型继电器的整流单元是由四个 IN4007 型硅二极管组成全波整流器。由于接点组上没有安装整流单元的位置，只能外附。使用时，应将所附带的整流单元的交流端接电源，直流正极接继电器的电源 3（插座位置 13），直流负极接电源片 2（插座位置 14），而电源片 1（插座位置 3）与电源片 4（插座位置 23）相连。JZXC-20000 型继电器的接点组上方安装四个 IN4007 型硅二极管组成的全波整流单元。

电源屏用整流继电器电源片与接点位置如图 2-23 所示，JZXC-20000 型继电器的线圈、电源片与整流器的连接如图 2-24 所示。

电源屏用整流继电器的动作原理同安全型整流式继电器。

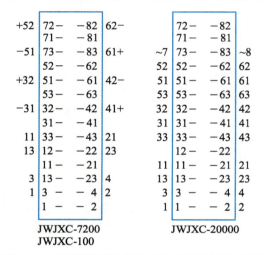

图 2-23　电源屏整流继电器电源片与接点位置　　图 2-24　JZXC-20000 型继电器线圈

三、电源屏用交流继电器

电源屏用交流继电器有 JJC 型交流继电器和 JJJC 型交流加强接点继电器。根据使用接点组数与使用电源的不同，JJJC 型分为 JJJC、$JJJC_1$、$JJJC_2$、$JJJC_3$、$JJJC_4$、$JJJC_5$ 六种不同的规格（型号中第一个 J 为继电器，第二个 J 为交流，第三个 J 为加强接点）。

电源屏交流继电器磁系统是拍合式交流磁系统，如图 2-25 所示。电磁系统由 Π 形铁心、支架、角形衔铁、线圈等组成。铁心用 Π 形硅钢片叠合后铆成一个整体，如图 2-26 所示。这是因为线圈所通为交流电，若为整块铁心会形成涡流而使铁心发热，故用硅钢片叠成以减小涡流。

交流继电器线圈中所通过的为交流电源，在铁心中产生的是交变磁通。交变磁通所产生的吸引力与磁通的平方成正比，所以虽然线圈中的电流方向不断改变，但吸引力并不随之改变方向，然而吸引力的大小在最大值和零之间以两倍电源频率作正弦变化。当吸引力的瞬时值大于衔铁重力和接点的反作用力时，衔铁就吸合，反之，衔铁释放。这样，在交流电的一个周期内，衔铁两次被吸引和释放。当然，由于频率较高，衔铁来不及完全释放，而是在极面处颤动并发出噪声。这种波动影响继电器的正常工作。

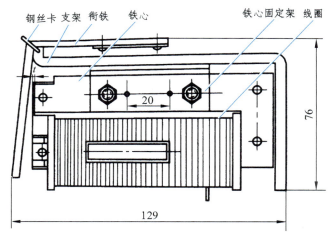

图 2-25　电源屏交流继电器电磁系统

为消除颤动，在铁心两个工作极面端部各嵌装一个短路铜（或铝）环。短路环包围了铁心的一部分，如图 2-27 所示。

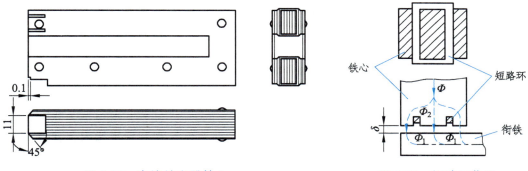

图 2-26　交流继电器铁心　　　　　　图 2-27　短路环作用

由于短路环的感应电流作用，通过短路环内部的磁通 Φ_2 滞后于环外磁通 Φ_1 一个角度（约相差 60°~70°）。这样，Φ_1 与 Φ_2 产生的电磁吸引力不会同时为零。当总的电磁吸引力大于等于衔铁上的反作用力时，衔铁就会被牢靠吸引而消除了颤动。

铁心的两个工作极面，应有一个角度，这样，当衔铁在工作位置时，衔铁与铁心的极面形成楔形间隙，以防止衔铁不释放。铁心极面加工成 45°的斜坡，以减小衔铁与铁心的接触面积，减小交流声。

衔铁在工作位置应与铁心密贴，因此衔铁上没有安装止片。

JJC 型交流继电器的接点与安全型无极继电器基本相同，所不同的只是铁拉杆是交流继电器专用的。

JJJC 型交流加强接点继电器的接点组由普通接点和加强接点组成，结构与安全型加强接点继电器相同，只是接点组数、载流量大小、接点弹片尺寸、触头大小不同。它们的加强接点均用于控制交流电路，因此静接点均不安装熄弧器。

电源屏用交流继电器的电源片及接点位置如图 2-28 所示。

	JJJC / JJJC₁	
52	72— —82	61
53	71— —81	63
	73— —83	
32J	52— —62	42J
	51— —61	
31J	53— —63	41J
12J	32— —42	22J
	31— —41	
11J	33— —43	21J
1	12— —22	2
	11— —21	
	13— —23	
	3— —4	
	1— —2	

	JJJC₃	
32	72— —82	42
31	71— —81	41
33	73— —83	43
	52— —62	
12J	51— —61	22J
	53— —63	
11J	32— —42	21J
	31— —41	
	33— —43	
1	12— —22	2
	11— —21	
	13— —23	
	3— —4	
	1— —2	

	JJJC₃	
32	72— —82	42
31	71— —81	41
33	73— —83	43
12J	52— —62	22J
	51— —61	
11J	53— —63	21J
	32— —42	
13J	31— —41	23J
	33— —43	
1	12— —22	2
	11— —21	
	13— —23	
	3— —4	
	1— —2	

	JJJC / JJJC₁	
52	72— —82	62
51	71— —81	61
53	73— —83	63
42	52— —62	32
41	51— —61	31
43	53— —63	33
12	32— —42	22
11	31— —41	21
	33— —43	
1	12— —22	2
	11— —21	
	13— —23	
	3— —4	
	1— —2	

图 2-28　交流继电器电源片与接点位置

第五节　灯丝转换继电器

灯丝转换继电器是交流继电器，用于信号点灯电路中，当信号灯泡的主灯丝断丝时通过它自动转换至副灯丝点亮，并通过其接点构成报警电路。灯丝转换继电器有 JZCJ 型、JZSJC 型、JZSJC₁ 型和 JZCJ-0.16 型等类型。

一、JZCJ 型继电器

JZCJ 型继电器是较早期的灯丝转换继电器，它是弹力型非插入式继电器，线圈和接点有对应的端子与外线连接，底座上有两个孔，用螺钉将其安装在信号机构内，其结构如图 2-29 所示。

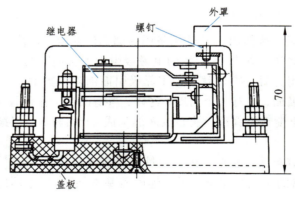

图 2-29　JZCJ 型继电器结构

JZCJ 型继电器的电磁系统由圆柱形铁心、U 形轭铁、平板形衔铁组成 Ⅱ 形拍合式磁路。铁心端部极面处嵌有一个半圆形短路铜环，以减小磁吸力的脉动。弹簧挂在衔铁后端与轭铁左下部，螺旋弹簧用来产生机械反作用力。衔铁的释放，靠弹簧的反作用力，通过弹簧连接螺钉、螺母可调整反作用力。线圈是圆形结构，线径较粗，匝数较少，交流阻抗小，保证灯泡有足够的电压及亮度。动接点不是通过拉杆而是直接用螺钉固定在衔铁上。有两组并排的接点组。底座端子编号如图 2-30 所示，采用连接端子与外线连接。使用 JZCJ 型继电器时，一般侧放。

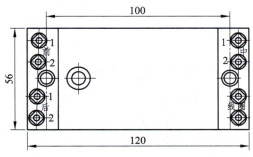

图 2-30　JZCJ 型继电器底座端子

二、JZSJC 型继电器

JZSJC 型继电器也是弹力式继电器，但它是插入式结构，便于现场维修更换。其结构如图 2-31 所示。电磁系统与 JZCJ 型相似，亦为 Π 形拍合式结构，但进行了一些改进。铁心和线圈是方形的，可防止线圈转动。轭铁上端的衔铁支架用来固定衔铁。再加上锁片挡住衔铁，较牢固。衔铁支架可串动，以调整衔铁与轭铁接触处的间隙。在衔铁上端和轭铁上的衔铁架上挂有反力弹簧。短路铜环采用长方形，是为配套铁心而设计的。线圈的线径较粗，以减小交流阻抗。

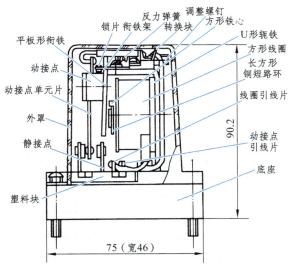

图 2-31　JZSCJ 型继电器结构

接点系统有两组接点，接点引线片和线圈引线片固定在底座上。插座如图 2-32 所示。插座上有 8 个螺钉作为接线端子，分别与插座上的插片相连，是为了与信号机构配线而设置的。当继电器发生故障时可迅速更换之。JZSJC 型具有直立和侧放两种工作位置。JZSJC 型继电器是吸收国外机车继电器的优点而研制的，是弹力型插入式继电器。接点有较大行程，接点接触可靠，有较强的抗震性能，并配有专用插座，方便现场使用和维修。

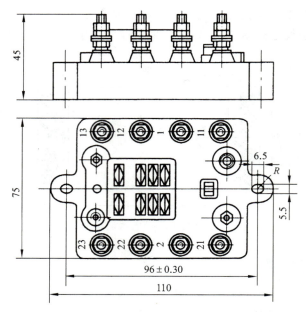

图 2-32　JZSCJ 型继电器插座

三、JZCJ-0.16 型继电器

JZCJ-0.16 型继电器是重弹力式交流电磁继电器，为插入式，设有专用插座。在插座上端装有锁住装置，继电器插入插座后，用卡板将其锁住。JZCJ-0.16 型继电器在现场使用，必须安装防震架。防震架有两种，一种用于信号机构，另一种用于变压器箱。

JZCJ-0.16 型继电器结构如图 2-33 所示，其电磁系统由 Ⅱ 形铁心和条形衔铁组成拍合式磁路。铁心的两个极面各嵌一个短路铜环，衔铁的释放靠其自重及接点的反作用力，故可靠性较高。

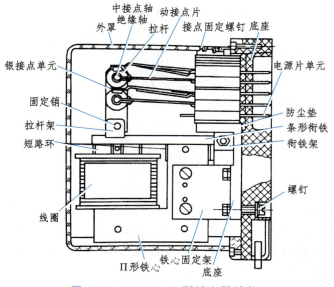

图 2-33　JZCJ-0.16 型继电器结构

JZCJ-0.16 型继电器的接点系统的结构与安全型无极继电器基本相同，有四组后接点。其电源片与接点位置如图 2-34 所示。

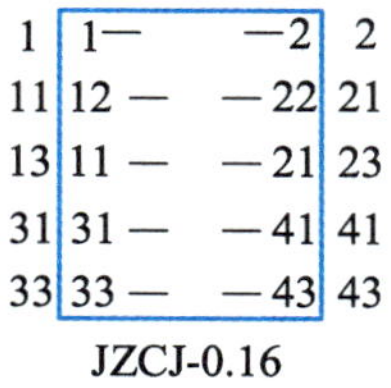

```
 1  │ 1 ─      ─2  │ 2
11  │12 ─      ─22 │21
13  │11 ─      ─21 │23
31  │31 ─      ─41 │41
33  │33 ─      ─43 │43
```
JZCJ-0.16

图 2-34　JZCJ-0.16 型继电器电源片与接点位置

第六节　交流二元继电器

交流二元继电器中的二元指有两个互相独立又互相作用的交变电磁系统，根据频率不同，交流二元继电器分为 25 Hz 和 50 Hz 两种。

JRJC-66/345 型和 JRJC$_1$-70/240 型二元继电器用于交流电气化区段的 25 Hz 相敏轨道电路中作为轨道继电器。它们由专设的 25 Hz 铁磁分频器供电，具有可靠的频率选择性和相位选择性，对于轨端绝缘破损和不平衡造成的 50 Hz 干扰能可靠地防护。另外还有动作灵活的翼板转动系统、紧固的整体结构，不仅经久耐用，而且便于维修。

50 Hz 交流二元继电器主要用于地下铁道、矿山等直流牵引区段的轨道电路中作为轨道继电器。其结构和动作原理与 25 Hz 交流二元继电器基本相同，只是线圈参数有所不同，以适应不同频率的需要。本节介绍 25 Hz 交流二元继电器。

一、交流二元继电器的结构

JRJC$_1$-70/240 型交流二元继电器在 JCJR-66/345 的基础上对结构进行改进设计，采用了增强整机结构稳定性和改进机械传动的形式；优化了磁路设计以增大电磁牵引力和改善了机械电气性能；改进接点结构，改善接点性能；改变接点转动轴的结构以提高动作可靠性。因此，在接点压力、返还系数、可靠性方面有了很大提高。

JRJC$_1$-70/240 型交流二元继电器结构如图 2-35 所示，由电磁系统、翼板、接点等主要部件组成。

1. 电磁系统

电磁系统包括局部电磁系统和轨道电磁系统。局部电磁系统由局部铁心和局部线圈组成。轨道电磁系统由轨道铁心和轨道线圈组成。铁心均由硅钢片叠成，线圈是用高强度漆包线绕在线圈骨架上而构成的。

2. 翼板

翼板是将电磁系统的能量转换为机械能的关键部件，由 1.2 mm 厚的铝板冲裁而成，安装在主轴上。翼片尾端安装有重锤螺母，对翼板起平衡作用，在翼板一侧的主轴上还安装一块 2.0 mm 厚由钢板制成的止挡片，与轴成一整体，使翼板转至上、下极端位置时受到限制。

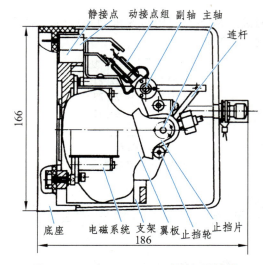

图 2-35　JRJC₁-70/240 型继电器结构

3. 接点组

动接点固定在副轴上，主轴通过连杆带动副轴上的动杆单元使动接点动作，接点组编号如图 2-36 所示。

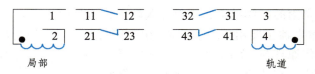

图 2-36　JRJC₁-70/240 型继电器接点组编号

JRJC₁-70/240 型继电器插座外形尺寸为 126 mm×165 mm，要占两个安全型继电器的位置。

二、交流二元继电器的工作原理

1. 交流二元继电器的相位选择性

交流二元继电器的磁系统如图 2-37 所示。当局部线圈和轨道线圈中分别通以一定相位差的交流电流 i_J 和 i_G 时，形成交变磁通 Φ_J 和 Φ_G，磁通穿过翼板时就形成了磁极 J 和 G，在翼板中分别产生感应电流，可看作是许多环绕磁通的电流环所组成，故称为涡流，以 i_{wJ} 和 i_{wG} 表示。涡流 i_{wG} 和 i_{wJ} 分别与磁通 Φ_J 和 Φ_G 作用，产生电磁力 F_1 和 F_2，即轨道线圈的磁通 Φ_G 在翼板中感应的电流 i_{wG}，在局部线圈磁通 Φ_J 作用下产生力 F_1；局部线圈的磁通 Φ_J 在翼板中感应的电流 i_{wJ}，在轨道线圈磁通 Φ_G 作用下产生力 F_2。F_1 和 F_2 的方向可由左手法则决定，如图 2-38 所示。

若使 F_1 和 F_2 同方向，必须 Φ_J 和 Φ_G 方向相反，i_{wG} 和 i_{wJ} 方向相同，或者 i_{wG} 和 i_{wJ} 方向相反，而 Φ_J 和 Φ_G 方向相同。只要在 Φ_J 和 Φ_G 相差 90°的条件下，F_1 和 F_2 是同方向的，即任何瞬间翼板总是受一个方向的转动力的作用。当 Φ_J 超前 Φ_G 90°时，在翼板上得到正方向转矩，接通前接点；而当 Φ_J 滞后 Φ_G 90°时，则在翼板上得到反方向转矩，使后接点更加闭合。如果仅在任一线圈通电，或两线圈接入同一电源，翼板均不能产生转矩而动作，这就是交流二元继电器所具有的可靠的相位选择性，由此可解决轨端绝缘破损的防护问题。

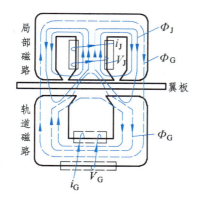

图 2-37　JRJC₁型继电器的磁系统

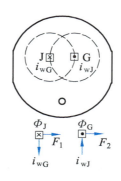

图 2-38　涡流在磁通作用下产生力

2. 交流二元继电器的频率选择性

当牵引电流不平衡时，将有 50 Hz 电压加在轨道线圈上，这时所产生的转矩在一个周期内平均值为零。即轨道线圈混入干扰电流与固定的 25 Hz 局部电流相作用，翼板不产生转矩，不能使继电器误动。同时，由于翼板的惯性较大，使继电器缓动，跟不上转矩变化的速率，使继电器保持原来的位置而不致误动。

由于交流二元继电器具有频率选择性，不仅可以防止牵引电流的干扰，而且对于其他频率也有同样的作用。可以证明，当轨道线圈电流频率为局部电流频率 n 倍时，不论电压有多高，翼板均不能产生转矩使继电器误动。

交流二元继电器的可靠的频率选择性便于电码化的实现，当 25 Hz 相敏轨道电路叠加移频轨道电路时，移频信号加在轨道线圈上，不会使轨道继电器误动，这使得设备简单，工作稳定，避免了因切换方式降低轨道电路技术标准的情况。

原 25 Hz 相敏轨道电路采用 JRJC-66/345 型，由于结构设计不合理造成卡阻，新型的为 JRJC₁-70/240 型，70 Ω 为轨道线圈电阻值，240 Ω 为局部线圈电阻值。

第七节　继电器的应用

应用继电器可构成各种控制和表示电路，统称继电电路。在具体的应用过程中，涉及如何选用继电器、如何识读继电电路、如何分析继电电路以及如何判断继电器故障等方面。

一、电路中选择继电器的一般原则

根据电路要求，按继电器的主要参数和指标进行选择，具体如下：

（1）继电器类型、线圈电阻，应满足各种电路的具体要求。

（2）电路中串联使用继电器时，串联的继电器的数量应满足各继电器正常工作电压的要求。

（3）继电器的接点最大允许电流不应小于电路的工作电流，必要时可采用接点并联的方法。

（4）继电器的接点数量不能满足电路要求时，应设复示继电器，复示继电器应能及时反映主继电器的动作状态。

（5）电路中串联继电器接点时，要使串联继电器接点的接触电阻不影响电路的正常工作。

二、继电器的表述

1. 继电器的名称符号

继电器一般是根据它的主要用途和功能来命名的，例如反映按钮动作的继电器称为按钮继电器，控制信号的继电器称为信号继电器。为了便于标记，继电器符号用汉语拼音字头来表示，例如按钮继电器表示为 AJ，信号继电器表示为 XJ。在一个控制系统中会用到许多继电器，同一作用和功能的继电器也不止一个，它们的名称必须有所区别。例如，以 XLAJ 代表下行进站信号机的列车进路按钮继电器，STAJ 代表上行通过按钮继电器。同一个继电器的线圈和接点必须用该继电器的名称符号来标记，以免互相混淆。同一个继电器的各接点组还需用其编号注明，以防重复使用。

2. 继电器的定位

继电器有两个状态：吸起状态和落下状态。在电路图中只能表达这两种状态中的一种，应有所规定。电路图中继电器呈现的状态称为通常状态（简称常态），或称为定位状态。在铁路信号系统中遵循以下原则来规定定位状态。

（1）继电器的定位状态应与设备的定位状态相一致，信号设备平面布置图中所反映的设备状态约定为设备的定位状态。例如，一般信号机以关闭为定位状态，道岔以开通为定位状态，轨道电路以空闲为定位状态。

（2）根据故障—安全原则，继电器的落下状态必须与设备的安全侧相一致。例如，信号继电器的落下应与信号关闭相一致，轨道继电器落下应与轨道电路占用相一致。这样，才能实现电路发生断线故障时导向安全侧。

根据以上两条原则就可确定继电器的定位状态了。例如，信号继电器 XJ 落下与信号关闭相对应，规定 XJ 落下为定位状态；道岔定位表示继电器 DBJ 吸起与道岔处于定位相对应，规定 DBJ 吸起为定位状态，而道岔反位表示继电器 FBJ 吸起应与道岔处于反位相对应，故规定 FBJ 落下为定位状态。轨道继电器 GJ 吸起与轨道电路空闲相对应，规定 GJ 吸起为定位状态。

在电路图中，凡以吸起为定位状态的继电器，其线圈和接点处均以"↑"符号标记之；凡以落下为定位状态的继电器，其线圈和接点处均以"↓"符号标记之。

3. 继电器图形符号

在继电电路中，继电器线圈和接点组的图形符号分别如表 2-1 和表 2-2 所示，这些图形符号反映了继电器的某些特性，因此绘图时必须正确选用，以免混淆。表中的接点图形符号分为工程图用和原理图用两种。工程图用的符号略微复杂，但能准确表达接点的状态，且不致因笔误而造成误解，所以工程图必须采用工程图用符号。原理图用的接点符号比较简单，但稍有笔误即易造成误认，仅限于设计草图和教学中使用。

表 2-1　继电器线圈的图形符号

序　号	符　号	名　称	说　明
1	○	无极继电器	
	⊖		两线圈分接
2	◐	无极缓放继电器	
3	◓		单线圈缓放
4	⊝	无极加强继电器	
5	⊘	有极继电器	
6	⊘	有极加强继电器	
	2 1 ⊘ 3 4		两线圈分接
7	4 ⊘ 1	偏极继电器	
8	▷	整流式继电器	
9	3'	时间继电器	
10	△	单闭磁继电器	
11	～	交流继电器	
12	≈	交流二元继电器	
13	▭	传输继电器	

　　初学者要注意的是，为绘图方便，一个继电器的线圈符号和它的接点符号可以分别画在电路图的不同位置，也可以画在不同的图纸上，当然它们的名称符号要标记清楚。

　　在继电器线圈符号上要注明其定位状态的箭头和线圈端子号。

表 2-2　继电器接点的图形符号

序　号	符　号		名　称	说　明
	标准图形	简化图形		
1			前接点闭合	
2			后接点断开	
3			前接点断开	
4			后接点闭合	
5			前、后接点组	前接点闭合 后接点断开
				前接点断开 后接点闭合
6	111　112	111　112	极性定位接点闭合	
7	111　112	111　112	极性定位接点断开	
8	113 111	113 111	极性反位接点闭合	
9	113 111	113 111	极性反位接点断开	
10	113 111　112	113 111　112	极性定、反位接点组	定位接点闭合 反位接点断开
	113 111　112	113 111　112		定位接点断开 反位接点闭合

对于继电器的前接点和后接点，只标出其接点组号，而不必详细表明动接点、前接点、后接点号。例如第一组接点，其动接点片为 11，前接点为 11-12，后接点为 11-13。而对于有极继电器，因无法用箭头表示其状态，所以必须表明其接点号，如 111-112 表示定位接点，111-113 表示反位接点，百分数 1 是为了区别于其他继电器而增加的。

三、继电器线圈的使用

对于有两个线圈参数相同的继电器，它的线圈有多种使用方法：可以两个线圈串联使用，连接 2-3 电源片，使用 1-4 电源片；可以两个线圈并联使用，电源片 1-3 连接，2-4 连接；也可以两个线圈分别使用或单线圈单独使用，使用 1-2 或 3-4 电源片。无论哪一种使用方法，都要保证继电器的工作安匝和释放安匝，才能使继电器可靠工作。例如，JWXC-1000 型继电器，它的前后线圈均为 8 000 匝，两个线圈串联使用时，工作电压不大于 14.4 V，故工作电流不大于 14.4/1 000 = 0.014 4（A），工作安匝不大于 2×8 000×0.014 4 = 230.4（安匝）。当单线圈使用时，为了得到同样的安匝，加在两线圈的工作电压应分别为 230.4/8 000×500 = 14.4（V）。当两线圈并联时，为获得同样的安匝，所需工作电压为 $\frac{115.2}{800}×2×250 = 7.2$（V）。

可见，单线圈使用时，为了保证得到与两线圈串联使用时同样的工作安匝，通过线圈的电流必须比串联时大一倍，所消耗功率也大一倍。此时，电源容量要大，线圈易发热。因此，继电器大多采用两线圈串联使用的方法。但当电路需要时，也采用分线圈使用的方法。两线圈并联使用时，所需电压比串联时低一半，一般使用在较低电压的电路中。

四、继电器基本电路

继电器基本电路包括串并联电路、自闭电路、缓放电路、时序电路、极性电路等。

1. 串联电路和并联电路

根据继电器接点在电路中的连接方式，继电电路可分为串联、并联和串并联三种基本形式。

1）串联电路

串联电路指继电器接点串联连接的电路，其功能是实现逻辑"与"的运算。图 2-39 所示为一串联电路，3 个接点必须同时闭合才能使继电器 DJ 吸起。从逻辑功能来看，接点在电路中的串接顺序是任意的，而且动接点是否接向电源也是任意的。但从工程角度出发，应考虑接点的有效使用，如 AJ 的后接点可用在别的电路中。

2）并联电路

由几个继电器接点并联连接的电路称为并联电路，它的功能是实现逻辑"或"运算。如图 2-40 所示为 3 个接点并联的例子，其中任一个接点闭合都会使继电器 DJ 吸起。从工程角度看，也要考虑接点组的有效利用。

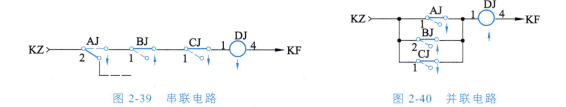

图 2-39　串联电路　　　　　　　　　图 2-40　并联电路

3）串并联电路

根据逻辑功能的要求，在电路中有些接点串联，有些是并联，这类电路称为串并联电路，如图 2-41 所示。

2. 自闭电路

在继电器构成的控制系统中，常需要将某一动作记录下来为以后的过程做准备。例如图 2-42 所示的按钮继电器电路，按下自复式按钮 A 后，继电器 AJ 经过励磁电路吸起。但松开按钮后，继电器就不能保持吸起。为此，增加由自身前接点构成的电路，使按钮松开后，继电器不落下。这条由自身前接点构成的电路称为自闭电路。有了自闭电路后继电器就有了记忆功能。当然，当它完成任务后，就必须由表示该任务完成的继电器接点使其复原。

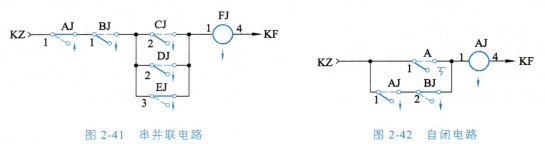

图 2-41　串并联电路　　　　　　　图 2-42　自闭电路

3. 缓放电路

在如图 2-43 所示的继电电路中，电阻 R 和电容 C 的作用是使继电器 KJ 缓放。将电容 C 和电阻 R 串联后并接在继电器的线圈上，构成继电器的缓放电路。电阻用来限制电容的充放电电流，只要适当选择它们的数值，便可获得较长的缓放时间。分析图 2-43 可知，当继电器 ZJ 励磁吸起后，KJ 继电器励磁并自闭的同时，电容 C 也开始充电。当继电器 BJ 失磁断开 KJ 的自闭电路后，由于电容 C 放电使得 KJ 不会立即打落，等电容 C 放电完毕继电器 KJ 才落下。

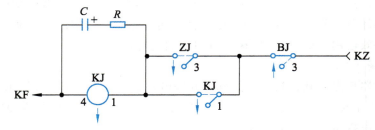

图 2-43　缓放电路

4. 时序电路

在一个由继电电路构成的控制系统中，具有相互作用且按一定时间顺序动作的继电电路的总和，称为时序电路。例如，图 2-44 所示的电路就是由 10 个继电器构成的时序电路。电路的一个输入信号为 $\bar{x}$（继电器 XJ 的后接点）用来控制 2、4、6、8、10 这五个偶数继电器励磁；电路的一个输入信号为 x（继电器 XJ 的前接点）用来控制 1、3、5、7、9 这五个奇数继电器励磁。当 XJ 吸起时，通过输入 x 与 10～2 这九个继电器的后接点接通 1J 的励磁电路，1J 吸起；然后通过 XJ 的输入 $\bar{x}$ 与 1J 的前接点接通 2J 的励磁电路，2J 吸起；随着 2J 的励磁切断 1J 的励磁电路，1J 落下，即 2↑→1↓；通过输入 x 与 2 的前接点（2J 吸起）及 1 的后接点（1J 落下）接通 3J 的励磁电路，3J 吸起；然 3↑→2↓…直到 10↑→9↓。

时序电路在半自动继电闭塞、6502 电气集中等安全控制系统中得到了广泛应用。

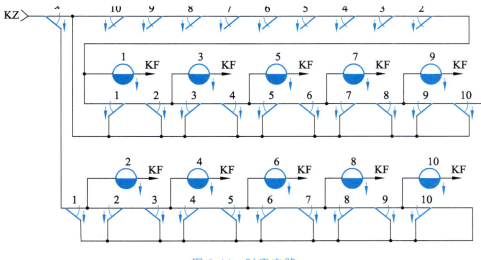

图 2-44　时序电路

5. 极性电路

能鉴别继电器激磁电流极性的继电器电路，叫作极性继电器电路。它由偏极继电器或极性保持继电器组成，可以利用偏极继电器的特征（线圈 1 正 4 负时才能励磁吸起）达到不同的控制目的。例如，图 2-45（a）中的偏极继电器 1JGJ，只有在 1GJ 和 2GJ 都吸起才能励磁；而 2JGJ，无论 1GJ 吸起还是打落，只要 2GJ 吸起就可以励磁。而图 2-45（b）没有使用偏极继电器，1JGJ 和 2JGJ 都使用无极继电器，就需要用 1GJ 和 2GJ 分别控制 2JGJ 和 1JGJ。

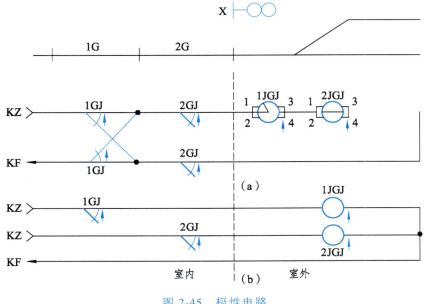

图 2-45　极性电路

五、继电电路的分析法

在设计和分析继电电路时，为了便于认识和掌握电路的逻辑功能、继电器动作顺序、继电器动作时机和继电器励磁回路，需采用一些简便的分析方法，通常有动作程序法、时间图解法和接通径路法。

1. 动作程序法

动作程序法用来表示继电器的动作过程，着重反映继电电路的时序关系和因果关系，而不严格地表达逻辑功能。用符号表示各继电器状态的变化，"↑"表示继电器吸起，"↓"表示继电器落下，（这里↑、↓表示继电器的动作，不要和电路图中表示继电器定位状态的↑、↓相混淆），"→"表示促使继电器吸起、落下，"｜"表示逻辑"与"。

2. 时间图解法

有些继电电路的时间特性要求较严格，整个电路动作过程与继电器的时间特性（如缓放时间的长短）密切相关。这时，可用时间图解法来较准确地进行分析。时间图解法能很清楚地表示出各继电器的工作情况、相互关系和时间特性，能正确地反映整个电路的动作过程。

时间图解法把继电器线圈通电、后接点断开、前接点闭合、线圈断电、前接点断开、后接点闭合等都用时间图表示出来。继电器之间的互相关系，在时间图上用箭头表示。

如图 2-46 所示为脉动偶电路，它的动作过程时间图如图 2-47 所示。

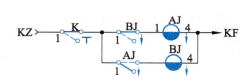

图 2-46　脉动偶电路图

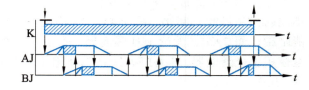

图 2-47　脉动偶电路时间图解

3. 接通径路法

接通径路法（曾称接通公式法）用来描述继电器励磁电流的径路，即由电源正极经继电器接点、线圈及其他器件（按钮接点、二极管等）流向电源负极的回路，它是分析继电器电路中常用的方法（俗称跑电路法）。

例如，对于图 2-46 所示的脉动偶电路，其励磁电路如下：

$$KZ—K_{11\text{-}12}—BJ_{11\text{-}13}—AJ_{1\text{-}4}—KF$$
$$KZ—K_{11\text{-}12}—AJ_{11\text{-}12}—BJ_{1\text{-}4}—KF$$

式中，各接点及其器件的下标是它们在电路中具体连接的接点号或端子号，接点之间用"—"联系，它表示经由，而不用"→"，没有促使的含义，以避免和动作程序法中的"→"相混淆。

一个继电器可能有多条励磁电路，需分别写出接通径路予以描述。

接通径路法仅表达了继电电路的导通路径，而不能反映电路的逻辑功能。对于复杂的继电电路，在对其逻辑功能不熟悉的情况下，可先用接通径路来加以描述。

在实际应用过程中，通常将动作程序法和接通径路法结合起来使用，一方面，在掌握继电电路动作程序的情况下，能方便地跑通电路；另一方面，在跑通电路的过程中，加深对动作程序的理解。

六、继电器电路安全措施

在继电器电路中常见故障有：熔断器熔断、断路器脱扣、断线、脱焊、螺丝松脱、线圈烧坏、接点接触不良、器件失效、插接件接触不良、线间绝缘不良、线路混入电源等，故障种类很多。但就其对电路的影响可以归纳为两大类：一类使电路开路，称为断线故障；另一类使电路短路，称为混线故障。断线故障会导致吸起的继电器错误落下或使应吸起的继电器不能吸起。混线故障可能使不应吸起的继电器错误吸起或使已吸起的继电器不能及时落下，继电器电路的安全性主要是解决断线防护和混线防护问题。

1. 断线防护电路

电路的断线故障远多于混线故障，据此必须按闭合电路法（以电路断开对应安全侧，以电路闭合对应危险侧）设计继电电路，即发生断线故障时使继电器落下以满足故障—安全原则的要求。图2-48所示的两个电路是等效的，即AJF是AJ的复示继电器，但两者结构不一样，图2-48（a）符合闭合电路原理，无论何处发生断线故障都导致AJF在落下状态，具有故障—安全性能。图2-48（b）是利用AJ的后接点构成AJF线圈的旁路而

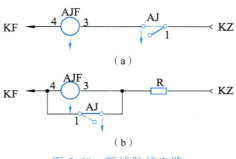

图2-48　断线防护电路

使AJF落下，称为旁路控制电路，其发生断线故障时AJF反而错误吸起而导向危险侧，所以安全电路不能采用旁路控制电路。按闭合电路原理设计电路是断线保护的基本方法，它能对任何断线故障有反映，故可认为它具有断线故障自检能力。

2. 混线防护电路

继电电路按闭合电路原理设计，在混线故障情况下就有可能使继电器错误吸起而导向危险侧。因此，尽管混线故障远少于断线故障，也必须慎重地采取防护措施。实际上，要使电路的各点都进行混线防护是困难的，也是不可能的。室内环境较好，只要采取了严格的施工工艺，电路极少发生混线故障，一般不采取防护措施。

1）位置法

位置法也称远端供电法，是针对室外电路之间混线而采取的措施。例如，在图2-49中两电路的逻辑功能是等同的，但电路结构不同，图2-49（a）的继电器和电源均在电路的同一侧，发生混线故障时继电器将无条件地错误吸起，这十分危险。而在图2-49（b）中，继电器和电源分设在电路两侧，发生混线故障时，一方面使继电器短路，另一方面在接点DB（转辙机接点）闭合的情况下使电源处的熔断器熔断，从而使继电器落下，导向了安全侧。所以，位置法的关键是继电器和电源必须分别设在可能混线位置的两侧。

2）极性法

极性法是针对室外电路混入电源而采取的措施。如图2-50所示，电路中采用偏极继电

器。当 Q 线上混入正电时，与电源极性一致，则继电器 1JGJ 仍保持吸起，Q 线上混入负电时，则熔断器熔断，使继电器 1JGJ 落下导向安全侧。在 H 线上混入电源情况同样如此。如果在列车占用 1G 时，1GJ↓，此时若在 Q 上混入负电，H 线上混入正电，则 1JGJ 因极性不符，不吸起，而如果采用无极继电器就不能达到此目的。

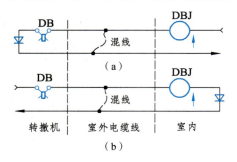

图 2-49　混线防护电路

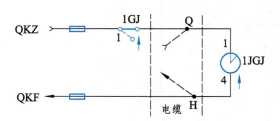

图 2-50　极性法混线防护电路

3）双断法

双断法是在电路的 Q 线和 H 线上都接入同样的控制接点，来防止混线混电故障。如图 2-51 所示，如不采用双断，则当 a、b 两点同时发生接地或控制接点引出端子间发生短路等故障时，尽管控制接点未闭合，也能使继电器错误吸起。但若采用双断法，这种可能性就大大减小，Q 线或 H 线混入电源，也可防护。又如图 2-52（a）所示，若不采用双断法，继

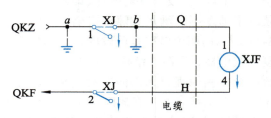

图 2-51　双断法混线防护示意图

电器 1DBJ 和 1FBJ 的 Q 线之间发生混线故障，则 1FBJ 将错误吸起，若采用双断法，如图 2-52（b）所示，则 Q 线间发生混线故障时也不会使 1FBJ 错误吸起。

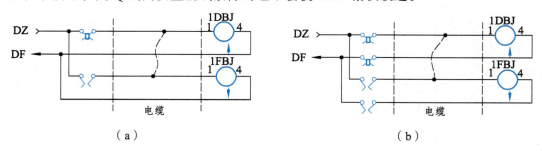

图 2-52　双断法混线防护

4）独立电源法

独立电源法也称为电源隔离法。从上述的双断法分析中可以看出，在混线故障情况下导致继电器错误吸起的原因在于继电器未采用独立电源或多个继电器共用一个电源所致。如果每个继电器有各自的电源且没有公共回线，那么任何两条线路混线都不会构成错误的闭合电路使继电器吸起。但为每个继电器设直流电源很不经济，故在直流电路中未采用，然而在交流电源中可以很方便地利用变压器实现电源隔离，如轨道电路、信号点灯电路和

道岔表示电路都采用变压器隔离。图 2-53 所示为道岔表示电路，其中的 BB 就是专用的隔离变压器。以上几种措施也可同时采用。

此外，混线防护还有分路法（当继电器处于落下状态时接通继电器线圈的分路线，以防止因混入电源而错误吸起）、分线法（重要的继电器电路不与其他继电器共用回线）等。

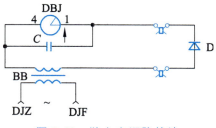

图 2-53 独立电源防护法

思政小课堂

春运战场上的"铁甲雄兵"

——太电先锋榜样焦炜

在战场上，装甲兵驾驶着坦克突破敌人防守、攻克坚固堡垒、担任"开路先锋"，为战斗的胜利发挥关键作用，有"铁甲雄兵"的美誉。春运是铁路人的一场"大会战"，在这个如火如荼的特殊战场上，也有这样一位"铁甲雄兵"，他就是太原电务段薛孤车间业务主管焦炜。

焦炜在入路前服役于装甲部队，是一名优秀的坦克车长。2024 年是他参加的第 15 个春运，也是他来到薛孤车间的首次春运。在军旅生涯中养成的不畏艰难、刻苦钻研的品质，让他在工作中始终严格要求自己，从零开始苦练业务素质，逐渐从职工中脱颖而出。2018 年他开始担任太原东信号工区工长，守护着进京高铁线路的最后一道关口，实现连续多年工区零故障，以优异的表现成为光荣的共产党员。

他常说："作为一名共产党员，就是要在艰难面前勇于承担，隐患面前迎难而上，坚决发挥党员的带头作用。"2023 年他来到新的岗位，更是全身心投入生产当中，曾经 28 天内连续参加 24 个天窗并组织点外巡视作业，往往是夜间天窗完毕紧接着干另一个日间天窗。对他而言，天窗时间极其宝贵，唯有奔跑才不算浪费时间，他总说，"平时慢一点可以，天窗要有加速度，只有两三个小时，多干一组设备，安全就多一分保险。"……

扫码阅读全文

复习思考题

1. 简述继电器的基本原理。继电器在铁路信号中有哪些作用？
2. 信号继电器如何分类？
3. 安全型继电器的插座编号、鉴别销和型别盖有什么作用？举例说明。

4. 安全型继电器有哪些特点？

5. 简述无极继电器的结构和工作原理。它由哪些主要部件组成？各起什么作用？

6. 无极加强继电器结构上有何特点？JWJXC-125/0.44 用在什么电路中？

7. 整流式继电器结构上有哪些特点？其与无极继电器有何异同？共有几种型号？用在什么电路中？

8. 有极继电器的磁路结构有何特点？简述其工作原理。JYJXC-135/220 用在什么电路中？

9. 偏极继电器的磁路结构有何特点？简述其工作原理。它用在什么电路中？

10. 安全型继电器主要包括哪些电气特性？各有什么含义？

11. 如何改变安全型继电器的时间特性？

12. 安全型继电器的机械特性和牵引特性应如何配合？

13. 安全型继电器接点采用什么材料？为什么采用这些材料？安全型继电器的接点有哪些接触形式？

14. 如何灭接点火花？如何灭弧？

15. 简述时间继电器的结构。它们是如何获得延时的？

16. 电源屏用交流继电器在结构上有什么特点？简述其工作原理。

17. 灯丝转换继电器有何特点？

18. 交流二元继电器结构有何特点？用于何处？它如何具有相位选择性和频率选择性？

19. JWXC-H310 型继电器有何特点？用于何处？

20. 总结各类继电器的异同。

21. 识读各种继电器的名称和图形符号。

22. 继电器线圈有哪些使用方法？各用于何种场合？

23. 何谓自闭电路？有何作用？

24. 继电电路如何进行断线防护？何谓闭路式原理？

25. 继电电路如何进行混线防护？

铁路信号有广义和狭义两种，广义的铁路信号是在铁路运输系统中，用于保证行车安全、提高车站和区间通过能力、编组站解编能力的各种控制设备的总称，如车站联锁设备、区间闭塞设备、驼峰信号设备等。狭义的铁路信号一般指的是地面和车上的各种信号机、表示器，以及手信号等。本章主要介绍设置于车站和区间的各种地面固定信号机。

《铁路技术管理规程》（简称《技规》）规定："铁路信号是指示列车运行及调车作业的命令，有关行车人员必须严格执行。"

目前我国铁路信号普遍采用色灯信号机，包括广泛使用的透镜式色灯信号机和新型的组合式色灯信号机以及 LED 信号机。

第一节　铁路信号概述

一、铁路信号的含义

铁路信号分为听觉信号和视觉信号两大类。听觉信号又称音响信号，以发出不同强度、频率和时间长短的音响来表达信号的含义，如机车、轨道车鸣笛声以及号角、口笛、响墩发出的音响。视觉信号是以颜色、形状、位置、显示数目和灯光状态等表达的信号，如地面信号机、信号灯（旗）、信号牌、火炬以及信号表示器等显示的信号。

视觉信号可分为固定信号、移动信号和手信号。手信号是手持信号旗、信号灯发出的信号，如图 3-1 所示。移动信号是在地面临时设置的可以移动的信号，如用于防护线路施工地点的圆形黄牌、方形红牌。固定信号是固定安装在一定位置用于防护固定地点的信号，如信号机、信号表示器等，机车信号也属于固定信号。

铁路电务部门负责维护的信号只是固定信号，包括地面信号和机车信号，其他各种信号机具由使用部门负责使用和维护。平时所说的信号一般专指固定信号。

图 3-1　手信号

二、固定信号的分类

（1）按设置部位分，固定信号可分为地面信号和机车信号。

地面信号是设于车站和区间固定地点的信号机或信号表示器，用来防护站内进路或区间闭塞分区以及道口。机车信号设于机车驾驶室内，用来复示地面信号显示，以及逐步成为主体信号使用。

（2）按用途分类，固定信号可分为信号机和信号表示器。

信号机的分类

信号机是表达固定信号显示所用的机具，用来防护站内进路，防护区间，防护危险地点，具有严格的防护意义。信号机按防护用途的不同又可分为进站、出站、通过、进路、预告、接近、遮断、驼峰、驼峰辅助、复示、调车信号机。

信号表示器是对行车人员传达行车或调车意图的，或对信号进行某些补充说明所用的器具，没有防护意义。信号表示器按用途又分为发车表示器、调车表示器、进路表示器、发车线路表示器、道岔表示器、脱轨表示器等。

（3）按信号机构造分类，地面信号机可分为色灯信号机和臂板信号机。

色灯信号机是以灯光的颜色、数目和亮灯状态来表示信号。它具有昼夜显示一致、占用空间小等特点，但需要可靠的交流电源。色灯信号机按照构造不同可分为探照式、透镜式、组合式和LED信号机。

探照式信号机又称为单灯式信号机，依靠单灯继电器转动有色玻璃来变换信号显示，一组透镜和一个光源可以显示最多三种颜色的灯光。由于其结构复杂，而且易发生卡阻引起信号升级显示，因此这种信号机已经停止生产，仅有少量保留使用。

透镜式信号机又称为多灯式信号机，每一种颜色的灯光都需设一组透镜和一个光源。其主要优点是结构简单，便于维修，因而广泛应用，但其光源利用率低，而且在曲线上不能保证连续显示。

组合式信号机是一种新型信号机构，增加偏光镜，保证信号在曲线上连续显示，同时，信号机构采用组合形式，是信号机一种比较理想的更新换代产品。

LED铁路信号机利用LED发光二极管取代白炽灯泡和透镜组，采用铝合金机构组合而成，经过不断完善，已形成了系列产品。其显示距离远，寿命长，安全可靠，是节能、免维护的新型信号机。

臂板信号机是以臂板的形状、颜色、数目、位置表达信号含义的信号机。我国铁路规定臂板水平位置为关闭，与水平位置向下夹45°角为开放，夜间则以臂板信号机上的灯光颜色与数目来显示。可见，臂板信号机昼夜显示不一致，存在较多缺点，难以自动化，不能构成现代化信号系统，已经被淘汰。

（4）按地位分类，信号机可分为主体信号机和从属信号机。

主体信号是独立地显示信号，指示列车或调车车列运行条件的信号机，如进站、出站、进路、通过、驼峰、调车等信号机。从属信号机是本身不能独立存在，只能附属于某种信号机的信号机，如预告信号机从属于进站信号机、所间区间的通过信号机、遮断信号机；复示信号机从属于进站、进路、驼峰、调车等信号机。

（5）按停车信号的显示意义分类，可分为绝对信号和非绝对信号（亦称容许信号）。

绝对信号是指当显示禁止信号时，在没有引导信号的情况下，绝对禁止列车越过它，所有站内信号机的禁止信号显示均为绝对信号。非绝对信号是指列车在列车信号机显示红灯、显示不明或灯光熄灭时允许列车限速通过，并准备随时停车的信号。例如，自动闭塞区间的通过信号机显示一个红色灯光时，列车停车 2 min 后，仍可按限制速度越过它，但要求随时准备停车。

（6）按安装方式分类，信号机可分为高柱信号机、矮柱信号机、信号托架和信号桥。

高柱信号机的信号机构安装在信号机柱上，具有显示距离远等优点，为保证安全和提高效率，进站、正线出站、接车进路、通过、接近、预告等信号机必须采用高柱信号机，设置在岔线入口处、牵出线上的调车信号机等也应采用高柱信号机。除此之外，进站复示信号机及所有臂板信号机均应采用高柱信号机。

矮型信号机设置在位于建筑接近限界下部外侧的信号基础上，应用于显示距离要求不远的信号机上，一般情况下到发线出站、发车进路及调车信号机等采用矮型信号机。

因受限界限制，不能安装信号机柱时，可采用信号桥或信号托架，如图 3-2 所示。装设在信号桥或信号托架上的信号机，可设置于线路左侧，也可设于所属线路的中心线上方。

图 3-2　信号桥和信号托架

第二节　色灯信号机

色灯信号机是以灯光的颜色、数目和亮灯状态来表示信号。现多采用透镜式色灯信号机，因其结构简单，安装方便，控制电路所需电缆芯线少，所以得到广泛采用。组合式信号机是为提高在曲线上的显示距离而研制的新型信号机构。

一、透镜式色灯信号机

透镜式色灯信号机采用透镜组将光源发出的光束聚成平行光束，故称为透镜式，虽然其光源利用率和显示距离不如探照式信号机，但结构简单，安装方便，控制电路所用电缆芯线少，所以得到广泛应用。

1. 透镜式信号机的分类

透镜式色灯信号机有高柱和矮型两种类型，高柱信号机的信号机构安装在信号机柱上，矮型信号机的机构安装在混凝土基础上。

高柱透镜式信号机结构如图 3-3 所示，它由机柱、机构、梯子等部分组成。机柱用于安装机构和梯子；机构的每个灯位配有相应透镜组和灯泡，给出信号显示；梯子用于维修人员攀登作业。

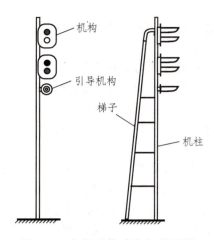

图 3-3　高柱透镜式色灯信号机

2. 透镜式信号机的机构

透镜式信号机机构分为单显示、二显示和三显示三种，其中二显示和三显示机构分别划分为两个和三个灯室，灯室之间用隔板分开，防止相互串光。单显示机构一般用于复示信号、引导信号、容许信号、遮断信号及进路表示器上。

二显示和三显示机构可以单独使用，也可以组合使用（也可与单显示机构组合），再按灯光配列对信号灯位颜色的规定安装有色内透镜。例如，进站信号机由两个二显示机构和一个单显示机构（引导机构）组成。

透镜式信号机机构的每个灯位由透镜组、灯泡、灯座及遮檐组成，如图 3-4 所示，同一机构的各灯位共用一个背板。

透镜组装在镜架框上，由两块带棱凸透镜组成，其中内侧透镜为有色带棱外凸透镜，外侧透镜为无色带棱内凸透镜。使用带棱透镜的原因是它比不带棱透镜轻且较薄，光线通过时损失少；使用两块透镜可以缩短焦距，提高光源利用率，增加射出平行光的强度。信号机显示颜色取决于有色透镜，可根据需要选用。

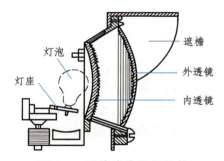

图 3-4　透镜式信号机机构

灯泡是色灯信号机的光源，目前绝大多数信号机采用了 12 V、25 W 直丝双灯丝灯泡或使用双灯泡。双灯丝灯泡当平时点亮的主灯丝断丝时，能通过外接的自动转换设备自动点亮副灯丝，保证信号不间断显示。灯丝为双螺旋圆柱形，主灯丝和副灯丝相互平行，其中主灯丝设置于透镜组焦点，经透镜组发射出平行光束。

灯座用于安放灯泡，现采用定焦盘式灯座，调整好透镜组焦点后固定灯座，更换灯泡时无须再调整。

遮檐用于防止透镜反射阳光或其他光线构成信号机假显示。

高柱信号机均安装黑色背板，用于衬托信号灯光亮度，改善瞭望条件。一般信号机采用圆形背板。各种复示信号机、遮断信号机及其预告信号机、容许信号平时灯光熄灭，不起信号作用，故采用方形背板，以示区别。

透镜式色灯信号机构的型号含义如下：

型号中字母的含义：

X——信号机构；S——色灯；G——高柱；A——矮型；H——红色；L——绿色；U——黄色；B——月白；A——蓝色。

二、组合式信号机

组合式信号机是为克服透镜式信号机的缺点而研制的新型信号机构，适用于瞭望困难的线路，能在曲线半径 300 ~ 20 000 m 的各种曲线和直线上得到连续信号显示。该信号机显示距离远，在直线上可显示 1 500 m 以上，一般弯道显示距离不少于 1 000 m。

组合式信号机每个机构只有一个灯室，由光系统、机构壳体、遮檐等组成，如图 3-5 所示。使用时根据信号显示要求可以分别组装成单显示、二显示及三显示机构，故称为组合式。

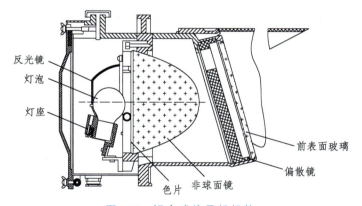

图 3-5　组合式信号机机构

组合式信号机构的光系统由反光镜、灯泡、色片、非球面镜、偏散镜及前表面玻璃组成。灯泡发出的光通过色片、非球面镜聚成带有指定颜色的平行光，再经过偏散镜将一部分光偏散到所需方向，使在曲线上能够连续准确地看到信号显示。色片有红、黄、绿、蓝、月白五种颜色，根据需要每个机构中配备一种色片。偏散镜将光系统产生的平行光较均匀的聚焦到所需要的可视范围内。根据曲线特点选用相应种类的偏散镜，以保证连续显示。偏散镜还可增强部分近距离可见度，使在距离信号机 5 m 处也能看到信号显示。前表面玻璃向上倾斜 15°，可将外来光反射到遮檐上，避免由于反光造成假显示。

组合式信号机采用铝合金或玻璃钢材料，机构重量轻，便于安装、维护和调整。光系统设计合理，光能利用率高，显示效果好，有利于司机瞭望信号。

第三节　LED 色灯信号机

LED 色灯信号机构大小同透镜式色灯信号机，机构采用铝合金材料，信号点灯单元由 LED 发光二极管构成。LED 色灯信号机构及控制系统，在现有点灯控制电路兼容、LED 驱动电路与二极管供电方式的设计方面取得突破，从机械结构到电路的安全可靠性以及现场安装、操作、更换等方面，经不断完善、改进，已形成系列产品。LED 铁路信号显示系统作为一种节能、免维护的新型光源系统被成功运用。

一、LED 色灯信号机构的优点

LED 色灯信号机构采用轻便、耐腐蚀的单灯铝合金机构，组合灵活、安装简单。显示距离超过 1.5 km，且清晰可辨、安全可靠。通过监测控制系统的电流，可监督信号显示系统的工作状态，预警异常情况，有助于准确判断故障点，便于及时处理故障。用 LED 取代传统的双丝信号灯泡和透镜组，具有以下显著优点：

1. 可靠性高

发光盘是用上百只发光二极管和数十条支路并联工作的，在使用中即使个别发光二极管或支路发生故障也不会影响信号的正常显示，提高了信号显示的可靠性。

2. 寿命长

发光二极管的寿命是信号灯泡的 100 倍，改用发光盘后可免除经常更换灯泡的麻烦，且有利于实现免维修。

3. 节省能源

传统信号灯泡耗电为 25 W，而发光盘的耗电量还不到信号灯泡的二分之一。

4. 聚焦稳定

发光盘的聚焦状态在产品设计与生产中已经确定，现场不需调整，给安装与使用带来方便，并能始终保持良好的聚焦状态。

5. 光度性好

发光盘除有轴向主光束外，还有多条副光束，有利于增强主光束散角之外以及近光显示效果。

6. 无冲击电流

点灯时没有类似信号灯泡冷丝状态的冲击电流，有利于延长供电装置的使用寿命，并减少对环境的电磁污染。

二、技术要求

（1）LED 机构不能改变现有信号点灯电路和相关电路。

（2）机构发光二极管损坏数量达到 30%时，不能影响信号显示的规定距离，并及时报警。

（3）遇强光、雷电、电磁干扰，不应导致信号错误显示和发光盘损坏，发光盘及点灯电路短路、点灯装置损坏等造成信号机灭灯时，灯丝继电器应可靠落下。

（4）机构灯光之间不串光，机构门盖开启灵活。

（5）机构的正常绝缘电阻应不小于 50 MΩ。

（6）灯光颜色在寿命周期内符合《铁路信号灯光颜色》（TB/T 2081—2016）的规定。

（7）机构光轴方向的发光强度应满足下列要求：

① 机构光轴方向的发光强度应不低于规定数据的 90%。

② 机构水平方向光束散角应不小于 2°12′，垂直方向光束散角应不小于 1°10′。

③ 带有偏散功能的机构光强度不低于规定要求。

（8）高柱信号机构的发光面直径 180 mm，灯间距为 300 mm；矮型机构的发光面直径 125 mm，灯间距为 215 mm。

（9）高柱信号机构安装后，应能在左右各 90°、前俯 5°范围内任意调整；矮型机构的仰角应为 3°～5°。

三、组成和工作原理

现使用的 LED 色灯信号机构有 XSLE 型、XLL 型、XSZ（G、A）型、XLG（A、Y）型和 XSL 型等。

XSLE 型由发光盘、BXZ-40 点灯单元和 GTB 隔离调压报警单元组成。XLL 型由发光盘和 XLL 型 LED 信号机点灯单元组成。XSZ 型的发光盘可与现有信号点灯变压器配合使用。XLG 型由发光盘和减流报警单元组成。XSL 型由 PFL 型 LED 发光盘和 FDZ 发光盘专用点灯装置组成。各种型号的 LED 色灯信号机的部件是配套使用的，现以 XSL 型 LED 色灯信号机为例进行介绍。

XSL 型 LED 信号机由铝合金信号机构、PFL-1 型铁路 LED 发光盘和 FDZ 型发光盘专用点灯装置组成。

1. 铝合金信号机构

铝合金信号机构分为高柱机构和矮型机构。

1）高柱机构

高柱信号机构由背板总成、箱体总成、遮檐和悬挂装置四部分组成。

背板总成带有背板，并用来安装箱体总成。背板总成分为二灯位背板总成（设有两个灯位安装孔）和三灯位背板总成（设有三个灯位安装孔）两种。两种背板总成的高度不同。

把每个灯位组装成一个整体称为高柱箱体总成。箱体总成也分为二灯位箱体总成（XSLG2 型）和三灯位箱体总成（XSLG3 型）两种。两种机构除背板总成不同外，其余均相同。用两个箱体总成分别固定在二灯位背板总成上，即构成二灯位高柱信号机构。用三个箱体总成分别固定在三灯位背板总成上，即构成三灯位高柱信号机构。箱体总成的玻璃卡圈换上透镜组用双丝信号灯泡点灯，也能作为色灯信号机用。

遮檐用螺钉装在机构箱体上的玻璃卡圈上。

悬挂装置将背板总成固定在信号机水泥机柱上。悬挂装置采用现有的上部托架、下部托架等设备，并经特殊的喷涂表面处理，以增强其抗锈蚀能力。

2）矮型机构

矮型机构分为二灯位矮型机构（XSLA2型）和三灯位矮型机构（XSLA3型）两种，其安装方法与透镜式信号机构相同，即厂家已按二灯位（或三灯位）组装成一个整体。

2. PFL-1 型铁路 LED 发光盘

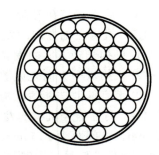

LED发光盘是采用发光二极管制成的铁路信号灯的新光源，发光盘分为高柱发光盘、矮型发光盘和表示器发光盘三种，分别适用于高柱机构、矮型机构、复示机构、引导机构、表示器机构等。

图 3-6　LED 信号机发光盘

发光盘为圆形盘状结构，其上安装众多发光二极管，如图3-6所示。发光盘前罩上有鉴别销，以确认该灯位的颜色，只有发光盘的灯光颜色与该灯位灯箱玻璃卡圈上的鉴别槽相吻合，才能安装。发光盘前罩上有三个凸出的卡销，用来在安装时对准灯箱玻璃卡圈上的三个卡槽，以安装牢固。

3. FDZ 型发光盘专用点灯装置

FDZ型发光盘专用点灯装置专用于为PFL-1型发光盘提供电源，该装置输出的是12 V直流电压，性能稳定可靠，使用方便，现场不需要调整。有些类型LED信号机的发光盘，如XSZ型的发光盘，可以与现有信号电灯变压器直接配合使用，而大多数发光盘需要通过点灯装置将现有信号电源转化为12 V直流电以驱动发光盘。

报警单元的功能是当发光盘LED二极管损坏数量超过总数的30%时，以及主、备电源一路发生故障时，产生报警条件发出报警。有些类型LED信号机的发光盘本身集成了报警功能，有些类型LED信号机专门设置独立的报警单元。

第四节　机车信号

一、机车信号

机车信号是指在司机室内指示列车前方运行条件的信号。在地面信号机为主体信号的前提下，机车信号为辅助信号，它能自动地反映列车运行前方地面信号机的显示状态和运行条件，指示列车运行，并与列车自动停车装置结合，确保列车的安全运行。

信号机由于装在地面上，受曲线、隧道等地形限制，给司机瞭望带来一定的困难。特别是在雨雪、风沙、大雾迷茫等恶劣气候条件下，地面信号更是看不清。另外，随着列车速度的不断提高，特别是高速列车的出现，显示距离约1 km的信号机已很难使司机从容采取措施。比如，司机发现红色停车信号时以200 km/h的速度行驶，即使立即使用紧急制动，列车在巨大惯性的推动下，也要越过信号机 1 km。因此，高速列车单纯依赖地面信号机显然是极其危险的。为了解决这个问题，人们研制出了机车信号机，它装在机车司机室内，能显示和地面信号机同样的信号，保证了行车安全，提高了运行效率，也改善了司机的工作条件。

二、机车信号的分类

中国铁路采用的机车信号分为接近连续式、连续式和点式三种。

1. 接近连续式

接近连续式多用于非自动闭塞区段。在进站信号机外方制动距离附近的固定地点设置发送设备，并从固定地点到进站信号机之间加装一段轨道电路。从列车最前面的车轮压在轨道电路上时起，发送装置就连续不断地向机车上传送地面信号的信息，使机车信号机连续复示进站信号机的显示。

2. 连续式

连续式机车信号没有距离限制，只要列车在轨道上行驶，被机车第一轮对短路的轨道信号电流就会在钢轨周围产生磁场。装在机车上的感应器接收到信号，经过解码使机车信号机不断地显示与前方地面信号机相同的信号。

3. 点式

点式主要用于缺少可靠交流电源的非自动闭塞区段，在车站进站信号机接近区段铁路线路的固定地点安装地面设备，使机车信号机能复示进站信号机的显示状态。

三、机车信号的组成

机车信号由地面设备和机车设备组成，是一种单方向传递信息的控制系统，即信息只能从地面向机车传递，而不能反向传递。机车信号需要解决的主要技术问题是如何将地面信号准确无误地传递到机车上去，传递的方式有多种，如无线式、电器接触式等，我国目前采用电磁感应式。机车信号一般由信息源、信息接收、信息处理、信息显示和机车电源几部分组成。

1. 信息源

信息源主要是指地面发送设备，也就是各种闭塞系统的地面发码设备，它的主要功能是根据地面闭塞联锁条件的要求，将地面信号的显示信息变为可以进行传递的电信号，该信号通过钢轨及机车上的接收设备（接收线圈）传递到机车上，使车上设备和地面设备间保持不间断的联系。

2. 信息接收

信息接收主要是指接收地面钢轨中传输的信号，它是机车信号系统的重要组成部分，接收信号的质量直接影响机车信号的性能。目前，我国铁路主要采用电磁感应方式进行地面信号的接收。在机车前导轮前方相应高度上安装一对串联的接收线圈，与钢轨中的信息电流发生电磁感应，使得接收线圈中产生了与地面轨道电路信号信息特征完全相同的感应电动势，进而达到了接收地面信号的目的，实现了地面信号向机车的传递。这种传递方式在机车可能达到的速度范围内，具有动作可靠、性能稳定、维修和调整简便的特点，因此得到广泛的应用。

3. 信息处理

信息处理主要是对接收线圈接收到的地面信号进行处理，它是机车信号系统的核心部分。它主要包括信息鉴别和信息译解两部分。信息鉴别就是对接收到的信号通过判断分析，鉴别出信号本身所包含的信息特征，而信息译解就是将信息鉴别所得到的信息特征按照相应闭塞制式的设计规定，译解成机车信号显示机构所对应的显示。例如，移频自动闭塞区段对于调制低频信息为 11 Hz、载频为 550 Hz、频偏为±55 Hz 的国产移频信号，经过机车信号鉴别部分的处理得到 11 Hz 的低频信号，信息译解部分再根据移频自动闭塞低频信息的含义，控制信号显示机构给出相应的绿灯显示。

4. 信息显示

信息显示主要将信息处理的结果通过机车信号机构显示出来。

5. 电源部分

电源部分一般采用机车发电机和机车蓄电池浮充方式来提供直流 50 V 电源，供机车信号设备使用。

四、主体化机车信号

我国铁路大量运用的机车信号是建立在地面轨道电路基础上的连续式或接近连续式机车信号。历史上不同的自动闭塞制式产生过各种制式的机车信号，如交流计数电码机车信号、极频机车信号和移频机车信号。机车信号的车载信号机由于信息量不同曾经采取过 5 灯位、6 灯位以及现在广泛运用的 8 灯位信号机。虽然我国铁路的机车信号达到了基本普及的水平，在安全与效率方面发挥了重要作用，但在机车信号信息标准化方面却一直没有全路统一的标准。过去地面信息量少，运用中矛盾不太突出。现在地面信息已增加到 8 个和 18 个，机车信号信息标准化工作就提到了非常紧迫的议事日程。

北京交通大学于 20 世纪 80 年代开始试验并研制采用微机技术控制的机车信号，于 90 年代初期研制出了第一代通用式机车信号。

通用式机车信号定型为 JT1 型，其中 JT1-A 型为单套通用式机车信号主机，JT1-B 型为双套通用式机车信号主机。

随着我国铁路不断提速，机车信号已然成为主体化信号，目前我国主体化机车信号大多数采用 JT1-CZ2000 型机车信号设备。

JT1-CZ2000 型主体化机车信号的主要特征是采用"二取二"的容错安全结构，32 位浮点 DSP 技术，频域、时域相结合的分析方式，双线圈感应接收，以及采用一体化的大容量机车信号记录器等。JT1-CZ2000 型主体化机车信号由主体化机车信号主机、机车信号带电源接线盒、机车信号双路接收线圈、机车信号显示器构成，主体化机车信号主机包括机车信号记录器，如图 3-7 所示。

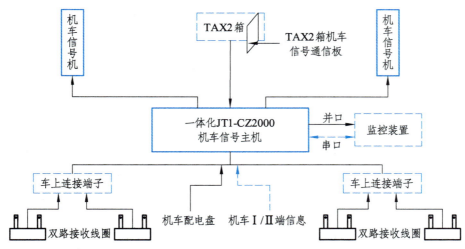

图 3-7　JT1-CZ2000 型主体化机车信号构成示意图

第五节　信号机的设置

一、信号机设置的原则

1. 地面信号机应设置于线路的左侧

我国铁路采用左侧行车制，机车司机座位统一设在驾驶室左侧，为便于瞭望信号，规定固定信号机应设置在行车方向线路的左侧。如果两线路之间不足以装设信号机，可采用信号桥或信号托架。装设在信号桥或信号托架上的信号机，可设置于线路左侧，也可设于所属线路的中心线上方。

若因曲线、隧道、桥梁等影响瞭望信号，在保证司机不误认信号的条件下，经铁路局批准，也可设在线路右侧。

2. 合理选择信号机柱

为了提高通过能力，以及运输效率，进站、正线出站、通过、预告、接车进路信号机采用高柱，进站、预告、通过信号机采用矮型信号机时必须经有关部门批准才能采用；站内调车、侧线出站采用矮型信号机。

3. 任何信号机不得侵入铁路建筑接近限界

高柱信号机凸出边缘距离正线和允许通过超限货物列车的站线中心线 2 440 mm，距离其他站线中心线 2 150 mm，矮型信号机距离线路中心线 1 875 mm。在曲线上设置信号机时，要根据规定适当加宽尺寸。

4. 高速铁路信号机的设置

CTCS-3 级列控区段的正反向进站处均设置五显示进站信号机（桥梁地段应采用七灯位矮型信号机，隧道内可采用矮型单排五灯位组合式信号机），股道设置"红、绿、白"三显示出站信号机，信号机灯丝条件不纳入联锁检查。信号机灯丝电路不参与地面轨道电路编码和 RBC（无线闭塞中心）逻辑控制，灯丝断丝后不降级、不转移。

5. 信号机的设置地点应避免影响行车安全和运输效率

信号机设置的地点，由电务部门会同运输、机务及工务等有关部门共同研究确定，既要满足信号的显示距离，又要考虑运用部门的使用要求。

例如，两信号机的设置地点如图 3-8 所示时，有可能造成列车误认邻线信号。此外，信号机位于列车停车后起动困难的长大上坡道，或者位于凹形有害坡道位置，当信号机显示禁止灯光时，列车在该信号机前停车后可能难以起动，或者停于凹形有害坡道处，起动时有可能危及行车安全。

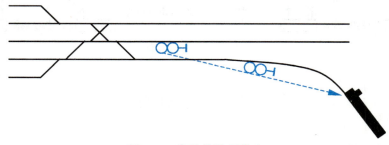

图 3-8　信号机设置地点

与普速铁路的信号机相比，中国高速铁路信号机设置与运用有较大的不同，最主要的不同体现在以下几个方面：

（1）区间不设通过信号机。通常只在闭塞分区分界点的线路左侧（一般安装在接触网支柱、桥梁防护墙、隧道壁上）设区间信号标志牌，如图 3-9 所示。

（2）车站及线路所列车信号机常态灭灯。列车信号机仅起停车位置作用，行车凭证为车载设备显示。接发未安装列控车载设备或列控车载设备故障的动车组列车时，或须越出站界调车时，相应的列车信号机经人工确认后转为点灯状态。

（3）车站内的出站信号机的设置与显示比较特殊。除衔接车站外，车站出站信号机及发车进路信号机采用"红、绿、白"三灯位矮型信号机。动车段（所）车站信号机受股道线间距限制时可采用"红、黄、白"三灯位矮型信号机。出站开放引导信号时，点亮红色灯光和月白色灯光。

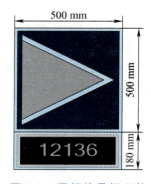

图 3-9　区间信号标志牌

二、常用信号机的设置

1. 进站信号机的设置

1）作用及设置要求

进站信号机设置于车站的入口处，用于防护车站，指示列车进站条件，并能表示接车进路是否安全可靠。

如图 3-10 所示，车站每一个接车方向必须设置一架进站信号机。规定进站信号机安装在距离进站第一组道岔尖轨尖端（顺向道岔为警冲标）不少于 50 m 的地方。这是为了满足车站调车作业的需要，允许一台机车挂一节或两节货车在站内进行转线作业。车站办理越出站界调车有严格的限制条件，并有可能影响区间通过能力，因此，根据车站实际作业情况，该距离可以适当延长，从而减少越出站界调车。但该距离不宜超过400 m，否则影响车站通过能力，而且不便于设备管理。

进站信号机的
作用与设置

进站信号机的
设置方法

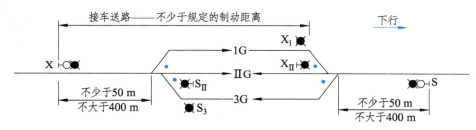

图 3-10　进站、出站信号机的设置

2）信号名称及显示

进站信号机的名称是按运行方向命名的，用于指示上行列车运行的称为上行进站信号机，用 S 表示，下行进站信号机用 X 表示。若同一咽喉有几个方向的线路接入车站，则根据该信号机所属区间线路连接的相邻车站，以其名称的汉语拼音字头作为 S 或 X 的下标，如附图 1 中东郊方面的进站信号机表示为 X_D。

进站信号机一般采用高柱双机构（两个显示机构），带引导信号机构，自上而下灯位为黄、绿、红、黄、月白。当采用矮型信号机时，如双线双向自动闭塞区段的反方向进站信号机，采用一个三显示机构和一个二显示机构，三显示灯位为黄、绿、黄，二显示为红、月白，二显示靠近线路。但当该信号机有黄绿显示时，该进站信号机不能用矮型。

进站信号机的
显示及含义

进站信号机的
命名方法

2. 出站信号机的设置

1）作用及设置要求

出站信号机的作用是防护区间，其允许显示作为列车占用区间的凭证，指示列车能否由车站进入区间。当显示禁止灯光时，指示进站列车在站内的停车位置。

出站信号机应设置在车站有发车作业的正线和到发线端部的适当地点，其设置位置应尽量不影响股道的有效长。

出站信号机的
设置方法

（1）在无轨道电路的车站，出站信号机在不侵入限界的情况下，尽量缩短与警冲标的距离，以增加股道有效长度。

（2）在有轨道电路的车站，出站信号机应与股道轨道电路绝缘同一坐标，如图 3-11 所示，以实现列车及调车车列越过信号机后信号能够自动关闭。

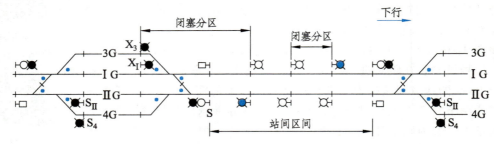

图 3-11　三显示自动闭塞区段车站及区间信号机设置

2）信号名称及显示

出站信号机的名称按照运行方向命名，用于指示上行列车运行的称为上行出站信号机，用 S 表示，下行出站信号机用 X 表示，并以所属股道号码作为 S 或 X 的下标，如图 3-10 中的 X_I、S_{II}。当有数个车场时，下标应先加车场号，再缀以股道号码，如 S_{III1}、X_{I3}。

出站信号机的命名方法

半自动闭塞区段的出站信号机采用一个三显示机构，灯位自上而下绿、红、月白，若有两方向发车时，增加一绿灯，高柱采用两个二显示机构，灯位自上而下为绿、红、绿、月白；矮型采用一个三显示机构和一个二显示机构（设于右侧靠近线路），三显示机构上下两个均为绿灯，中间间隔一个空灯位，二显示机构灯位自上而下是月白、红，靠近线路。

三显示自动闭塞区段的出站信号机高柱、矮型均采用两个二显示机构。高柱信号机自上而下是黄、绿、红、月白；矮型信号机的月白、红二显示机构靠近线路，另一个二显示机构为黄、绿。三显示自动闭塞区段的双方向出站信号机，当次要方向是半自动闭塞时，在上述信号机上增加一个绿灯，高柱信号机由一个三显示（在上面）和一个二显示机构组成，自上而下为黄、绿、红、绿、月白；矮型信号机将三显示机构置于左侧，自上而下为绿、黄、绿。当两个方向均为自动闭塞时，必须装设进路表示器。

四显示自动闭塞区段的出站信号机，高柱机构同三显示自动闭塞区段，但灯位自上而下是绿、红、黄、月白。矮型信号机将三显示机构置于左侧，上面为绿灯，下面为黄灯，中间间隔一个空灯位，二显示机构为月白、红，靠近线路。四显示自动闭塞区段的双方向出站信号机，当次要方向是半自动闭塞时，高柱信号机增加一个绿灯，上面为三显示机构，依次是绿、红、黄、绿、白。矮型信号机以及两方向都是自动闭塞时，只能装进路表示器。

3. 通过信号机的设置

1）自动闭塞区段通过信号机

自动闭塞区段的闭塞分区入口设置通过信号机，用于指示列车能否进入信号机防护的闭塞分区。

自动闭塞区段通过信号机的设置位置是根据机车牵引重量、列车运行速度、列车运行间隔时间、线路条件，并考虑列车制动距离等多种因素，由牵引计算确定的，并应满足列车运行速度规定的制动距离和线路通过能力的要求。目前，我国双线区段多采用三显示自动闭塞或四显示自动闭塞，闭塞分区的长度一般在 1 000 m 以上。

三显示自动闭塞区段通过信号机设置如图 3-11 所示。

2）线路所通过信号机

为了提高区间通过能力，非自动闭塞区段的站间区间可设置线路所。当区间有分歧道岔时，无论是否为自动闭塞区段，均应设置线路所，办理列车经过分歧道岔的运行作业。

线路所一般无管辖地段，只有正线，没有侧线，不办理客货运业务，只办理列车的通过，所以应设置通过信号机。设置于线路所的通过信号机，具有进站和出站信号机的双重性质，即兼有指示接车和发车双重作用。

（1）在非自动闭塞区段没有分歧道岔的线路所，通过信号机可以采用只有红色和绿色两种显示的信号机构，如图 3-12 所示。

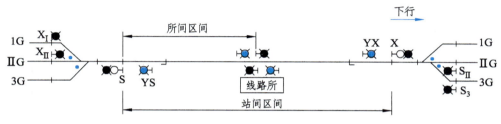

图 3-12　单线半自动闭塞区段车站及区间信号机设置

（2）当线路所设有分歧道岔时，其通过信号机应采用进站信号机的机构外形，但应封闭其引导灯光，不允许办理引导接车。显示红灯作为绝对停车信号，不准越过该信号机；显示两个黄色灯光，表示允许列车通过分歧道岔侧向运行；显示一个黄色闪光和一个黄灯，表示分歧道岔为 18 号及以上道岔，允许列车通过分歧道岔侧向运行。

3）信号名称及显示

为便于维修和节省投资，上、下行通过信号机在不影响行车效率和司机瞭望的前提下，尽可能并列设置，通过信号机的编号是由其坐标千米数和百米数组成，下行通过信号机编为奇数，上行通过信号机编为偶数。例如，在 100 km+350 m 处设置的通过信号机，下行方向的编号为 1003，上行方向的编号为 1004。

区间正线有分歧道岔的通过信号机，以 T 字命名，并以 S 或 X 作为下标指示列车运行方向，如 T_S、T_X。

三显示自动闭塞区段和四显示自动闭塞区段的通过信号机均采用三显示机构，只是灯光排列不同。三显示自上而下是黄、绿、红；四显示自上而下是绿、红、黄，因为四显示有绿黄显示，中间必须间隔一个灯位。

非自动闭塞区段的线路所的通过信号机，无分歧道岔时为二显示，自上而下是绿、红。防护分歧道岔的通过信号机采用与进站信号机相同的机构和灯光，但月白灯必须封闭，因不允许办理引导接车。

4）容许信号

《技规》规定："自动闭塞区段的通过信号机，不应设在停车后可能脱钩、牵引供电分相的处所，也不宜设在起动困难的地点。"

在自动闭塞区段，当货物列车在设置于上坡道上的通过信号机前停车后起动困难时，该信号机应装设容许信号，如图 3-13 所示，当信号机显示红灯同时再显示一个蓝灯，准许列车在该通过信号机显示红灯的情况下不停车，以不超过 20 km/h 的速度通过，运行到次一通过信号机，并随时准备停车。

进站信号机前方第一架通过信号机不得装设容许信号，以免前方列车机外停车时发生尾追事故。

4. 预告信号机和接近信号机的设置

1）作用及设置要求

在非自动闭塞区段的进站信号机、线路所通过信号机以及遮断信号机前方应装设预告信号机，如图 3-12 所示，其作用是预告主体信号的显示。为满足列车制动距离要求，预告信号机与其主体信号机间的距离不得少于 800 m。当预告信号机的显示距离不足 400 m 时，规定与其安装距离不得少于 1 000 m，确保列车司机有足够确认信号的时间。

在列车运行速度超过 120 km/h 的非自动闭塞区段，车站进站信号机外方设置两段轨道电路，分别称为第一接近区段和第二接近区段，两接近区段的分界处设置接近信号机，如图 3-14 所示，用于预告进站信号机显示。

图 3-13　带有容许信号的通过信号机

图 3-14　接近信号机设置

自动闭塞区段进站信号机前方的第一架通过信号机已经起到预告信号的作用，不再设预告信号机，为区别于其他通过信号机，该信号机机柱上涂三道黑色斜线。

2）信号名称及显示

预告信号机名称的第一个字母为 Y，后面缀以主体信号的名称，如图 3-12 中的 YX 和 YS。

接近信号机名称的第一个字母为 J，后面缀以主体信号的名称，如图 3-14 中的 JX 和 JS。

预告信号机只有黄灯和绿灯两种显示，接近信号机增加了"绿黄灯"显示，而且其显示意义与预告信号机相比也有所不同。预告信号机和接近信号机的灯光配列及显示意义见表 3-2。

5. 调车信号机的设置

1）作用及设置要求

采用集中联锁的车站，在经常进行调车作业的线路上（如车站咽喉区、到发线），以及非联锁区（如调车场、机务段、货场、牵出线、专用线等）到联锁区的入口处，应装设调车信号机，用于指示调车机车车列能否越过调车信号机进行调车作业。

调车信号机是根据车站调车作业的实际需要而设置的，其设置原则是最大限度满足调车作业需要，尽量缩短机车车辆走行距离，最大限度满足车站内平行作业的要求，以提高车站作业效率，一般有以下几种情况：

（1）调车起始信号机：设置于一个完整的调车作业的起点，由股道、牵出线、专用线、机待线、调车场及机务段等处向咽喉区调车时，都需在调车进路始端设调车起始信号机，如附图 1 中 S_5D、D_2、D_{20}。

调车信号机的
设置方法

（2）调车阻拦信号机：用于增加平行作业，以提高车站通过能力，一般显示面向站内，如附图 1 中 D_5、D_7、D_4。

（3）调车折返信号机：用于指示调车车列折返作业，应设置在咽喉区折返道岔岔尖前，一般显示面向站外，如附图 1 中 D_9、D_{15}、D_{14}。

按照设置情况，咽喉区调车信号机可以分为单置、并置、差置三种。

（1）在线路一侧单独设置的为单置调车信号机，如附图 1 中的 D_{11}、D_{13} 等。

调车信号机的
分类方法

（2）在线路两侧并列设置，并且显示方向相反的为并置调车信号机，如附图 1 中的 D_7 与 D_9、D_{10} 与 D_{12}。

（3）在线路两侧设置，显示方向相对，并且两调车信号机之间有不少于 50 m 的无岔区段时，为差置调车信号机，如附图 1 中的 D_5 与 D_{15}、D_4 与 D_{14}。差置调车信号机之间的无岔区段，可以用来进行增减轴、机车待避等调车作业。

无岔区段调车信号
机的设置方法

2）信号名称及显示

调车信号机的名称以 D 表示，以数字序号作为下标，从列车到达方向起顺序编号，下行咽喉用单号，上行咽喉用双号，如附图 1 中的 D_1、D_3、D_5。当车站包括几个车场时，每个车场的调车信号机用三位数表示，其中百位数表示场别，如I场的 D_{101}、II场的 D_{201}。

调车信号机有蓝色和月白色灯光两种显示，其灯光配列及显示意义见表 3-2。

当出站信号机或进路信号机上增设一个月白灯光时，该信号机即为出站兼调车信号机或进路兼调车信号机。其中，显示红色灯光时禁止列车及调车车列越过该信号机，黄色、绿色等用于指示列车运行，月白色灯光表示允许越过信号机进行调车作业。

调车信号机的
命名方法

6. 复示信号机的设置

进站、出站、进路、调车等信号机因受地形、地物影响达不到规定的显示距离时，应在其前方适当地点设置复示信号机，以保证信号的连续显示，如图 3-15 所示。特殊情况下，进站信号机及其复示信号机的显示距离之和不足 200 m 时，可增设第二架复示信号机。

复示信号机名称的第一个字母为 F，后面缀以主体信号的名称，如图 3-15 中的 F_X 和 F_{XII}。复示信号机均采用方形背板，主体信号关闭时复示信号机处于灭灯状态，不起信号作用。进站信号机的复示信号机采用灯列式结构，由三个排成等边三角形的月白色灯光组成；出站信号机及进路信号机的复示信号机只有一个绿色灯光；调车信号机的复示信号机只有一个白色灯光。复示信号机的灯光配列及显示意义见表 3-2。

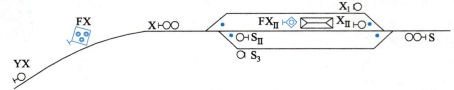

图 3-15　复示信号机设置

7. 遮断信号机的设置

遮断信号机距离防护地点不得少于 50 m，采用高柱、单显示、方形背板结构，且机柱涂以黑白相间斜线，以区别于其他信号机（见图 3-16）。

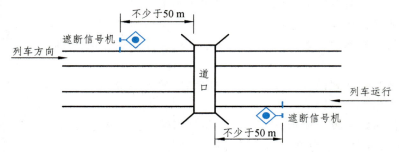

图 3-16　遮断信号机设置

遮断信号机平时处于灭灯状态，不起信号机作用，其灯光配列及显示意义见表 3-2。

8. 进路信号机的设置

有几个车场的车站，应设置进路信号机，指示列车由一个车场开往另一个车场，如图 3-17 所示。

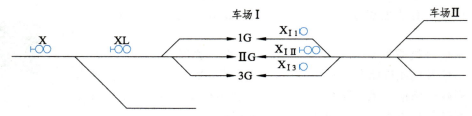

图 3-17　进路信号机设置

进路信号机按用途可分为接车进路信号机、发车进路信号机和接发车进路信号机。

（1）设置于车场前或引向不同车场的分歧道岔前的信号机为接车进路信号机，如图 3-16 中的 XL，指示到达列车的运行条件。

接车进路信号机的名称：上行用 SL 表示，下行用 XL 表示。

接车进路信号机的灯光配列及显示意义与进站信号机相同。

（2）设置于车场到发线端部的进路信号机为发车进路信号机，如图 3-17 中的 X_{I1}、X_{I3}，指示出发及通过列车的运行条件。

发车进路信号机的名称：上行用 S 表示，下行用 X 表示，并以车场号为下标，再缀以股道编号，如图 3-16 中的 X_{I1}、X_{I3}。

发车进路信号机的灯光配列与出站信号机相似，其灯光配列及显示意义参见《技规》第十六章。

（3）设置于车场正线端部的进路信号机，如图 3-16 中的 X_{III}，设置地点与发车进路信号机相似，但对于通过车场的列车又起到指示运行条件的作用，因此，采用了发车进路信号机的命名原则，同时又采用进站信号机的灯光配列，一般称为接发车进路信号机。

9. 驼峰和驼峰辅助信号机的设置

在驼峰调车场的峰顶上，用来指示调车车列能否向峰顶推送和用多大速度推送而设置的信号机。对于每条推送线，分别设一架驼峰信号机，在到达场接车股道头部均应设置驼峰辅助信号机。驼峰信号机必须采用高柱信号机，两个显示机构自上而下是黄、绿、红、月白。驼峰辅助信号机也必须采用高柱信号机，机构和灯光同驼峰信号机，详见第十章。

三、信号表示器的设置

信号表示器是对行车人员传达行车或调车意图，或对信号进行某些补充说明的设备，没有防护意义。信号表示器包括进路表示器、发车表示器、调车表示器、道岔表示器、脱轨表示器等，具体设置方法如下。

1. 进路表示器的设置

进路表示器设在出站信号机和发车进路兼出站信号机上，用以指示发车进路开通方向。当这两种信号机需要指示两个及以上的发车方向，而信号显示本身不能分别表示运行方向时（包括两个自动闭塞方向，或双线区段反方向发车），为使有关行车人员在信号开放后知道列车开往方向，在该信号机上应装设进路表示器。进路表示器不能单独构成信号命令，只有在出站信号机开放后才能显示白色灯光表示开往方向。

例如，当有三个进路方向时，需装设并排三个白色灯光的表示器，如图 3-18 所示，用左、中、右三个灯光分别表示运行方向。

指示三个以上运行方向的进路表示器参见《技规》第十八章。

2. 发车表示器的设置

当车站设置于弯道上或车站客流量较大、辨认发车指示信号有困难时，可根据需要在便于司机瞭望的地点设置发车表示器，用于反映列车出发时，值班员是否向运转车长发出了发车信号，或运转车长是否向司机发出了发车信号。发车表示器平时无显示，只有出站信号机开放后，车站值班员和运转车长操纵专用按钮使其显示一个白灯，表示准许发车，如图 3-19 所示。

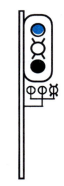

图 3-18　带有进路表示器的出站信号机

3. 发车线路表示器的设置

发车线路表示器设在调车场的编发线上，设线群出站信号机时，用于补充说明是哪条线路发车，发车线路表示器设于每条编发线警冲标内方的适当地点，如图 3-20 所示。

图 3-19　发车表示器

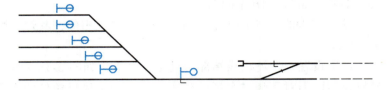

图 3-20　线群出站信号机及发车线路表示器

4. 调车表示器的设置

在作业繁忙的调车场上，因受地形、地物影响，调车机车司机看不清调车指挥人员的手信号时，应设调车表示器。

调车表示器设于牵出线的一侧，用以指挥调车车列由牵出线向调车区，或由调车区向牵出线的进退，以代替调车员的手信号。调车表示器双面均设表示灯，向调车区方向设一个，向牵出线方向设两个。在显示条件很差的车站，可连续装设几个调车表示器。

5. 道岔表示器的设置

道岔表示器设置于道岔旁，用于反映道岔开通位置。凡非集中操纵的联锁道岔都应设道岔表示器，以便有关行车人员确认道岔位置。道岔开通直向时，表示器昼间无显示，夜间显示紫色灯光；道岔开通侧向位置时，表示器昼间显示为中央划有黑线的黄色鱼尾形牌，如图 3-21 所示，夜间显示为黄色灯光。

在调车区为电气集中控制时，进行连续溜放作业的分路道岔应设道岔表示器。表示器平时无显示，在进行溜放作业时，道岔开通直向时表示器显示紫色灯光，道岔开通侧向时表示器显示黄色灯光。

6. 脱轨表示器的设置

脱轨表示器设置于集中联锁以外的脱轨器及安全线、避难线的道岔上，用来表示线路在开通或遮断状态。当线路在遮断状态时，脱轨表示器昼间显示带白边的红色长方牌，夜间为红色灯光；线路在开通状态时，表示器昼间显示带白边的绿色圆牌，夜间为月白色灯光，如图 3-22 所示。

图 3-21　调车表示器

图 3-22　脱轨表示器

此外，还有水鹤表示器和车挡表示器等。

除信号机和信号表示器外，还有设在铁路沿线的信号标志，用以表示所在地点的某种情况或状态，引起司机（包括有关行车人员）的注意和警觉，并采取必要的措施确保行车安全。例如，警冲标、站界标、预告标、司机鸣笛标、接触网终点标、作业标，公里标、半公里标、曲线标、圆曲线和缓和曲线的始终点标、桥梁标、隧道（明洞）标、坡度标，以及工务段、线路车间、线路工区和供电段的界标等。

四、信号机的定位状态

信号机有开放和关闭两种状态，信号机经常保持的显示状态为定位显示，信号机定位显示的确定，一般应考虑保证行车安全、提高运输效率及信号显示自动化等因素。

在车站或线路所由人工控制的信号机以禁止灯光为定位显示，如进站、出站信号机以及线路所通过信号机的定位显示都是红灯，调车信号机的定位显示是蓝灯。

受列车运行等影响能自动关闭和开放的信号机一般以允许灯光为定位显示。如自动闭塞通过信号机的定位显示为绿灯，进站信号机前方第一架通过信号机兼有预告信号机作用，以黄灯为定位显示。

预告信号机附属于主体信号，表示主体信号的显示状态，故以黄灯为定位显示。

遮断信号机和各种复示信号机平时不起信号机作用，均以无显示为定位显示。

五、信号机的关闭时机

信号机的关闭时机规定如下：

（1）集中联锁车站的进站、进路、出站信号机，线路所通过信号机及自动闭塞区段的通过信号机，当机车或车辆第一轮对越过该信号机后自动关闭。

（2）调车信号机在调车车列全部越过调车信号机后自动关闭；当调车信号机外方不设轨道电路或虽设轨道电路但被占用时，应在调车车列全部出清调车信号机内方第一轨道区段后自动关闭，根据需要也可在调车车列第一轮对进入调车信号机内方第一轨道区段后自动关闭。

（3）引导信号应在列车头部越过信号机后及时关闭。

（4）非集中联锁车站的进站信号机及线路所通过信号机，在列车进入接车线轨道电路后自动关闭，出站信号机应在列车进入出站方面轨道电路后自动关闭。

（5）非集中联锁车站，由手柄操纵的信号机：进站信号机在确认列车全部进入接车线警冲标内方，出站信号机在列车全部越过最外方道岔并确认列车全部进入出站方面轨道电路区段后，恢复手柄，关闭信号。

第六节　信号显示

一、铁路信号显示规定

1. 基本技术要求

信号显示直接关系到行车安全和运输效率，因此应满足以下基本技术要求：

（1）显示简单明了，易于辨认。

（2）有足够的显示数目，能反映各种不同运行条件。

（3）有足够的显示距离，便于司乘人员确认。

（4）具有较高的可靠性，保证不间断使用。

（5）符合故障—安全原则，当信号设备发生故障后能自动给出最大限制的信号显示。

2. 颜色规定

我国铁路信号的基本显示系统由基本颜色和辅助颜色组成。

基本颜色包括红色、黄色、绿色，其显示意义如下：

（1）红色——停车。

（2）黄色——注意或减速运行。

（3）绿色——按规定速度运行。

基本颜色及其灯光组合构成的信号主要构成列车信号，用于指示列车运行。除基本颜色外，以蓝色、月白色、白色、紫色作为铁路信号的辅助颜色。其中，蓝色和月白色主要用于调车信号，分别表示禁止调车和允许调车。白色用于信号表示器，紫色目前仅用于道岔表示器。

要求停车的信号，如红色灯光、蓝色灯光，叫作禁止信号，又称为信号的关闭状态。允许按规定速度运行的信号，如绿色灯光、黄色灯光、双黄灯光、白色灯光，叫作允许信号，又称为信号的开放状态。

3. 亮灯状态

信号机一般以显示稳定灯光（如红灯、黄灯、绿灯）以及稳定灯光的组合（如绿黄、双黄灯、引导信号）表示相应行车命令。

闪光信号是能够增加信号显示意义的一种简便、有效的手段。除原有驼峰信号外，我国铁路在车站的进站信号、机车信号及无线调车灯显设备引入了闪光信号，如进、出站信号机的"黄闪黄"显示。

闪光信号既能满足增加信号显示信息量的要求，又可以克服由过多颜色灯光组合构成信号带来的不足，如不便于记忆、远距离难以辨认等。目前，闪光信号虽未构成一个完整的信号显示系统，但有一定的实践和使用经验，是解决信号显示数目不足问题的一个较容易实现且有效的手段。

信号的显示方式以及使用方法必须严格按照《技规》要求执行。《技规》规定："信号显示方式及使用方法，应按本规程规定执行。本规程以外的信号显示方式，须经国铁集团批准，方可采用。"

4. 图形符号

铁路信号常用颜色及信号机的图形符号如表 3-1 所示。

表 3-1　铁路信号常用图形符号

名　　称	图　形　符　号	文　字　符　号
红色灯光	●	H
黄色灯光	◐	U
绿色灯光	○	L
蓝色灯光	◉	A
月白灯光	◎	B

续表

名　称	图　形　符　号	文　字　符　号
紫色灯光	Ⓩ	Z
白色灯光	⬛	
空灯位	⊗	
稳定绿灯	⬛	
稳定黄灯	⬛	
绿灯闪光	⬛	
黄灯闪光	⬛	
一般高柱信号	⊢○　○⊣	
一般矮型信号	○　○	
接车性质信号	⊢○○　○○⊣	

二、机构选用和灯光配备

色灯信号机的机构有单显示、二显示和三显示三种。单显示机构使用于遮断信号、复示信号、引导信号、容许信号。二显示和三显示可以单独使用，也可以组合（包括与单显示机构）构成各种信号显示。

色灯信号机灯光配列由《铁路信号设计规范》《铁路信号站内联锁设计规范》统一规定，色灯信号机的机构、灯光配列和用途如表 3-2 所示。

表 3-2　常用信号机灯光配列及其主要显示

信号名称	信号结构	信号显示	信　号　显　示　意　义
进站信号机		⬛	不准列车越过该信号机
		⬛	准许列车经道岔直向位置，进入站内正线准备停车
		⬛	准许列车经道岔侧向位置，进入站内准备停车
		⬛	准许列车按规定速度经正线通过车站，表示出站及进路信号机在开放状态，进路上道岔均开通直向位置
		⬛	准许列车经道岔直向位置，进入站内越过下一架已经开放的信号机准备停车
		⬛	准许列车在该信号机前方不停车，以不超过 20 km/h 的速度进站或通过接车进路，并准备随时停车
		⬛	准许列车经过 18 号及其以上道岔侧向位置，进入站内越过下一架已经开放的信号机，且该信号机所防护的进路，经过道岔直向位置或 18 号以上道岔的侧向位置

续表

信号名称		信号结构	信号显示	信号显示意义
出站信号机	四显示自动闭塞区段			不准列车越过该信号机
				准许列车由车站出发，表示运行前方只有一个闭塞分区空闲
				准许列车由车站出发，表示运行前方有两个闭塞分区空闲
				准许列车由车站出发，表示运行前方至少有三个闭塞分区空闲
	三显示自动闭塞区段			不准列车越过该信号机
				准许列车由车站出发，表示运行前方只有一个闭塞分区空闲
				准许列车由车站出发，表示运行前方至少有两个闭塞分区空闲
	半自动闭塞区段			不准列车越过该信号机
				准许列车由车站出发
				准许列车由车站出发，开往次要线路
通过信号机	四显示自动闭塞区段			准许列车按规定速度运行，表示运行前方至少有三个闭塞分区空闲
				准许列车按规定速度运行，要求列车和重载货车注意准备减速，表示运行前方两个闭塞分区空闲，下一信号机显示黄灯
				要求列车减速运行，按规定限速要求越过该信号机，表示运行前方只有一个闭塞分区空闲
				列车应在该信号机前停车
通过信号机	三显示自动闭塞区段			准许列车按规定速度运行，表示运行前方至少有两个闭塞分区空闲
				要求列车注意运行，表示运行前方只有一个闭塞分区空闲
				列车应在该信号机前停车
	半自动闭塞区段			不准列车越过该信号机
				准许列车按规定速度运行
预告信号机				表示主体信号机在开放状态
				表示主体信号机在关闭状态

续表

信号名称	信号结构	信号显示	信　号　显　示　意　义
预告信号机			表示遮断信号机显示红色灯光
		无显示	不起信号机作用
接近信号机			表示进站信号机开放一个绿色灯光
			表示进站信号机开放一个黄色灯光或一个黄色闪光和一个黄色灯光
			表示进站信号机在关闭状态或显示两个黄色灯光
调车信号机			不准越过该信号机调车
			准许越过该信号机调车
复示信号机	进站复示	无显示	表示进站信号机在关闭状态
			表示进站信号机显示列车经道岔直向位置向正线接车信号
			表示进站信号机显示列车经道岔侧向位置接车信号
	出站复示	无显示	表示出站信号机在关闭状态
			表示出站信号机在开放状态
	调车复示	无显示	表示调车信号机在关闭状态
			表示调车信号机在开放状态
遮断信号机		无显示	表示不起信号作用
			不准列车越过该信号机

　　当根据实际情况需要减少灯位时，应以空位停用方式处理。减少灯位的处理方式可以维持信号机应有的外形，防止司机误认。例如，进站信号机没有绿灯和绿黄灯显示，其绿灯可采用封闭方式处理，但不允许改变信号机外形。这是因为信号机的外形是识别信号机类型的重要标志。

　　以两个基本灯光组成一种信号显示时，应在一条垂直线上（进站复示信号机除外）。这是为了防止两个灯光被误认为是不同信号机的显示。但进站复示信号机是一组灯列式显示，所以可以不在一条垂直线上。

　　以两个基本灯光组成一种信号显示时，还应有一定的间隔距离，这是为了防止和减少两个同一颜色的灯光在远距离上被误认为是一个灯光而造成升级显示的危险。例如，进站信号机的双黄灯显示被误认为一个黄灯显示，将造成向侧线接车被误认为向正线接车的危险；又如出站信号机的双绿灯显示，若误认为一个绿灯显示，将造成向次要线路发车被误认为向主要线路发车，也不利于安全。

在以两个机构组成的矮柱信号机上，应将最大限制信号设在靠近线路的机构上。其目的是防止和避免该信号机被误认为是邻线的信号机。

双机构加引导信号是一种专门的信号机形式，唯有它能区分始端速度。具有接车性质的信号机，包括进站信号机、接车进路（含接发车进路）信号机、有分歧道岔线路所的通过信号机都应采用此类型。

一般情况下，站内高柱信号机的机构安装于机柱内侧，区间高柱信号机的机构安装于机柱的外侧，而在电气化区段，通过信号机的机构安装于机柱内侧。这项规定是根据限界、确认和改善维修条件而定的。

三、信号显示制度

1. 信号显示制度

信号显示制度是指表达信号显示意义的基本体系，铁路信号显示制度通常可分为进路制和速差制两种。进路制是以指示列车进入不同进路为原则的信号显示制度。由于存在适应性能差、显示意义不丰富、不能确切地指示列车运行速度等缺点，不能充分发挥信号的预告作用，使其发展受到很大限制，随着行车速度的不断提高，目前世界上多数国家已不再采用。

速差制是每一种信号显示均表示不同行车速度的信号显示制度。这种信号显示制度，能够在不同线路、不同信号显示条件下，为不同类型的列车指示运行速度，是信号显示的发展方向。

速差制信号显示能采用较简单统一的显示方式指示列车通过本信号机的运行速度，或能指示列车通过下一架信号机的速度，或者既能指示列车通过本架信号机的运行速度，又能指示列车通过下一架信号机的运行速度。速差制的速度级可概括为三级：一是禁止通行；二是减速运行；三是准许按规定速度运行。这是常用的三个速度级，可用 v_0、$v_中$、$v_规$ 表示。信号机是用来防护进路、区间、危险地点的。有危险即禁止通行，指示 v_0；无危险，但是所防护的区域有需要限速的线路曲线时，要减速运行，指示 $v_中$；无危险，又不限速，准许按规定速度运行，指示 $v_规$。

上述的 v_0、$v_中$、$v_规$ 都是指列车通过该信号机的速度，即进入所防护的进路或区间始端的速度，因此叫作始端速度。

当列车速度较高时，信号机不能只反映始端速度，还要反映终端速度。例如，通过列车按 $v_规$ 进站（即进站信号机指示 $v_规$），在司机思想没有准备的情况下，当越过进站信号机后才发现前方的出站信号机指示 v_0，有可能停不住车，冒进出站信号机。因此，当始端速度为 $v_规$ 时，还需要把进路的终端速度（对接车进路来说即是发车进路的始端速度）反映出来。终端速度级也是三个，即 v_0、$v_中$、$v_规$。

由于对信号显示的认识和需求是逐步发展的，信号显示制度的改革涉及面大，因此信号显示制度从进路制向速差制的发展是逐步进行的。期间就有了简易速差制、半速差制，我国现行的信号显示制度基本上属于简易速差制，速度含义的表示尚不完善。如果要明确表达速差意义，应在机车内部附加机车信号或速度表。

2. 机车信号显示制度

机车信号设置于机车驾驶室内，用于向司机预告列车前方地面信号机显示。机车信号的显示方式有色灯式和数字式，机车信号显示制度分为预告式、复示式和预告复示式。

预告式显示制度是机车信号复示列车运行前方信号机显示含义的机车信号显示制度。我国现有机车信号就采用这种显示制度。随着列车运行速度的提高，当列车运行速度达到 160 km/h 以上时，为保证行车安全，机车信号应成为主体信号，此时机车信号显示作为行车凭证，可以取消地面信号机。

机车信号作为行车凭证时，一方面要求闭塞分区的轨道电路应具有较大信息量，即与速差式信号显示相结合，能够依靠机车信号的颜色及数字显示，比较详细地反映列车前方运行条件，指示司机驾驶列车；另一方面，要求地面以及机车上有关设备工作可靠，符合故障—安全原则，机车信号显示正确率应近似 100%。

四、信号显示距离

列车从开始制动到完全停住这一段时间内所走行的距离，叫作制动距离。在我国，铁路规定制动距离为 800 m。这就是说信号的显示距离一般应大于 800 m。《技规》规定正常情况下各种信号机及表示器的显示距离如下：

（1）进站、通过、接近、遮断信号机，不得小于 1 000 m。

（2）高柱出站、高柱进路信号机不得小于 800 m。

（3）预告、驼峰、驼峰辅助信号机，不得小于 400 m。

（4）调车、矮型出站、矮型进路、复示信号机，容许、引导信号及各种表示器，不得小于 200 m。

在地形、地物影响视线的地方，进站、通过、接近、预告、遮断信号机的显示距离，在最坏条件下不得少于 200 m。

思政小课堂

最后一道关，荣辱一把闸

——英雄司机杨勇

杨勇，中共党员，生前系中国铁路成都局集团有限公司贵阳机务段动车组司机。2022 年 6 月 4 日，杨勇值乘贵阳北至广州南 D2809 次列车。当列车运行至贵广线榕江站进站前的月寨隧道口处时，他发现线路异常，果断采取紧急制动措施。列车撞上突发坍塌侵入线路的泥石流坍体脱轨，在线路挡墙和轨道结构综合防护下避免了颠覆坠落，杨勇却不幸殉职，年仅 46 岁。国铁集团追授杨勇"中国铁路优秀共产党员"称号。贵州省人民政府评定杨勇为烈士。

"最后一道关，荣辱一把闸。"这是动车组司机杨勇在生命最后时刻用实际行动践行的承诺。车内监控视频记录下，险情发生的电光石火之间，杨勇没有片刻犹豫，在5秒之内果断一把将制动手柄推到了底。他用这"最后一把闸"筑起生命的屏障，守护了车上151名乘客和工作人员的生命安全，却唯独没能救下自己。危难关头见英雄，关键时刻显担当。评定杨勇为烈士，是对英雄司机英勇无畏、临危不乱、恪尽职守的颂扬，传递着舍己为人、舍生取义的价值理念……

扫码阅读全文

复习思考题

1. 地面信号按用途分为哪两大类？各包括哪些信号？
2. 哪些信号机应采用高柱信号机？哪些信号机应采用矮型信号机？
3. 地面固定信号机的设置原则有哪些？
4. 画图说明进站信号机的设置位置，并说明其作用及显示意义。
5. 画图说明出站信号机的设置位置，并说明其作用及显示意义。
6. 画图说明通过信号机的设置位置，并说明其作用及显示意义。
7. 画图说明预告信号机的设置位置，并说明其作用及显示意义。
8. 画图说明接近信号机的设置位置，并说明其作用及显示意义。
9. 画图说明复示信号机的设置位置，并说明其作用及显示意义。
10. 信号机和表示器有什么不同？
11. 简述《技规》对各种信号机显示距离的规定。
12. 透镜式色灯信号机由哪些部件组成？各起到什么作用？
13. 双灯丝或双灯泡设计可以达到什么目的？有哪些故障—安全设计？
14. LED信号机有哪些特点？
15. 简述信号显示方式和信号显示制度。
16. 两个基本灯光组成一种信号显示时，应有一定的间隔距离，这种设计的目的是什么？
17. 简述机车信号显示制度和主体化机车信号的概念。
18. 各种信号机定位如何显示？
19. 简述常用信号机的关闭时机。

道岔是铁路线路的重要组成部分，是引导列车驶向不同方向的必要设备，道岔的转辙、锁闭是列车安全运行的基本条件。道岔转换与锁闭设备是用于道岔转换、锁闭以及对道岔所处位置及状态进行监督的设备，包括转辙机及转换锁闭器、密贴检查器、锁闭装置、安装装置等。

第一节　道　岔

道岔是列车从一股道转向另一股道的转辙设备，它是铁路线路中最关键的特殊设备，也是铁路信号的主要控制对象之一。信号工作人员必须熟悉它的基本结构、作用和表示符号。

道岔概述

道岔的组成

一、道岔的组成

如图 4-1 所示，道岔有两根可以移动的尖轨 1，尖轨的外侧是两根固定的基本轨 2，与尖轨和基本轨相连接的是四根合拢轨。其中，两个合拢轨 3 是直的，两根合拢轨 4 是弯的（其曲线称为道岔导曲线），两个内侧合拢轨相连的是辙叉。它由两个翼轨 5、一个叉心 6 和两根护轮轨 7 组成。

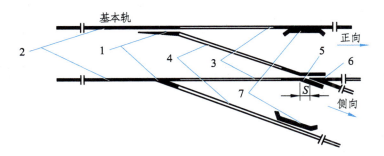

1—尖轨；2—基本轨；3—直合拢轨；4—弯合拢轨；5—翼轨；6—辙叉心；7—护轮轨。

图 4-1　道岔的组成

护轮轨和翼轨为固定车轮运行方向，因为机车车辆通过道岔时都要经过辙叉的“有害空间 S”（两翼轨最窄处到辙叉心实际尖端之间的一段轨道线路中断的空隙），如果不固定车轮轮缘的前进方向，就有可能造成脱轨事故。

可动心轨道岔消除了固定辙叉上存在的"有害空间"，提高了列车过岔速度，是列车提速的关键途径之一。

二、道岔号码

道岔的辙叉号

由岔心所形成的角，叫辙叉角，它有大有小。道岔号码（N）是代表道岔各部分的主要尺寸的，通常用辙叉角α的余切来表示，如图 4-2 所示，即

$$N = \cot\alpha = \frac{FE}{AE}$$

由此可见，道岔号与辙叉角成反比关系，α角越小，N越大，导曲线半径也越大，机车车辆通过该道岔时就越平稳，允许的过岔速度也就越高。

我国普速铁路常用的辙叉多为固定型。固定型辙叉适用于直向过岔速度较低的单开道岔。目前，我国普速铁路的主要线路上大多采用 9、12、18 号三个型号的道岔，各种道岔尖轨长度、岔心特征与通过速度如表 4-1 所示。

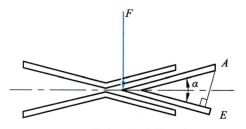

图 4-2　道岔号码计算示意图

表 4-1　各种道岔尖轨长度、岔心特征与通过速度表

60 kg 道岔号码	尖轨长度/m	岔心	通过速度（直股/弯股）/（km/h）
过渡性 12 号	7.7	固定	110/50
弹性尖轨 12 号	11.27	固定	120/50
弹性尖轨 12 号	11.27	活动	140/50
提速 12 号	13.88	固定	140/50
提速 12 号	13.88	活动	160/50
提速 18 号	15.68	活动	160/80
提速 30 号	27.98	活动	160/140

我国高速铁路常用的辙叉多为可动型。可动型辙叉适用于直向过岔速度较高的单开道岔。

高速铁路道岔均为单开道岔。

（1）按技术类型分为我国自主研发的高速道岔（简称客专线系列高速道岔，如表 4-2 所示）、引进法国技术的道岔（简称 CZ 系列高速道岔，如表 4-3 所示）、中德合资生产的高速道岔（简称 CN 系列高速道岔，如表 4-4 所示）。

（2）按道岔号码分：

① 客专线系列高速道岔分为 18 号、42 号、62 号。

② CN 系列高速道岔包括 18 号、42 号、50 号。

③ CZ 系列高速道岔包括 18 号、41 号等。

（3）按直向容许通过速度可分为时速 250 km、350 km 两种类型。

（4）按侧向容许通过速度可分为时速 80 km、160 km、220 km 三种类型。

（5）按道岔功能可分为正线道岔、渡线道岔和联络线道岔三种类型。

表 4-2　我国自主研发高速道岔系列表

道岔号数	18	42	62
时速 250 km 客运专线（无砟道床）	客专线（07）001		
时速 250 km 客运专线（有砟道床）	客专线（07）004		
时速 350 km 客运专线（无砟道床）	客专线（07）009	客专线（07）006	客专线（08）013
时速 350 km 客运专线（有砟道床）	客专线（07）016	客专线（07）011	
道岔侧向容许通过速度 /（km/h）	80	160	220

表 4-3　法国技术（CZ 系列）道岔系列表

道岔号数	18	41	65
有砟道岔	CZ6001/CZ6007	CZ6011	—
无砟道岔	CZ6002	CZ6006	—
道岔侧向容许通过速度/（km/h）	80	160	220

表 4-4　德国技术（CN 系列）道岔系列表

道岔号数	18	42	50
有砟道岔	CN-6118AB	—	—
无砟道岔	CN-6118AS	CN-6142AS	—
道岔侧向容许通过速 /（km/h）	80	160	220

道岔号码与平面尺寸。道岔侧向通过速度，对应的道岔号码及平面尺寸应符合表 4-5 的规定。

表 4-5　道岔号码及平面尺寸

侧向通过速度/（km/h）	道岔号码	全长/mm	前长/mm	后长/mm	线间距/mm
80	18	69 000	31 729	37 271	4 600
160	42	157 200	60 573	96 627	4 600
220	62	201 000	70 784	130 216	4 600

注：《铁路技术管理规程》（高速铁路部分）第 47 条规定：

（1）我国目前高速铁路正线道岔主要为 18 号道岔。正线道岔的直向通过速度不应小于路段设计行车速度。

（2）正线与到发线道岔号数的选择，主要考虑到发线长度为 650 m 的条件下，列车能够以较高的速度侧向通过道岔进站停车和发车，以提高正线和到发线能力，同时满足旅客舒适度的要求。根据目前国内道岔型号和系列，以及既有高速铁路站场布置的情况，采用侧向通过速度为 80 km/h 的18 号道岔有利于提高线路通过能力和满足旅客舒适度的要求。

高速铁路正线一般按双线设计，其中一条正线发生故障时，列车可在另外一条正线反向运行；为满足列车或调车车列在线路间转线运行的需要，车站两端一般均设置渡线。两正线间的渡线应根据其功能选用 18 号及以上道岔，在车站咽喉区两正线间渡线可采用 18 号道岔。

（3）为提高线路通过能力和满足旅客舒适度的要求，正线与到发线连接的单开道岔、到发线与到发线连接的道岔应采用侧向允许通过速度为 80 km/h 的 18 号道岔。在困难条件下，在始发或终到站，全部或绝大部列车均进站停车的个别车站，以及扩建大型车站，可采用 12 号道岔。

（4）正线与跨线列车联络线连接的单开道岔应根据列车设计通过速度确定，选用侧向允许通过速度为 160 km/h 或侧向通过速度为 220 km/h 的道岔。跨线列车联络线接轨于车站且列车均停站时，可采用侧向通过速度为 80 km/h 的 18 号道岔。

（5）线路允许速度 120 km/h 以上区段的道岔尖轨为分动结构，采用外锁闭装置。

三、道岔的位置和状态

道岔有两根可以移动的尖轨，一根密贴于基本轨，另一根尖轨离开，可以同时改变两根尖轨的位置，使原来密贴的分离，而原来分离的密贴，可见道岔有两个可以改变的位置。我们通常把道岔经常所处的位置叫作定位，临时需要改变的位置作反位。一般在图纸上都采用铁路中心线形式表示道岔。为改变道岔的两个位置，在道岔的尖轨处需要安装道岔转辙设备。

道岔的位置和状态

尖轨与基本轨密贴的程度如何，对行车安全影响很大，比如列车迎着尖轨运行时，如果尖轨密贴程度差，即间隙超过一定限度（大于 4 mm）则车的轮缘有可能撞着或从间隙中挤进尖轨尖端而造成颠覆或脱轨的严重行车事故。因此，对尖轨与基本轨的密贴程度规定有严格的标准。根据《技规》规定，装有转换锁闭器、电动转辙机、电空转辙机的道岔，当在转辙杆处的尖轨与基本轨之间插入厚 4 mm、宽为 20 mm 的铁板时，应不能锁闭和开放信号；如列车运行速度低于 160 km/h 线路上的道岔，尖轨斥离与基本轨间隙大于 10 mm 时，应切断道岔表示；列车运行速度大于 160 km/h 线路上的道岔，尖轨斥离与基本轨间隙大于 5 mm 时，应切断道岔表示。

四、单动道岔和双动道岔

扳动一根道岔握柄（手动道岔的操纵元件）或按压一个道岔按钮（电动道岔的操纵元件），仅能使一组道岔转换，则称该道岔为单动道岔；如果能使两组道岔同时或顺序转换，则称为双动道岔。为了简化操作手续，简化联锁关系，有时还为了保证行车安全和节省信号器材等，凡是能双动的道岔必须使之双动。"双动"即意味着两组道岔可作为一个控制对象来处理。

1. 渡线两端的道岔，应使之双动

对双动道岔的基本要求是：定位都必须转换到定位，反位时则又都必须转换到反位。如图 4-3（a）中的 1 号和 3 号道岔，它们是渡线上的两组道岔，这两组道岔都处于定位时，可以接由北京方面开来的列车，同时又可以向北京方面发车，即它们都处于定位时，两条

平行进路都开通，互不影响，并起到进路的隔离作用；当北京方面开来的接向 4 股道的列车要经过 1-3 渡线时，需要把 1 号和 3 号道岔都扳到反位。由于 1 号和 3 号道岔是双动的，即定位时，必须同时定位，反之亦然，故须使它们双动。

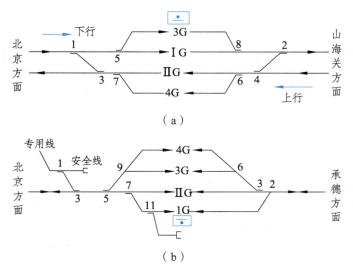

（a）

（b）

图 4-3　双动道岔示例

如图 4-3（b）中的 2 号和 4 号道岔，它们不属于渡线两端的道岔，当 2 号道岔在定位时，4 号道岔可以在定位也可以在反位，因为这两组道岔不存在定位时都必须定位的关系，故这两组道岔可以不划为双动，只能做单动处理。

2. 线路隔开设备与到发线之间的联结线路两端的道岔，应使其双动

如图 4-3（b）中的安全线是专用线和正线之间的线路隔开设备，其间有一条连接线路，其两端的道岔 1 和 3，应使之双动。使道岔 1 定位开向安全线，道岔 3 定位时开通正线，这样，当正线上有列车运行时，道岔 3 在定位，道岔 1 也在定位（因为是双动）。只有保证 1 号道岔在定位，才能使安全线起到防护的作用，即使有专用线开来的列车闯进来，也能让它进入安全线，以避免与正线的列车相撞。

五、对向道岔和顺向道岔

道岔本身并无顺向和对向之分，它只是根据列车运行方向而言，列车迎着道岔尖轨运行时，该道岔就叫对向道岔，如图 4-4（a）所示。反之，列车顺着道岔尖轨运行时，就叫顺向道岔，如图 4-4（b）所示。

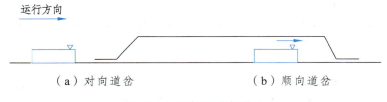

（a）对向道岔　　　　　（b）顺向道岔

图 4-4　顺向和对向道岔

第二节 转辙机概述

转辙机是道岔控制系统的执行机构，用于道岔的转换和锁闭，以及道岔所处位置和状态的监督。转辙机是转辙装置的核心和主体，除转辙机本身外，还包括外锁闭装置（内锁闭方式没有）和各种杆件、安装装置，它们共同完成道岔的转换和锁闭。

一、转辙机的作用

转辙机的具体作用表现如下：

（1）转换道岔的位置，根据需要转换至定位或反位。

（2）道岔转换到所需的位置并密贴后，实现锁闭，防止外力转换道岔。

（3）正确反映道岔的实际位置，道岔尖轨与基本轨密贴后，给出相应的表示。

（4）道岔被挤或因故处于"四开"（两侧尖轨与基本轨均不密贴）位置时，及时给出报警和表示。

二、对转辙机的基本要求

对转辙机的基本要求包括：

（1）作为转换装置，应具有足够大的拉力，以带动尖轨作直线往返运动；当尖轨受阻不能转换到底时，应随时通过操作使尖轨回复原位。

（2）作为锁闭装置，当尖轨和基本轨不密贴时，不应进行锁闭；一旦锁闭，应保证不致由于车辆通过道岔时的震动而错误解锁。

（3）作为监督装置，应能正确反映道岔的状态。

（4）道岔被挤后，在未修复前不应再使道岔转换。

三、转辙机的分类

1. 按动作能源和传动方式分类：电动转辙机、电动液压转辙机、电空转辙机

电动转辙机由电动机提供动力，采用机械传动方式。多数转辙机都是电动转辙机，包括我国铁路大量使用的 ZD6 系列转辙机和 S700K 型电动转辙机。

电动液压转辙机简称电液转辙机，由电动机提供动力，采用液压传动方式。ZY（J）系列转辙机即为电液转辙机。

电空转辙机以压缩空气作为动力，由电磁换向阀控制。ZK 系列转辙机即为电空转辙机。

2. 按供电电源分类：直流转辙机和交流转辙机

直流转辙机采用直流电动机，ZD6 型电动转辙机就是直流转辙机，由直流 220 V 供电。电空转辙机则由直流 24 V 供电。直流电动机的缺点是，由于存在换向器和电刷，故障率高。

交流转辙机采用三相交流电源，电动机为三相异步电机。目前，推广的提速道岔转辙机大多为交流转辙机，如 ZYJ7 型、S700K 型。交流转辙机采用感应式交流电动机，不存在换向器和电刷，因此故障率低，而且单芯电缆控制距离远。

3. 按动作速度分类：普通动作转辙机和快动转辙机

大多数转辙机转换道岔时间在 3.8 s 以上，属于普通动作转辙机，无须说明。ZD7 型电动转辙机和 ZK 系列电空转辙机转换道岔时间在 0.8 s 以下，属于快动转辙机，主要用于驼峰调车场，以满足分路道岔快速转换的需要。

4. 按锁闭方式分类：内锁闭转辙机和外锁闭转辙机

内锁闭转辙机依靠转辙机内部的锁闭装置锁闭道岔，是间接锁闭的方式。ZD6 系列电动转辙机大多采用内锁闭方式，锁闭可靠程度较差，列车对转辙机的冲击大。

外锁闭转辙机依靠转辙机外的锁闭装置直接锁闭密贴尖轨和基本轨，是直接锁闭方式。用于提速道岔的 S700K 型电动转辙机和 ZYJ7 型电液转辙机均采用外锁闭方式。外锁闭方式锁闭可靠，列车对转辙机几乎无冲击。

5. 按是否可挤分类：可挤型转辙机和不可挤型转辙机

可挤型转辙机内设有道岔保护（挤切或挤脱）装置，道岔被挤时，动作杆解锁，保护整机。不可挤型转辙机内不设道岔保护装置，道岔被挤时，挤坏动作杆与整机的连接结构，应整机更换。

此外，各种转辙机还有不同转换力和动程的区别。

四、转辙机的设置

在非提速区段，9 号单开道岔，设置一台转辙机，联动道岔的两组尖轨分别由一台转辙机牵引。12 号 AT 道岔，尖轨加长且有弹性，设置两台转辙机转换道岔。可动心轨道岔心轨处需单独设置一台转辙机。

在提速区段，提速道岔进一步加长了尖轨长度，需多台转辙机牵引。转辙机的数量要视道岔号码、固定辙叉还是可动心轨、S700K 型转辙机还是 ZYJ7 型转辙机而定。

12 号提速道岔尖轨采用 2 台转辙机，18 号提速道岔尖轨采用 3 台转辙机，30 号提速道岔尖轨采用 6 台转辙机，如图 4-5 所示。

图 4-5　秦沈客运专线站内渡线道岔

提速道岔采用可动心轨，心轨需转辙机牵引，如 18 号提速道岔心轨处设 2 台转辙机，30 号提速道岔心轨处设 3 台转辙机。

一组道岔由一台转辙机牵引的称为单机牵引，由两台转辙机牵引的称为双机牵引，由两台以上转辙机牵引的称为多机牵引。

第三节　ZD6 系列电动转辙机

ZD6 系列电动转辙机是我国铁路使用较为广泛的电动转辙机，由于 ZD6 系列电动转辙机采用内锁闭方式，它用于非提速区段以及提速区段的侧线上，包括 A、B、C、D、E、F、G、H、J、K 等派生型号（B、C 型已不生产），以及用于驼峰调车场的 ZD7 型快动转辙机。ZD6-A 型是 ZD6 系列转辙机的基本型，其他型号都是以 ZD6-A 型为基础改进、完善发展起来的。

一、ZD6-A 型转辙机基本结构

ZD6 型电动转辙机由电动机、减速器、摩擦联结器、转换锁闭装置、自动开闭器、挤岔保护及报警装置等部件组成，由动作杆和表示杆连接道岔尖轨，如图 4-6 所示。

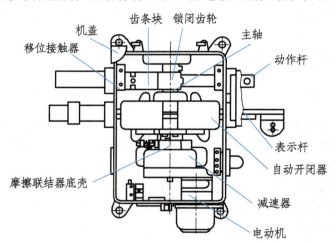

图 4-6　ZD6-A 型电动转辙机

电动机为电动转辙机提供动力，采用直流串激可逆电动机。

减速器用于降低转速以获得足够的转矩，并完成传动，由第一级齿轮和第二级行星传动式减速器组成。两级间以输入轴联系，减速器由输出轴和主轴联系。

摩擦联结器由弹簧和摩擦制动板组成，道岔转换过程中当尖轨遇阻时，能够保护电机。

转换锁闭装置由锁闭齿轮和齿条块组成，将转动变为平动，通过动作杆带动尖轨运动，转换到位后进行锁闭。

自动开闭器通过表示杆与尖轨连接，表示杆随尖轨移动。只有当尖轨密贴并锁闭后，才能接通道岔表示电路，并断开道岔的转换电路。

挤岔保护及报警装置包括挤切销和移位接触器等。挤岔时挤切销被切断，使动作杆和齿条块分离，避免机件损坏。挤岔后利用移位接触器接通挤岔报警电路。

遮断器（又称为安全接点），用来保证维修安全。正常使用时，遮断接点接通，才能接通道岔动作电路。检修时，断开遮断器接点，以防止检修过程中转辙机转动影响维修人员作业。

二、ZD6-A 型转辙机的主要部件及其作用

1. 电动机

电动机是电动转辙机的动力源，要求具有足够的功率，以获得必要的转矩和转速。电动机要有较大的起动转矩，以克服尖轨与滑床板间的静摩擦。道岔需要定、反向转换，要求电动机能够逆转。

ZD6-A 型电动转辙机采用直流串激可逆电动机，直流电动机的正转和反转可通过改变激磁绕组（定子绕组）或电枢（转子绕组）中的电流方向来实现。为配合四线制道岔控制电路，采用正转和反转分开定子绕组的方法，如图 4-7 所示。两个定子绕组通过公共端子分别与转子绕组串联。

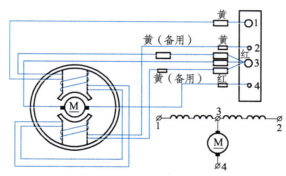

图 4-7　电动机内部接线

2. 减速器

为了得到足够的转矩要求将电机的高速旋转降下来。ZD6-A 型电动转辙机由两级组成，第一级小齿轮带动大齿轮，减速比 103∶27，第二级为行星传动式，减速比为 41∶1，总的减速比为 103/27×41/1 = 156.4。

行星减速器中内齿轮靠摩擦联结器的摩擦作用"固定"在减速器壳内，内齿轮里装有外齿轮，如图 4-8 所示。外齿轮通过滚动的轴承装在偏心的轴套上，偏心轴套用键固定在输入轴上。外齿轮上有八个圆孔，每孔插入一根套有滚套的滚棒。八根滚棒固定在输出轴的输出圆盘上。当外齿轮作摆式旋转时，输出轴就随着旋转。

当输入轴随第一级减速齿轮顺时针旋转时，偏心轴套也顺时针旋转，使外齿轮在内齿轮里沿内齿圈作逐齿啮合的偏心运动。外齿轮 41 齿，内齿轮 42 齿，两者相差 1 齿。因此，外齿轮做一周偏心运动时，外齿轮的齿在内齿轮里错位一齿。正常情况下，内齿轮静止不动，迫使外齿轮在一周的偏心运动中反方向旋转一齿的角度，即输入轴顺时针方向旋转 41 周，外齿轮逆时针方向旋转一周，带动输出轴逆时针方向旋转一周，这样达到减速目的。

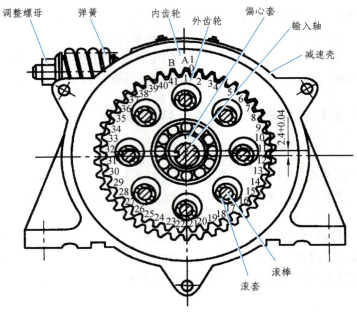

图 4-8　行星传动式减速器

外齿轮既在输入轴的作用下作偏心运动，又与内齿轮作用做旋转运动，类似于行星运动，既有公转，又有自转，所以外齿轮称为行星齿轮，该种减速器称为行星传动式减速器。

为达到机械转动的平衡，内齿轮里有两个外齿轮，它们共同套在一个输出轴圆盘的八根滚棒上，两个外齿轮之间偏向成180°。

3. 传动装置

传动装置包括减速齿轮、输入轴、减速器、输出轴、起动片、主轴。

1）起动片

介于减速器与主轴间的传动媒介。它连接输出轴与主轴，利用其正反两面相互垂直成"十"字形的沟槽，如图4-9所示，在旋转时补偿两轴不同心的误差。同时，它还与速动片配合，在解锁、锁闭过程中对自动开闭器起到控制作用。

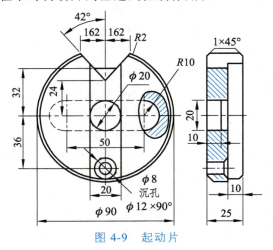

图 4-9　起动片

2）主轴

主轴主要由主轴、主轴套、轴承、止挡栓等组合而成，主轴带动锁闭齿轮，通过与齿条块配合完成转换和锁闭道岔。

4. 转换锁闭装置

转换锁闭装置由锁闭齿轮和齿条块、动作杆组成，用来将旋转运动变为直线运动以带动道岔的尖轨位移，并完成内部锁闭。

1）锁闭齿轮和锁闭齿条

锁闭齿轮如图 4-10（a）所示，共有 7 个齿，其中 1 和 7 是位于中间的起动小齿，在他们之间是锁闭圆弧。齿条块上有 6 个齿、7 个齿槽，如图 4-10（b）所示，中间四个是完整的齿，两边的两个是中间有缺槽的削尖齿。缺槽是为了锁闭齿轮的起动小齿能顺利通过而设的。

当道岔在定位或反位，尖轨与基本轨密贴时，锁闭齿轮的圆弧正好与齿条块的削尖齿弧面重合，实现了对道岔的锁闭。

电动转辙机每转换一次，锁闭齿轮与齿条块要完成解锁、转换、锁闭三个过程。

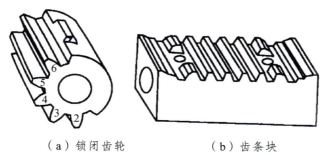

（a）锁闭齿轮　　　　　　　（b）齿条块

图 4-10　锁闭齿轮和齿条块

（1）解锁。

假设图 4-11（a）所示为定位锁闭状态，若要将道岔转至反位，电动机必须逆时针旋转，输入轴顺时针旋转，使输出轴逆时针旋转，通过起动片带动主轴及锁闭齿轮做逆时针转动。此时，锁闭齿轮的锁闭圆弧首先在齿条块的削尖齿上滑退，锁闭齿轮上的起动小齿 1 从削尖齿槽I的右侧接触，解锁完毕。

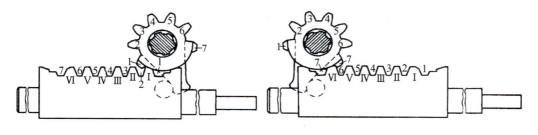

（a）定位锁闭状态　　　　　　　（b）反位锁闭状态

图 4-11　锁闭齿轮和齿条块

（2）转换。

起动小齿拨动齿条块，锁闭齿轮带动齿条块移动，即将转动变为平动。锁闭齿轮转至 306.1°时，齿条块及动作杆向右移动了 165 mm，使原斥离尖轨转换到反位与另一基本轨密贴。

（3）锁闭。

道岔转换完毕必须进行锁闭，否则齿条块及动作杆在外力作用下可倒退，造成"四开"的危险。道岔转换完毕后，锁闭齿轮继续转动，锁闭齿轮上的圆弧面与齿条块削尖齿弧面重合，实现了锁闭，如图 4-11（b）。此时，止挡栓碰到底壳上的止挡栓，锁闭齿轮停止转动。

2）动作杆

动作杆是转辙机转换道岔的最后执行部件，动作杆一端与道岔的密贴调整杆相连，带动尖轨运动。动作杆通过挤切销和齿条块联成一体，正常工作时，与它们一起运动。挤岔时，动作杆与齿条块能够迅速脱离联系，保护了机内的部件。挤切销分主销和副销，分别装于锁闭齿条块削尖齿中间开口处的挤切孔内。主挤切孔为圆形，主销能顺利插入起主要联结作用，副销挤切孔为扁圆形，副销插入起备用联结作用。

5. 自动开闭器

自动开闭器用于及时、正确反映道岔尖轨的位置，并实现控制电动机和挤岔表示的功能。在解锁过程中，由自动开闭器接点断开原表示电路，接通准备反转的动作电路；锁闭后，由自动开闭器接点自动断开电动机动作电路、接通表示电路。

自动开闭器由 4 排静接点、2 排动接点、2 个速动爪、2 个检查柱及速动片等组成。静接点、动接点、速动爪、检查柱对称地分别装于主轴的两侧，但又是一个整体，如图 4-12 所示。

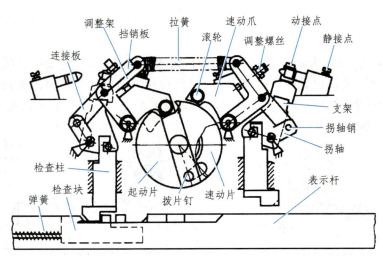

图 4-12　自动开闭器及表示杆的动作关系

1）自动开闭器的组成

自动开闭器分为接点部分、动接点块传动部分及控制部分。接点部分包括动接点、静接点、接点座等。静接点左右对称地安装在接点座上。两组动接点块分别安装在左右拐轴上，拐轴以接点座为支撑。动接点块可以在拐轴转动时改变对静接点组的接通位置。

动接点块传动部分包括速动爪、滚轮、接点调整架、连接板、拐轴，这些部件左、右各有一套。调整接点调整架上的螺钉可以改变动接点插入静接点的深度。

控制部分由拉簧、速动片（还应包括起动片）、检查柱组成。拉簧连接两边的调整架，将两边的动接点拉向内侧，为动接点速动提供动力。检查柱在正常转换过程时，对表示杆缺口起到探测作用。道岔不密贴，缺口位置不对，检查柱不会落下，它阻止动接点块动作，不构成道岔表示电路。挤岔时，检查柱被表示杆顶起，迫使动接点块转向外方，断开表示电路。

2）速动片

速动片如图 4-13 所示。它有一个矩形缺口，缺口对面有一个腰形扁孔。速动片通过速动衬套套在主轴上，起动片上的拨片钉插入速动片的腰形扁孔中。道岔锁闭后，拨片钉总是在腰形孔的一端，道岔解锁后，主轴反转，拨片钉在腰形孔中空走一段才拨动速动片一起转动。

速动片套在速动衬套上，速动衬套又卡在接点座上，它不随主轴转动。速动片直径比起动片略大，正常情况下总有一个速动爪的小滚轮压在它上面，所以即使主轴转动，速动片也不会跟着转，它的转动只有靠拨片钉拨动。

速动片的速动原理可用图 4-14 来说明。在锁闭齿轮进入锁闭阶段时，齿条块已不再动，为了完成内锁闭，主轴还在旋转，起动片和速动片也在转动。这时，起动片的梯形凹槽已经转到速动爪的下方，为速动爪的落下准备好条件。但是速动片仍然支撑着速动爪，使它不能落下。只有当速动片再转过一个角度，使速动爪突然失去支撑，就在拉簧的强力作用下，迅速落向起动片的凹槽底部，实现了自动开闭器的速动。因此，速动的关键是爪尖从速动片的缺口尖角边（图 4-14 中的 ab）突然跌落。否则，爪尖沿着起动片的梯形凹槽边（图中的 $a'b'$）下滑，就不会有速动效果。

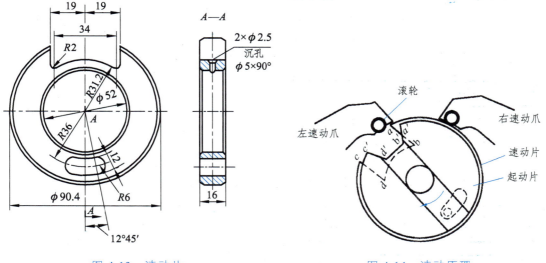

图 4-13　速动片　　　　　　　　　　图 4-14　速动原理

3）自动开闭器的动作原理

自动开闭器的动作是受起动片和速动片的控制，输出轴转动时带动起动片转动，速动片由起动片上的拨片钉带动转动。从而将速动爪顶起或到位后落入，带动动接点块的运动。它们之间的动作关系及受它们控制的速动爪的动作情况如图 4-15 所示。

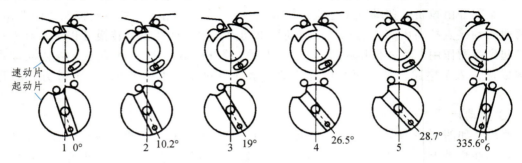

图 4-15　起动片、速动片及速动爪的动作关系

道岔在定位时，起动片沟槽与垂直线成 10.5°角，将这个起始状态作为 0°（见图 4-15 中的位置 1）。假设起动片逆时针转动，固定在左速动爪上的滚轮与起动片斜面接触，左速动爪随滚轮沿斜面滚动向上升（见图 4-15 中的位置 2），使 L 形调整架、连接板、拐轴、支架等相互传动（见图 4-11）。当起动片转至 10.2°时，自动开闭器第 3 排接点断开，转至 19°时（见图 4-15 中的位置 3），第 4 排接点开始接通；转至 26.5°时，左速动爪的滚轮升至最高（见图 4-15 中的位置 4），左动接点完全打入第 4 排静接点。起动片转至 28.7°时，拨片钉移动至速动片导槽的尽头（见图 4-15 中的位置 5），拨动速动片随起动片一起转动，一直转到 335.6°时，速动片缺口对准右速动爪，在弹簧作用下，右速动爪迅速落入速动片缺口内（见图 4-15 中的位置 6），带动右动接点，使第 1 排接点迅速断开，第 2 排接点迅速接通。同时带动右检查柱落入表示杆检查块的反位缺口内，检查道岔确已转换至反位密贴状态。

4）自动开闭器接点

自动开闭器有 2 排动接点，4 排静接点，编号是站在电动机处观察，自右向左分别为 1、2、3、4 排，每排有 3 组接点，自上而下顺序编号，如第 1 排接点为 11-12，13-14、15-16，如图 4-16 所示。

若转辙机定位时 1、3 排接点闭合，则转辙机向反位动作，解锁时，左边接点先动作，断

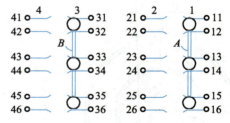

图 4-16　自动开闭器的接点

开第 3 排接点，切断道岔定位表示电路；接通第 4 排接点，为反转做好准备。转换至反位后，右边接点动作，断开第 1 排接点，切断电动机动作电路；接通第 2 排接点，接通道岔反位表示电路。

若转辙机定位时 2、4 排接点闭合，则转向反位时，右边接点先动作，断开第 2 排接点，接通第 1 排接点；转到反位时，左边接点动作，断开第 4 排接点，接通第 3 排接点。

从反位转向定位时，接点动作情况与上述相反。

6. 表示杆

电动转辙机的表示杆与道岔的表示连接杆相连随道岔动作，用来检查尖轨是否密贴，以及在定位还是在反位。

表示杆由前、后表示杆以及两个检查块组成，如图 4-17 所示。两个表示杆通过固定螺栓和调整螺母固定在一起，前表示杆的前伸端设有连接头，用来和道岔的表示杆相连。后表示杆前端与并紧螺栓相连的是一长孔，有 86～167 mm 的调整范围，以满足不同的道岔开程需要。

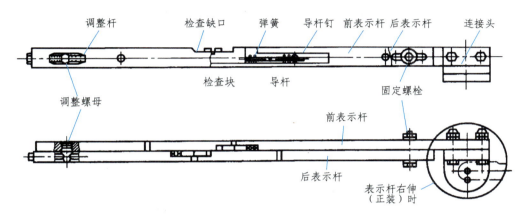

图 4-17　表示杆

道岔转换到位后，自动开闭器上的检查柱就落入表示杆检查块的缺口之中，如图 4-18 所示，两侧的间隙为 1.5 mm。

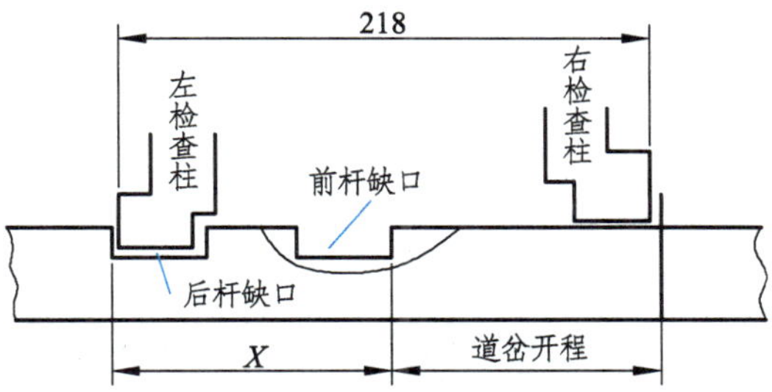

现场调整表示缺口是一项重要的工作，在密贴调整完成后，才能进行表示的调整。先伸出，再拉入；先调密贴，再调表示。

图 4-18　表示杆与检查柱的关系

7. 摩擦联结器

摩擦联结器是保护电动机和吸收转动惯量的联结装置，如图 4-19 所示。在道岔因故转换不到底时，电机的电路不能断开，如果电动机突然停转，电动机将会因为电流过大而烧坏。另外，在正常使用过程中，当道岔转换到位时，摩擦联结器可以消耗电动机的惯性，以避免内部器件受到撞击或毁坏。

正常情况下，依靠摩擦力，内齿轮反作用于外齿轮，使外齿轮作摆式旋转，带动输出轴转动，使道岔转换。当发生尖轨受阻不能密贴和道岔转换完毕电动机惯性运动的情况下，输出轴不能转动，外齿轮受滚棒阻止而不能自转，但在输入轴的带动下作摆式运动，这样外齿轮对内齿轮产生一个作用力，使内齿轮在摩擦制动板中旋转（摩擦空转），消耗能量，保护电动机和机械传动装置。

摩擦联结器的摩擦力要调整合适，调整过紧会失去摩擦联结作用，损坏电动机和机件；过松则不能正常带动道岔转换。其松紧可以通过调整螺母以调整弹簧的压力来实现；标准是 1.3～1.5 倍的额定电流。

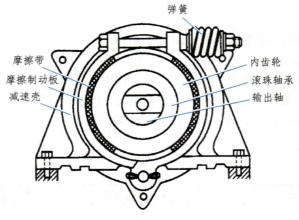

图 4-19　摩擦联结器的结构

8. 挤切装置

挤切装置包括挤切销和移位接触器，如图 4-20 所示，用来进行挤岔保护，并给出挤岔表示。

1）挤切销

两挤切销将动作杆与齿条块连成一体，正常转换时，带动道岔。道岔在定位或反位时，齿条块被锁闭齿轮锁住，道岔也就被锁住。挤岔时，当来自尖轨的挤岔力超过挤切销能承受的机械力时，主副挤切销先后被挤断，动作杆在齿条块内移动，道岔即与电动转辙机脱离机械联系，保护了转辙机的主要机件和尖轨不被损坏。挤岔后，只要更换挤切销即可恢复使用。

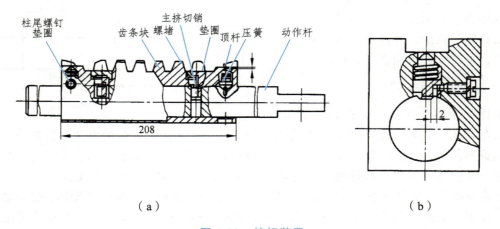

（a）　　　　　　　　　　　　　　　　　（b）

图 4-20　挤切装置

2）移位接触器

移位接触器安装于机壳内侧、动作杆上方，由触头、弹簧、顶销、接点等组成，接点串联在电路中监督挤切销的受损状态。道岔被挤或挤切销折断时，动作杆在齿条块内产生位移，顶杆下端被挤出圆坑，使顶杆上升，将移位接触器的顶销顶起，如图 4-21 所示，断开它的接点，从而断开道岔表示电路。

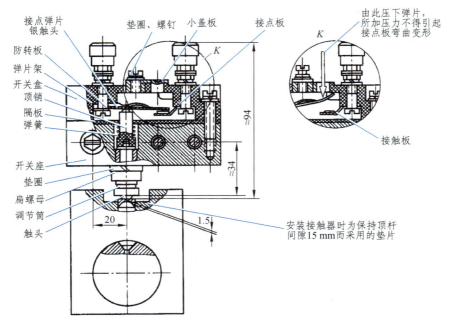

图 4-21　移位接触器

三、ZD6-A 型转辙机整体动作过程

图 4-22 是 ZD6-A 型转辙机的传动原理图。图中表示的各机件所处的位置是处于左侧锁闭（假设为定位）的状态，此时自动开闭器第 1、3 排接点闭合。下面简述从定位转向反位的传动过程。

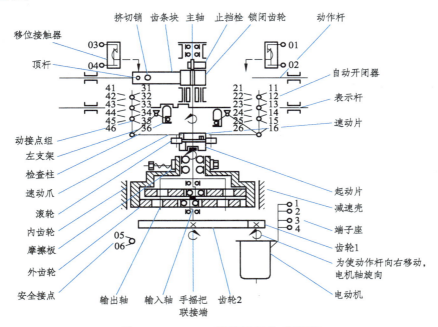

图 4-22　ZD6-A 型转辙机传动原理

当电动机通入规定方向的道岔控制电流，电动机轴按图4-22中所示的逆时针方向旋转。电动机通过齿轮带动减速器，这时输入轴按顺时针方向旋转，输出轴按逆时针方向旋转。输出轴通过起动片带动主轴，按逆时针方向旋转。锁闭齿轮随主轴逆时针方向旋转，锁闭齿轮在旋转中完成解锁、转换、锁闭三个过程，拨动齿条块，使动作杆带动道岔尖轨向右移动，密贴于右侧尖轨并锁闭。同时通过起动片、速动片、速动爪、带动自动开闭器的动接点动作，与表示杆配合，断开 1、3 排接点，接通 2、4 排接点，完成电动转辙机转换、锁闭及给出道岔表示的任务。

手动摇动转辙机时，先用钥匙打开盖，露出摇把插孔，将摇把插入减速大齿轮轴，摇动转辙机至所需位置。此后虽抽出摇把，但安全接点被断开，必须打开机盖、合上安全接点，转辙机才能复原。

第四节　外锁闭装置

一、道岔的锁闭方式

道岔的锁闭是把尖轨或可动心轨等可动部分固定在某个开通位置，当列车通过时不受外力作用而改变。道岔按锁闭方式可分为内锁闭和外锁闭两种。

1. 内锁闭

内锁闭是当道岔由转辙机带动转换至某个特定位置后，在转辙机内部进行锁闭，由转辙机动作杆经外部杆件对道岔实现位置固定。例如，ZD6 型转辙机就是由其内部的锁闭齿轮的圆弧面和齿条块的削尖齿实现锁闭的。实质上，内锁闭方式锁闭道岔是对道岔可动部分进行间接锁闭。

内锁闭转换设备的特点是：

（1）结构简单，便于日常维护保养，且转换比较平稳，属定力锁闭。

（2）道岔的两根尖轨由若干根连接杆组成框架结构，使尖轨部分的整体刚性较高，而且框式结构造成的反弹力和抗力较大。

（3）由于两尖轨由杆件连接，当杆件受到外力冲击时，如发生弯曲变形，会使密贴尖轨与基本轨分离，严重威胁行车安全。

（4）当列车通过道岔产生冲击时，其冲击力经过杆件将直接作用于转辙机内部，使转辙机部件易于受损，挤切销折断，移位接触器跳开等。

因此，内锁闭式转换设备已不能适应提速的需要，必须采用分动外锁闭道岔转换设备。

2. 分动外锁闭

当道岔由转辙机带动转换至某个特定位置后，通过本身所依附的锁闭装置，直接把尖轨与基本轨或心轨与翼轨密贴夹紧并固定，称为道岔的外锁闭，即道岔的锁闭主要不是依靠转辙机内部的锁闭装置，而是依靠转辙机外部的锁闭装置实现的。

由于外锁闭道岔的两根尖轨之间没有连接杆，在道岔的转换过程中，两根尖轨是分别动作的，所以又称为分动外锁闭道岔。

分动外锁闭道岔转换设备的特点：

（1）改变了传统的框架式结构，使尖轨的整体刚性大幅度下降。

（2）尖轨分动后，转换启动力小，而且一根尖轨的变形不影响另一根尖轨，由此造成的反弹、抗劲等转换阻力均减小许多。

（3）两根分动尖轨在外锁闭装置作用下，无论是在起动解锁，还是密贴锁闭过程中，所需的转换力均较小，避开了两根尖轨最大反弹力的叠加时刻。

（4）同时承担两根尖轨弹性力的过程是在密贴解锁以后到斥离尖轨锁闭以前这一较短的时间内，而此时正是电动机功率输出的最佳时刻，使电气特性和机械特性得到良好的匹配。

（5）外锁闭装置一旦进入锁闭状态，车辆过岔时，轮对对尖轨和心轨产生的侧向冲击力基本上不传到转辙机上，即具有隔力作用，有利于延长转辙机及各类转换部件的使用寿命。

（6）由于两尖轨间无连接杆，所以密贴尖轨很难在外力作用下与基本轨分离，可靠地保证了行车安全。

（7）由于密贴尖轨与基本轨之间由外锁闭装置固定，克服了内锁闭道岔靠杆件推力或拉力使尖轨与基本轨密贴易造成 4 mm 失效的较大缺陷。

分动外锁闭道岔尖轨转换采用分动方式，设有多个牵引点（9 号和 12 号提速道岔两个牵引点，18 号提速道岔三个牵引点，30 号和 38 号提速道岔六个牵引点），做到尖轨全程密贴，以防止尖轨反弹，还做到多点检查尖轨密贴情况。可动心轨也采用多点牵引（12 号、18 号两点牵引，30 号、38 号三点牵引）。

外锁闭道岔转换设备消除了内锁闭方式的缺陷，适应了列车提速的要求。

外锁闭装置先后出现了燕尾式和钩式两种类型。

二、钩式外锁闭装置

燕尾式外锁闭装置在结构受力和安装调整方面不适合我国铁路道岔的实际情况，对道岔尖轨病害的适应能力差，卡阻现象时有发生，故障率较高、产品工艺性差、质量不易控制，于是又研制成钩式外锁闭装置。

钩锁式外锁闭装置属于垂直锁闭方式，锁闭力通过锁闭铁、锁闭框直接传给基本轨。锁闭铁和锁闭框基本不承受弯矩，锁闭更加可靠。避免了原尖轨部分燕尾式外锁闭装置的锁闭铁因承受弯矩和铸造缺陷而出现的断裂现象，且安装调整方便，对道岔的适应能力更强。钩式外锁闭装置更适合于一般铁路线路，尤其是在需要降低故障率和提高设备寿命的场合。

钩式外锁闭装置分为分动尖轨用和可动心轨用两种类型。

1. 分动尖轨用钩式外锁闭装置

1）分动尖轨用钩式外锁闭装置的结构

分动尖轨用钩式外锁闭装置由锁闭杆、锁钩、锁闭框、尖轨连接铁、锁轴和锁闭铁构成，如图 4-23 所示。

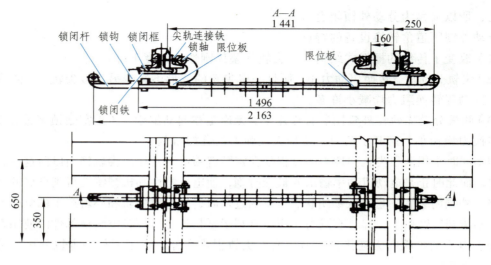

图 4-23　尖轨用钩式外锁闭装置

锁闭杆的作用是通过安装装置与转辙机动作杆相连，利用其凸台和锁钩缺口带动尖轨。第一牵引点锁闭杆与第二牵引点锁闭杆凸台尺寸不同，不能通用。锁钩头部与销轴连接，下部缺口与锁闭杆凸台作用，通过连接铁带动尖轨运动，尾部内斜面与锁闭铁作用锁闭密贴尖轨和基本轨。第一牵引点锁钩与第二牵引点锁钩也不能通用。

锁闭框固定锁闭铁，支撑锁闭杆。锁闭铁与锁钩作用锁闭尖轨和基本轨，导向销在锁闭杆两侧槽内起导向作用。

锁闭框用螺栓与基本轨连接，锁闭铁插入锁闭框孔内，并用固定螺栓紧固。尖轨连接铁用螺栓与尖轨连接，由锁轴将其与锁钩连接。锁钩底部缺口对准锁闭杆的凸块，并与锁闭杆共同穿入锁闭框。

2）分动尖轨用钩式外锁闭装置动作原理

当转辙机动作杆带动锁闭杆移动，密贴尖轨处的锁钩缺口随之入槽并移动，当动作到另一侧尖轨与基本轨密贴时，锁钩沿锁闭杆斜面向上爬起，锁钩升至锁闭杆凸块顶面时，锁钩同时被锁闭铁和锁闭杆卡住不能落下，实现了锁闭。本侧锁钩的缺口卡在锁闭杆的凸起处不能移动，保持尖轨与基本轨的开口基本不变。

道岔转换过程分为解锁、转换、锁闭过程，如图 4-24 所示。

（1）道岔解锁过程。

开始转换前，左侧处于密贴锁闭状态，如图 4-24（a）所示。

转辙机动作杆带动锁闭杆运动，左侧尖轨（原密贴尖轨）的锁钩缺口与锁闭杆凸块接触，锁闭量逐渐减小，但该尖轨不动。而锁闭杆凸块带动右侧尖轨（原斥离尖轨）的锁钩运动，道岔开程逐渐减小，如图 4-24（b）所示。运动至 60 mm 时，锁闭杆左侧凸块移动至锁钩块口内，两根尖轨处于解锁状态，如图 4-24（c）所示。

（2）道岔转换过程。

锁闭杆继续运动，带动两侧锁钩运动，从而带动两根尖轨继续活动，如图 4-24（d）所示。当锁闭杆动作 160 mm 时，锁闭杆凸块与右侧锁钩的缺口脱离，并抬起锁钩的燕尾部，使其沿锁闭铁的斜面上升，该锁钩后部锁闭，如图 4-24（e）所示。

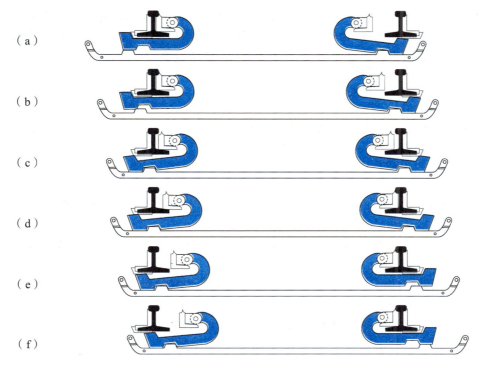

图 4-24 钩式外锁闭装置的工作原理

（3）道岔锁闭过程。

虽然右侧尖轨已密贴，但锁闭杆继续运动，带动左侧锁钩及左侧尖轨继续移动。当锁闭杆动作 220 mm 时，右侧尖轨由于锁钩及锁闭框的作用，使该锁钩固定在不变的位置，有足够的锁闭量，实现了锁闭，这时左侧锁钩的缺口与锁闭杆的凸块相互咬合，由于转辙机具有内锁作用，使锁钩处于不动位置，有足够的开程，对斥离尖轨也实现了锁闭，如图 4-24（f）所示。

2. 可动心轨用钩式外锁闭装置

1）可动心轨用钩式外锁闭装置的结构

可动心轨用钩式外锁闭装置结构原理如图 4-25 所示，亦由锁闭杆、锁钩、锁闭框、锁闭铁组成，但锁闭杆的尺寸、锁钩的外形与尖轨所用完全不同。外锁闭装置的锁闭框直接与翼轨相连（安装在翼轨补强板上），心轨的凸缘插在锁钩的楔形槽内（心轨在槽内可伸缩），通过锁闭杆的横向运动牵引心轨转换并锁闭。心轨与翼轨的密贴可通过增减锁闭铁和锁闭框间的调整片来调整，调整方便、可靠。

2）可动心轨用钩式外锁闭装置的动作原理

可动心轨用钩式外锁闭装置工作过程也分为解锁、转换、锁闭三个阶段，分别如图 4-25（a）、（b）、

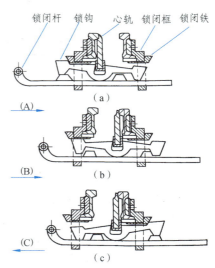

图 4-25 可动心轨用钩式外锁闭装置

（c）所示。由于其结构简单，安装方便，动作灵活，4 mm 不锁闭容易实现。取消了道岔 Y 形接头拉板，解决了拉板松动的问题。心轨可以在锁钩的槽内自由伸缩，使心轨的爬行不影响外锁闭装置的锁闭，但锁钩较长，对生产工艺要求较高。

三、CNTT（新铁德奥道岔）HRS 锁闭装置

高速客运专线上的道岔普遍采用了动态轨距优化（FAKOP®）转辙器、带有液压下拉装置的心轨和 HRS 锁闭装置。

1. 转辙设备配置

（1）18 号道岔：转辙器设置 3 台转辙机和 3 台密贴检查装置，可动心轨辙叉设置 2 台转辙机。

（2）42 号道岔：转辙器设置 6 台转辙机和 6 台密贴检查装置，可动心轨辙叉设置 3 台转辙机。

（3）转辙机采用西门子公司的 S700K-C 型电动转辙机，也可采用国产 ZDJ9 电动转辙机或者 ZYJ7 电液转辙机。

（4）密贴检查装置采用西门子公司的 JM-2 或者全路通号 JM-A。

2. 转辙器的结构特征

（1）CNTT 道岔的转辙器设计有 FAKOP® 结构。FAKOP® 是德语的缩写，其意思是动态轨距优化。FAKOP® 转辙器与普通线形相比有一定的几何线形变化（见图 4-26），在尖轨与基本轨相贴合处，直基本轨也不是一条直线，而是一种特殊的轨道曲线，直基本轨向外弯曲加宽轨距，最大轨距加宽为 15 mm。

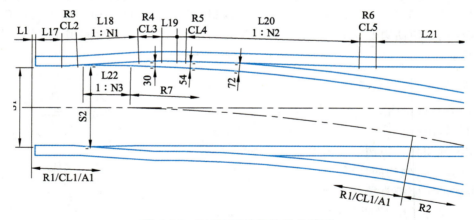

图 4-26　FAKOP® 结构轨道曲线图

FAKOP® 转辙器道岔使车轮和直基本轨接触轨迹和另一侧相似，车轮在直基本轨上也以比在线路上较小的直径滚动，此时轮对的两个轮子以大约相同的直径接触轨道，从而就防止了轮对发生侧转的趋势，就降低了轮缘与尖轨的磨耗。FAKOP® 结构的转辙器基本轨向外弯曲使轨距加宽，尖轨厚度可提前增加，提早承受轮重，能够大大地延长尖轨的使用寿命（见图 4-27）。

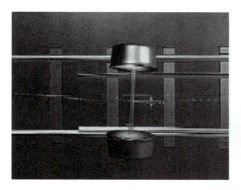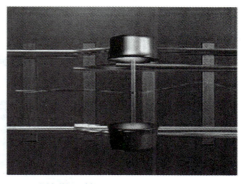

图 4-27　CNTT 道岔 FAKOP®转辙器效果图

（2）FAKOP®的安装调整如图 4-28 所示。

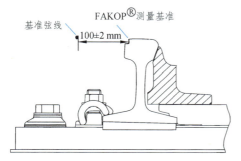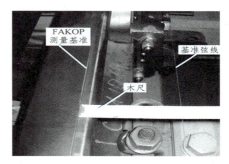

图 4-28　CNTT 道岔 FAKOP®安装调整示意图

3. 可动心轨辙叉的结构

转辙器跟端结构：转辙器跟端采用限位器结构，由高强螺栓与基本轨和尖轨连接。18 号道岔每侧设 1 个限位器，如图 4-29 所示。42 号道岔每侧设 4 个限位器，如图 4-30 所示。

图 4-29　CNTT 道岔 FAKOP®安装调整示意图

图 4-30　42 号道岔转辙器跟端限位器示意图

4. 可动心辙叉的结构特征

1）辙叉翼轨跟端连接

18号道岔为单肢弹性可弯结构，其翼轨跟端与心轨的连接采用间隔铁结构，如图4-31所示。

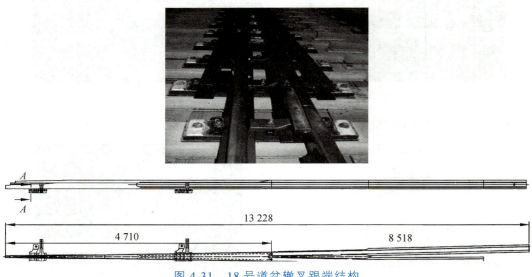

图4-31　18号道岔辙叉跟端结构

2）辙叉跟端连接

42号道岔其心轨拼接分开后，心轨之间设置间隔铁，辙叉跟端下部为很长的大垫板，心轨-心轨、翼轨-心轨间长大间隔铁通过螺栓与大垫板联接，同时还有横向螺栓联接。42号道岔为双肢弹性可弯结构，如图4-32所示。

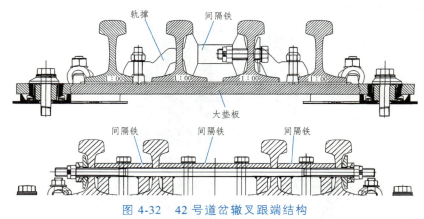

图4-32　42号道岔辙叉跟端结构

3）心轨牵引处的结构形式

辙叉翼轨用60 kg/m标准断面钢轨制作。18号和42号道岔的牵引杆件均从翼轨轨底与心轨轨底转换凸缘连接。翼轨轨底有削弱，轨腰没有削弱，如图4-33所示。二者不同的是：18号道岔心轨的转换凸缘和叉尖为一整体，如图4-34所示；42号道岔用组装转换架结构起到转换凸缘的作用，如图4-35所示。

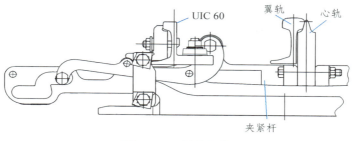

图 4-33　牵引方式

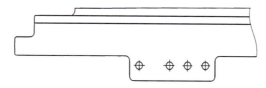

图 4-34　18 号道岔的转换凸缘

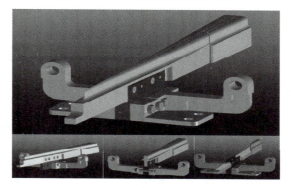

图 4-35　42 号道岔的转换架结构

4）心轨防跳措施

高速道岔可动心轨辙叉的活动段较长，为防止心轨跳动，采取了多种手段，在心轨尖端和顶铁上也都设置有心轨防跳的功能，心轨尖端深入翼轨间隔铁下，如图 4-36 所示，顶铁的扣压防跳功能如图 4-37 所示。除此之外，无砟道岔设置液压下拉装置，其防跳效果是最好、最可靠的。有砟道岔不设液压下拉装置。

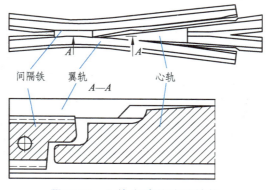

图 4-36　心轨尖端的防跳结构

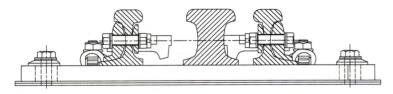

图 4-37　顶铁设置的心轨防跳结构

5. HRS 型外锁闭结构原理

1）HRS 型外锁闭结构原理

HRS 型外锁闭结构原理如图 4-38 所示。锁闭时锁闭合力 R 使尖轨及外锁闭装置受力状态较好既可确保尖轨和基本轨的密贴，同时还具有尖轨防跳功能。尖轨转换采用滚动摩擦，可以减少转换阻力。为适应温度变化造成的尖轨伸缩增设了点承式支撑架。连杆的特殊链节运动允许需要控制的锁闭装置的解锁、移动和锁闭。在转辙时，尖轨从滑床板上抬起。夹具的形式使它能够水平和竖向地将尖轨紧固于基本轨。尖轨和基本轨之间的高差在基本轨发生弹性降低时保持平整。

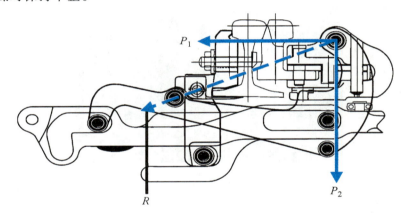

图 4-38　HRS 外锁闭装置结构原理

2）HRS 锁闭装置含有尖轨和心轨安装两种类型

（1）转辙机区域的 HRS 锁闭装置结构如图 4-39 所示，其作用是固定了尖轨和基本轨的相对位置，连杆的特殊机械运动确保锁闭装置的解锁、移动和锁紧。在转辙时，尖轨从滑床板上抬起，采用滚动摩擦，可减少转换阻力。

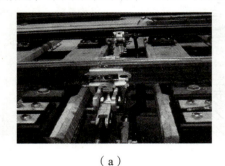

（a）

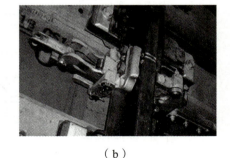

（b）

图 4-39　转辙机区域的 HRS 锁闭装置结构

连杆销接支架 Bkl 80 的型式允许尖轨能够相对于基本轨（自动补偿尖轨的位移）而往前和往后移动 ±40 mm，如图 4-40 所示。

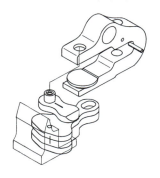

图 4-40 连杆销接支架

（2）可动心轨辙叉区域的 HRS 锁闭装置如图 4-41 所示。心轨 HRS 锁闭装置的作用是固定了可动心轨和翼轨的相对位置。连杆中的特殊连杆运动允许需要控制的锁闭装置的解锁、移动和锁紧。所有的运动都通过使用免维护的辊轮完成。

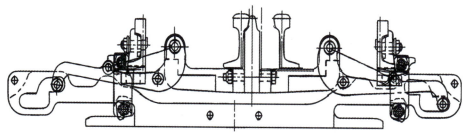

图 4-41 道岔可动心轨辙叉区域 HRS 锁闭装置

6. 下拉装置

（1）下拉装置是与翼轨相连的，并用一根连接横梁来把心轨压到垫板滑动面上。作用的压力（约 70 kN）是由碟形弹簧垫圈产生的。18 号无砟道岔和 42 号无砟道岔辙叉区域各设有 1 套下拉装置。有砟道岔不设下拉装置。

（2）下拉装置原理：当列车通过可动心轨时，翼轨或者心轨会弹性地下沉。使用液压下拉夹具使两个部件能够平稳地下沉，以避免在这个区域的高动态荷载，如图 4-42 所示。

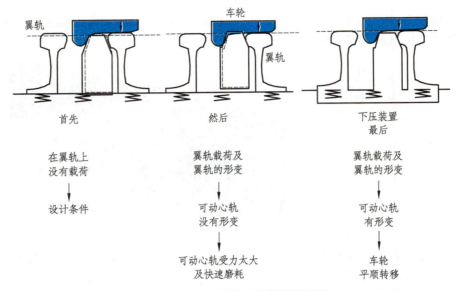

图 4-42　可动心轨下拉装置原理图

3）18 号单肢弹性可弯道岔可动心轨辙叉的下拉装置，布置在下拉夹具中的液压缸把叠片碟形弹簧垫圈下压直到连接横梁压在安装在翼轨上的支架辊轮上，而心轨被轻微地抬起，这样能够使心轨可以转辙，如图 4-43 所示。

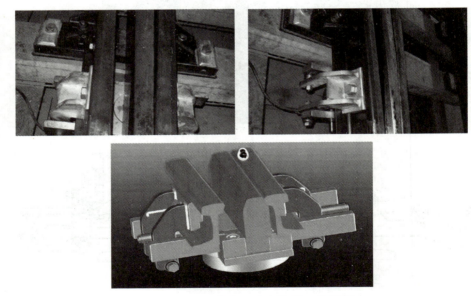

图 4-43　18 号道岔可动心轨的下拉装置

CNTT 道岔适用于高速铁路、客运专线板式道岔铺设，因为它具有良好的钩锁结构，可以有效地防止道岔因车辆压力而移动，具有复合曲线线形，允许通过速度高，并且提供了高安全性。这种道岔的铺设工艺流程、钢轨焊接及精调方法在京沪高速铁路等线路中得到了应用，展示了其在提高施工精度和控制调整工作量方面的优势。CNTT 道岔不仅代表了先进的铁路技术，而且通过其高质量和高效能，为铁路运输的安全和效率提供了重要保障。

四、GW-SH 型道岔外锁闭装置

GW-SH 型道岔外锁闭装置是国铁集团科研课题"高速铁路道岔外锁闭设备优化与可靠性技术研究"（项目编号：2013X013-C）研制的新型外锁闭装置。2021 年 7 月 14 日，通过了国铁集团组织的技术评审。国铁集团要求推广使用 GW-SH 型（钩形双滑块）外锁闭装置，减小转换阻力、提高适应尖轨伸缩能力，有效提升转换设备运用质量。

1. GW-SH 型外锁闭装置的组成

1）尖轨部分组成

尖轨部分主要由锁闭杆组件、锁钩组件、锁闭框组件、尖轨连接铁组件组成，如图 4-44 所示。

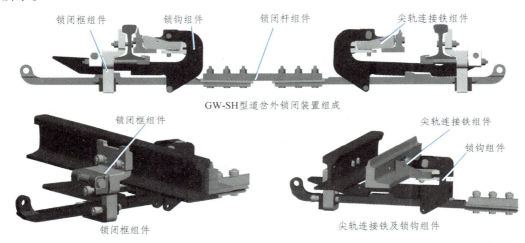

图 4-44　尖轨部分组成

（1）锁闭杆组件由锁闭杆、中间连杆、绝缘垫板、导轮组成，如图 4-45 所示。该结构在既有 GW 型外锁闭装置的基础上进行了优化，梯形槽的连接结构保证了锁闭杆的安装直线度，上、中、下设置三层绝缘提高了绝缘可靠性；同时将锁闭杆设定为通用高了零部件的通用性。

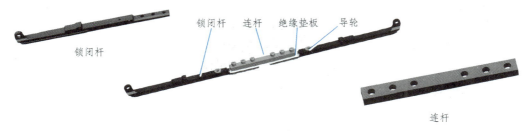

图 4-45　锁闭杆组件

（2）锁闭框组件主要由锁闭框、弹性辊轮锁闭铁、固定螺栓和支撑块组成。锁闭铁设置了弹性辊轮，锁闭方式由既有的斜面锁闭改为圆弧锁闭，一方面由滑动摩擦改为滚动摩擦，降低了摩擦阻力，可减少不解锁故障，降低维护工作量；另一方面弹性辊轮具有一定弹性，在锁闭状态下能够吸收一部分轮对的冲击功，对转换设备具有一定保护作用。锁闭框组件如图 4-46 所示。

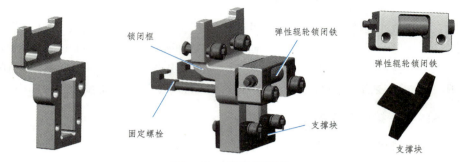

图 4-46　锁闭框组件

（3）锁钩组件由锁钩、销轴等组成，锁钩设置了圆弧锁闭面，与弹性辊轮外圆锁闭，如图 4-47 所示。

图 4-47　锁钩组件

（4）尖轨连接铁组件主要由尖轨连接铁、推拉板、连接铁座、连接铁座轴、滑块和销轴组成。尖轨连接铁是安装基础，滑块和销轴用于实现尖轨连接铁和推拉板的铰接，推拉板绕连接铁座轴旋转。尖轨连接铁组件一方面与其他组件配合实现道岔的解锁、转换和锁闭；另一方面具有适应尖轨伸缩的功能。尖轨连接铁组件如图 4-48 所示。

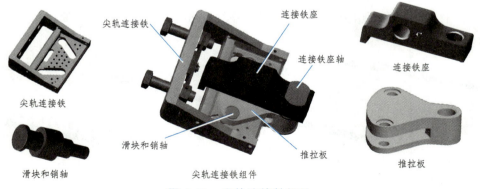

图 4-48　尖轨连接铁组件

2）心轨部分组成

心轨整体锁钩外锁闭装置主要由锁闭杆、锁钩、锁闭框组件和弹性辊轮锁闭铁组成，如图 4-49 所示。心轨分体锁钩外锁闭装置主要由锁闭杆、锁钩组件、锁闭框组件、弹性辊轮锁闭铁和心轨连接铁组件组成，如图 4-50 所示。

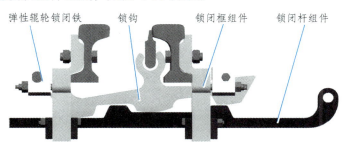

图 4-49 心轨整体锁钩外锁闭组成

图 4-50 心轨分体锁钩外锁闭组成

2. GW-SH 型外锁闭装置的动作原理

1）GW-SH 型外锁闭装置适应尖轨伸缩机构原理

GW-SH 型外锁闭锁装置的锁钩组成包括锁钩和曲柄滑块机构。滑块通过短销轴安装在推拉板上，尖轨连接铁上设有滑槽，滑块置于滑槽内实现推拉板与尖轨连接铁的铰接，杆组件、锁钩组件、锁闭框组件、尖轨连接铁组件组成。曲柄滑块机构主要零件如图 4-51 所示。

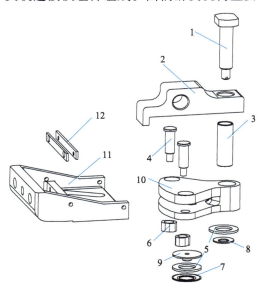

1—连接铁座轴；2—连接铁座；3—轴套；4—短销轴；5—调节垫圈；6—滑块；7—碟簧 B56；
8—碟簧 B40；9—碟簧轴；10—推拉板；11—尖轨连接铁；12—耐磨垫片。

图 4-51 曲柄滑块机构主要零件

2）GW-SH 型外锁闭动作原理

GW-SH 型外锁闭动作原理和客专外锁闭装置类似，如图 4-52 所示。

转辙机动作杆动作方向

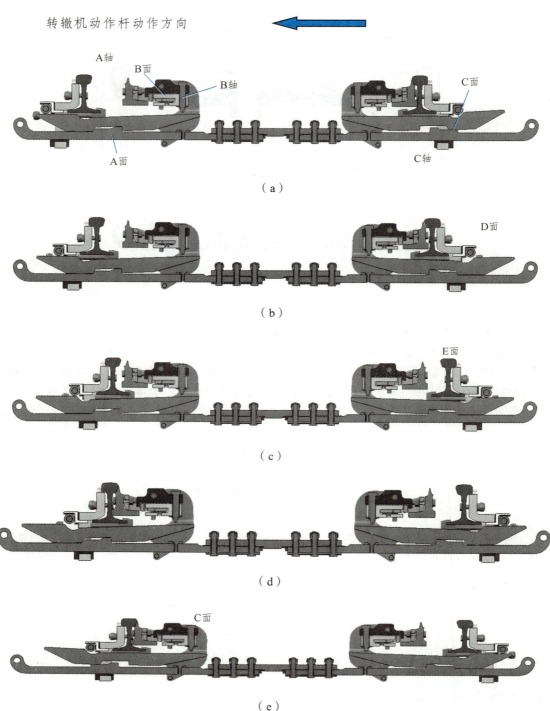

图 4-52　GW-SH 型外锁闭装置动作原理

当锁闭杆组件从右向左移动时：

（1）密贴尖轨侧（右侧）：进入解锁动程，锁闭杆向左移动直至离开锁闭 C 面。

（2）斥离尖轨侧（左侧）：锁闭杆凸台 A 面推锁钩，通过 A 轴 B 轴传力，在 B 面处推尖轨连接铁，同时推动尖轨进行向左转换。

（3）密贴尖轨侧（右侧）：锁闭杆继续向左移动，同时锁钩绕 C 轴顺时针转动，完成密贴侧的尖轨解锁。

（4）斥离尖轨侧（左侧）：尖轨和锁钩在锁闭杆的推动下继续向左进行转换。

（5）密贴尖轨侧（右侧）：锁闭杆凸台 D 面推动锁钩，将力传到连接铁座，通过 E 面钩住尖轨连接铁，拉动尖轨向斥离侧转换。

（6）斥离尖轨侧（左侧）：尖轨和锁钩在锁闭杆的推动下继续向左进行转换。

（7）密贴尖轨侧（右侧）：继续进行转换。

（8）斥离尖轨侧（左侧）：尖轨转换到位，锁闭杆凸台 A 面推动锁钩绕 A 轴顺时针转动，进入锁闭动程。

（9）密贴尖轨侧（右侧）：转换到位，尖轨由密贴位变为斥离位。

（10）斥离尖轨侧（左侧）：锁闭杆继续向左移动，直至到达锁闭 C 面，完成锁闭动程，尖轨由斥离位变为密贴位，锁闭过程完成。

密贴尖轨经过解锁→转换→最终至斥离位，斥离尖轨经过转换→锁闭最终至密贴位，尖轨在此外锁闭装置的作用下，完成了密贴位与斥离位的转换。

第五节　S700K 型电动转辙机

S700K 型电动转辙机是由于提速需要，从德国西门子公司引进设备和技术，经消化吸收和改进后，迅速在全国主要干线推广运用的转辙机。经数年的实践表明，该型转辙机结构先进，工艺精良，不但解决了长期困扰信号维修人员的电机断线、故障电流变化、接点接触不良、移位接触器跳起和挤切销折断等惯性故障，而且可以做到"少维修、无维修"，符合中国铁路运营的特点和发展方向。

S700K 型电动转辙机的产品代号来自德文"Simens-700-Kugelgewinde"，其含义为"西门子-具有 6 860 N（700 kgf）保持力-带有滚珠丝杠"的电动转辙机。

一、S700K 型电动转辙机的特点

S700K 型电动转辙机适用于尖轨或可动心轨处采用外锁闭的道岔，它具有以下主要特点：

（1）采用了交流三相电动机，不仅从根本上解决了原直流电动转辙机必须设置整流子而引起的故障率高、使用寿命短、维修量大的不足，而且减小了控制导线截面，延长了控制距离，单芯电缆控制距离可达 2.5 km。

（2）采用了直径 32 mm 的滚珠丝杠作为驱动装置，延长了转辙机的使用寿命。

（3）采用了具有簧式挤脱装置的保持联结器，并选用了不可挤型零件，从根本上解决了由于挤切销劳损造成的惯性故障。

（4）采用了多片干式可调摩擦联结器，经工厂调整加封，使用中无须再调整。

二、S700K 型电动转辙机分类

S700K 型电动转辙机规格齐全，它不仅能满足道岔尖轨、心轨的单机牵引，而且也能满足双机、多机牵引的需要。

S700K 型电动转辙机的机身是通用的，经配件组装，可组成不同种类。不同种类的转辙机，动作杆有不同的动程，表示杆也有不同的动程，转换力不同，也可以根据需要重新进行组合成为新的种类。

根据安装方式的不同，每一种类又分为左装和右装两种。所谓左装或右装是指，面对尖轨或心轨时，转辙机安装在线路左侧的称为左装，安装在线路右侧的称为右装。左装的转辙机型号用字母 A 加上奇数表示，如 A13、A15；右装的转辙机型号用字母 A 加上偶数表示，如 A14、A16 等。

不同种类的 S700K 型电动转辙机是不能通用的，S700K 型电动转辙机概况如表4-6所示。

表 4-6　S700K 型电动转辙机概况

代号 左/右装	型号	动程 /mm	检测行程 /mm	额定转换力 /N	电源电压 /V	动作电流（单线电阻54Ω）/A	动作时间 /s	挤岔力 /kN	使用
A5/A6	220/100	220	100	6 000	~380	≤2	≤6.6	不可挤	单机
A7/A8	220/160	220	160	6 000	~380	≤2	≤6.6	不可挤	单机
A9/A10	220/120	220	120	6 000	~380	≤2	≤6.6	不可挤	单机
A13/A14	220/160	220	160	3 000	~380	≤2	≤6.6	不可挤	第一牵引点
A15/A16	150/75	150	75	4 500	~380	≤2	≤6.6	≤24	双机
A17/A18	220/120	220	120	3 000	~380	≤2	≤6.6	不可挤	多机
A19/A20	220/110	220	110	3 000	~380	≤2	≤6.6	不可挤	多机
A21/A22	220/100	220	100	2 500	~380	≤2	≤6.6	不可挤	第一牵引点
A23/A24	150/85	150	85	4 500	~380	≤2	≤6.6	不可挤	多机
A27/A28	220/75	220	75	3 000	~380	≤2	≤6.6	不可挤	多机
A29/A30	150/85	150	85	4 500	~380	≤2	≤6.6	≤24	双机
A31/A32	220/100	220	100	3 000	~380	≤2	≤6.6	不可挤	多机
A33/A34	150/65	150	65	4 500	~380	≤2	≤6.6	不可挤	多机
A35/A36	150/	150	—	6 000	~380	≤2	≤6.6	不可挤	多机
A39/A40	220/140	220	140	3 000	~380	≤2	≤6.6	不可挤	多机
A41/A42	220/110	220	110	2 500	~380	≤2	≤6.6	不可挤	第一牵引点
A43/A44	220/	220	—	3 000	~380	≤2	≤6.6	不可挤	多机
A45/A46	150/100	150	100	4 500	~380	≤2	≤6.6	不可挤	多机
A47/A48	150/75	150	75	4 500	~380	≤2	≤6.6	不可挤	多机
A49/A50	220/120	220	120	2 500	~380	≤2	≤6.6	不可挤	第一牵引点
A63/A64	220/130	220	130	2 500	~380	≤2	≤6.6	不可挤	第一牵引点
A69/A70	220/140	220	140	4 500	~380	≤2	≤6.6	不可挤	第一牵引点
A71/A72	220/85	220	85	4 500	~380	≤2	≤6.6	不可挤	第一牵引点

三、S700K 型电动转辙机的结构

1. S700K 电动转辙机的结构

S700K 电动转辙机主要由外壳、动力传动机构、检测和锁闭机构、安全装置、配线接口五大部分组成，其结构如图 4-53 所示。

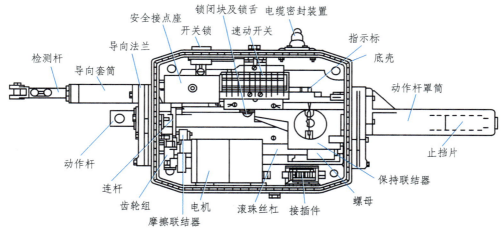

图 4-53　S700K 电动转辙机的结构

（1）外壳：主要由铸铁底壳、机盖、动作杆套筒、导向套筒、导向法兰等五部分组成。

（2）动力传动机构：主要由三相交流电机、齿轮组、摩擦联结器、滚珠丝杠、保持联结器、动作杆等六部分组成。

（3）检测和锁闭机构：主要由检测杆、叉形接头（用于内外检测杆的连接）、速动开关组、锁闭块和锁舌、指示标等五部分组成。

（4）安全装置：主要由开关锁、遮断开关、连杆、摇把孔挡板等四部分组成。

（5）配线接口：主要由电缆密封装置、接插件插座两部分组成。

2. S700K 电动转辙机主要部件及其作用

1）三相交流电动机

三相交流电动机的三个绕组呈星形接法，每相引出线均为单根多股软线，其星形汇集点在安全接点座第 61、71、81 端子上，由跨接片跨接。因而从根本上解决了直流电动机必须设置整流子造成的电机电枢断线、枢间混线、碳刷与整流子接触不良等惯性故障。

2）齿轮组

齿轮组由摇把齿轮、电机齿轮、中间齿轮及摩擦联结器齿轮组成。其中，摇把齿轮与电机齿轮是一个传递系统。其作用是能用手摇把对电动转辙机进行人工操作。电机齿轮、中间齿轮及摩擦联结器齿轮是一个传递系统。它的作用不仅仅是将电机的旋转驱动力传递到摩擦联结器上，更重要的是将电机的高速旋转降速，使旋转驱动力增大，以适应道岔转换的需要，这是转辙机的第一级减速器。

3）摩擦联结器

摩擦联结器内装有三对主、被金属摩擦片，分别固定在外壳和滚珠丝杠上，摩擦片的

端面有若干个压力弹簧，通过调整弹簧的压力，可以使主、被摩擦片之间的摩擦结合力大小发生变化，是一种软联结结构。

摩擦联结器的作用主要是将变速齿轮组变速后的旋转力传递给滚珠丝杠。当作用于滚珠丝杠上的转换阻力大于摩擦结合力时，主、被摩擦片之间相对打滑空转，起到保护三相电动机的作用。

摩擦联结器的摩擦力大小虽然可以进行调整，但必须注意：厂方在转辙机出厂时已进行过摩擦力测试调整，其最大转换力为 6 000 N。所以，现场维修人员不得随意调整摩擦力。

4）滚珠丝杠

滚珠丝杠的结构相当于一个 32 mm 的螺栓和螺母，如图 4-54 所示。其动作原理：当滚珠丝杠正向或反向旋转一周时，螺母前进或后退一个螺距。其作用：一是将电机的旋转运动变为直线运动，二是起到减速作用，其减速比取决于丝杠的螺距。

滚珠丝杠的制造精度较高，在日常使用及维修中，一定要注意做好丝杠的清洁、润滑工作。

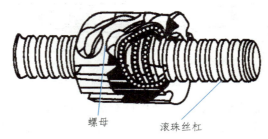

螺母　　滚珠丝杠

图 4-54　滚珠丝杠

5）保持联结器

保持联结器是利用弹簧的压力，将滚珠丝杠与动作杆连接在一起，如图 4-55 所示。当道岔的挤岔力超过弹簧压力时，动作杆滑脱，起到整机不被损坏的保护作用。当根据技术政策的规定，道岔为不可挤型时，将保持联结器内的弹簧取出，放一个止挡环，即可改为硬联结结构。该部件的顶盖是加铅封的，维修人员不得随意打开。

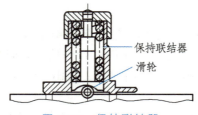

保持联结器

滑轮

图 4-55　保持联结器

6）检测杆

检测杆随尖轨或心轨转换而移动，用来监督道岔在终端位置时的状态。检测杆有上、下两层，上层检测杆用于监督缩进密贴的尖轨（或心轨）的工作状态，下层检测杆用于监督伸出密贴的尖轨（或心轨）的工作状态，如图 4-56 所示。

上、下层检测杆之间没有连接或调整装置，因此外接两根表示杆分别调整。道岔转换时，由尖轨或心轨带动检测杆运动。当密贴尖轨或心轨密贴，斥离尖轨或心轨到达规定位置,上、下检测杆的大小缺口对准转辙机的锁闭块时,锁舌才能弹出,即密贴尖轨或密贴心轨,斥离尖轨或斥离心轨到达规定位置,才能给出有关表示。

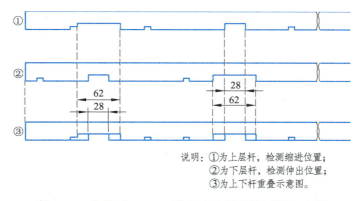

说明:①为上层杆,检测缩进位置;
②为下层杆,检测伸出位置;
③为上下杆重叠示意图。

图 4-56　左装式 S700K 型电动转辙机检测杆示意图

7)锁闭块与锁舌

道岔在终端位置,当检测杆指示缺口与指示标对准时,锁闭块及锁舌应能正常弹出。

锁闭块的正常弹出使速动开关的有关启动接点闭合及断开表示接点。锁舌的正常弹出用于阻挡转辙机的保持联结器的移动,实现转辙机的内部锁闭。锁舌的伸出量一般大于或等于 10 mm,但最小伸出量不得小于 9 mm。转辙机开始动作后,锁舌在锁闭块的连带作用下应能正常缩入。锁闭块的缩入,应可靠地断开表示电路;锁舌的缩入,应完成转辙机的内部解锁。

8)速动开关

速动开关实际上就是采用了沙尔特堡接点组的自动开闭器。它是随着尖轨(或心轨)的解锁、转换和锁闭过程,自动开闭电动机动作电路和自动开闭道岔表示电路的接点系统,如图 4-12 所示。

速动开关的工作过程包括自动接通、断开电动机向定位转的电路的定位动作接点(DD),自动接通、断开电动机向反位转的电路的反位动作接点(FD),自动接通、断开道岔定位表示电路的定位表示接点(DB)和自动接通、断开道岔反位表示电路的反位表示接点(FB)。

速动开关组分上、下两层,站在速动开关一侧看,每层各分左右两排接点组,每排由左至右依次排列六组接点。每排的前两组接点是分别由两组接点串联使用的,如 11-12 是由下排的第一、二组接点串联使用的,实际上每排接点可分四组接点使用,如图 4-57 所示。

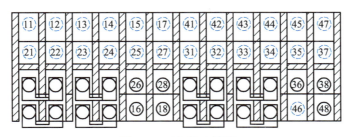

图 4-57　速动开关组

其中,左侧下层 11-12 至 17-18 四组接点为第一排接点组,上层 21-22 至 27-28 四组接点为第二排接点组，右侧上层 31-32 至 37-38 四组接点为第三排接点组，下层 41-42 至 47-48 四组接点为第四排接点组。

在转辙机转换及锁闭时，其接点通断情况如下：锁闭时，哪一侧的锁舌弹出，则这一侧所对应的上层接点接通，底层接点断开；解锁及转换时，由于两个锁舌均在缩进位置，所以，这时为底层两排接点（第一、四）接通，上层两排接点（第二、三排）断开。

第一、四排为动作接点，第二、三排为表示接点。ZD6 型电动转辙机中关于"一、三"闭合，"二、四"闭合的提法在这里也相同。

9）开关锁与安全接点座

开关锁是操纵遮断开关闭合和断开的机构。当钥匙立着插入并逆时针转动 90°时，遮断开关应被可靠切断，恢复时须提起开关锁上的锁闭销，同时将原插入的钥匙顺时针转动 90°应可靠接通遮断开关。开关锁的作用是在现场检修人员打开电动转辙机铁盖进行检修作业时，或车务人员插入摇把进行转换道岔的作业时，可靠地切断电动机的动作电路，防止电动机误动，保证作业人员的安全。

安全接点座如图 4-58 所示，11-12 是遮断开关，它在开关锁的直接操纵下闭合和断开，需要进行内部检修或人工摇动道岔时，打开摇把孔挡板，同时，也断开安全接点，防止在摇道岔时室内扳动道岔使其误动。

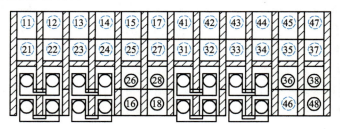

图 4-58　安全接点座

端子 31、41 为安全接点 11-12、电动机引线 U 以及速动开关接点 25、26 的汇流排。端子 61、71、81 为三相交流电动机星形节点的汇流排。

四、S700K 型电动转辙机的动作原理

1. S700K 型电动转辙机的传动过程

S700K 型电动转辙机的机械传动机构按如下过程工作：

（1）电动机的转动通过减速齿轮组传递给摩擦联结器。

（2）摩擦联结器带动滚珠丝杠转动。

（3）滚珠丝杠的转动带动丝杠上的螺母水平移动。

（4）螺母通过保持联结器经动作杆、锁闭杆带动道岔转换。

（5）道岔的尖轨或可动心轨经外表示杆带动检测杆移动。

2. S700K 型电动转辙机的动作过程

S700K 型电动转辙机的动作可分为三个过程：第一为解锁过程，也是断开表示接点的过程；第二为转换过程；第三为锁闭过程，也是接通表示接点的过程。现以 220 mm 动程转

辙机定位拉入为例分述各过程。

1）解锁和断开表示接点过程

当操纵道岔，需使转辙机动作杆由拉入变为伸出位置时，三相电动机得到 380 V 交流电源，使电动机顺时针方向旋转，经齿轮组及摩擦联结器使滚珠丝杠向顺时针方向旋转，从而使丝杠上的螺母向左侧运动。在运动过程中，由操纵板将锁闭块顶进，使表示接点断开，同时带动左锁舌向缩进方向运动，直至左锁舌完全缩进。

2）转换过程

在转辙机解锁后，由于三相电动机继续转动，故滚珠丝杠的螺母继续向左运动，带动保持联结器向左运动，由于保持联结器与动作杆固定为一体，使动作杆向左侧（伸出方向）运动，带动道岔尖轨或可动心轨进行转换，当动作杆运动 220 mm 时，即完成了转换过程。

3）锁闭和接通表示接点过程

当动作杆向左侧运动了 220 mm 时，检测杆在尖轨带动下运动了 160 mm 或在可动心轨带动下运动了 117 mm，这时锁闭块弹出，接通表示接点，同时右锁舌也弹出，锁住保持联结器，使动作杆不得随意窜动。

3. S700K 型电动转辙机的动作程序

S700K 型电动转辙机的动作程序与 ZD6 电动转辙机的动作程序大致相同，即断开表示→解锁→转换→锁闭→给出另一位置表示。

下面以 220 mm 动程的 S700K 型电动转辙机为例，介绍其动作程序：

电动机转动→中间齿轮转动→摩擦联结器转动→滚珠丝杠转动→丝杠上的螺母移动→操纵板将锁闭块顶入，断开原表示→锁舌缩入，解锁→滚珠丝杠螺母带动保持联结器移动及动作杆移动→外锁闭装置开始解锁→动作杆移动 60 mm 时外锁闭装置解锁完毕→道岔转换→动作杆移动 220 mm 时内检测杆缺口对准锁闭块，锁闭块弹出，进入检测杆缺口→锁舌伸出→断开启动电路，接通表示电路。

与 ZD6 型电动转辙机不同的是，S700K 型具有表示电路自检锁闭功能，卡缺口时，锁舌伸不出来，内锁闭无法锁闭，不能接通表示电路，即有道岔表示时转辙机必须在内锁闭状态。而 ZD6 型表示电路不检查锁闭，检查柱不落槽，转辙机照样能实现内锁闭。

五、S700K 型电动转辙机的安装装置

1. S700K 型电动转辙机牵引外锁闭道岔的方式

各牵引点分别由一台转辙机牵引，各台转辙机同时动作，采用钩式外锁闭装置。

2. S700K 型电动转辙机尖轨的安装装置

对应每一牵引点将转辙机固定在托板上，经钢枕与钢轨连接。安装装置主要由托板、弯头动作杆、尖端铁、长表示杆、短表示杆等组成。

3. S700K 型电动转辙机的可动心轨的安装装置

每个牵引点的安装装置包括托板、动作杆、表示杆。

第六节 ZD（J）9系列电动转辙机

ZD（J）9型电动转辙机是为我国铁路提速的需要研制的。其借鉴了国内外成熟的先进技术，结合我国铁路线路和道岔的实际情况进行了优化设计，并根据道岔的不同转换动程和转换力以及交流、直流不同供电方式开发的系列产品，具有转换力大、效率高等特点；既适用于多点牵引分动外锁闭道岔的转换，也可用于尖轨联动的内锁闭道岔的转换。最近，对ZD（J）9型转辙机进行了改进，使之成为适用于客运专线使用的转辙机。

一、ZD（J）9型电动转辙机的特点

ZD（J）9型电动转辙机具有以下特点：

（1）采用滚珠丝杠减速，效率较高。

（2）交流系列采用三相380 V交流电动机，故障少，电缆单芯控制距离长。

（3）接点系统采用铍青铜静接点组和铜钨合金动接点环。

（4）伸出杆件用镀铬防锈，伸出处用聚乙烯堵孔圈和油毛毡防尘圈支承和防尘。

（5）转动和滑动面均用SF-2复合材料衬套和衬垫，因此转辙机的维护工作量小。

（6）停电或维护中需要手动转换时，可以转动手动开关轴，切断安全开关的接点后插入手摇把，就可以手动转换转辙机。

二、ZD（J）9型电动转辙机的结构

ZD（J）9型电动转辙机如图4-59所示，它由底壳、热涂锌的盖、电动机、减速器、摩擦联结器、滚珠丝杠、动作杆、左右锁闭杆（表示杆）、接点组、安全开关组、挤脱器和接线端子等组成。

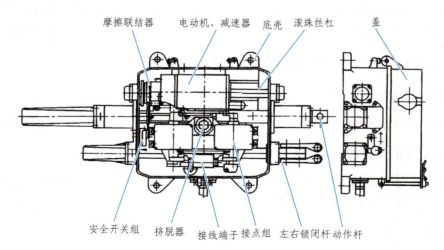

图4-59 ZD（J）9型电动转辙机结构

1. 电动机

1）交流电动机

交流电动机为 ZDJ802-4 型专用交流电动机，额定输出功率 0.4 kW，当电源电压为三相 380 V、单相电阻为 54 Ω时，额定转矩为 2 N·m，转速大于或等于 1 330 r/min。

2）直流电动机

额定电压 160 V，额定转矩为 2 N·m，转速大于或等于 980 r/min。

2. 减速器

减速器为两级减速，在改变转换力或转换时间时，可改变减速比。ZD（J）9-A 型第一级减速比为 38/26，第二级减速比为 46/18，总减速比为 3.74。ZD（J）9-B 型第一级减速比为 44/20，第二级减速比为 46/18，总减速比为 5.63。这是由于双机牵引的道岔要求第二牵引点先动，使得宏观上达到同步。

3. 滚珠丝杠

滚珠丝杠选用国产磨削丝杠，直径 32 mm，导程 10 mm。由于导程大，滚珠也大，故可靠性高。

4. 摩擦联结器

采用干摩擦，主动片为 4 片外摩擦片，用钢带加工；被动片是 3 片内摩擦片，用 12 个弹簧加压。

5. 自动开闭器

自动开闭器接点组与 ZD6 型相同，只是将动接点支架改进为有两处压嵌连接的结构，因此左右调整板设在同侧，缩小了接点组尺寸，减少了零件品种。

6. 安全接点

采用沙尔特堡开关。

7. 接线端子

采用德国笼式弹簧的 2 线接线端子，由于接线部分没有螺纹连接，使用中无需检查或重新拧紧，能抗振动和冲击，是一种免维护的接线端子。

三、ZD（J）9 型电动转辙机的动作原理

ZD（J）9 型转辙机的动作原理见图 4-60。电动机上装有减速器，电动机的驱动力矩经减速器减速后传到摩擦联结器，摩擦联结器内摩擦片通过花键转动滚珠丝杠，将旋转运动转换成为滚珠丝杠螺母的直线运动。在滚珠丝杠螺母外套有推板套，推动动作杆上的锁块，在锁闭铁的作用下，形成了转辙机的解锁、转换和锁闭过程。ZD（J）9-A 型的锁闭铁直接固定在底壳上。ZD（J）9-B 型的锁闭铁是通过挤脱器固定在底壳上，挤脱力为 28 kN±2 kN。

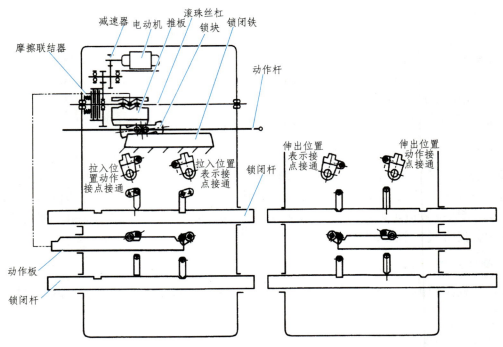

图 4-60　ZD（J）9-A 型转辙机动作原理

　　ZD（J）9-A 型的左右锁闭杆分别与第一牵引点两根分动的尖轨相连，在动作杆上的锁块被推板套锁闭在锁闭铁上，与密贴尖轨相连的锁闭杆被锁闭柱锁在密贴位置，这样就形成了双杆锁闭。一根锁闭杆上锁闭用的直缺口和挤岔表示用的斜缺口的距离与尖轨动程有关，只能适用于 160 mm±6 mm 的动程范围，当超过此动程范围需另配该动程范围的锁闭杆。锁闭杆断面为 20 mm×50 mm，其弯曲程度为 ZD6 型表示杆的 3.7 倍，保证了第二锁闭的可靠性。

　　ZD（J）9-B 型的左右表示杆与第二牵引点的两根分动的尖轨相连，表示杆内检查块的结构、密贴检查和挤岔表示原理均与 ZD6 型相同，其仅在动作杆上有锁闭，故为单杆锁闭。挤岔时，通过斥离尖轨的动作，使表示杆的斜面推动检查柱断开表示接点，给出挤岔表示。同时，斥离尖轨推动外锁闭杆，进而推动动作杆，当动作杆上的挤岔力超过挤脱力时，锁闭铁就脱开挤脱柱，动作杆解锁。此时，锁闭铁移动 8 mm，锁闭铁上凹槽推动水平顶杆，水平顶杆再推动竖顶杆，竖顶杆推动动接点支架，从而切断表示，非经人工恢复锁闭铁，不能再接通表示。

　　在推板套与动作杆间有弹簧制动机构，转辙机在进入锁闭动程切断电机电源后，动作杆的侧斜面通过摩擦块压缩弹簧，从而将传动系统的惯性动作制动住，即防止了惯性反弹。

第七节　ZY 系列电液转辙机

　　电动液压转辙机是采用电动机驱动、液压传动方式来转换道岔的一种转辙装置。液压式转辙机取消了齿轮传动和减速器，简化了机械结构，将机械磨损减至最低，减少了维修工作量，且适用于提速道岔。但液压传动对液压介质要求较高，对元件要求也高，传动效率较低。

目前，提速道岔上大量采用 ZYJ7 型电液转辙机，故本节重点介绍 ZYJ7 型。

一、ZY 系列电动液压转辙机

1. ZY 系列电动液压转辙机概述

ZY 系列电动液压转辙机分为普通型和快速型。普通型又分为直流电液转辙机和交流电液转辙机。普通电液转辙机有 ZY（J）1、ZY（J）2、ZY（J）3、ZY（J）4、ZY（J）5、ZY（J）6、ZYJ7 型，有 J 字的是交流转辙机。其中，ZY（J）1、ZY（J）2、ZY（J）3 和 ZYJ7 型是整体式，ZY（J）4、ZY（J）5、ZY（J）6 型是分体式，ZYK 是快速型。

ZYJ4、ZYJ7 型分别与 SH5、SH6 型转换锁闭器配套用于多点牵引道岔上，ZYJ5 型为挤岔保护型，ZYJ6 型为挤岔断表示型。目前使用较多是 ZYJ4、ZYJ6 和 ZYJ7 型。

电液转辙机的型号表示法如图 4-61 所示。

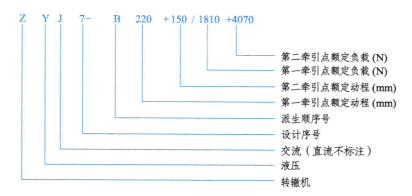

图 4-61　电液转辙机型号表示示意图

2. 液压传动概述

液压传动是用液体为工作介质来传递能量的。油压传动是液压传动的一种，是利用油液的压力来传递能量的。

1）液压传动原理

液压传动借助处于密闭容器内的液体的压力来传递能量和动力。液体虽然没有立体的几何形状，却有几乎不变的容积，当它被容纳于密闭的系统之中时，就可以将压力由一处传递到另一处。当高压液体在管道、油缸中流动时，就能传递机械能。任何液压传动都是建立在这种通过处于密闭容器中的受压液体流动来传递机械能的基础上的。

2）液压传动的优点

（1）易于获得很大的力或力矩，并且易于控制。使用油泵容易获得较高的压力（7 ~ 35 MPa），油缸的有效承压面积较大，可获得很大的力或力矩。例如一个内径 30 cm 的油缸，油液压力为 19.6 MPa 时，活塞杆上可产生 1 385 kN 力，这是其他传动方式难以做到的。

（2）易于实现直线的往复运动，直接推动工作机构，适合牵引道岔尖轨移位。

（3）易于调整调速比。例如，用节流阀调速时，流量变速若由 0.02 L/min 变到 100 L/min，调速比就达到 5 000，这是其他传动方式无法比拟的。

（4）输出功率大、体积小。油泵的外形尺寸仅为同功率电机的 12%～13%，重量仅为同功率电机的 10%～20%。

（5）传动平稳、均匀。

（6）在往复和旋转运动中，可以经常快速而无冲击地变速和换向，由于液压机构重量轻，惯性小，可获得高速反应。中等功率的电机起动，正常需要 1～2 s，而同功率的液压机不超过 0.1 s。

（7）易于获得各种复杂的动作，易于布局及操纵，根据需要可增设多个牵引点；易于防止过载事故。

（8）操纵力较小。

（9）自动润滑，元件的寿命较长。

（10）易与电气设备配合，制作出性能良好、自动化程度很高的复合控制系统。

3）液压传动的缺点

（1）容易出现泄漏。液压系统要求工作液体在密闭的容器内进行工作，但压力油通过密闭处的间隙必然产生内部和外部的微量泄漏。这种泄漏超过一定量时，会影响液压传动的效率，还会影响运动的平稳性。

（2）油的黏度随温度变化会引起工作机构的不稳定性。例如，节流调整时，油温低时黏度高，工作机构的速度要慢一些；温度高时黏度下降，工作机构的速度要快一些。所以在要求工作机构恒定的液压传动系统中，就得随温度的变化调整油量。

（3）空气渗入液压系统后会引起系统工作不良，如发生振动、窜动、爬行、噪声，都是由于空气渗入液压系统而造成的。尤其是在密封或液压系统设计不合理时，空气很容易渗入。

（4）元件精度要求高，不易加工，价格昂贵，使用和维修水平要求高。

（5）液压油易于受污染，从而加剧元件的磨损和堵塞，使整机性能下降，寿命缩短，甚至损坏。

3. 电液转辙机基本结构

电液转辙机由动力系统（直流电动机或交流电动机）、液压系统、油路系统、转换锁闭系统和接点系统组成。

ZYJ1 型～ZYJ6 型电液转辙机油路系统如图 4-62 所示。它们由油泵、流量调节阀、溢流阀、单向阀、滤清器及各部接头、油管、油路板组成。ZYJ7 型将油路板改为溢流板体。

油泵是整个系统的动力源，用来将机械能变成液压油的压力能。流量调节阀、溢流阀、单向阀等组成操纵控制装置，用以调节控制液压油的压力、流向和流量，从而实现不同的工作循环。油缸是系统的执行机构，它把液压油的压力变成机械能。滤清器、油箱（或油池）等是辅助装置。

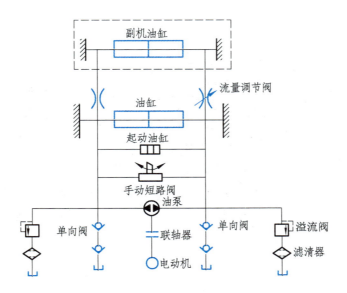

图 4-62　ZY 型电液转辙机的油路系统

4. ZYJ4 型电液转辙机

ZYJ4 型电液转辙机为分体式结构，由液压站、转辙机主机和 SH5 型液压转换锁闭器（一般称副机）组成。

液压站装有交流电动机、油泵、油路板和油箱等。输出的两根油管与主机和副机的油缸连接。液压站的作用是通过电动机来动作油泵，随电动机的正反转泵出不同方向的液压油。

转辙机主机安装在道岔尖轨的第一牵引点（第一连接杆处），根据液压站供出液压油的方向来转换道岔尖轨，并动作锁闭机构锁闭尖轨。

副机安装在道岔尖轨的第二牵引点（第三连杆处），与主机一起转换道岔尖轨，且进行锁闭。副机上安装挤脱器，在道岔被挤时被挤脱，配合检查装置给出挤岔表示。

5. ZYJ6 型电液转辙机

ZYJ6 型电液转辙机也为分体式结构，由液压站和转辙机组成，没有副机。转辙机除转换锁闭装置外，加装了挤岔表示杆和挤岔断表示装置。

二、ZYJ7 型电动液压转辙机

1. ZYJ7 型电液转辙机结构

ZYJ7 型电动液压转辙机由 ZYJ7 型电动液压转辙机（亦称主机，用于第一牵引点）和 SH6 型转换锁闭器（亦称副机，用于第二牵引点）组成。主机与副机共用一套动力系统，两者间用油管相连。ZYJ7 型电液转辙机、SH6 型转换锁闭器的结构分别如图 4-63、图 4-64 所示。

ZYJ7 型电液转辙机主机主要由电动机、油泵、油缸、启动油缸、接点系统、锁闭杆、动作杆等部分组成。SH6 型转换锁闭器主要由油缸、挤脱接点、表示杆、动作杆组成。

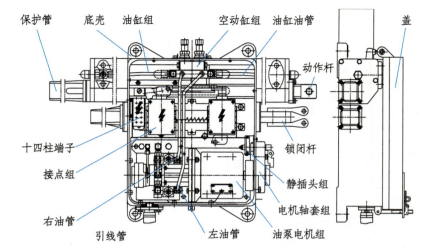

图 4-63　ZYJ7 型转辙机结构图

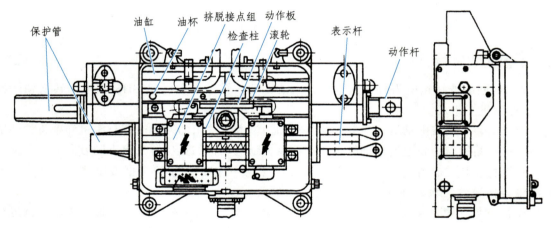

图 4-64　SH6 型转换锁闭器

2. ZYJ7 型电动液压转辙机的动作原理

1）ZYJ7 型电动液压转辙机的油路系统

ZYJ7 型电动液压转辙机的油路系统为闭路式系统，如图 4-65 所示。

油路系统可分为四部分：动力源、操纵控制装置、执行机构和辅助装置。

油泵是整个系统的动力源，用以将机械能变成液压油的压力能。

油缸是系统的执行机构，可以把液压油的压力变成机械能。

操纵控制装置主要由溢流阀、单向阀、调节阀等组成，用以调节液压油的压力、流向和流量，从而实现不同的工作循环。滤清器、油池等是辅助装置。

油路系统的动作原理：当电机带动油泵逆时针旋转时，油泵从油缸右侧腔吸入油，泵出的油使油缸左腔体积膨胀，由于活塞杆固定不动，所以高压油推动油缸（主、副）向左侧移动。当油缸到位停止动作时，接点系统断开启动电源，接通新的表示电路。当因故不能到位时，油泵从右边单向阀吸入油，泵出的液压油经左侧的滤清器和溢流阀回到油池。

反之，电机顺时针旋转时，动作情况与上述相反。

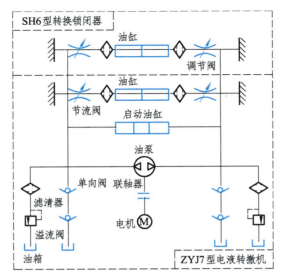

图 4-65　ZYJ7 型电液转辙机的油路系统

2）ZYJ7 型电动液压转辙机机械工作原理

ZYJ7 型电动液压转辙机的解锁、转换、锁闭作用原理图如图 4-66 所示。

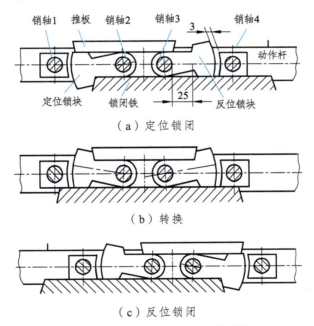

（a）定位锁闭

（b）转换

（c）反位锁闭

图 4-66　ZYJ7 型电液转辙机的机械动作原理图

当道岔转换至定位位置时（例如拉入），推板的定位锁闭面与定位锁块的锁闭面相吻合使锁块不能移动，定位锁块的斜锁闭面与锁闭铁定位锁闭面互相吻合，使锁块和动作杆不能伸出，此时称为定位（拉入）锁闭状态，如图 4-66（a）所示。

当电动机起动，经联轴器带动油泵顺时针方向旋转，推动油缸向右动作，移动 25 mm 时，推板定位锁闭面全部退出定位锁块的锁闭面。此时，转辙机为解锁状态。

推板继续移动，即带动反位锁块、销轴、动作杆移动，动作杆又带动定位锁块离开锁闭铁的定位锁闭面，迫使定位锁块移动，定位锁块动作面跟随推板定位动作面，反位锁块和定位锁块处于锁闭铁和推板的间隙内，这时，转辙机进入了转换状态，如图 4-66（b）所示。

油缸继续通过推板和反位锁块带动动作杆向右移动，当动作杆继续移动到反位锁块与锁闭铁的锁闭面将要作用时，开始进入锁闭过程。继续向右移动 15.2 mm，将反位锁块推入锁闭铁的反位锁闭面，反位尖轨密贴于基本轨，此时，动作杆的行程为 7.6 mm。因此，在尖轨密贴时，动作杆上的转换力可增加一倍，当尖轨密贴于基本轨后，油缸继续向右移动9.8 mm，动作杆不动作，油缸侧面的推板进入反位锁块的锁闭面，转辙机为反位（伸出）锁闭状态，如图 4-66（c）所示。

3）ZYJ7 型电动液压转辙机的检查和表示

ZYJ7 型电液转辙机的检查和表示装置由固定座、拐臂、锁闭检查柱、轴承座、传动杆及齿轮、动作板、速动片、弹簧、接点组和内外表示杆组成。

转辙机处于拉入位置时，锁闭检查柱与内表示杆的主锁闭杆缺口对应，只有缺口对准，锁闭检查柱方可落入检查口，用此来检查道岔尖轨密贴，并通过拐臂带动接点组构成表示电路。转辙机处于伸出位置时，锁闭检查柱与副锁闭杆缺口对应，即检查了此时尖轨的密贴。接点组与动作板、速动片、起动片的动作关系如图 4-67 所示。

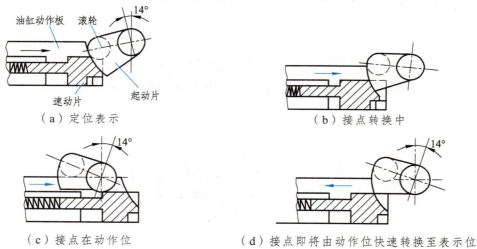

（a）定位表示   （b）接点转换中

（c）接点在动作位   （d）接点即将由动作位快速转换至表示位

图 4-67 接点组与动作板、起动片、速动片的动作关系

当油缸向右移动，动作板的斜面推动接点组转换，断开原表示接点。当尖轨密贴于基本轨后，油缸继续向前移动接近锁闭时，接点组的起动片在接点组拉簧的动作下快速掉入动作板上速动片圆弧内，快速切断电源，接通反位表示，同时锁闭柱插入锁闭杆缺口内，锁闭尖轨。

4）ZYJ7 型电动液压转辙机的手动转换

为满足电源中断或发生其他故障对转换道岔及检修作业的需要，ZYJ7 型电动液压转辙机设置了手动装置，分为手摇装置和扳动装置两种。

手摇装置是用摇把摇动电动机机轴，因电机与油泵相连，可使油泵泵出液压油。顺时针摇动时，右侧泵出液压油，反之左侧泵出液压油，油缸则沿着液压油方向移动。插入摇把前应先断开安全接点。手摇电液转辙机时只要在主机处摇动，副机则被带动。

扳动装置由扳手、方轴齿轮、齿条、拉板、钩块组成。扳手转动方轴和齿轮，齿轮带动齿条连同钩块直接动作油缸。道岔自定位扳至反位，需转动 1.6 圈。在扳手插入方轴前应确认短路阀被打开。

3. ZYJ7 型电动液压转辙机的安装装置

采用单机多点牵引时，ZYJ7 型电液转辙机安装在尖轨或可动心轨的第一牵引点处，SH6 型转换锁闭器安装在尖轨或可动心轨的第二牵引点（18 号提速道岔尖轨尚有第三牵引点）处。采用单机单点牵引时，每个牵引点设一台 ZYJ7 型电液转辙机。它们固定在托板上，经钢枕与钢轨线路连接。安装装置主要由托板、弯头动作杆、尖端铁，以及长、短表示杆等组成。各部件的安装和作用与前述 S700K 型电动转辙机安装装置基本相同。

第八节　JM 型密贴检查器

密贴检查器用于检查尖轨和心轨的密贴状态，也可以用于道岔挤岔时切断表示。现主要安装在 200 km/h 以下的提速区段。

一、JM-A 型密贴检查器

1. 结构

JM-A 型密贴检查器结构如图 4-68 所示，由表示杆、起动片、速动片、接点组等组成。每台检查器设有 2 组表示接点和 2 组斥离接点，接点系统采用圆弧接点，在动接点轴上装配有用花键连接的调整板、动接点组和拐臂。

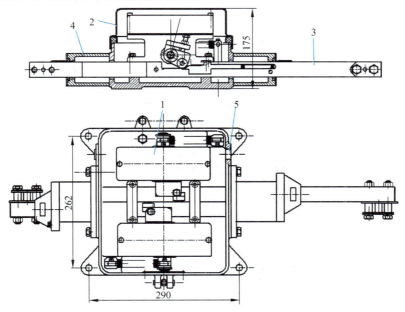

1—接点组；2—盖；3—表示杆；4—导向套；5—电线引入管。

图 4-68　JM-A 型密检器结构图

JM-A 型密贴检查器仅能检查一根尖轨的密贴和斥离状态，因此每个检查点需要两台密贴检查器，分别安设在线路两侧。

机内接线端子设有 8 个两线端子，机外配线经电线引入管引入，电线引入管是一根内径为 φ22、长 1 m 的空气胶管，安装时将三通接头紧固在电缆盒上。引出的两个接头上，各连接一根胶管，一根胶管与密贴检查器上的直通接头相连；另一根胶管经变径接头与安装装置的过道钢管相连，再经另一端的变径接头和胶管，与线路另一侧的密贴检查器上的接头相连。直通接头与密贴检查器和三通接头间均有橡胶垫圈密封。

2. 工作原理

调整板和起动片的连接，起动片及其滚轮和表示杆速动原理均与 ZDJ9 型的动作板的速动原理相同。

当表示杆到位后，拐臂在拉簧接头和拉簧的拉动下，将动接点快速接通表示位，参见图 4-69（a）；在表示杆拉出时，从起动片上滚轮与表示杆上的斜面接触时开始，表示杆水平移动 10 mm，参见图 4-69（b），起动片上的滚轮与表示杆上槽内平面接触，动接点组就能转换 14° 到中间位，可靠地切断表示，此时表示和斥离接点均断开。

在表示杆拉出 63 mm 以上时，起动片上滚轮经过表示杆上第二斜面与表示杆上平面接触，动接点组就能转换 28°，参见图 4-69（c）。接点组的斥离接点接通，参见图 4-69（d）。

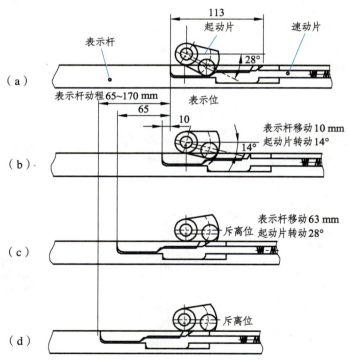

图 4-69　JM-A 型密检器动作原理图

在表示杆伸出处，上平面上有一个移位标，表示杆从斥离位拉入时，当接点组上的起动片刚从表示杆内速动片上掉下时，在移位标方孔左侧下的表示杆上刻有标记，参见图 4-

70，此时，表示杆再向内移动，标记离移位标方孔左侧的距离，即表示缺口的距离。

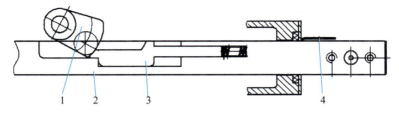

1—起动片；2—表示杆；3—速动片；4—移位标。

图 4-70 JM-A 型密贴检查器的表示缺口检查

3. 主要技术特性

（1）表示杆动程 65 ~ 170 mm。

（2）密贴检查缺口间隙 1.5 ~ 10 mm 可调。

（3）挤岔断表示的动程，从起动片的滚轮接触表示杆斜面开始为 10 ~ 13 mm。

（4）设在道岔两侧的密贴检查器，一台密贴检查器的表示杆及其接点组检查尖轨的密贴位置，另一台密贴检查器的表示杆及其接点组检查尖轨的斥离 65 mm 以上位置；当道岔转换后，则上述表示杆功能互换。

（5）每台检查器设有 2 组表示接点和 2 组斥离接点。

（6）从动接点环接通两静接点片开始，打入深度应不小于 4 mm。

（7）接点压力应调整至 3.5 ~ 10 N。

（8）滚轮在表示杆上滚动时，起动片离开表示杆的平面应为 0.3 ~ 0.8 mm。

（9）安装于两牵引点间的密贴检查器，在密贴检查器位置处尖轨与基本轨间的间隙 ≥5 mm 时，不应接通道岔表示。

二、JM-B 型密贴检查器

JM-B 型密贴检查器的结构如图 4-71 所示。每台检查器设有 1 组密贴表示开关和 1 组斥离表示开关。

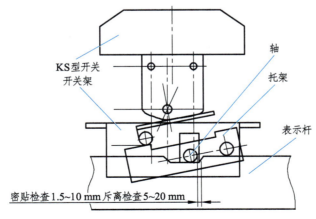

图 4-71 JM-B 型密贴检查器缺口调整

主要技术特性：

（1）表示杆动程有三种规格：130~170 mm；95~135 mm；60~110 mm。

（2）密贴检查缺口间隙 1.5~10 mm 可调；斥离检查缺口 5~20 mm 可调。

（3）挤岔断表示的动程：从开关轴接触表示杆斜面开始为 ≤5 mm。

（4）KS 型速动开关接点压力应 ≥1.5 N。

（5）用于道岔位置表示冗余系统的密贴检查器，在第一牵引点中心线处尖轨或心轨密贴时有 4 mm 及以上间隙，不应接通道岔表示；当尖轨或心轨从密贴位斥离 5 mm 及以上缝隙时，应断开道岔表示。

第九节　ZK 系列电空转辙机

电空转辙机先后出现过 ZK2、ZK3、ZK3-A、ZK4-170 等型号。

ZK2 型，是早期使用的电空转辙机。它对道岔尖轨无锁闭装置，必须另设关节型锁闭器与之配合使用，实现外锁闭。由于动作时冲击力大，使关节型锁闭器的零件经常发生断裂，尤其是冬季断裂现象发生更为频繁，严重影响行车安全。这种转辙机转换力较小，容易卡阻，无风源过滤设备。因其缺点较多，已经被淘汰。

ZK3 型转换力大，取消了机械外锁闭装置，这不但减少了上述断裂故障，而且使转辙机安装与调整变得简单，维修更为容易。但在使用中发现，它在转换、锁闭及表示系统等方面还存在着危及安全的缺陷，因此在 ZK3 型的基础上改进为 ZK3-A 型。又在 ZK3-A 型的基础上改进为 ZK4-170 型转辙机。

使用电空转辙机，需要有空气压缩机、储风机、管路等风源设备，设备费用高，所以我国只在有风源设备的驼峰调车场道岔上使用。

驼峰调车场绝大部分是溜放作业，车辆对向经过道岔，只有机车上峰才顺向通过道岔，极少发生挤岔事故，所以电空转辙机没有考虑挤岔防护。

一、ZK4-170 型电空转辙机的主要技术特点

ZK4-170 型电空转辙机采用国内外先进的气动元件及相关技术，适用于驼峰调车场的 50 kg/m 和 43 kg/m 钢轨 9 号以下单开对称道岔，可安装于道岔左侧或右侧，具有以下主要技术特点：

（1）采用差压自保式换向阀结构作为整机控制机构，消除了换向阀因漏风而误动作的隐患，提高了整机可靠性，简化了整机结构，并具有结构新颖、体积小、重量轻等特点。

（2）利用电磁锁闭阀代替气动锁闭阀，克服了解锁时与动作杆卡阻的缺陷，实现了到位锁闭、解锁动作的顺序化。

（3）设备主要机构运动部分均采用 SF-2 复合材料衬套，减少了现场维修工作量，提高了整机的使用寿命。

（4）采用双锁闭结构，即气缸的气锁闭和电磁锁闭，可防止因偶然的泄漏或低风压造成设备失控引发的故障。

（5）表示装置安全可靠，故障率低，动作直观，便于观测和维修。

（6）采用组合式气源处理元件，克服了现场额定压力因振动而造成变化的缺点。

二、ZK4-170 型转辙机的结构

ZK4-170 型电空转辙机由差压式自保换向阀、气缸、表示装置、电磁锁闭阀、附件（组合式气源处理元件、压力开关、管路）等组成，如图 4-72 所示。

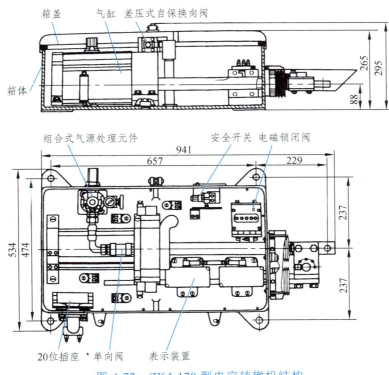

图 4-72　ZK4-170 型电空转辙机结构

三、ZK4-170 型转辙机的主要部件

1. 差压式自保换向阀

电空转辙机换向阀是电空转辙机的主要控制部件，采用了新型差压式自保换向阀，通过定、反位电磁阀的动作，使换向阀换向；动作完成后，利用换向阀阀芯变径结构产生压力差，保持换向阀阀芯的位置，确保设备不会因振动造成误换向，提高了整机动作的安全可靠性。

2. 气缸

气缸是双向直推式气缸，是电空转辙机的主要执行部件；气缸动作杆通过密贴调整杆与道岔尖轨相连；压缩空气推动动作杆伸出、拉入，从而完成道岔转换。

3. 表示装置

表示装置是反映电空转辙机的定位或反位状态的装置；表示装置中的表示杆通过连接

铁与动作杆相连，并与动作杆同步动作，接通或切断表示电路，表示尖轨位置。

4. 电磁锁闭阀

电磁锁闭阀是电空转辙机的辅助锁闭装置，当机外风压低于压力开关断开风压设定值时，断开电磁锁闭阀电路，使电磁锁闭阀处于伸出状态，辅助锁闭活塞杆，进而保持尖轨位置，从而锁闭道岔。

5. 气源处理元件

气源处理元件是对压缩空气在进入换向阀前进行净化处理，并使油雾器滴出的油形成雾状随压缩空气进入换向阀、气缸，从而起到润滑作用；同时，调压阀具有调整气源压力作用。

四、ZK4-170 型转辙机的工作原理

从反位转向定位时，当定位电磁阀得电励磁，与其并联的电磁锁闭阀也励磁，锁闭阀头在电磁力作用下缩回至阀体内，使动作杆解锁。此后，换向阀换向，气缸前腔进气，动作杆缩回，待尖轨与基本轨重新密贴后，接通定位表示电路。此时电磁阀与电磁锁闭阀同时失磁，锁闭阀头在弹簧作用下伸出，锁闭动作杆，进而锁闭道岔。

从定位转向反位时，动作过程与之相似。

ZK4-170 型电空转辙机的主要技术特性：活塞杆动程 170 mm±2 mm，额定风压 550 kPa，最低工作风压 450 kPa，额定功率 20 V·A，换向电磁阀额定电压 DC 24 V，吸起 ≤16 V，释放 ≥1.5 V，转换时间 ≤0.6 s，额定负载 2 450 N。

思政小课堂

生命安全不容忽视

——荣家湾 429 重大铁路事故

1997 年 4 月 29 日 10 时 48 分，由昆明开往郑州的 324 次旅客列车行至京广线荣家湾站 1453 公里 914 米处，与停在站内 4 道的 818 次旅客列车尾部冲突，造成 324 次旅客列车机后 1 至 9 位颠覆，10 至 11 位脱轨；818 次旅客列车机后 15 至 17 位（尾部 3 辆）颠覆。这起行车事故共造成 126 人死亡，230 人受伤，直接经济损失 415.53 万元。荣家湾站列车相撞事故又称荣家湾事件。

经过调查、模拟试验及技术分析结果表明，导致这起行车事故的原因及过程如下……

扫码阅读全文

复习思考题

1. 转辙机有何作用？如何分类？

2. 每组道岔设一台转辙机的说法对吗？为什么？

3. 简述 ZD6 型转辙机的结构和各部件的作用。

4. 电动机在电动转辙机中起什么作用？如何使它正、反转？

5. 简述减速器的结构和减速原理。

6. ZD6 型电动转辙机如何传动？如何对道岔起到转换、锁闭作用？

7. ZD6 型电动转辙机的自动开闭器由哪些部件组成？如何实现速动？

8. 简述自动开闭器的动作原理。其接点如何编号？如何动作？

9. 表示杆有哪些作用？在正常和挤岔时如何动作？

10. 摩擦联结器有何作用？如何发挥这些作用？

11. 挤切装置如何起到挤岔保护作用？

12. 简述 ZD6 型转辙机的整体动作过程。

13. 道岔有哪几种锁闭方式？比较它们的优缺点。

14. 简述钩式外锁闭装置的结构和动作原理。

15. 尖轨和可动心轨用的钩式外锁闭装置有何异同？

16. S700K 型电动转辙机有何特点？

17. 简述 S700K 型电动转辙机的结构和动作原理。

18. S700K 型转辙机有哪几种安装方式？各有什么优缺点？

19. ZDJ9 型电动转辙机有哪些优点？它与 ZD6、S700K 相比有何异同？

20. 液压传动有何优缺点？

21. 简述 ZYJ7 型电液转辙机的结构和动作原理。

22. ZYJ7 型电液转辙机是否一定要和 SH6 型转换锁闭器配套使用？为什么？

23. 电空转辙机与电动转辙机、电液转辙机相比有何异同？有何优缺点？适用范围有何不同？

24. 简述 ZK4-170 型转辙机的结构和动作原理。

25. 可动心轨道岔的优点有哪些？

26. 简述单动道岔的组成。

轨道电路是利用钢轨线路和钢轨绝缘构成的电路。用于自动、连续检测这段线路是否被机车车辆占用；部分轨道电路也可给机车设备提供地面的控制信息，用于车载设备获得地面信号状态。轨道电路设备是控制信号装置或转辙装置，用以保证行车安全的基础设备。

第一节 轨道电路概述

一、轨道电路的基本原理

轨道电路是以钢轨作为导体，两端加以机械绝缘（或电气绝缘），接上送电和受电设备构成的电路，最简单的轨道电路如图 5-1 所示。

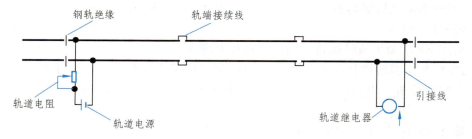

图 5-1 轨道电路组成示意图

轨道电路的送电设备设在送电端，由轨道电源和轨道电阻组成，轨道电阻是一个可调电阻器，连接在轨道电路电源端，用来调整轨道电路的电压，当轨道电路被机车车辆的轮对分路时能够防止输出电流过大而损坏电源。受电设备设在受电端，一般采用轨道继电器（GJ），用于接收轨道电路的信号电流，反映轨道电路内有无机车车辆占用和钢轨是否完整。

送、受电设备一般放在轨道旁的变压器箱或电缆盒内，轨道继电器设在信号楼内。送、受电设备由引接线（钢丝绳）接向钢轨。

钢轨是传输轨道电流的导体，在两节钢轨的接头处为了减小钢轨与钢轨夹板间的接触电阻，用轨端接续线连接。钢轨绝缘安装在相邻两个轨道电路衔接处，以保证相邻轨道电路在电气上可靠隔离。

二、轨道电路的作用

1. 监督列车占用

利用轨道电路监督列车、调车车列在站内以及列车在区间的占用，是最常用的方法。由轨道电路反映线路是否空闲，轨道继电器的接点作为开放信号、建立进路、构成闭塞等的控制条件，又可用于实现信号开放后随着列车、调车车列的运行而自动关闭，从而把信号显示、线路状态、列车及调车车列位置结合起来。

2. 传输行车信息

在区间轨道电路中根据前行列车的位置而传输不同频率的信息以控制通过信号机显示，并传输至机车控制机车信号显示。随着信号设备的进一步发展，这些行车信息中还包括了运行前方线路条件、当前允许运行速度、列车运行目标速度等，为利用设备控制列车提供了支持。

三、轨道电路分类

（1）按动作电源分：直流轨道电路和交流轨道电路。

直流轨道电路一般采用蓄电池浮充供电方式，目前已很少使用。

目前使用的交流轨道电路种类很多，除了应用于非电气化区段站内的 50 Hz 轨道电路和电化、非电化区段都可以使用的 25 Hz 交流轨道电路外，还包括应用于区间的国产移频轨道电路、UM71 轨道电路、ZPW-2000A 系列移频轨道电路等。

（2）按工作方式分：闭路式轨道电路和开路式轨道电路。

闭路式轨道电路平时构成回路，轨道继电器保持吸起，利用轨道继电器的落下及时反映轨道区段有车占用或者发生断轨、断线故障，如图 5-2（a）（b）所示。

开路式轨道电路平时处于开路状态，有车占用时通过车辆轮对构成回路，使继电器吸起。开路式轨道电路的不足是不能进行断轨检查，而且断轨后有车占用轨道继电器也不能可靠吸起，不符合故障—安全原则，因此极少采用，如图 5-2（c）（d）所示。

（3）按分割方式分：有绝缘轨道电路和无绝缘轨道电路。

有绝缘轨道电路利用钢轨绝缘将相邻的轨道电路相互隔离，大部分轨道电路是有绝缘的。钢轨绝缘在车辆运行的冲击力、剪切力作用下很容易破损，使轨道电路的故障率较高。绝缘节的安装给无缝线路带来一定的麻烦，有时需要锯轨，降低线路的轨道强度，增加线路维护的复杂性。电气化铁路区段，为使牵引回流能绕过绝缘节，还需要安装扼流变压器。因此，有绝缘的轨道电路不理想。无缝线路和电气化铁路一般要求采用无绝缘轨道电路。

无绝缘轨道电路在分界处不设置钢轨绝缘，轨道电路电流采用不同信号频率。根据谐振的原理，使谐振回路对不同频率呈现不同阻抗，实现对相邻轨道电路的电气隔离。这种电气隔离方式又称为谐振式。无绝缘轨道电路满足了铁路线路电气化牵引和采用无缝线路的要求，在正线线路上得到广泛应用。UM71、ZPW-2000A 型是国内应用比较广泛的无绝缘轨道电路。

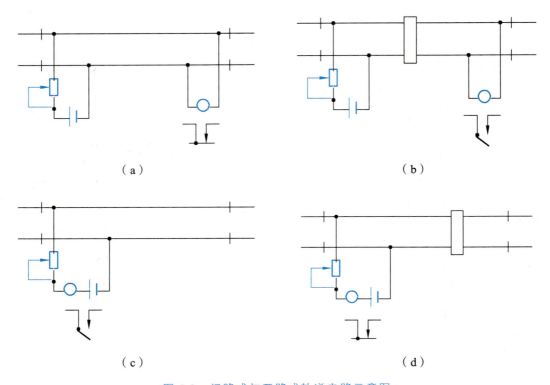

（a）　　　　　　　　　　　　　　　　　　　（b）

（c）　　　　　　　　　　　　　　　　　　　（d）

图 5-2　闭路式与开路式轨道电路示意图

（4）按应用地点分：站内轨道电路和区间轨道电路。

站内轨道电路用于车站内，主要用于监督轨道区段是否空闲，一般不发送控制信息。站内轨道电路分为无岔区段轨道电路和道岔区段轨道电路。

区间轨道电路主要用于自动闭塞区段，不仅监督区间是否空闲，而且能够传输包含有信号显示、线路状态、限制速度等内容的信息。

（5）按轨道电路内有无道岔分：无岔区段轨道电路和道岔区段轨道电路。

无岔区段轨道电路内钢轨没有分支，结构简单，用于停车线、检车线、尽头线调车信号机接近区段，以及两个差置调车信号机之间的线路。

道岔区段轨道电路结构比较复杂，包含了岔前线路、岔后直向位置线路和岔后侧向位置线路。根据道岔结构，不仅有关钢轨、杆件要增加绝缘，还要增加道岔跳线和连接线，当分支超过一定长度时，还必须设置多个受电端。按有无分支分，分为一送一受和一送多受轨道电路，道岔区段均为一送多受区段。

（6）按适用区段分：非电气化区段和电气化区段。

非电化区段轨道电路，没有抗电化干扰的特殊要求，一般的轨道电路指非电化区段轨道电路，不必说明。

电化区段轨道电路，既要抗电化干扰，又要保证牵引回流的畅通无阻。因钢轨中已有 50 Hz 的牵引电流，轨道电路就不能采用 50 Hz 电源，而必须采用非工频制式。我国电气化铁路目前站内多采用 25 Hz 相敏轨道电路，区间多采用无绝缘移频轨道电路。

（7）按轨道电路利用钢轨作为通道的方式分：单轨条轨道电路和双轨条轨道电路。

多数轨道电路均利用同一线路的两根钢轨作为传输通道，为双轨条轨道电路。一般的轨道电路均为双轨条轨道电路，不必说明。

单轨条轨道电路是利用线路的一条钢轨作为传输通道，另一通道由电缆构成。例如，驼峰用的移频机车信号，地面发送设备即采用单轨条移频轨道电路。因其发送的区段有车占用，两根钢轨被轮对分路，无法构成轨道电路。计轴自动闭塞区段也用单轨条轨道电路发送移频信息，供机车信号系统接收。

四、轨道电路的应用

轨道电路主要用于区间和车站。

区间的轨道电路通常是与自动闭塞制式相一致的轨道电路，按照自动闭塞通过信号机分区，每个闭塞分区有其轨道电路。在非提速半自动闭塞区段，区间一般不设轨道电路，只在进站信号机的内方设一段长度不少于 25 m 的轨道电路，以监测列车的出发与到达。在提速半自动闭塞区段，进站信号机外方设第一接近区段和第二接近区段轨道电路，用于通知列车的接近以及构成接近锁闭。位于区间的道口，其接近区段也必须装设轨道电路。

站内轨道电路应用更为广泛。对于电气集中联锁来说，列车进路和调车进路都必须安装轨道电路，牵出线、机待线、出库线、专用线及其他用途的尽头线入口处和调车信号机前方，虽不在进路之内，也应装设一段长度不小于 25 m 的轨道电路，用来保证信号开放后机车车辆接近时完成接近锁闭，及时了解上述线路是否有车接近或占用。对于电锁器联锁的车站，正线及到发线接车进路的股道上，必须设轨道电路，进站信号机内方还设有为半自动闭塞通知出发或到达用的轨道电路。在驼峰调车场，除推送进路设有轨道电路外，峰下每组分路道岔、警冲标处均设有轨道电路。

中国普速铁路轨道电路制式较多，站内与区间的轨道电路制式一般不相同。与普速铁路相比，高速铁路轨道电路制式相对单一。国家铁路局公布的《高速铁路设计规范》（TB 10621—2014）明确规定，区间应采用 ZPW-2000 系列电气绝缘轨道电路，用于列车占用检查和向列车提供前方闭塞分区空闲信息。越行站、中间站站内以及大站正线和到发线宜采用与区间制式相同的机械绝缘轨道电路。

五、站内轨道电路

1. 站内轨道电路的划分

轨道电路之间采用钢轨绝缘把两个轨道电路划分为互不干扰的独立电路单元，称为轨道电路区段，其划分原则如下：

（1）凡有信号机的地方，均装设钢轨绝缘，将信号机的内外方划分为不同区段。

（2）凡能平行运行的进路，其间应设钢轨绝缘隔开，如渡线道岔上的钢轨绝缘。

（3）在一个轨道电路区段内，单动道岔原则上不应超过三组，复式交分道岔不得超过两组。否则，道岔组数过多，轨道电路难以调整。

（4）为了提高咽喉区使用效率，应将轨道区段适当划短，使道岔区段能及时解锁后办理其他进路。

2. 站内轨道电路的命名

1）道岔区段轨道电路

根据轨道区段内包含的道岔编号来命名道岔区段轨道电路：

（1）包含一组道岔：如图 5-3 中包含 1 号道岔的轨道区段为 1DG。

（2）包含两组道岔：如图 5-3 中包含 15、17 号道岔的轨道区段为 15—17DG。

（3）包含三组道岔：如图 5-3 中包含 11、23、27 号道岔的轨道区段为 11—27DG。

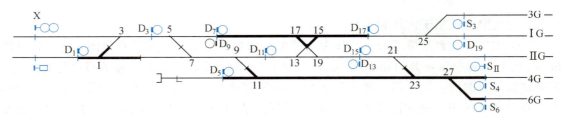

图 5-3　道岔区段轨道电路举例

2）无岔区段

（1）股道轨道电路：以股道号命名，如图 5-3 中的 3G、IG、IIG。

（2）进、出站口处的无岔区段：根据衔接的股道编号加上 A（下行咽喉）或 B（上行咽喉）表示，如图 5-3 中站界内方的无岔区段为 IIAG，附图 1 中的 IAG、IIAG。

（3）牵出线、机待线等处调车信号机外方的接近区段：在调车信号机名称后加 G 表示，如图 5-3 中牵出线 D_5 信号机前方的轨道电路为 D_5G。

（4）位于咽喉区的无岔区段：以两端道岔编号写成分数形式加 WG 表示，如附图 1 中 D_5 与 D_{15} 间的无岔区段为 1/19WG。

（5）半自动闭塞进站信号机外方的接近区段：以进站信号机名称加 JG 表示，如附图 1 中进站信号机 X_D 外方的接近区段为 X_DJG。

第二节　工频交流连续式轨道电路

工频交流连续式轨道电路采用工频 50 Hz 交流电源，以 JZXC-480 型继电器为轨道继电器，故又称为 JZXC-480 型交流轨道电路。这种轨道电路实质上是交直流轨道电路，电源是交流电，钢轨中传输的是交流电，而轨道继电器为整流式。与交流轨道电路相比，无须调整相位角。

工频交流连续式轨道电路因结构简单，是我国非电气化车站运用最为广泛的轨道电路制式。但该轨道电路存在诸多缺点，如道砟电阻变化适应范围小、极限传输长度短、分路灵敏度低、防雷性能差、形成雨天"红光带和分路不良"等影响行车的情况。所以，逐渐被相敏轨道电路等制式代替。

一、工频交流轨道电路的组成和工作原理

1. 工频交流轨道电路的组成

工频交流轨道电路的构成如图 5-4 所示。由送电端、受电端、钢轨绝缘、钢轨引接线、轨端接续线以及钢轨等组成。

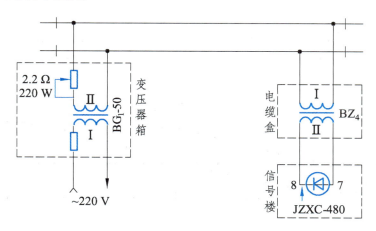

图 5-4　工频交流连续式轨道电路

送电端包括 BG₁-50 型轨道变压器、R-2.2/220 型变阻器，安装在变压器箱内，电源由室内用电缆送至送电端。

受电端包括 BZ₄ 型中继变压器、JZXC-480 型轨道继电器。其中，中继变压器设在变压器或电缆盒内，轨道继电器设在室内组合架上。送、受电端视相邻轨道电路的不同组合，有双送、一送一受、双受以及单送、单受等不同情况，除双受、单受可采用电缆盒外，其他情况必须采用变压器箱。

变压器箱或电缆盒由钢轨引接线接向钢轨。

钢轨接续线用于连接相邻钢轨，以减小钢轨接头处的接触电阻。

钢轨绝缘设于轨道电路分界处，用于隔离开相邻的轨道电路。

2. 工频交流轨道电路的工作原理

当轨道电路完整，且无车占用时，交流电源由送电端经钢轨传输至受电端，轨道继电器吸起，表示本轨道电路空闲，此时轨道继电器的交流端电压应在 10.5 ~ 16 V 之间，即高于轨道继电器工作值（9.2 V）15%，有此安全系数，以保证轨道继电器可靠励磁。较长和道砟电阻较低的轨道电路，应参照调整表调整其轨道变压器输出电压。

当有车占用轨道电路时，轨道电路被车辆轮对分路，使轨道继电器端电压低于其工作值，轨道继电器落下，表示本轨道电路被占用。分路时，轨道继电器的交流残压值不得大于 2.7 V，即为轨道继电器释放值（4.6 V）的 60%，以低于释放值 40%的安全系数保证轨道继电器可靠释放。

二、道岔区段轨道电路

1. 道岔区段轨道电路特点

（1）轨道电路内部增设道岔绝缘，用于防止轨道电路在调整状态下被分路；

（2）在尖轨与基本轨以及两外侧的基本轨之间增设道岔跳线，用于保证调整状态下构成闭合回路。

（3）具有分支电路，轨道电路不仅包括道岔的直向部分线路，还包括侧向部分线路，如图 5-5 所示。多次改进后，提出一送多受轨道电路，使各分支线路都得到检查。

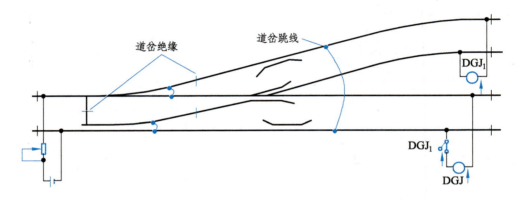

图 5-5　道岔区段轨道电路示意图

2. 一送多受轨道电路工作原理

设有一个送电端，在每个分支轨道电路的另一端各设一受电端。各分支受电端轨道继电器的前接点，串联在主轨道继电器电路之中。当任一分支分路时，分支轨道继电器落下，其主轨道继电器也落下，使用时将主轨道继电器 DGJ 的接点用在联锁电路中。一送两受和一送三受轨道电路如图 5-6 所示。

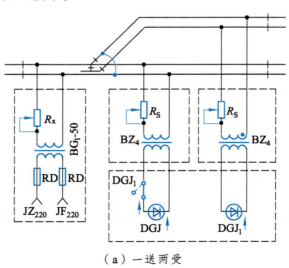

（a）一送两受

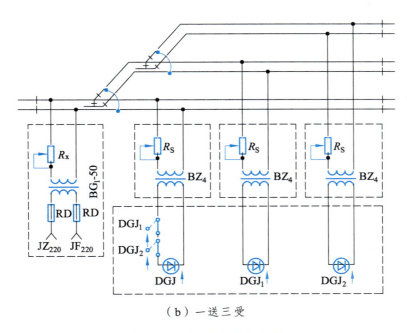

（b）一送三受

图 5-6　一送多受轨道电路

采用一送多受轨道电路时，应注意以下几点：

（1）与到发线相衔接的道岔轨道电路的分支末端，应设受电端。

（2）所有列车进路上的道岔区段，其分支长度超过 65 m 时，在该分支的末端应设受电端。

（3）一送多受轨道电路最多不应超过三个受电端。

（4）任一地点有车占用时，必须保证有一个受电端被分路。

三、轨道电路的极性交叉

1. 极性交叉的定义

轨道绝缘两侧，要求轨面电压具有不同的极性（直流）或相反的相位（交流），即轨道电路要"极性交叉"，如图 5-7 所示。

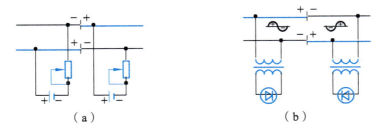

（a）　　　　　　　　　　（b）

图 5-7　轨道电路的极性交叉

2. 极性交叉的作用

极性交叉的作用，是在绝缘破损的时候，使相邻轨道电路的轨道继电器衔铁都能够可靠地落下，以实现"故障—安全"原则。

交流供电的轨道电路是以相位交叉防护配置的。

交流计数电码轨道电路和移频轨道电路等采用另一种防护措施，在相邻轨道电路发送不同周期的电码信息，用不同的频率来加以区分，如 ZPW-2000 移频轨道电路包括 UM71、UM2000 等轨道电路。如图 5-8 所示，1G 和 3G 是两个相邻的轨道电路，它们没有实现极性交叉，当有车占用 1G 而绝缘破损的情况下，流经轨道继电器 1GJ 的电流等于两个轨道电源所供的电流相加，1GJ 有可能保持吸起，这会危及行车安全。若按极性交叉来配置，绝缘破损时，轨道继电器的电流就是两者之差，只要调整得当 1GJ 和 3GJ 都会落下，从而符合故障—安全原则。

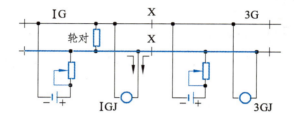

图 5-8　极性交叉的作用

3. 极性交叉的配置

轨道绝缘的两侧，都要按极性交叉的原则进行配置。在无分支的线路上，配置极性交叉比较简单，只要依次变换相邻轨道电路上的供电电源极性，就可以达到目的。在车站上，有分支的线路上，要配置极性交叉就有困难，因为道岔绝缘可以设置在道岔的直股，也可以设置在弯股，不同的设置将影响整个车站极性交叉的配置。

第三节　25 Hz 相敏轨道电路

一、电气化牵引区段对轨道电路的特殊要求

电气化牵引区段对轨道电路有如下特殊要求。

1. 必须采用非工频轨道电路

我国铁路电气化区段均采用工频 50 Hz 牵引电流供电，两根钢轨既是牵引电流的回流通道，又是轨道电路信号电流的传输通道。因此，以钢轨作为传输信道的轨道电路采用非工频制式的轨道电路，且该制式对 50 Hz 牵引电流的基波及其谐波干扰应具备有效可靠的防护措施，以保证轨道电路设备安全可靠地工作。

2. 必须采用双扼流双轨条轨道电路

双轨条轨道电路用扼流变压器沟通牵引电流成双轨条回流，轨道电路处于平衡状态，

便于实现站内电码化，适用于站内正线和区间。单轨条轨道电路用一条 Z 型连接线沟通牵引电流，一根轨条通过牵引电流和信号电流，另一根轨条仅通过信号电流，轨道电路处于不平衡状态，工作可靠性差，且易造成站内电码化串码、掉码，故不能采用。

3. 交叉渡线上两根直股都通过牵引电流时应增加绝缘节

为了确保交叉渡线上轨道电路和机车信号设备能正常工作，当交叉渡线上轨道电路机车信号设备能正常工作，且交叉渡线上两根轨道都通过牵引电流时，该交叉渡线上应增加绝缘节，将上、下两道岔区段完全隔开。

4. 钢轨接续线的截面加大

电气化区段钢轨接续线，除应保证通过一定电流外，还要尽量减小钢轨接头的接触电阻，使两根钢轨阻抗平衡，减少牵引电流对轨道电路的干扰及牵引电能的损耗，以及保证设备和人身安全。因此，要求钢轨接续线有一定的截面积，且必须双套。

塞钉式接续线因受震松动和氧化作用，使接触电阻增大，造成两根钢轨阻抗不平衡，因此，钢轨接续线应采用焊接式（现多数已采用"一塞一焊"这种较为安全、可靠的双套方式）。

5. 道岔跳线和钢轨引接线截面加大，引接线等阻

为了减小钢轨阻抗，道岔跳线和钢轨引接线应采用截面积不小于 42 mm^2 的多股镀锌钢绞线。为了减小两根钢轨引接线因长度不同、阻抗不等对轨道电路不平衡度的影响，钢轨引接线宜采用等阻连接线。

横向连接线用于相邻股道之间的连接，扼流中心连接线/板用于相邻轨道电路的连接。

二、电气化区段站内轨道电路制式

我国电气化铁路曾用过的轨道电路有：75 Hz 交流计数电码轨道电路、25 Hz 交流计数电码轨道电路、移频轨道电路、25 Hz 相敏轨道电路、不对称脉冲轨道电路等制式；现均采用 25 Hz 相敏轨道电路。

以上各种制式除选用 50 Hz 以外的信号电流频率，均采用了相应的技术措施来防止干扰，以保证轨道电路的可靠工作。

三、扼流变压器

在电气化牵引区段，为了保证牵引电流顺利流过绝缘节，在轨道电路的发送端、接收端设置扼流变压器，轨道电路设备通过扼流变压器接向轨道，并传递信号信息，如图 5-9 所示。如图 5-9 所示，牵引线圈分为上、下两部分，图中的 3 叫作中点，牵引电流分别由 1 和 2 流入，由中点流出。因为上、下线圈匝数相同，而两线圈电流方向相反，所产生磁通大小相等、方向相反，总磁通等于零，其对次线圈的信号设备没有任何影响。牵引电流流向另一个扼流变压器的上部和下部线圈，然后又流向相邻轨道电路的两根钢轨，这样牵引电流就越过了绝缘节。但如果流过两钢轨的牵引电流不平衡，则将产生影响，故必须增设防护设备。

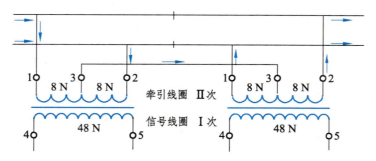

图 5-9　扼流变压器示意图

对 25 Hz 信号电流来说，因信号电流极性交叉，在两扼流变压器中点处电位相等，故不会越过绝缘节，而是流回本区段，在次级感应出信号电流。

97型 25 Hz 相敏轨道电路的送电端和受电端使用同一类型的扼流变压器，有 BE_1-400/25、BE_2-400/25、BE_1-600/25、BE_2-600/25、BE_1-800/25 和 BE_2-800/25 等几种类型。

四、25 Hz 相敏轨道电路

1. 25 Hz 相敏轨道电路技术要求

（1）适用于钢轨内连续牵引总电流不大于 800 A，钢轨内不平衡电流不大于 60 A 的交流电气化牵引区段的站内及预告区段的轨道电路。

（2）无电力机车行驶的区段可采用无扼流变压器的轨道电路。

（3）电源应采用集中调相方式。

（4）在最不利条件下，轨道继电器轨道线圈上的电压应不大于 50 V，调整和分路时的有效电压分别为不小于 15 V 和不大于 7.4 V。

（5）在频率为 25 Hz、电源电压为 160～260 V、道砟电阻最小值不小于 0.6 Ω/km，钢轨阻抗不大于 $0.62\angle 42°\,\Omega/km$ 时，极限长度范围内能可靠地满足调整和分路检查的要求，并实现一次调整。当每段轨道电路的轨道变压器兼作机车信号发码电源时，应可靠地满足机车信号入口电流的要求。

（6）一送一受和一送多受轨道电路的电压调整余量 K 应不小于 8.0%。

（7）一送一受的双扼流和无扼流变压器的轨道电路，其极限长度应达 1.5 km。

（8）凡装有空扼流的轨道电路，对空扼流阻抗进行的补偿措施，应兼顾电码化时机车信号信息的传输。

2. 25 Hz 相敏轨道电路的组成

25 Hz 相敏轨道电路采用交流 25 Hz 电源连续供电，受电端采用交流二元二位轨道继电器，其电路原理如图 5-10 所示。

25 Hz 电源屏分别供给出 25 Hz 轨道电源和局部电源。轨道电源由室内供出，通过电缆供向室外，经由送电端 25 Hz 轨道电源变压器（BG_{25}）、送电端限流电阻（R_X）、送电端 25 Hz 扼流变压器（BE_{25}）、钢轨线路、受电端 25 Hz 扼流变压器（BE_{25}）、受电端 25 Hz 轨道中继变压器（BG₂₅）、电缆线路，送回室内，经过防雷硒堆（Z）、25 Hz 防护盒（HF）给二元二位继电器（GJ）的轨道线圈供电。局部线圈的 25 Hz 电源由室内供出，当轨道线圈和局部线圈所得电源满足规定的相位和频率要求时，二元二位轨道继电器 GJ 吸起，轨道电路处于工作状态，反之二元二位轨道继电器落下，轨道电路处于不工作状态。

列车占用时，轨道电源被分路，GJ 落下；若频率、相位不符合要求时，GJ 也落下。这样，25 Hz 相敏轨道电路就具有相位鉴别能力，即相敏特性，抗干扰性能高。

25 Hz 相敏轨道电路只能用以检测轨道电路区段是否空闲，不能传输其他信息。因其电源频率较低，传输的损耗也低，故传输的距离较长。

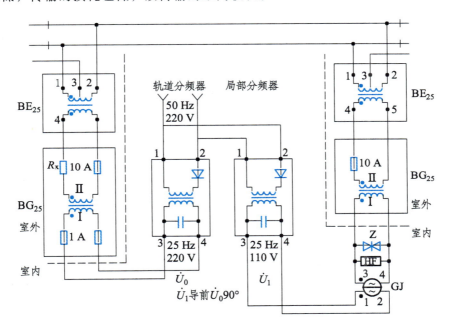

图 5-10　25 Hz 相敏轨道电路原理图

3. 25 Hz 相敏轨道电路的主要部件

1）防护盒

防护盒 HF 有三种类型，分别为 HF2-25 型、HF3-25 型、HF4-25 型。其中，HF2-25 型不能实现调整；HF3-25 型能实现调整，主要对高相位进行调整，最大调整相位 30°～40°；HF4-25 型是最新产品，可以实现上、下调整幅度各 30°～40°，保证 JRJC 型轨道继电器的正常工作，不受 50 Hz 牵引电流干扰。

防护盒的工作原理以 HF2-25 型防护盒为例进行说明，如图 5-11 所示。它是由电感线圈和电容组成的 L、C 串联谐振电路，线圈电感为 0.845 H，电容为 12 μF，并接在轨道继电器的轨道线圈上，对 50 Hz 呈串联谐振相当于 15 Ω 电阻，对于干扰电流起着减小轨道线圈上的干扰电压作用。对 25 Hz 信号电流相当于 16 μF 电容，起着减小轨道电路传输衰耗和相移的作用。

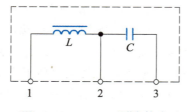

图 5-11 HF2-25 型防护盒

2）防雷补偿器

防雷补偿器 QBF 有 FB-1、FB-2 型。FB-1 型内设两套防雷补偿单元，FB-2 型内设一套防雷补偿单元，防雷补偿单元原理如图 5-12 所示，即为对接的硒片和电容器。硒片用来防雷，电容器 C 用来提高轨道电路局部线圈的功率因数，以减小变频器输出电流。

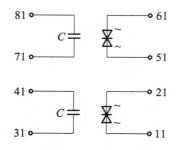

图 5-12 FB-1 型防雷补偿器

其电气特性应符合下列要求：局部耐压为 250 V，接收工作电压为 90 V。

3）25 Hz 轨道变压器

25 Hz 轨道变压器在 25 Hz 相敏轨道电路中作为供电变压器和用于阻抗匹配，送、受电端使用同一类型。它们的各线圈电压如图 5-13 所示。

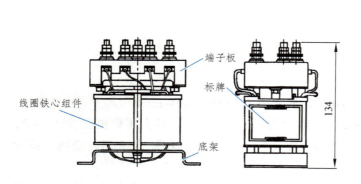
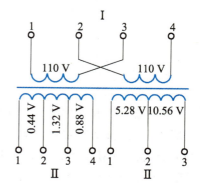

图 5-13 25 Hz 轨道变压器

五、97 型 25 Hz 相敏轨道电路

原 25 Hz 相敏轨道电路，通过现场的大量使用逐步暴露出一些亟待克服的技术缺陷，于是研制出新型 25 Hz 相敏轨道电路，称为 97 型 25 Hz 相敏轨道电路，代替原 25 Hz 相敏

轨道电路。

1. 原 25 Hz 相敏轨道电路存在的问题

（1）JRJC-66/345 型二元二位继电器设计不合理，危及行车安全。

由于其翼片和继电器罩工艺设计欠妥，曾出现过有车占用时因翼片卡阻而不落下的危险情况。

（2）受电端不设扼流变压器影响轨道电路的工作。

受电端不设扼流变压器时牵引电流对轨道继电器的干扰要比设扼流变压器时大得多。

（3）设置空扼流变压器引起电码化工作不稳定。

当轨道电路送电端实施移频化时，如果股道中部设有专供车站馈电用的扼流变压器时，机车驶过此扼流变压器之前，因钢轨内移频电流不足而会发生机车信号闪灯的现象。

（4）电源屏配置不合理造成浪费。

因 25 Hz 电源屏内的局部分频器和轨道分频器的容量不配套，即局部分频器容量小，轨道分频器偏大，其结果不但给工程设计选用电源屏的型号带来不便，而且常出现局部容量不够，而轨道容量有余，只得升级选用更大的电源屏，造成浪费。

（5）不平衡引起的问题。

我国电气化铁路的钢轨接续线原来多采用双套塞钉式，其接触电阻不稳定，因而设计和生产扼流变压器时对其中点对称性无指标要求，产品的对称性差异很大，造成牵引电流的不平衡系数增加 2% ~ 3%。再加上扼流变压器引至钢轨的两根引接线一长一短，其电阻值也不相等。牵引电流不平衡致使牵引电流侵入轨道电路设备的干扰量增大，严重时极易误动轨道继电器。

此外，还存在着不能适应提速、重载运输、要求股道有效长度延长等不足。

2. 97 型 25 Hz 相敏轨道电路的改进

1）提高绝缘破损防护性能

钢轨牵引引接线采用焊接式，减少接触电阻，以提高绝缘破损防护性能。

2）取消不设扼流变压器的送、受电端的单扼流轨道电路

在运营中发现，不设扼流变压器时，轨道继电器所受的干扰远大于设扼流变压器的区段，同时不易于轨道电路调整，为此全部增设扼流变压器。

3）改变扼流变压器的连接方式

将连向钢轨的一长一短引接线设计成等阻线，使扼流变压器外部连接方式得以改善，不平衡系数控制在 1% 以内，从而使牵引电流回归系统的不平衡系数得以降低。

4）优化电源屏的配置

每一区段的平均传输功率为 20 W，每个继电器局部线圈加电容补偿后的功率为 6.5 W，考虑单受和多受区段的比例。一个车站的轨道区段数和轨道继电器数按 1：2 计算，这样就相当于轨道分频器和局部分频器供电给每一个轨道电路分别耗电 20 W 和 13 W，从而能计算出一个车站电源屏的型号配置。电源屏由原来的 300 W、600 W、1 400 W 改为 400 W、800 W、1 200 W 组成 I（PXT-800/25）、II（PZT-1600/25）、III（PZT-2000/25）、IV（PDT-4000/25）四种电源屏，分别适用于小站（20 个区段以内）、中站（20 ~ 40、40 ~ 60 个区段）、大站（60 ~

120 个区段）使用。

5）改进二元二位继电器

97 型 25 Hz 相敏轨道电路优化了磁路设计和提高工艺设计水平，返还系数由原来的 0.5 增至 0.55，消除了因翼片碰撞外罩而造成卡阻的可能故障。具有可靠的相位选择性和频率选择性，抗干扰性能强，便于实现电码化。

6）增加扼流变压器的类型

由原来的仅 400 A 一种类型增加了 600 A 和 800 A 两种，分别供侧线、正线和靠近牵引变电所的区段使用。

7）改善移频电码化发送条件

使固定送电端供电变压器的变比和受电端匹配变压器的变比相同，从而改善了移频发送时的匹配特性。原供电变压器的变比高达 220/7 ~ 220/4，现改为固定变比 220/15。此方法除克服了原移频机车信号有时不稳定的缺点外，还在不增加器材数量的基础上将室内原隔离变压器改为兼有隔离和供电双重功能的变压器，调整它的输出电压即可进行轨道电路的调整。它使 25 Hz 轨道电路移频化的调整和测试能集中在室内进行，极大地方便了现场调整测试和维修。

8）极限长度延长

（1）提高送电端输入电阻，将送电端极限电阻由 2.2 Ω 增加到 4.4 Ω，将受电端匹配变压器的变比由原来的 17 降为 15。

（2）改进分频器的设计，将 25 Hz 分频器的输出电压允许波动范围由原来的±5%减少到±3%。

通过以上几次改进措施，最终能将极限长度由 1 200 m 提高到 1 500 m。

9）系统抗干扰能力大大提高

采取综合治理的方式大大提高了系统抗冲击干扰能力，首先设法尽可能减少电流的侵入量，其次在干扰电流侵入后设法减少其干扰作用。另外，侵入的干扰电流若能造成轨道继电器误动，则设法让其误动的后果不会影响其他信号设备或电路。这样达到提高系统抗冲击干扰的目的。

97 型 25 Hz 相敏轨道电路的电气特性：

（1）调整状态时，轨道继电器轨道线圈上的有效电压应不小于 18 V，即高于轨道继电器工作值（15 V）的 20%，以保证继电器可靠吸起。

（2）用 0.06 Ω 标准分路电阻在轨道电路送、受端轨面任一处分路时，轨道继电器端电压（分路残压）应不大于 7.4 V，而轨道继电器的释放值是 8.6 V，留有一定余量，以保证前接点可靠断开。

六、微电子相敏轨道电路

传统的 25 Hz 相敏轨道电路属于机械式轨道电路，机械式相敏轨道存在相敏轨道继电器接点卡阻、抗电气化干扰能力不强、返还系数低等问题。采用 WXJ25 型微电子相敏轨道电路接收器取代原机械式相敏轨道继电器，彻底解决了原相敏轨道继电器接点卡阻问题，具有可靠的频率选择性和相位选择性，抗电气化干扰能力强，返还系数高。

1. 微电子相敏轨道电路工作原理

JWX-25 型微电子轨道电路的工作原理如图 5-14 所示。采用 JXW-25 型接收器替换原来的二元二位继电器，JXW-25 型接收器的技术指标与原相敏轨道继电器基本一致，最后执行继电器为 JWXC-1700 安全型继电器。

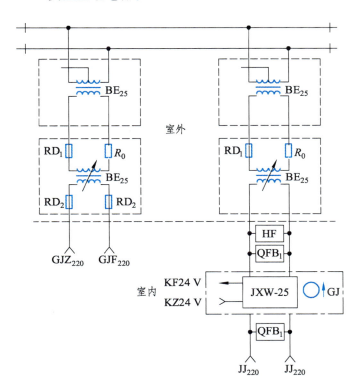

图 5-14　JWX-25 型微电子相敏轨道电路原理图

2. 电子接收器的分类

1）电子接收器的型号及名称

25 Hz 相敏轨道电路接收器为室内 25 Hz 相敏轨道电路接收设备。根据使用需要分为单套设备和双套设备。单套设备为 JXW-25A 型（安全型继电器结构）或 JXW-25A1 型（JRJC 66/354 二元二位继电器结构）微电子相敏轨道电路接收器；双套设备包括：JXW-25B 型微电子相敏轨道电路接收器（安全型继电器结构）、HBJ 型接收变压器盒（安全型继电器结构）、HB 型报警盒。

2）电子接收器型号的含义及示例

电子接收器的型号、名称以及相关的备注，如表 5-1 所示。

其中，J 代表接收器/接收，X 代表相敏轨道电路，W 代表微电子，B 代表变压器/报警/双套，H 代表盒，A 代表单套。

表 5-1　电子接收器表

型　号	名　称	备　注
JWX-25A	单套电子接收器	安全型继电器结构
JXW-25A1	单套电子接收器	JRJC-66/354 型二元二位继电器结构
JXW-25B	双套电子接收器	安全型继电器结构
HBJ	接收变压器盒	安全型继电器结构，用于双套
HB	报警盒	安全型继电器结构，用于双套

3）电子接收器的主要技术指标

（1）工作电源电压为直流 24 V，电压波动应小于+15%。满载时，最大纹波电压有效值不大于 1V。

（2）电子接收器的主要技术指标符合表 5-2 的规定。

表 5-2　电子接收器的技术指标

序号	测试内容	技术指标	备注
1	电源电流（DC）	≤100 mA	含执行继电器吸起
2	轨道接收阻抗	$|Z| = $　400 Ω+20 Ω，$\theta = 72°±10°$	—
3	灵敏度	12.5 V±0.5 V	在理想相位角条件下调机
4	返还系数	≥90%	理想相位角
5	输出电压（DC）	20~30 V	24 V 电源
6	可靠工作值	≥16 V	理想相位角
7	可靠不工作值	≤10 V	理想相位角

（3）局部电源电压为交流 110×（1±10%）V/（25±0.3）Hz，其中 50 Hz 谐波分量的电压、高频电压应不大于 4%。

（4）轨道输入电压滞后于局部电源电压理想相位角，应为 90°±8°。

（5）电子接收器的最后执行继电器为 JWXC-1700 安全型继电器。

（6）电子接收器的应变时间为 0.3~0.5 s。

（7）电化区段轨道电路中在 50 Hz 连续或断续的不大于 100 A 的不平衡牵引电流干扰时，电子接收器应可靠工作（使用的配套器材按 97 型 25 Hz 相敏轨道电路系统配套）。

（8）在叠加 ZPW-2000 制式系列（或 UM 系列）的机车信号，干扰电压不大于 50 V 时，电子接收器应可靠工作。

3. 电子接收器主要参数测定

电子接收器主要参数测定以 JXW-25B 型微电子相敏轨道接收器为例。电子接收器需要测量的参数主要有：工作值、返还系数、耗电值、执行继电器的端电压等，电子接收器测试电路如图 5-15 所示。

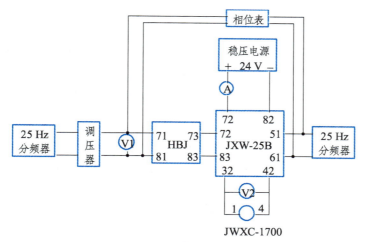

图 5-15 电子接收器测试电路

图 5-15 中,JWXC-1700 为复示继电器,相位表用于测量局部电压导前轨道电压的相位角。测试过程如下:

先调整轨道电压 U_G 至 15 V,局部电压 U_J 为 110 V,此时相位表的读数应为-90°;然后将轨道电压归零,并给测试电路通以直流 24 V 电源后进行测试;再调整调压器逐渐升高 U_G 达到 JWXC-1700 刚刚吸起状态,记录此时 U_G、A、V_1 的值 a、b、c;最后调整调压器逐渐降低 U_G 使得 JWXC-1700 刚刚落下,记录此时 U_G 的值 d。

a、b、c、d 分别对应 JXW-25B 型微电子相敏轨道接收器的主要参数:a 为灵敏度;b 为电子接收器的耗电;c 为执行继电器的线圈端电压;d/a 为返还系数,该值大于 0.9。

电子接收器采用无极继电器通用插座,理想相角为电子接收器本身程序设定,只需调整相位差至-90°即可。

电子接收器表示灯显示不同对应不同含义:红灯亮表示 24 V 直流电源正常;绿灯亮表示轨道电路空闲;绿灯不亮表示有车占用;红灯、绿灯闪灯表示局部电源故障。电子接收器测试使用的仪表及器材见表 5-3。

表 5-3 电子接收器测试使用的仪表及器材

名 称	型号及规格	数 量	备 注
直流稳压电源	30 V,1 A	1 台	电压调整率 0.3%
25 Hz 分频器		2 台	局部、轨道电源
相位表	25 Hz 数字相位表	1 块	测相位差
调压器		1 台	0.5 kV·A
数字万用表		3 块	四位半
AX 继电器	JWJXC-1700	1 台	执行继电器

七、高压脉冲轨道电路

高压脉冲轨道电路，也称为高压不对称轨道电路，通过发送高压脉冲信号，解决钢轨表面的生锈、撒沙和油污等问题可能导致的列车分路不良，即列车在运行过程中可能出现的信号接收不准确或信号丢失情况，以提高列车运行的安全性和效率。

1. 高压脉冲轨道电路的设计原则

（1）电化区段站内股道及道岔区段轨道电路一般按双轨条轨道电路设计。根据需要，对于长度小于 200 m，无机车信号的轨道电路也可以设计为单轨条轨道电路。

（2）一送一受道岔区段轨道电路允许包含两条以下，长度小于 65 m 的无受电分支（应加设安全尾巴线），并可在一个分支上装设空扼流变压器。

（3）一送多受轨道区段允许装设扼流变压器的总台数为 4 台。当道岔区段长度在 400 m以下，设有 4 台扼流变压器时，允许包含一条小于 65 m 的无受端分支，但不可在其分支上装设空扼流；设有 3 台以下的扼流变压器时，允许包含两条小于 65 m 的无受端分支，只能在任一分支上加装空扼流。空扼流的装设方式同上。无受端分支应加设安全尾巴线。

（4）站内所有相邻的轨道区段，均应按极性交叉的原则设计。但对非正线上，处于双送的相邻两区段，无条件实行极性交叉时，允许不作极性交叉。

对每一个轨道区段的发送端、接收端的设计原则是距信号楼近的一端设计为送端。

（5）当电化区段站内交叉渡线上、下两区段均为双扼流轨道电路时，应在其两条渡线上各加装一组绝缘，将上、下两区段彻底隔开。

（6）仅在一送一受双扼流轨道电路区段内，允许装设牵引回流的吸上线。其空扼流采用本区段同种类型的扼流变压器。

（7）对站内移频电码化电路，可使用叠加、预叠加两种方式。

（8）电气化车站不通过牵引电流和非电气化轨道区段，发送端及接收端轨道变压器采用 GM·BG-80 型。

（9）电化区段的轨道接续方式应采用焊接。当条件暂不具备时，可采用塞钉式钢轨接续线，但必须设双套。扼流变压器及高压脉冲电抗器的钢轨连接线必须采用等阻连接线。

（10）为解决第三轨存在时失去列车分路检查的安全隐患，应优先选择高压脉冲电抗器加 GM·BG-150 型变压器方式，用电抗器代替扼流变压器。

（11）交流电化区段轨道电路送、受电端均需设置多次开关，非电化区段轨道电路不设多次开关。

2. 高压脉冲轨道电路的基本组成

（1）送电端设备由 25 Hz（或 50 Hz）220 V 供电电源、GM·F 型高压脉冲发码器、变压器[BM.BG-80 轨道变压器或 BE1（2）-M 型扼流变压器]。

（2）受端设备由变压器 [BM.BG-80 轨道变压器或 BE1（2）-M 型扼流变压器]、GM.QY型译码接收器、JCRC 型二元差动闭磁路继电器延时继电器等。

3. 高压脉冲轨道电路的原理

轨道电源经过室内防雷单元后，经电缆送至高压脉冲发码器 XB 箱，防雷单元防护后高压脉冲电源变压器将轨道电源转变为不同电压供给高压脉冲发码盒，再经过调整电阻输出高压脉冲信号。通过送、受端的高压脉冲轨道变压器可将高压脉冲信号进行调整和匹配，以得到不同的轨面电压，受端经过四腿电容和室内防雷单元后，将高压脉冲信号送至译码器，译码器将高压脉冲信号变换成头部电压和尾部电，驱动二元差动继电器工作，以检查轨道占用或空闲，如图5-16、图5-17所示。

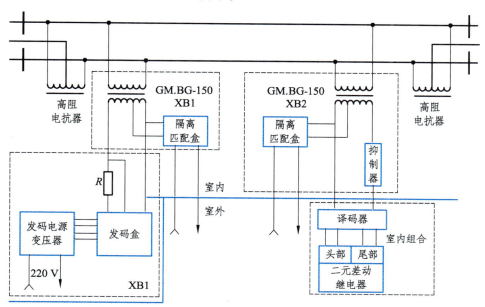

图 5-16　高压脉冲轨道电路原理流程图

1）GM·F-25（50）高压脉冲发码器

该高压脉冲发码器与高压脉冲译码器、BE1（2）-M型扼流变压器或GM·BG型轨道变压器配套使用，由GM·BDF-100/25（50）发码变压器、GM·HF-50高压脉冲发码盒、GM·RT-25高压脉冲调整电阻组成，适用于高压脉冲轨道电路，通过芯片的控制，输出高压脉冲，产生高压脉冲信号源，提高了轨面瞬间击穿电压，解决了由于轨面严重生锈带来的分路不良问题，改善了轨道电路分路灵敏度。

2）GM·BDF-100/25（50）发码变压器

该发码变压器应用于现场25 Hz或50 Hz供电的高压脉冲轨道电路区段的发送端，与高压脉冲发码盒、高压脉冲发码电阻成套使用，构成高压脉冲发码器。此变压器主要用于为高压脉冲发码盒提供电源。

额定输入：25 Hz、220 V；输出电压：300/400/500/14/16 V。

3）GM·HF-25（50）高压脉冲发码盒

GM·HF型高压脉冲发码盒与高压脉冲发码电源变压器，高压脉冲调整电阻配套使用，作为高压脉冲轨道电路的发码部分，发送高压脉冲不对称信号，提高轨面瞬间击穿电压，解决由于轨面生锈带来的严重分路不良问题，改善轨道电路分路灵敏度。

GM·F1-25（50）型高压脉冲发码器是GM·HF型高压脉冲发码盒的新型替代品，通过对芯片的控制，输出高压脉冲。

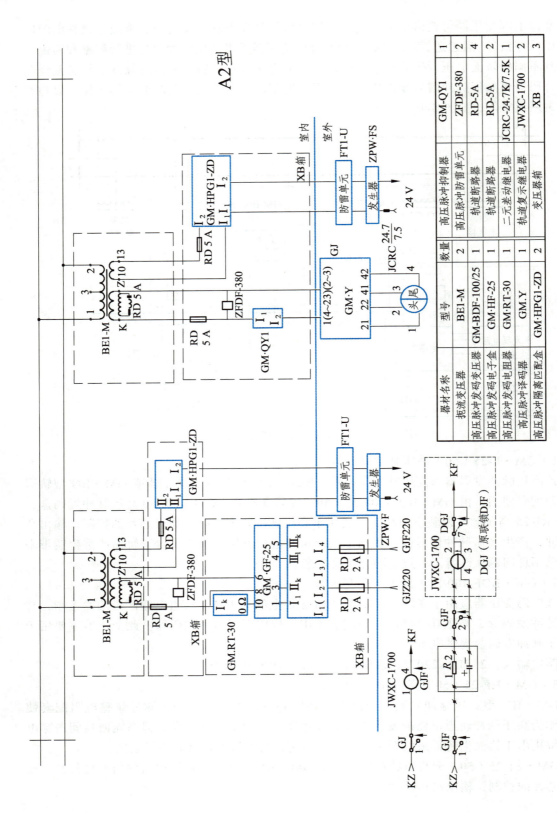

图 5-17 高压脉冲轨道电路四线叠加电码化

器材名称	型号	数量	高压脉冲抑制器	GM-QY1	1
扼流变压器	BE1-M	2	高压脉冲防雷单元	ZFDF-380	2
高压脉冲发码变压器	GM-BDF-100/25	1	轨道断路器	RD-5A	4
高压脉冲发码电子盒	GM-HF-25	1	轨道断路器	RD-5A	2
高压脉冲发码电阻器	GM-RT-30	1	二元差动继电器	JCRC-24.7K/7.5K	1
高压脉冲译码器	GM.Y	1	轨道动复示继电器	JWXC-1700	2
高压脉冲隔离配盒	GM·HPG1-ZD	2	变压器箱	XB	3

4）GM·Y 型高压脉冲译码器

应用于现场 25 Hz 或 50 Hz 供电的高压脉冲轨道电路区段的接收端，用来接收高压脉冲，并供于二元差动继电器工作电源。

高压脉冲译码器工作原理：采用积分式高压脉冲波形鉴别器，在轨道电路接收端与扼流变压器和轨道继电器相连接，其功能是接收到轨道上送来的高压脉冲才能正常工作。高压脉冲译码器由两个电路组成：一个电路专门接收扼流变压器次级线圈输出的不对称脉冲的脉冲头；另一个电路则相反，专门接收扼流变压器次级线圈输出的不对称脉冲的脉冲尾。译码器本身不设局部电源，它只在接收到钢轨上送来的高压脉冲时才工作。

5）JCRC-24.7K/7.5K 型二元差动继电器

二元差动继电器和译码器、扼流变压器构成电气化区段轨道电路的接收端。专门接收钢轨上固定极型的高压脉冲而工作。它不需要局部电源，当钢轨上的脉冲极性不符或高压脉冲的波头、波尾的幅值比例畸变或在钢轨上有工频电流干扰时，二元差动继电器停止工作。

6）BE1（2）-M1（M2）系列扼流变压器

该系列扼流变压器适用于高压脉冲轨道电路，用于提高轨道电路终端阻抗，改善轨道电路的分路灵敏度。

BE1（2）-M1 无调谐器，BE1（2）-M2 变压器 II 次设有调谐器能有效滤除牵引电流。

7）GM·BG-150 型高压脉冲轨道变压器

此变压器用于双制式或双叠加轨道电路以及非电化区段的高压脉冲轨道电路。

8）GM·HPG-ZD 型高压脉冲隔离匹配盒

此隔离匹配盒用于高压脉冲轨道电路叠加 ZPW2000 电码化区段和双制式轨道电路，其作用是通过 ZPW2000 信号，隔离高压脉冲信号而保护 ZPW2000 设备。

9）GM·HG 型高压脉冲隔离盒

此高压脉冲隔离盒用于高压脉冲轨道电路叠加国产移频电码化区段，其作用是通过移频信号，隔离高压脉冲信号而保护移频发送设备。

10）GM·QY 型抑制器

此抑制器用于高压脉冲轨道电路叠加电码化区段，其作用是通过高压脉冲信号，抑制电码化信号，从而达到高压脉冲轨道电路与电码化的正常叠加。

11）RCH 系列阻容盒

此系列阻容盒用于高压脉冲轨道电路接收端轨道复示继电器的抗瞬时干扰的缓动延时电路，安装于高压脉冲组合条上。

12）轨道继电器缓吸缓放原理

轨道继电器缓吸缓放原理如图 5-18 所示。

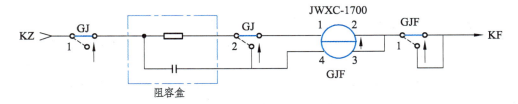

图 5-18 轨道继电器缓吸缓放原理

4. 高压脉冲区段开通流程

高压脉冲区段开通流程如图 5-19 所示。

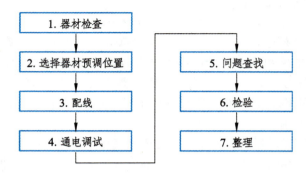

图 5-19　高压脉冲区段开通流程

第四节　移频轨道电路

移频轨道电路包括国产 4 信息、8 信息、18 信息移频轨道电路和引进的 UM71 无绝缘移频轨道电路，以及国产化的 WG-21 型和 ZPW-2000A、ZPW-2000R 型无绝缘移频轨道电路。目前，在电气化区段广泛采用的是 ZPW-2000 系列无绝缘轨道电路。

一、无绝缘轨道电路

1. 轨道电路设置的要求

（1）无绝缘轨道电路的调谐区不应设置于不同类型道床的衔接处、钢轨伸缩调节器范围内。

（2）无绝缘轨道电路的调谐区不宜设置于有护轮轨的区域、接触网电分相区。

（3）轨道电路用于同向并行线路时，并行的轨道区段应设置为不同的载频并缩短轨道电路的长度，且载频相同的轨道电路不得进行横向连接。

（4）轨道电路电缆传输长度大于 10 km 时，宜设置区间信号中继站。

（5）区间采用 ZPW-2000A 无绝缘轨道电路；中间站站内应采用 ZPW-2000A 轨道电路；复杂大站正线及到发线宜采用 ZPW-2000A 轨道电路。

（6）各种基准载频的-2 型载频与低频 25.7 Hz 组合使用，用于主体机车信号的载频自动切换。

（7）区间、车站轨道电路载频统一排列。闭塞分区分界点两侧必须采用不同基准载频。特殊情况下车站轨道电路机械绝缘节（道岔区内或股道的分割点）两侧可采用相同基准载频的-1 型、-2 型载频。

（8）站内股道 ZPW-2000A 轨道电路长度不应大于 650 m。最小长度应满足列车以最高运行速度通过该轨道区段时，车载设备能够正常接收轨道电路信息。

（9）道岔区段 ZPW-2000A 轨道电路长度应小于 400 m，特殊情况不应大于 600 m。每个道岔区段不宜超过 2 个道岔。当区段只有一个道岔时，无受电分支长度不应大于 160 m。当区段有两个道岔时每个无受电分支长度分别不应大于 80 m 和 160 m，特殊情况根据具体计算确定。

（10）200~250 km/h 客运专线轨道电路传输电缆长度不应大于 10 km；300~350 km/h 客运专线一般不应大于 7.5 km，困难情况下不应大于 10 km。

（11）两相邻完全横向连接间的距离应不小于 1 200 m，特殊情况下不得小于 1 100 m；一段轨道电路内不得设置两个空扼流。

2. 轨道电路设置的要求——载频配置

1）区间载频配置（见图 5-20）

下行按 1700-1、2300-1、1700-2、2300-2、1700-1 顺序设置方式。

上行按 2000-1、2600-1、2000-2、2600-2、2000-1 顺序设置方式。

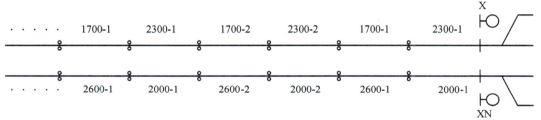

图 5-20 高压脉冲区段开通流程图

2）站内载频配置

（1）车站全进路有码时，如图 5-21 所示。

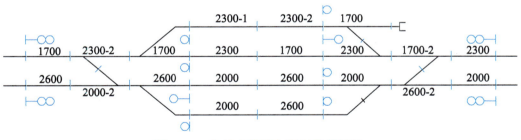

图 5-21 车站全进路有码时载频配置

（2）车站仅正线与到发线股道有码时，如图 5-22 所示。

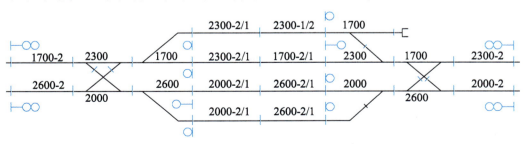

图 5-22 车站仅正线与到发线股道有码时载频配置

3）同方向载频区段

（1）并行长度要求如图 5-23 所示。

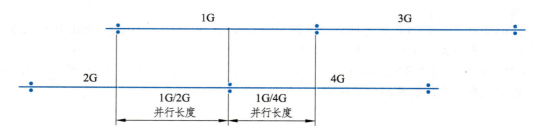

图 5-23 同方向载频区段并行长度示意图

（2）线间距与并行长度对照如表 5-4 所示。

表 5-4 同方向载频区段间距与并行长度对照表

同方向载频区段线间距/m	并行长度/m
$5 \leqslant L \leqslant 7.7$	1700、2300 载频区段：不超过 560
	2000、2600 载频区段：不超过 400
	1700-1 与 1700-2 载频区段：不超过 700
	2000-1 与 2000-2 载频区段：不超过 640
	2300-1 与 2300-2 载频区段：不超过 560
	2600-1 与 2600-2 载频区段：不超过 400
$7.7 < L \leqslant 10$	< 750
$10 < L \leqslant 20$	无特殊要求

二、UM 系列轨道电路

1. UM71 轨道电路

UM71 轨道电路采用调频方式，载频 1 700 Hz、2 000 Hz、2 300 Hz、2 600 Hz，频偏 ±11 Hz，低频从 10.3 Hz 至 29 Hz 每隔 1.1 Hz 呈等差数列共 18 个。

1）UM71 轨道电路组成和原理

UM71 轨道电路采用的是谐振式无绝缘轨道电路。由设在室内的发送器、接收器、轨道继电器和设在室外的调谐单元、空心线圈、带模拟电缆的匹配变压器以及补偿电容等组成，如图 5-24 所示。发送器利用载频频偏和低频调制信号经编码条件产生表示不同含义的移频信号，该移频信号经电缆通道传给匹配变压器及调谐单元，由轨道电路送电端经钢轨传输到轨道电路受电端。在钢轨接收端经调谐单元，匹配变压器电缆通道将信号传送到接收器，接收器对移频信号进行限幅解调及放大，动作执行环节的 GJ 继电器，用以反映列车是否占用轨道电路。

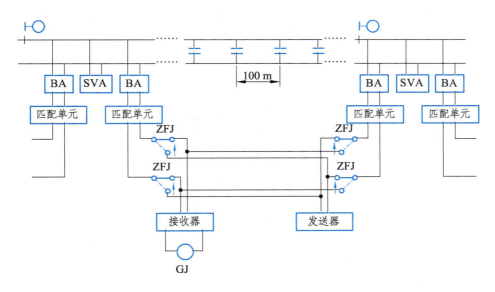

图 5-24　UM71 无绝缘轨道电路

2）电气绝缘节

BA$_1$、BA$_2$、SVA 及 26 m 长钢轨构成电气调谐区，又称电气绝缘节，用于取代传统的机械绝缘节，实现相邻轨道电路的隔离，如图 5-25 所示。调谐单元 BA 是构成电气绝缘节的主要部件。相邻轨道电路的载频不同，BA 的型号也不同。BA$_1$ 型由 L_1、C_1 构成，BA$_2$ 型由 L_2、C_2、C_0 构成。

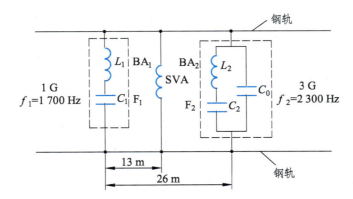

图 5-25　UM71 电气绝缘节

电气绝缘节的绝缘是利用谐振实现的。当载频确定后，选择 BA$_1$ 及 BA$_2$ 的参数，让本区段调谐单元对相邻区段频率呈串联谐振，对本区段的频率呈现一个容抗，与 26 m 钢轨具有的电感和 SVA 具有的电感配合发生并联谐振。发生串联谐振时，只有百分之几欧姆的阻抗，移频信号被短路；发生并联谐振时只有 2～2.5 Ω 的阻抗，移频信号被接收。这样，某种载频的移频信号只能在本区段内传送，而不能向相邻区段传送，就像有绝缘节一样，构成了电气隔离。

空心线圈 SVA 用来平衡两钢轨间的不平衡电流，还参加调谐区的工作以及保证维修安全。补偿电容用来抵消钢轨的感性，保证轨道电路的传输距离。

2. UM2000 轨道电路

UM2000 轨道电路是数字编码无绝缘轨道电路，最早用于秦沈客运专线，后在石太高速铁路使用，实现了站内和区间一体化。UM2000 轨道电路载频和电气绝缘节原理同 UM71，但电气绝缘节长度桥面 19.2 m，非桥面 20.24 m，采用冗余技术，增加了补偿调谐单元，如图 5-26 所示。

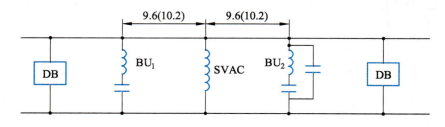

图 5-26　UM2000 轨道电路电气绝缘节

三、ZPW-2000 系列无绝缘轨道电路

1. 既有线 ZPW-2000A 型无绝缘轨道电路

既有线 ZPW-2000A 型无绝缘移频轨道电路充分吸收 UM71 无绝缘轨道电路的技术优势，并实现了重大技术改进和创新，它克服了 UM71 在传输安全性和传输长度上存在的问题，解决了调谐区断轨检查，实现轨道电路全程断轨检查，减少调谐区死区长度，实现对调谐单元断线故障的检查，实现对拍频干扰的防护等，延长了轨道电路传输长度，采用单片微机和数字信号处理技术，提高了抗干扰能力。

ZPW-2000A 型无绝缘轨道电路具有以下特点：

（1）在解决调谐区断轨检查后，实现了对轨道电路全程断轨的检查，大幅度减少了调谐区死区长度（从 20 m 减小到 5 m 以内），实现了对调谐单元的断线检查和对拍频信号干扰的防护，大大提高了传输的安全性。

（2）利用新开发的轨道电路计算软件实现了轨道电路参数的优化，大大提高了轨道电路的传输长度，将 1.0 Ω/km 道砟电阻的轨道电路传输长度提高了 44%（从 900 m 提高到 1 300 m），将电气-机械绝缘节的轨道电路长度提高了 62.5%（从 800 m 提到 1 300 m），改善了低道砟电阻轨道电路工作的适应性。

（3）用 SPT 国产铁路信号数字电缆取代法国的 ZCO3 型电缆，线径由 1.13 mm 降至 1.0 mm，减少了备用芯组，加大了传输距离（从 7.5 km 提高到 10 km），使系统的性能价格比大幅度提高，显著降低了工程造价。调谐区设备的 70 mm² 铜引接线用钢包铜线取代，方便了维修。

（4）用单片微机和数字信号处理芯片代替晶体管分立元件和小规模集成电路，提高了发送移频信号频率的精度和接收移频信号的抗干扰能力。

（5）系统中发送器采用"$n+1$"冗余，接收器采用成对双机并联运用，提高了系统可靠性，大幅度提高了"系统无故障工作时间"。

ZPW-2000A 型无绝缘轨道电路的载频包括 1700-1、1700-2、2300-1、2300-2、2000-1、2000-2、2600-1、2600 Hz-2 共 8 种，其中-1 为+1.4 Hz、-2 为-1.3 Hz，频偏和低频同 UM71。

ZPW-2000A 型无绝缘轨道电路的室内设备包括发送器、接收器和电缆模拟网络，室外设备包括调谐单元、空心线圈、匹配变压器、补偿电容。

ZPW-2000A 型无绝缘轨道电路有电气-电气绝缘节结构和电气-机械绝缘节结构两种，两者电气性能相同。其系统结构如图 5-27 所示。

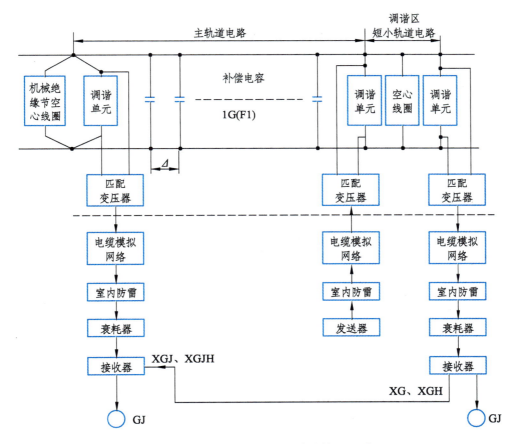

图 5-27　ZPW-2000A 型无绝缘轨道电路

ZPW-2000A 型无绝缘轨道电路将轨道电路分为主轨道电路和调谐区短小轨道电路两部分，并将短小轨道电路视为列车运行前方主轨道电路的所属"延续段"。

发送器用于产生高稳定、高精度的移频信号，同时向线路两侧主轨道电路和调谐区短小轨道电路发送信号；采用微电子器件构成。

接收器除接收本主轨道电路频率信号外，还同时接收相邻区段小轨道电路的频率信号。

接收器采用 DSP 数字信号处理技术，将接收到的两种频率信号进行快速傅里叶变换，获得两种信号能量谱的分布，并进行判决。

上述"延续段"信号由运行前方相邻轨道电路接收器处理，并将处理结果形成小轨道电路轨道继电器执行条件（XG、XGH）送至本轨道电路接收器，作为轨道继电器（GJ）励磁的必要检查条件（XGJ、XGJH）之一。

这样，接收器用于接收主轨道电路信号，并在检查所属调谐区小轨道电路状态（XGJ、XGJH）条件下，动作本轨道电路的轨道继电器（GJ）。另外，接收器还同时接收邻段所属调谐区小轨道电路信号，向相邻区段提供小轨道电路状态（XG、XGH）条件。

2. 客专 ZPW-2000A/k 一体化无绝缘轨道电路

当前，我国铁路区间采用客专 ZPW-2000A/K 型无绝缘轨道电路系统，既有线站内主要采用 25 Hz 相敏轨道电路，高速铁路站内主要采用一体化 ZPW-2000A/K 型无绝缘轨道电路系统，但一体化 ZPW-2000A/K 型无绝缘轨道电路系统存在以下问题：

（1）钢轨锈层造成分路不良。

（2）绝缘破损不能检查，造成机车信号越区传输，信号升级等。

为解决上述问题，2010 年，北京全路通信信号研究设计院研制了高压脉冲和移频混合信号的 ZPW-2000A 型移频脉冲轨道电路。移频脉冲轨道电路系统是基于 ZPW-2000 轨道电路，采用基准频率为 1 700 Hz、2 000 Hz、2 300 Hz、2 600 Hz 的 FSK 信号和不对称高压脉冲信号的混合信号，以两种类型信号同时满足空闲条件作为区段空闲的判断依据，适用于机械绝缘节区段的轨道电路。

综上所述，我国高速铁路轨道电路的类型有 3 种，即 ZPW-2000 系列轨道电路、25 Hz 相敏轨道电路和不对称高压脉冲轨道电路。

1）客专 ZPW-2000A/K 一体化轨道电路与既有线普速铁路 ZPW-2000A 型轨道电路的区别

（1）室内设备的区别：

① 一体化轨道电路移频柜内发送器采用的是 1+1 冗余结构；既有线 ZPW-2000 轨道电路发送器采用的是 N+1 冗余结构。

② 一体化轨道电路的低频码发码使用列控中心计算机通过 CAN 总线的方式向发送器发出，而既有线 ZPW-2000A 轨道电路使用继电编码方式。继电器编码条件是通过发送器编码电路中的读取光耦和控制光耦产生方波信号实现的。

③ 一体化轨道电路的接收器增加了 CAND/E 总线通信和 CAN 地址设置电路；优先通过 CAN 通信获得载频编码信息，并通过 CAN 通信上传设备工作状态及监测数据；删除了小轨道的执行条件输入输出接口（XG、XGH、XGJ、XGJH）和小轨道的安全与门电路；小轨道信息送至监测维护终端。

④ 一体化轨道电路的模拟网络盘模拟区间电缆长度是按 7.5 km 设置的，站内区段按 10 km 设置的；既有线 ZPW-2000 轨道电路则按电缆配置长度不同分为 10 km、12.5 km 和

15 km 三种设置。

⑤ 一体化轨道电路的衰耗冗余控制器功出电压和电流设置有经切换输出的总功出电压和电流测试条件；考虑"站内一体化轨道电路"，在改变运行方向时可能出现上、下行载频的变化，对不同载频需单独调整，故分为"单频衰耗冗余控制器"和"双频衰耗冗余控制器"两种类型。

⑥ 一体化轨道电路的发送供出电平级和主轨出电压、小轨出电压以及轨入的调整表和既有线 ZPW-2000 轨道电路不同，一体化轨道电路分得更细，按照道床漏泄和模拟电缆长度的电气特性的不同分无渣、有渣，以及桥梁、隧道、路基等不同组合有所调整；而既有线 ZPW-2000 轨道电路只有一种。

（2）室外设备的区别：

① 一体化轨道电路移频柜内发送器采用的是 1+1 冗余结构；既有线 ZPW-2000 轨道电路发送器采用的是 N+1 冗余结构。

② 一体化轨道电路低频码共有 12 种，分别为检测码 27.9 Hz、H 码 29 Hz、HU 码 26.8 Hz、U 码 16.9 Hz、UU 码 18 Hz、UUS 码 19.1 Hz、LU 码 13.6 Hz、L 码 11.4 Hz、L2 码 12.5 Hz、L3 码 10.3 Hz、L4 码 23.5 Hz、L5 码 21.3 Hz。既有线 ZPW-2000 轨道电路低频码中没有检测码、L2 码、L3 码、L4 码、L5 码。这是根据列车运行的速度和制动距离决定的。

③ 一体化轨道电路不论区间和站内，所有补偿电容均采用为 25 μF（当道床漏泄电阻为 2.0~3.0 Ω·km 时，补偿电容容值仅有 25 μf 一种）；而既有线 ZPW-2000A 轨道电路则是按照不同的载频采用不同的补偿电容，既有线的区间 1 700 Hz 区段采用的是 55 μF 的补偿电容、2 000 Hz 区段采用的是 50 μF 的补偿电容、2 300 Hz 区段采用的是 46 μF 的补偿电容、2 600 Hz 区段采用的是 40 μF 的补偿电容。

④ 一体化轨道电路区间的调谐单元和匹配变压器是一体的，称为调谐匹配单元 PT；站内增加了站内匹配单元 BPLN；站内增加了带适配器的扼流变压器 BES（K）-1000/ZPW；而既有线 ZPW-2000A 轨道电路的区间使用单独的调谐单元和匹配变压器，即 BA 和 BPL。

⑤ 一体化轨道电路的小轨道未纳入联锁（现已逐步纳入联锁中），小轨信息送至监测终端，提供小轨道电气异常报警；没有小轨出电压时，轨道电路不会发生红光带，但小轨道电压对于准确判断室外设备故障点是能够起到较为重要的参考作用。

2）客专 ZPW-2000A/K 一体化轨道电路系统结构与设备组成

室内设备组成：列控通信接口板、CAND 总线、CANE 总线、发送器、接收器、衰耗冗余控制器、防雷模拟网络盘。

室外设备组成：室外电缆盒、ZPW-PT 型调谐匹配单元、ZPW-XKD 型空心线圈、扼流适配变压器、扼流变压器、双体防护盒（ZPW-XKJD 型机械绝缘空心线圈、ZPW-PT 型调谐匹配单元）、钢轨引入线、容量为 25 μF 的补偿电容。

客专 ZPW-2000A/K 轨道电路设计结构可分为区间"电气—电气"绝缘节结构（见图 5-28）、区间与站内结合部"电气—机械"绝缘节结构（见图 5-29）、站内"机械—机械"绝缘节结构（见图 5-30、图 5-31）。

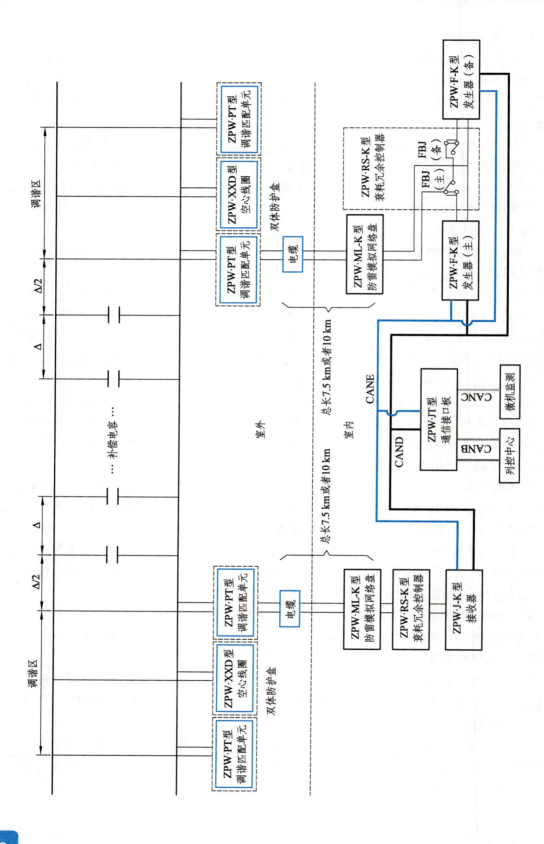

图 5-28 区间 ZPW-2000A/K 一体化轨道电路结构、原理简图

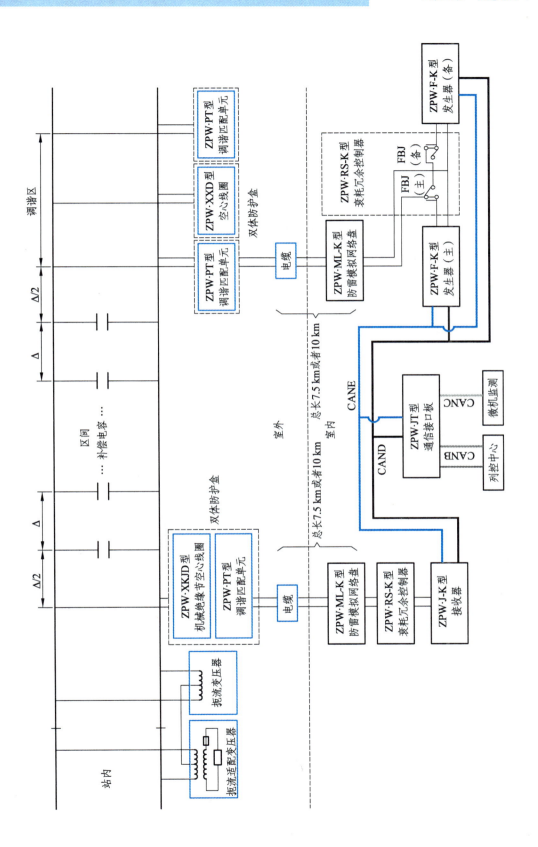

图 5-29 区间与站内结合部 ZPW-2000A/K 一体化轨道电路结构、原理简图

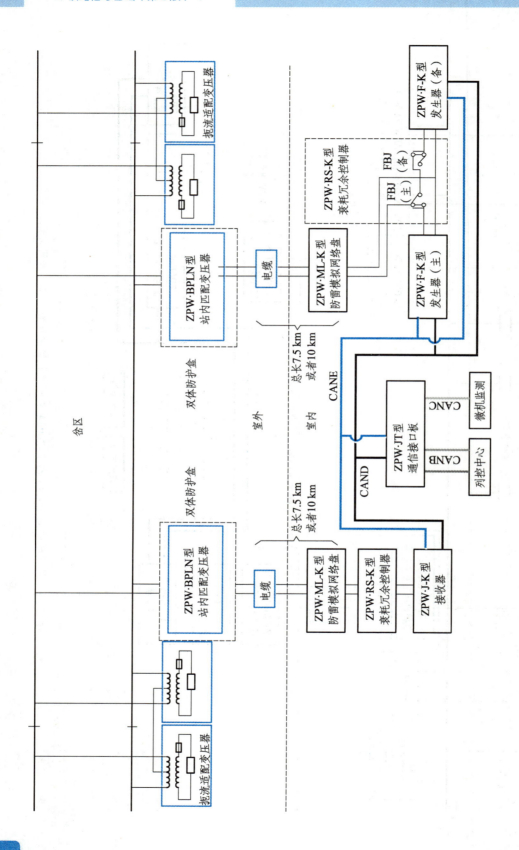

图 5-30　站内正线无岔区 ZPW-2000A/K 一体化轨道电路结构、原理简图

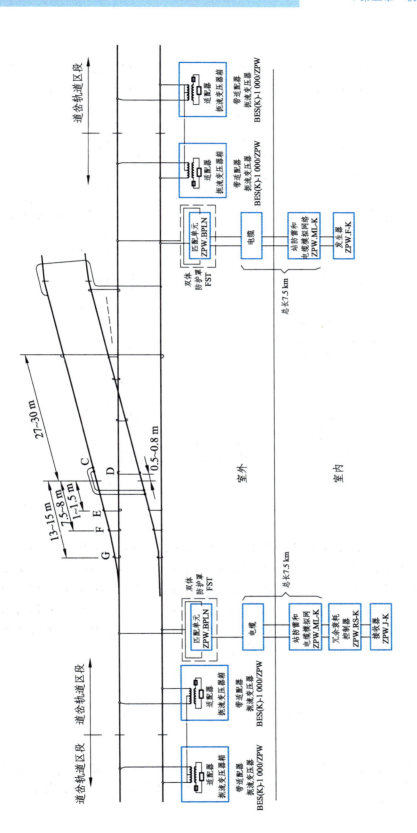

图 5-31　站内道岔区段 ZPW-2000A/K 一体化轨道电路结构、原理简图

3. ZPW-2000R 型无绝缘轨道电路

ZPW-2000R 型无绝缘轨道电路的原理与 ZPW-2000A 型基本相同，频率参数与 ZPW-2000A 型完全相同，ZPW-2000R 型无绝缘轨道电路系统构成如图 5-32 所示。

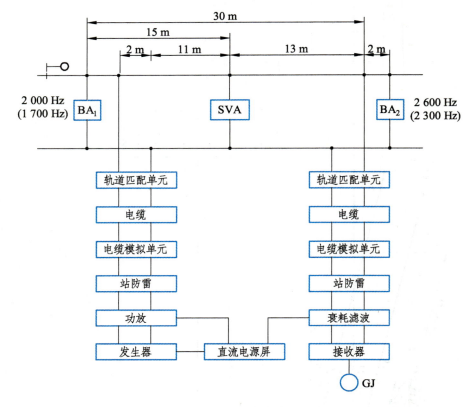

图 5-32　ZPW-2000R 无绝缘轨道电路原理图

ZPW-2000R 采用 DSP 技术实现了信号的检测、编码、调制与解调，为了解决调谐区占用和调谐区器材故障检查的问题，提出五点布局的调谐区设计方案和死区检查浮动门限的算法，使系统调谐区检查的问题得到较好的解决。调谐区设备由平衡线圈、调谐单元、匹配单元、钢包铜引接线组成。电气绝缘节由调谐单元、平衡线圈及 30 m 钢轨组成，平衡线圈、调谐单元和匹配单元按五点布置，分别安装在专用带有绝缘防护箱的支架或混凝土基础上，设备中心线与钢包铜引接线保持在同一直线上。

第五节　驼峰轨道电路

驼峰轨道电路，主要指驼峰调车场溜放部分分路道岔所使用的轨道电路，除了监督区段是否空闲及线路是否完整外，在溜放进路自动控制中起着十分重要的作用，它参与进路命令的传递、执行和取消。

一、对驼峰轨道电路的特殊要求和特点

1. 对驼峰轨道电路的特殊要求

为满足驼峰溜放作业的需要，对驼峰轨道电路提出其特殊的技术要求：应变速度快，分路灵敏度高，对高阻轮对以及瞬间失去分路效应的车辆应予以防护等。

鉴于车辆溜放作业的特点及溜放进路上的道岔只设区段锁闭，为了作业安全，道岔区段轨道电路的岔前绝缘节距尖轨尖端要保持一定距离，即设置保护区段。保护区段的长度应保证，当车组进入转辙机刚启动的道岔区段轨道电路至车组第一轮对到达尖轨时，转辙机已转换完毕，道岔处于密贴位置。

保护区段的长度：

$$L_{保} \geqslant v_{max}(t_{继} + t_{转} + 0.2)$$

式中　v_{max}——溜放车组通过保护区段的最大速度（m/s）；

　　　$t_{继}$——轨道继电器等动作时间（s）；

　　　$t_{转}$——道岔转换时间（s）；

　　　0.2——安全量。

2. 驼峰轨道电路的特点

驼峰轨道电路与一般轨道电路不同之处如下：

（1）轨道电路长度较短，一般小于 50 m。

（2）为适应轻车分路电阻大的情况，分路灵敏度要高（规定为 0.5 Ω），轨道继电器应可靠落下，缓放时间要短，从车辆分路开始至前接点离开时止，其时间不超过 0.2 s。

（3）为防止轨道电路瞬间失去分路作用时轨道继电器错误吸起，采用双区段制，即把一个轨道电路分成两段。

（4）由于长度短，受气候影响小，可实现一次调整。

二、驼峰交、直流轨道电路

驼峰轨道电路分为直流闭路式轨道电路和交流闭路式轨道电路，如图 5-33 所示。其中，（a）为交流闭路式轨道电路，适用于非电气化区段的驼峰场；（b）为直流闭路式轨道电路，适用于电力牵引区段的驼峰场。

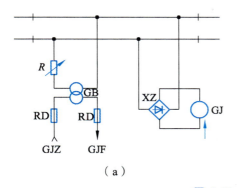

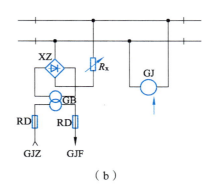

（a）　　　　　　　　　　　　　　　　　　　（b）

图 5-33　驼峰轨道电路

该轨道电路利用硒整流器的非线性特性，有车占用时，硒片上的正向电压降低，正向电阻急剧增加，从而加速轨道继电器的落下，提高了分路灵敏度。

送电端轨道变压器采用 BG$_1$ 型，送电端限流电阻为 R-6/65 型，轨道继电器为 JWXC-2.3 型，硒堆或整流桥选用额定正向整流电流为 1 A 的器件。

三、双区段轨道电路

为防止轻车跳动失去分路作用使轨道继电器错误动作，分路道岔的轨道电路一般采用双区轨道电路，具体做法是在保护区段与道岔基本轨接缝处加设绝缘节，把一个轨道电路分成两个区段，如图 5-34 所示。岔前保护区段命名为 DG$_1$，设轨道继电器 DGJ$_1$，采用两个线圈并联，以提高其车辆占用的反应速度，后面的道岔区段称为 DG，DG 区段的 DGJ 采用串联线圈。

平时无车占用时，DGJ$_1$ 和 DGJ 都励磁吸起，FDGJ$_1$ 处于落下状态；当车组压入时，DGJ$_1$↓→FDGJ$_1$↑→DGJ↓，由于 FDGJ$_1$ 采用 H340 继电器，故车组在 DG$_1$ 跳动时，FDGJ$_1$ 并不落下，因而 DGJ 不能吸起，当车组出清 DG$_1$ 进入 DG 区段，FDGJ$_1$ 需经一段缓放时间后才会落下，在此期间，车组早已压上尖轨，即使车组跳动也不致造成道岔四开，从而防止了轻车跳动带来的危害，所以双区段轨道电路具有防止轻车跳动的优点。

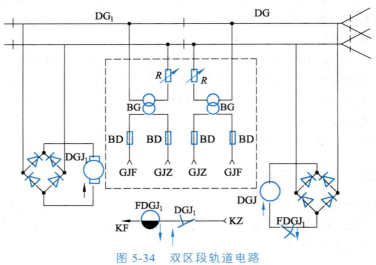

图 5-34　双区段轨道电路

四、驼峰高灵敏轨道电路

为了进一步提高轨道电路的分路灵敏度，解决高阻轮对造成的分路不良问题，研制了高灵敏轨道电路，其电路如图 5-35 所示。由高压脉冲发送器、电子脉冲接收器、单闭磁轨道继电器三部分组成。脉冲接收器和轨道继电器设在室内，脉冲发送器可分散设在现场变压器箱内，也可集中设在室内。

脉冲发送器利用二极管、电容、电阻、晶闸管将 50 Hz 交流电转换成为幅度为 100 V 的高压脉冲。当电压极性使 D$_1$ 导通时，通过 D$_1$ 向 C$_1$ 充电，由于充电电路时间常数小，C$_1$ 电压很快充至电源电压峰值。当电源改变极性直到触发可控硅 SCR$_1$，使可控硅导通。C$_1$ 向负载放电，在负载上产生电压脉冲。当放电电流小于可控硅的维持电流时，SCR$_1$ 关闭，切断 C_1 的放电电路。待下个周期又重复上述过程，产生电压脉冲。

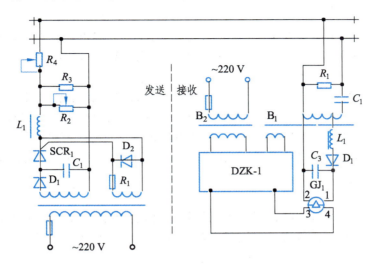

图 5-35　高灵敏轨道电路

高压脉冲用以击穿导电不良的薄层，该电脉冲由轨道电路始端（送端），经钢轨传送到轨道电路终端（受端），区段无车占用时，由接收器接收。

脉冲接收器从轨道接收高压脉冲，经 C_1 隔直、B$_1$ 降压，一路由 D$_1$ 和 C_3 整流平滑后，作为轨道电源送向轨道继电器的控制线圈 1-2；另一路驱动电子开关 DZK-1 产生局部电源，供给轨道继电器的局部线圈 3-4，轨道继电器 GJ 两个线圈得到同极性的电源而励磁吸起。当轨道被分路或其他原因使 GJ 两个线圈或其中任一个线圈失去供电，GJ 失磁落下。

相邻区段的都为高灵敏轨道电路时，采用极性交叉的办法防护轨端绝缘的破损。由于脉冲接收器是有极性的，当轨端绝缘破损时，因相邻轨道电路送来的脉冲极性相反，不被接收。

分路道岔区段仍采用双区段轨道电路，来防护轻车跳动的问题。

发送器、接收器内部分别有压敏电阻，作横向防雷保护；在发送端、接收端与轨道连接处设有压敏电阻作为纵向防雷保护。

除了用于驼峰的 TGLG 型高灵敏轨道电路，还有用于非电化区段以及直流电化区段的 GLG 型高灵敏轨道电路，其轨道长度不大于 1 200 m，分路灵敏度 300 m 以下区段不应小于 0.6 Ω，300 m 以上区段不应小于 0.15 Ω；应变时间不大于 0.3 s。

第六节　轨道电路的基本工作状态和基本参数

一、轨道电路的基本工作状态

轨道电路的基本工作状态分为调整状态、分路状态和断轨状态三种。轨道电路在各种工作状态下，要受到许多外界因素的影响，其中受道砟电阻、钢轨阻抗和电源电压的影响最大，这三个参数对各种工作状态造成的影响又各不相同。

1. 轨道电路的调整状态

平时轨道电路完好，又没有车占用时，轨道电流从电源正极经钢轨、轨道继电器线圈回到负极而构成回路，继电器处于励磁吸起状态，表示轨道区段内无车占用，称为轨道电路的调整状态。

在调整状态，对轨道继电器来说，它从钢轨上接收到的电流越大，它的工作越可靠。但这个电流值是随着道砟电阻、钢轨阻抗、发送电压的变化而变化。调整状态下的最不利工作条件：钢轨阻抗最大、道砟电阻最小、电源电压最低，同时轨道电路长度为极限长度。在最不利条件下，轨道电路接收设备应能可靠工作，反映轨道电路的空闲状态。

2. 轨道电路的分路状态

当轨道区段内有车占用时，因为车辆的轮对电阻比轨道继电器线圈电阻小得多，所以轨道电路被轮对分路，这时流经继电器线圈的电流很小，不足以使衔铁保持吸起，继电器失磁落下，表示该区段有车占用，称为分路状态。

分路状态下的最不利工作条件：钢轨阻抗最小、道砟电阻最大、电源电压最高、列车分路电阻也最大（车轻、轮对少、轮对与钢轨接触面不洁）。在最不利条件下，轨道电路接收设备应能可靠停止工作，反映轨道电路区段有车占用。

3. 轨道电路的断轨状态

当轨道区段内发生断轨或断线等故障时，此时轨道电路仍可通过大地构成回路，接收设备中还会有一定值的电流流过。为了确保安全，接收设备应不能工作，称为断轨状态。

断轨状态下的最不利工作条件：断轨时轨道电路的参数变化使轨道接收设备中获得最大电流。它除了与钢轨阻抗模最小、发送电压最大有关外，断轨地点和道砟电阻的大小也有一定影响。有一个使接收设备中电流最大的最不利数值——临界断轨点和临界道砟电阻。

二、轨道电路分路的几个术语

1. 列车分路电阻

列车占用轨道电路时，列车轮对跨接在轨道电路的两根钢轨上构成轨道分路，这个分路的轮轴电阻就是列车分路电阻，它是由车轮和轮轴本身的电阻和轮缘与钢轨头部表面的接触电阻组成，由于轮缘与钢轨头部表面的接触面很小，因此车轮和车轴形成的电阻比接触电阻小很多，可以忽略不计。实际上列车分路电阻就是轮缘与钢轨头部的接触电阻。

列车分路电阻与钢轨上分路的车轴数、车辆的载重情况、列车的行驶速度、轮缘装配质量、钢轨表面的洁净程度、是否生锈等因素均有关系。它的变化范围很大，可以从千分之几欧变化到 $0.06\ \Omega$，对于轻型车辆或轨道车，变化范围还要更大。

2. 分路效应

由于列车分路使轨道电路接收设备中的电流减小，并处于不工作状态，称为有分路效应。在分路状态最不利的工作条件下，有列车分路时，对于连续式轨道电路，要保证轨道继电器的端电压不大于它的可靠释放值；对于脉冲式轨道电路，要保证轨道继电器的端电压不大于它的可靠不吸起值。分路效应在很大程度上决定了轨道电路的质量。

3. 分路灵敏度

当轨道电路被列车车轮或其他导体分路，恰好使轨道电路继电器线圈电流减少到落下值时的列车分路电阻值（或导体的电阻值）就是该轨道电路的分路灵敏度，用电阻值（Ω）表示，轨道上各点的分路灵敏度不一样。

4. 极限分路灵敏度

对于某一具体轨道电路来说，它的分路灵敏度中的最小值，称为极限分路灵敏度。

5. 标准分路灵敏度

标准分路灵敏度是衡量各种轨道电路分路状态情况优劣的标准。我国现行规定标准分路灵敏度为 0.06 Ω，和国际上规定的分路灵敏度一致。任何轨道电路在分路状态最不利的条件下，用 0.06 Ω电阻在任何地点分路时，轨道电路的接收设备必须停止工作，该轨道电路的分路效应才符合标准。

驼峰分路道岔区段的轨道电路标准分路灵敏度为 0.5 Ω，驼峰高灵敏轨道电路标准分路灵敏度为 3 Ω。UM71 无绝缘轨道电路标准分路灵敏度为 0.15 Ω。

三、轨道电路的基本参数

轨道电路的基本参数指的是它的一次参数和二次参数。

1. 轨道电路的一次参数

1）道砟电阻

轨道电路在电能传输中，电流由一根钢轨经过枕木、道砟以及大地漏泄到另一根钢轨上的漏泄电阻，称为道砟电阻，如图 5-36 所示。道砟电阻是一个分布参数，通常将每千米钢轨线路所具有的漏阻值称为单位道砟电阻，简称道砟电阻，用 r_d 表示，单位为 Ω/km。

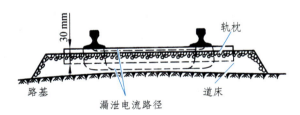

图 5-36　轨道电路漏泄电流图

道砟电阻与道砟材料、道砟层的厚度、清洁度，枕木的材质和数量，土质以及因气候影响的温度、湿度等有很大的关系，尤其是在气候变化时，道砟电阻也随之变化。对某一轨道电路来说，它的道砟电阻受外界影响可以从每千米 1～2 Ω变化到每千米 100 Ω，通常在夏季湿热，降雨后 8～10 min 的道砟电阻最低，而严冬季节道砟冰冻时的道砟电阻最高。

我国铁路线路大部分是碎石道砟，在区间道砟表面清洁时，单位道砟电阻都高于 1 Ω，目前，我国现行规定标准见表 5-5。

由于我国南北方地质和气候差异很大，道砟状态也比较复杂，沿海是盐碱地区；西北是戈壁沙滩道砟；隧道内潮湿腐蚀，道砟电阻低于国家标准值；站内道砟排水能力差、站场肮脏，还有的有矿渣和化学污染，造成道砟电阻可低到 0.2 Ω/km，在这些地方，要保证轨道电路稳定工作，就需要采用实际的最小道砟电阻进行设计与计算。

表 5-5　轨道电路的道砟电阻

单位道砟电阻/（Ω/km）		
道砟种类	交流（50 Hz）	直流
区间碎石	1.0	1.2
站内碎石	0.6	0.7
混合道砟	0.4	0.5

道砟电阻越小、两根钢轨间的电导（电阻的倒数称为电导，它是表征材料导电能力的一个参数，用 G 表示，$G = 1/R$，电导的单位是西门子，用符号"S"表示）越大，泄漏电流也越大，轨道电路工作就越不稳定。因此，要提高轨道电路工作质量，应该尽可能地提高最小道砟电阻，如提高道砟的排水能力，定期清筛道砟和更换陈腐的轨枕等。

钢轨间的分布电容也与道砟性质（介质状态）和使用电流频率有关，一般在千赫以下的频率，因分布电容很小，普通轨道电路可以忽略不计，但在 UM71 轨道电路中也是一个需要考虑的范围，尤其是在有护轮轨的处所，当护轮轨绝缘破损时相当于两轨间放入了一个宽大的铁板，形成有电介质的平行板电容，在轨间高频率的信号辐射下，使得轨间阻抗变小，电导增大，泄漏电流增大，轨面电压降低，影响轨道电路信号传输。

近年来，我国铁路已大量采用混凝土轨枕，试验表明混凝土轨枕的导电率受环境、温度、湿度的影响比木枕要大，采用这种轨枕后，钢轨间的分布静电容也比较显著，因此它的最小道砟电阻会有所降低，分布电容也不容忽视，不过改进轨枕上的扣件和轨枕的联结方式，以及改善绝缘垫板的材质，可以在一定程度上提高它的最小电阻值。

2）钢轨阻抗

每千米两根钢轨回路的阻抗，称为单位钢轨阻抗，简称钢轨阻抗，用 Z 表示，单位符号是 Ω/km，包括钢轨本身阻抗和两节钢轨联结处的各种阻抗，如图 5-37 所示。

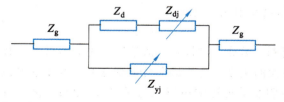

Z_g—钢轨轨条本身阻抗；Z_{dj}—导接线与钢轨间的接触电阻；Z_d—钢轨导接线阻抗；
Z_{yj}—鱼尾板与钢轨间的接触电阻。

图 5-37　钢轨阻抗构成

在钢轨阻抗构成的各个元素中，各联结处的接触电阻随着接触面的大小、清洁程度、接触压力等因素也会改变，它在整个接头阻抗中占主要成分，在直流和低频交流时，不易精确计算，实际上钢轨阻抗只能通过多次实际测量来确定。

当轨道电路中通以直流电流时，钢轨阻抗就是纯电阻，称为钢轨电阻。而当轨道电路中通以交流电路时，由于钢轨的磁导率较大，集肤效应明显，使有效截面减少，有效电阻增大，它在很大程度上取决于信号电流的频率，还与钢轨截面形状、电导率、磁导率有关，除了有效电阻外，还存在感抗。这样，交流时的总阻抗就比直流时大得多。

我国目前采用的单位钢轨阻抗标准值如表 5-6 所示。此标准根据钢轨接续线方式的不同分为塞钉式、焊接式、长钢轨三类。

表 5-6　钢轨阻抗标准

接续线型式	电源种类	钢轨阻抗 /（Ω/km）	
		区间	车站
塞钉式（接续线直径为 5×2）	交流（50 Hz）	1.0	1.2
	直流	0.6	0.8
焊接式（0.508×7×19）	交流（50 Hz）	0.8	0.8
	直流	0.2	0.2
焊接长钢轨	交流（50 Hz）	0.65	0.65

2. 轨道电路的二次参数

轨道电路的二次参数包括特性阻抗 Z_C 和传输常数 γ，它们是一次参数的函数，所以称为二次参数。轨道电路的钢轨阻抗和道砟电阻是均匀分布的，属于均匀分布参数传输线，可以用分布参数传输线的基本方程来反映轨道电路送、受电端的电压、电流的关系：

$$\dot{U}_S = \dot{U}_Z \text{ch}\dot{\gamma}l + \dot{I}_Z \dot{Z}_C \text{sh}\dot{\gamma}l$$

$$\dot{I}_S = \frac{\dot{U}_Z}{\dot{Z}_C} \text{sh}\dot{\gamma}l + \dot{I}_Z \text{ch}\dot{\gamma}l$$

式中　$\dot{U}_S$ ——轨道电路始端（送电端）电压；

$\dot{I}_Z$ ——轨道电路终端（受电端）电流；

$\dot{I}_S$ ——轨道电路始端（送电端）电流；

$\dot{U}_Z$ ——轨道电路终端（受电端）电压；

$\dot{Z}_C$ ——轨道电路的特性阻抗；

$\dot{\gamma}$——轨道电路的传输常数；

l——轨道电路长度。

其中，
$$\dot{Z}_C = \left|\sqrt{Z \cdot r_d}\right| e^{j\varphi_z/2}(\Omega)$$

式中　Z —— 单位钢轨阻抗（Ω/km）；

　　　r_d —— 单位道砟电阻（Ω/km）；

　　　φ_Z —— 钢轨阻抗的幅角（rad）。

对交流轨道电路来说，传输常数 $\dot{\gamma}=\beta+\mathrm{j}\alpha$，是复数，其中，$\beta$ 为轨道电路的衰耗常数，它反映了轨道电路电压、电流每千米的衰耗程度，单位为 1/km；α 为轨道电路的相移常数，它反映了轨道电路的电压、电流每千米的相移情况，单位为 rad/km。

$$\dot{\gamma}=\left|\frac{Z}{r_\mathrm{d}}\right|\mathrm{e}^{\mathrm{j}\varphi_Z/2}$$

对于直流轨道电路来说，$\alpha=0$，$\gamma=\beta=\sqrt{\dfrac{Z}{r_\mathrm{d}}}$。

测量轨道电路一次参数时，通常是从轨道电路始、终端电压、电流的关系中先求出二次参数，再根据二次参数求得一次参数。

第七节　轨道电路的调整

一、轨道电路的调整

轨道电路的调整，要求在选择好限流电阻阻值和电源电压后，不论道砟如何变化，各种参数如何波动，轨道电路都要能稳定可靠地工作，而不需要经常去调整，这就是一次调整法。

影响轨道电路的主要因素是道砟电阻。轨道继电器的端电压随道砟变化的关系，用表格的形式列出来就称为调整表，用曲线描绘出来就称为调整曲线。

二、调整表和调整曲线

调整表和调整曲线是依据轨道的转移阻抗公式，求得不同的道砟电阻值时的终端电流值，再根据终端电流值和轨道继电器的端电压的特征，用计算机编制出调整表和调整曲线。《信号维修规则》列出了各种轨道电路的调整表、调整曲线，作为现场日常维修的依据，而不必进行反复的计算。

轨道电路调整，是在固定送电端限流电阻和受电端的情况下，按照调整表或调整曲线对送电端轨道变压器送电电压进行调整，通过轨道变压器端子的不同连接，以满足轨道电路对调整状态和分路状态的要求。

调整轨道电路，固定送电端限流电阻值对可靠分路和防止送电端分路时设备过载有利；固定中继变压器和受端电阻，也有利于可靠分路和抗干扰。但对于一送多受区段，可对受电端电阻进行调整。

表 5-7 所列为道砟电阻变化范围 0.6 ~ ∞ Ω/km 的 JZXC-480 型轨道电路调整表。

该调整表是按照满足调整、分路两种工作状态及送受端设备不过载的原则而编制的，目的是使技术能力范围内的轨道电路实现一次调整。

调整表区别不同钢轨线路情况（钢轨单节的长短、接续线的差别）和区段长度，分别规定轨道变压器的应调电压 U_T（作为调整标准），并相应给出轨道继电器的最高参考电压 U_{JM}（供日常监测轨道电路运用特性参考）。

表 5-7　JZXC-480 型轨道电路调整表（r_d：0.6 ~ ∞ Ω/km）

Z_g /(Ω/km)	R_y /Ω	R_S /Ω	应调电压 U_T 最高参考电压 U_{JM}	400	450	500	550	600	650	700	750	800	850	900	950	1 000	1 050	1 100
$0.8e^{j60°}$	0.06 ~ 0.1	1.2	U_T/V	2.04	2.15	2.27	2.40	2.53	2.66	2.81	2.95	3.11	3.27	3.44	3.62	3.81	4.01	4.22
			U_{JM}/V	17.3	17.9	18.5	19.1	19.7	20.2	20.7	21.6	22.0	22.5	22.9	23.7	24.0	24.7	25.0
		2.0	U_T/V	2.84	3.01	3.18	3.36	3.55	3.75	3.96	4.18	4.40	4.64	4.89	5.15	5.42	5.71	
			U_{JM}/V	17.9	18.5	19.7	20.2	20.7	21.1	22.0	22.5	23.3	23.7	24.4	25.0	25.3	25.9	
	0.25 ~ 0.3	1.2	U_T/V	3.09	2.36	2.49	2.62	2.76	2.91	3.07	3.23	3.40	3.58	3.77	3.96	4.17	4.38	4.61
			U_{JM}/V	18.5	18.5	19.1	19.7	20.2	20.7	21.1	21.6	22.5	22.9	23.3	24.0	24.4	25.0	25.3
		2.0	U_T/V	3.09	3.27	3.47	3.67	3.88	4.10	4.33	4.56	4.81	5.07	5.35	5.63	5.93	6.24	6.57
			U_{JM}/V	18.5	19.1	19.7	20.7	21.1	21.6	22.5	22.9	23.7	24.4	24.7	25.3	25.9	26.4	26.8
$1.0e^{j60°}$	0.06 ~ 0.1	1.2	U_T/V	2.16	2.30	2.45	2.61	2.77	2.95	3.13	3.33	3.45	3.76	3.99	4.24	4.50	4.78	
			U_{JM}/V	17.9	18.5	19.1	19.7	20.2	20.7	21.1	22.0	22.5	23.3	23.7	24.4	25.0	25.6	
		2.0	U_T/V	2.98	3.18	3.40	3.68	3.86	4.11	4.37	4.65	4.95	5.26	5.59	5.94	6.31		
			U_{JM}/V	18.5	19.1	19.7	20.2	21.1	21.6	22.5	23.3	23.7	24.4	25.0	25.6	26.1		
	0.25 ~ 0.3	1.2	U_T/V	2.36	2.51	2.68	2.85	3.03	3.22	3.42	3.63	3.86	4.10	4.35	4.62	4.91	5.21	
			U_{JM}/V	17.9	18.5	19.1	19.7	20.2	21.1	21.6	22.5	22.9	23.7	24.0	24.7	25.3	25.9	
		2.0	U_T/V	3.24	3.46	3.69	3.94	4.20	4.47	4.76	5.07	5.39	5.73	6.10	6.48	6.88		
			U_{JM}/V	18.5	19.1	20.2	20.7	21.6	22.0	22.9	23.7	24.4	25.0	25.6	26.1	26.6		

三、调整表的使用

使用调整表前应确认：

（1）轨道电路的供电电压应符合规定，其波动范围允许在 220 V±22 V 以内。

（2）所使用的中继变压器 BZ_4，其空载电流应为 200 ~ 300 mA。

（3）核准轨道电路区段长度 L，测定送电端总电阻 R_S（包括引接线电阻）及受电端引接线电阻 R_y，使它们分别达到调整表所规定的挡值。

采用双塞钉和焊接式接续线的轨道电路及采用单节长 25 m 或无缝长轨线路的轨道电路，应选用调整表中 $Z_g = 0.8e^{j60°}$ Ω/km 挡；采用单塞钉接续线及单节长 12.5 m 钢轨线路的轨道电路区段，选用调整表中 $Z_g = 1.0e^{j46°}$ Ω/km 挡。

受电端设备（BG_4）用引接线直接连接钢轨的，选用 R_y 为 0.06 ~ 0.1 Ω 挡。用过道电缆连接钢轨的，选用 R_y 为 0.25 ~ 0.3 Ω 挡。

调整表中所列的送电端总电阻 R_S 挡可任选其一，测定后固定不变，一般选 2.0 Ω挡，对短区段的分路特性和长区段的送端过载特性更好一些；选 1.2 Ω挡，可使长区段两端的分路特性更均衡一些，制式的极限长度也更长一些。

调整表所给出的应调电压 U_T，是对应于信号楼向轨道电路供电的电压额定值 220 V 时，各轨道区段发送变压器应输出的端电压。如果信号楼向轨道电路供电电压不是 220 V，应核算出应调电压值。但若轨道电路供电电压是经稳压给出的，则不必核算。

轨道电路的实际长度介于调整表给出的挡别之间时，除极限使用长度外，其应调电压允许就近选靠挡值。

轨道变压器实际输出电压（带载测量）不等于应调电压值时，除极限使用长度外，允许就近选靠输出端子；在极限使用长度时，只允许选定实际输出电压不大于应调电压值的端子。

例如，一段轨道电路长 850 m，采用焊接式接续线，过道电缆连接钢轨，此时，$Z_g = 0.8e^{j60°}$ Ω/km，R_y 为 0.25 ~ 0.3 Ω，$R_S = 1.2$ Ω，从调整表中可得出 $U_T = 3.58$ V，$U_{JM} = 22.9$ V。再查 BG_1-50 型变压器二次线圈电压表，有 3.6 V 一挡，与 3.58 V 接近，此时 BG_1-50 型 II 次端子，连接 3-5，使用 2-6，即可按此使用变压器 II 次端子。轨道电路调整后，应进行分路实验。

当区段的实际最低道砟电阻值低于 0.4 Ω/km、区段的实际钢轨阻抗值远大于正常变化范围、超过本制式的最大技术能力时，使用调整表不能做到一次调整。对超出本制式技术能力的轨道区段，不能盲目调整，应考虑整治道砟或选用改进形式的轨道电路。

四、ZPW-2000A 一体化轨道电路调整参考表的使用

ZPW-2000A 一体化轨道电路调整表是按照轨道电路设计要求由设计厂家编制、提供，调整表专线专用。

1. 适用范围（举例说明专用线路）

（1）适用与××线区间客专 ZPW-2000A 轨道电路。

（2）电缆长度：无砟线路轨道电路发送端及接收端均不大于 7.5 km；有砟线路轨道电路发送端及接收端均不大于 10 km。

2. 调整表分类（举例说明专用线路）

调整表分类名称如表 5-8 所示。

表 5-8　××线调整表名称

线路情况	线路类型	电缆规定长度/km	调整表名称	备注
无砟	路基	7.5	××线无砟路基 ZPW-2000A 轨道电路（7.5 km 电缆）调整参考表（3.0）	
	桥梁	7.5	××线无砟路基 ZPW-2000A 轨道电路（7.5 km 电缆）调整参考表（3.0）	

续表

线路情况	线路类型	电缆规定长度/km	调整表名称	备注
有砟	路基	10	××线无砟路基 ZPW-2000A 轨道电路（7.5 km 电缆）调整参考表（3.0）	
	钢桥	10	××线无砟路基 ZPW-2000A 轨道电路（7.5 km 电缆）调整参考表（3.0）	
	桥梁	10	××线无砟路基 ZPW-2000A 轨道电路（7.5 km 电缆）调整参考表（3.0）	
			××线无砟路基 ZPW-2000A 轨道电路（7.5 km 电缆）调整参考表（3.0）	T 梁也称"简支梁"

3. 调整注意事项（举例说明专用线路）

1）防雷模拟网盘调整

（1）按轨道电路的电缆规定长度配置电缆和电缆模拟网络，当实际电缆长度短于规定长度时，通过电缆模拟网络补偿至规定长度。

（2）同一轨道区段的发送端电缆和接收端电缆必须补偿至相同规定长度，不得出现发送端电缆总长度与接收端电缆总长度不一致的情况。

（3）无砟线路同一轨道区段的发送端电缆和接收端电缆实际长度均不大于 7.5 km 时，按照"总长 7.5 km 防雷模拟网络盘调整接线表"配置电缆模拟网络，补偿至 7.25~7.5 km。

（4）无砟线路同一轨道区段的发送端电缆或接收端电缆实际长度有一端超过 7.5 km，且两端电缆长度均不大于 10 km 时，按照"总长 10 km 防雷模拟网络盘调整接线表"配置电缆模拟网络，补偿至 9.75~10 km。

（5）有砟线路同一轨道区段的发送端电缆和接收端电缆实际长度均不大于 10 km 时，按照"总长 10 km 防雷模拟网络盘调整接线表"配置电缆模拟网络，补偿至 9.75~10 km。

（6）有砟线路同一轨道区段的发送端电缆或接收端电缆实际长度有一端超过 10 km，且两端电缆长度均不大于 12.5 km 时，按照"总长 12.5 km 防雷模拟网络盘调整接线表"配置电缆模拟网络，补偿至 12.25~12.5 km。

（7）调整方法：模拟网络盘补偿电缆长度的调整取决于实际电缆的长度。

首先，计算发送或接收电缆的实际长度。计算方法：先将发送或接受端的电缆从分线盘处甩开，用 MF14 型机械万用表的电阻挡测试发送和发送回线之间的电阻，得出电阻值后先除以 2，得出单根电缆的电阻，再用 45 Ω/km 的标准计算出电缆的长度。

其次，按照实际情况选用 7.5 km 或 10 km，减去计算出的实际电缆长度后，得出的长度就是需要补偿的电缆长度。再按照模拟网络盘补偿电缆调整表找到合适的挡位后，按照调整表中的端子连线在模拟网络盘的底板上进行相应的焊连。

举例 1：有砟区段发送端电缆长度为 2.042 km，接收端电缆长度为 3.363 km，发送端需补偿 7.75 km，接收端需补偿 6.5 km，则发送端总长度为 9.792 km，接收端总长度为

9.863 km。

举例 2：无砟区段发送端电缆长度为 6.32 km，接收端电缆长度为 7.42 km，发送端需补偿 1 km，接收端需补偿 0 km，则发送端总长度为 7.32 km，接收端总长度为 7.42 km。

2）轨道电路调整

（1）无砟轨道区段的发送端电缆或接收端电缆实际长度有一端超过 7.5 km 标准，有砟轨道区段的发送端电缆或接收端电缆实际长度有一端超过 10 km 标准，须使用电缆超长区段专用调整参考表进行调整。

（2）有砟隧道按照有砟路基调整参考表进行调整，无砟隧道按照无砟路基调整参考表进行调整。

（3）非单一类型线路区段，即同一区段内混合有砟、无砟线路，或混合有砟路基（有砟隧道）、有砟桥梁线路、或混合无砟路基（无砟隧道）、无砟桥梁线路区段，需使用专用调整参考表进行调整。

例如：××线无砟路基 ZPW-2000A 轨道电路（7.5 km 电缆）调整参考表（V3.0）如表 5-9 所示。

表 5-9　钢轨参数表

频率/Hz	参数 1		参数 2	
	钢轨电阻/(Ω/km)	钢轨电感/(mH/km)	钢轨电阻/(Ω/km)	钢轨电感/(mH/km)
1 700	1.440	1.350	1.580	1.380
2 000	1.560	1.340	1.720	1.370
2 300	1.700	1.340	1.850	1.360
2 600	1.830	1.330	1.980	1.350

调整参考表计算条件：

① 分路电阻：0.25 Ω。

② 电缆允许长度：7.5 km。

③ 调谐区长度：29 m。

④ 钢轨参数如表 5-10 所示。

3）关于使用调整表时轨道电路长度的说明

轨道电路送、受端都采用电气绝缘节，轨道电路长度即送、受端电气绝缘节空心线圈之间的距离。如果轨道电路采用单电气绝缘节方式，即仅一端采用电气绝缘节，另一端采用机械绝缘节，则选用调整表轨道电路长度栏时，需要先将该轨道电路长度换算成对应的双电气绝缘节方式长度。该换算长度为电气绝缘节空心线圈至机械绝缘节间的距离再加上半个电气绝缘节（调谐区）长度，如图 5-38 所示。换算长度 L_v=轨道电路区段长度 L+半个调谐区长度 L_1，然后按此换算长度选用调整表轨道电路长度栏，以确定轨道电路配置。

表 5-10　××线无砟路基 ZPW-2000A 轨道电路（7.5 km 电缆）调整参考表（V3.0）

序号	C/μF	轨道长度 L_v/m		电容数量 N_C	接收电平级 K_{rv}	接触各点电压						发送端各点电压/电流						功出电平等级
		min	max			主轨出 V_{R1R2}/V		W1V2/V		轨面/V		轨面/V		功出电压/V		功出电流/A		Kem
						min	max	min	max	min	max	min	max	min	max	min	max	
1	25	301	350	5	15	0.240	0.330	1.873	2.553	1.941	2.522	2.902	3.283	144.44	157.36	0.319	0.357	2
2	25	351	400	6	16	0.240	0.348	1.843	2.522	1.911	2.491	2.694	3.051	144.39	157.27	0.314	0.354	2
3	25	401	450	7	16	0.240	0.340	1.790	2.468	1.856	2.438	2.691	3.004	144.48	157.35	0.309	0.348	2
4	25	451	500	8	17	0.240	0.351	1.717	2.396	1.779	2.367	2.846	3.153	144.62	157.51	0.306	0.343	2
5	25	501	550	9	17	0.240	0.340	1.639	2.320	1.699	2.292	2.998	3.349	144.69	157.63	0.307	0.343	2
6	25	551	600	10	18	0.240	0.350	1.572	2.257	1.630	2.230	3.045	3.450	144.66	157.63	0.311	0.347	2
7	25	601	650	10	19	0.240	0.362	1.513	2.211	1.569	2.184	3.086	3.543	144.65	157.65	0.313	0.350	2
8	25	651	700	11	19	0.240	0.357	1.473	2.177	1.526	2.151	2.961	3.418	144.53	157.50	0.315	0.354	2
9	25	701	750	12	20	0.240	0.371	1.438	2.150	1.490	2.124	2.817	3.221	144.46	157.37	0.315	0.355	2
10	25	751	800	13	20	0.240	0.365	1.398	2.114	1.449	2.089	2.755	3.090	144.48	157.35	0.311	0.351	2
11	25	801	850	14	21	0.240	0.373	1.349	2.063	1.399	2.038	2.805	3.119	144.55	157.45	0.309	0.347	2
12	25	851	900	15	22	0.240	0.380	1.295	2.002	1.342	1.977	2.906	3.262	144.62	157.57	0.308	0.344	2
13	25	901	950	15	23	0.240	0.389	1.248	1.963	1.294	1.939	2.985	3.380	144.65	157.65	0.309	0.344	2
14	25	951	1000	16	24	0.240	0.395	1.200	1.908	1.244	1.885	3.016	3.479	144.64	157.66	0.311	0.347	2

注：本表只给出 ZPW-2000 轨道电路调整参考表的形式，表中具体参数值由厂家核定给出，不同线路参数值不一样。

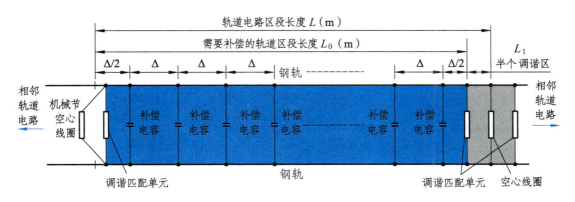

图 5-38　一端电气绝缘节、一端机械绝缘节的轨道电路结构

4）主轨出电压调整方法

（1）道床漏泄原因属自然原因，如果主轨出电压受到此类影响波动的幅度不大，没有超过设置的正常工作下的参数下限时，不用进行调整，如果超过下限值，且确定是因漏泄原因造成主轨出电压下降时，报车间、段技术科备案提升一到两个调整挡位。

（2）有电气化干扰时，主轨出电压曲线应该是不分时段一直存在波动的，对于这种波动我们一定要找到波动源，若牵引电流不平衡，主要检查空扼流变压器的横向连接线是否接触良好，包括检查钢轨引入线的接线端子是否存在螺丝松动，螺帽生锈、防混线完好无破皮断股，钢轨塞钉头是否存在松动等现象。若站内道岔区段波动，则要对道岔杆件绝缘和机械绝缘节进行检查。严禁使用通过调整表在室内盲目提高主轨出电压的方法处理主轨出电压波动或下降的问题。

（3）补偿电容失效造成的主轨出电压波动则可以通过更换失效电容来克服。

（4）确需调整时，区间设备在单频衰耗冗余控制器的 J2-6~J2-17 通过跨线调整；站内若采用双频衰耗冗余控制器时，正方向在双频衰耗冗余控制器的 J2-6~J2-17 通过跨线调整，反方向在双频衰耗冗余控制器的 J3-1~J3-12 通过跨线调整。

4）小轨道电路调整方法

小轨道的小轨出电压调整的依据是本区段的轨入电压，通过测得本区段的轨入电压后按照小轨道调整表的档位对小轨出电压进行标调。调谐区未纳入列控中心轨道区段控制检查的小轨出电压的标准为（155±10）mV；调谐区未纳入列控中心轨道区段控制检查的小轨出电压一般调整至（135±10）mV。确需调整时，正方向时，在单频衰耗冗余控制器的 J3-1~J3-11 通过跨线调整；反方向时，在单频衰耗冗余控制器的 J3-12~J3-22 通过跨线调整。小轨出电压需按设计厂家编制提供的专用《小轨道调整接线表》调整。调整接线表例如表5-11 所示。

表 5-11　××线 ZPW-2000A.T 轨道电路小轨道调整接线表

序号	$U_{小轨入}$/mV	R /Ω	正向端子连接	反向端子连接
1	51	0	J3-1---J3-11	J3-12---J3-22
2	52	20	J3-1---J3-2 J3-3---J3-11	J3-12---J3-13 J3-14---J3-22
3	53	30	J3-3---J3-11	J3-14---J3-22
4	54	49	J3-2---J3-3 J3-4---J3-11	J3-13---J3-14 J3-15---J3-22
5	55	69	J3-4---J3-11	J3-15---J3-22
6	56	85	J3-2---J3-4 J3-5---J3-11	J3-13---J3-15 J3-16---J3-22

注："R"为端子连接后构成的调整电阻值，"---"表示连接。主、并接收器接入后，根据区段"正、反方向"下在"轨入"塞孔处测试的小轨道频率信号的电压"$U_{小轨入}$"，查表得出与"$U_{小轨入}$"对应的"R"值和"正向端子连接""反向端子连接"，并连接相应端子。

5）发送功出电压的调整

一般线路开通时都应该是按照设计要求调整好的，在日常维护过程中是不需要进行调整的，当实际的配线与竣工图纸不符时，需要按照标准调整表进行调整。发送功出电压和电流的大小调整取决于一个区段的发送电平级的高低，确认好用哪一级发送电平后，按照调整表调整电平级封线端子的封连顺序进行调整。表 5-12 所示为发送电平级的封线调整表。

表 5-12 发送电平级的封线调整表

电平级	连接端子		电压（S1、S2）/V
1	1-11	9-12	161～170
2	2-11	9-12	146～154
3	3-11	9-12	126～137
4	4-11	9-12	103～112
5	5-11	9-12	73～80
6	1-11	4-12	60～67
7	3-11	5-12	54～60
8	2-11	4-12	44～48
9	1-11	3-12	37～41
10	4-11	5-12	31～33

6）发送功出电压的调整

在施工时，根据设计图纸要求在发送器载频调整端子上调整其插接端子的位置就可以确定一个区段需要的载频。图 5-39 所示为发送器底板视图，图中红圈所标的端子就是载频的调整端子。表 5-13 为发送器的载频调整表。低频是列控中心的主机单元根据联锁逻辑运算得出的，并且是变化的，所以低频不能也不需要人工调整。

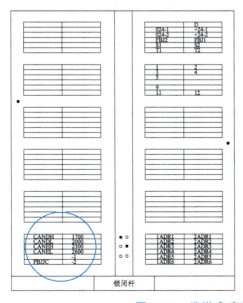

1700	1 700 Hz基准载频
2000	2 000 Hz基准载频
2300	2 300 Hz基准载频
2600	2 600 Hz基准载频
-1	-1型载频选择
-2	-2型载频选择

图 5-39 发送盒底板视图

表 5-13　发送器的载频调整表

载 频/Hz	型 号	底座连接端子
1700	1	+24-2，1700，−1
1700	2	+24-2，1700，−2
2000	1	+24-2，2000，−1
2000	2	+24-2，2000，−2
2300	1	+24-2，2300，−1
2300	2	+24-2，2300，−2
2600	1	+24-2，2600，−1
2600	2	+24-2，2600，−2

思政小课堂

匠心护航前行路

——铁路榜样张生周

张生周，中共党员，中国铁路郑州局集团有限公司郑州东高铁基础设施段焦作西高铁综合维修车间修武西工区信号工，享受国务院政府特殊津贴，曾获全国技术能手、全路首席技师、铁路工匠等荣誉……

道岔转辙机是关键电务设备，电务职工必须熟练掌握其维修技能。张生周的进阶之路，就从"吃透"转辙机开始。在深入研究设备原理的基础上，张生周每天拆装转辙机 3 遍，用时也从 20 分钟开始逐渐缩短。在一次业务大赛中，他以 13 分钟的成绩获得转辙机拆装比武第一名。同时，作为郑州局集团公司电务专业技术"领军人"之一，张生周就像安全高效运转的转辙机一样，用一颗炽热的匠心守护列车前进的方向……

扫码阅读全文

复习思考题

1. 简述轨道电路的基本原理。它有什么作用？
2. 轨道电路如何分类？各种轨道电路在铁路信号中有哪些应用？
3. 站内轨道电路如何划分？怎么命名？

4. 交流连续式轨道电路由哪些部件组成？各起什么作用？

5. 简述交流连续式轨道电路的工作原理。

6. 道岔区段轨道电路有何特点？何为一送多受轨道电路？

7. 什么是极性交叉？有何作用？

8. 电气化牵引区段对轨道电路有哪些特殊要求？

9. 25 Hz 相敏轨道电路如何组成？有何特点？

10. 97 型 25 Hz 相敏轨道电路有哪些改进？

11. 何谓移频轨道电路？有何用途？简述其工作原理。

12. 简述两种无绝缘移频轨道电路的原理。比较它们的异同。

13. 对驼峰轨道电路有何特殊要求？有何特点？

14. 简述双区段驼峰轨道电路的工作原理。

15. 轨道电路有哪三种基本工作状态？

16. 何谓分路灵敏度、极限分路灵敏度和标准分路灵敏度？

17. 何谓轨道电路的一次参数和二次参数？

18. 如何进行轨道电路调整？

19. 如何使用轨道电路调整表？

20. 轨道电路中用到哪些信号继电器？比较它们的异同。

由于列车在线路上运行，不能以相互避让的方法避免迎面相撞，加之列车速度快、质量大，从开始制动到停车需要走行较长的距离，这就产生了后继列车追撞前行列车的可能。为了保证行车安全与铁路线路必要的通过能力，把铁路线路以车站、通过信号机等为分界点划分成站间区间、所间区间、闭塞分区等不同类型的区间，并用一定的技术方法使得同一个区间最多只准许一列列车运行，即实现区间闭塞。

第一节 闭塞的基本概念

一、闭塞的概念与实现闭塞的基本方法

为了保证列车在区间内的行车安全，列车驶向区间需满足以下条件：第一，必须验证区间空闲，才能向区间发车；第二，有进入区间的凭证（如进行信号显示、路票等）；第三，列车进入区间后，要实行区间闭塞。

实现区间闭塞的基本方法有时间间隔法和空间间隔法两种。最初采用的闭塞制度是时间间隔法，即列车按照事先规定好的时间从车站出发，前行列车与追踪列车之间间隔一定时间运行的行车方法，如图 6-1（a）所示。该方法因无法保证列车安全而被淘汰。目前采用空间间隔法，即列车在区间运行时以站间区间、所间区间、闭塞分区等作为行车间隔，前行列车与追踪列车之间间隔一定运行距离的行车方法，如图 6-1（b）所示。由于一个区间同时只能允许一列列车运行，就能把列车在空间上隔离开来。

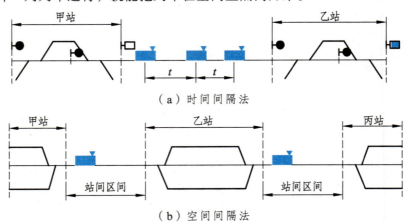

（a）时间间隔法

（b）空间间隔法

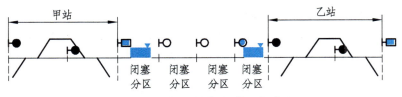

图 6-1　闭塞的基本方法（制度）

用信号或凭证，保证列车按照空间间隔运行的技术方法称为行车闭塞法，简称为闭塞。用以完成闭塞作用的设备称为闭塞设备。

二、闭塞的基本类型

行车闭塞法经历了电报（电话）闭塞→路签（路牌）闭塞→半自动闭塞→自动闭塞的发展过程。闭塞设备是保证区间行车安全、提高运输效率的信号设备，目前在我国铁路行业，路签和路牌闭塞已经被淘汰，基本行车闭塞法有半自动闭塞、自动站间闭塞和自动闭塞，不繁忙单线区段主要使用半自动闭塞，双线铁路主要使用自动闭塞。

《技规》将电话闭塞作为一种最终的备用闭塞，当基本闭塞设备不能使用时，应根据列车调度员的命令以路票作为行车凭证，使用电话闭塞法行车。上述闭塞方式均属于固定闭塞，目前在国内外铁路以及城市轨道交通中应用的还有准移动闭塞、虚拟闭塞、移动闭塞等。

1. 自动闭塞

自动闭塞是根据列车运行及有关闭塞分区状态自动变换信号显示，司机凭信号行车的闭塞方法。其特征如下：

（1）把站间区间划分为若干闭塞分区，有分区占用检查设备，可以凭通过信号机的显示行车，也可凭机车信号或列车运行控制的车载信号行车。

（2）站间能实现列车追踪。

（3）办理发车进路时自动办理闭塞手续，自动变换信号显示。

使用自动闭塞法行车时以闭塞分区作为行车间隔，列车进入闭塞分区的行车凭证为出站或通过信号机的黄色灯光、绿黄色灯光或绿色灯光。特快旅客列车由车站通过时，为出站信号机的绿黄色灯光或绿色灯光。

这种方式不需要办理闭塞手续，又可在一个站间区间开行追踪列车，既保证了行车安全，又提高了运输效率，是我国干线铁路的主要闭塞方式。

2. 半自动闭塞

半自动闭塞是目前我国应用里程最多的闭塞方式。半自动闭塞就是人工办理闭塞手续，列车凭信号的允许显示发车后，出站信号机自动关闭、区间自动转为闭塞状态的闭塞方法。其特征如下：

（1）站间区间或所间区间只允许开行一列列车。

（2）人工办理闭塞手续。

（3）人工确认列车完整到达和人工恢复闭塞。

使用半自动闭塞法行车时以站间区间作为行车间隔，列车进入区间的行车凭证是出站信号机或线路所通过信号机显示的进行信号。

只有区间空闲并且与相邻车站办理好闭塞手续后，出站信号机（或线路所通过信号机）才能开放，保证一个站间区间内同一时间只有一列列车运行。

3. 自动站间闭塞

自动站间闭塞是在半自动闭塞基础上发展起来的新型闭塞方法，增设了计轴、长轨道电路等区间占用检查设备，通过办理发车进路和检查列车出清区间的方式，自动办理闭塞手续，列车凭信号的允许显示发车后，出站信号机自动关闭的闭塞方法。其特征如下：

（1）有区间占用检查设备。

（2）站间区间或所间区间只允许开行一列列车。

（3）办理发车进路时自动办理闭塞手续。

（4）自动确认列车到达和自动恢复闭塞。

使用自动站间闭塞法行车时，以站间区间作为行车间隔，列车进入区间的行车凭证是出站信号显示的进行信号。

自动站间闭塞须与集中联锁设备结合使用，区间两端车站的出站信号机和轨道检查装置构成联锁关系，采用轨道检查装置自动检查区间空闲，当发车站办理发车进路后以及区间有车占用时，区间自动构成闭塞状态，区间两端车站的有关出站信号机不能开放。列车到达接车站或返回发车站并出清区间后，自动解除闭塞。它与自动闭塞相比，两站间不划分闭塞分区，也不设通过信号机，两站之间只有一个区间（站间区间）。双线双向自动闭塞区段反方向行车时也采用自动站间闭塞方式，凭机车码行车。

第二节 半自动闭塞

一、半自动闭塞概述

在我国铁路上，单线铁路广泛采用半自动闭塞设备。采用半自动闭塞法行车时，发车站与相邻车站办理好闭塞手续后，出站信号机才能开放，出站信号机显示的允许信号作为半自动闭塞区段行车凭证。

列车进入区间，在列车未到达接车站前，两端车站向该区间的出站信号机均不能再次开放，此时称区间处于闭塞状态。

半自动闭塞区间一般不设轨道电路，不能监督区间是否有遗留车辆，必须由车站值班员确认列车整列到达，利用专设的复原按钮办理到达复原后，区间才能解除闭塞。

目前，我国主要采用64D型单线继电半自动闭塞，另外少量区段采用64F型双线半自动闭塞。这里只介绍64D型半自动闭塞的设备概况及使用方法。

二、64D型半自动闭塞

1. 64D半自动闭塞系统设备组成

64D型单线继电半自动闭塞室内设备有：继电器箱（半自动闭塞机）和设在控制台盘

面上的按钮及表示灯等；室外设备有：半自动闭塞轨道电路和受闭塞机控制的出站信号机等。如图 6-2 所示。

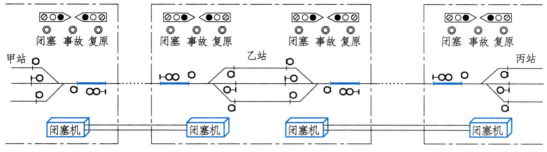

图 6-2 半自动闭塞设备组成示意图

1）半自动闭塞机（继电器箱）

半自动闭塞机指的是完成半自动闭塞功能的继电电路，一般设置在机械室的继电器组合架上，每个车站每个发车方向设一套，并通过闭塞外线与相邻车站连接。在线路所等设备较简单的车站也可使用继电器箱，箱内有继电器、电阻、电容等，并通过箱体侧面的排插与控制台以及轨道电路、出站信号机电路等连接。

2）办理闭塞的操纵与表示设备

采用 64D 型单线半自动闭塞设备时，在控制台上设有闭塞按钮（BSA）、事故按钮（SGA）、复原按钮（FUA）及接车表示灯（JBD）、发车表示灯（FBD），车站控制台办理闭塞的按钮、表示灯如图 6-2 及附图 1 东郊方面所示。

其中，BSA 为二位自复式按钮，用于请求闭塞或同意闭塞；FUA 也是二位自复式按钮，用于办理到达复原或取消闭塞；SGA 为二位自复式带铅封按钮，又称为故障按钮，用于办理半自动设备非正常复原。

FBD 与 JBD 分别由红、黄、绿三个表示灯组成，平时灭灯。在办理闭塞手续过程中，会给出不同颜色的显示。比如，当 FBD 与 JBD 都显示红色时，表示列车到达接车站。

计数器 JSQ 用于记录事故按钮的使用次数，每使用一次 SGA，JSQ 就自动累加一个数字。电铃 DL 装在控制台内作为办理闭塞时的音响信号。一个车站两端的电铃，应调成不同音响，区别运行方向，以免混淆。

3）半自动闭塞轨道电路

为了监督列车的出发和到达，在车站进站信号机内方应设置一段不少于 25 m 的闭路式轨道电路。出发列车进入此轨道电路时，通过轨道继电器的动作证明列车出发；到达列车进入此轨道电路时，通过轨道继电器的动作证明列车到达。

4）闭塞电源

闭塞电源应能不间断供电，并保证继电器的端电压不低于工作值的 120%，以保证半自动闭塞机可靠动作。一般采用直流 24 V 电源，也可以用交流电源整流供电。一个车站两端的闭塞电源应分别设置，以提高系统的可靠性。

5）出站信号机

车站的出站信号机不仅和发车进路上的有关道岔相联锁，而且受车站闭塞机内的继电器电路控制。只有相邻两站值班员办理好闭塞手续，发车站控制台上的发车表示灯显示绿灯时，发车站办理发车进路才能开放出站信号机。

在集中联锁车站，不必专门设置半自动闭塞用轨道电路，只要将站内有关轨道电路条件加在半自动闭塞的电路中即可。例如，在附图 1 的车站中，东郊方面进站信号机内方的7DG 区段即作为半自动闭塞轨道电路使用。

2. 64D 半自动闭塞系统闭塞手续办理方法

64D 半自动闭塞系统办理闭塞手续有三种方法，正常办理、取消复原/闭塞和事故复原。

1）正常办理

甲站为发车站，乙站为接车站，甲站向乙站发车，正常办理闭塞手续时的步骤及表示灯显示、电铃状态如表 6-1 所示。

表 6-1　64D 半自动闭塞正常办理

甲站（发车站）			办理步骤	乙站（接车站）		
DL	FBD	JBD		JBD	FBD	DL
	灭	灭	正常状态	灭	灭	
响	黄		1. 甲站请求发车：按压 BSA	黄		响
响	绿		2. 乙站同意接车：按压 BSA	绿		
	红		3. 甲站开放出站信号，列车出发，经过半自动闭塞轨道电路	红		
	红		4. 乙站开放进站信号，列车进站，经过半自动闭塞轨道电路	红	红	
响	灭		5. 乙站确认列车完整到达，按压 FUA，办理到达复原	灭	灭	

2）取消闭塞

办理好闭塞后，如果列车因故停开，应办理取消复原手续，使闭塞机复原。为保证行车安全，在出站信号开放前后取消闭塞应有所区别，如表 6-2 所示。

表 6-2　64D 半自动闭塞电气集中车站取消闭塞

发车站出站信号	双方站闭塞表示灯	发车站操作	操作结果
关闭	黄	按压 FUA	双方站闭塞表示灯熄灭，闭塞设备复原
关闭	绿	按压 FUA	双方站闭塞表示灯熄灭，闭塞设备复原
开放	绿	关闭信号，解锁发车进路，按压 FUA	双方站闭塞表示灯熄灭，闭塞设备复原

3）事故复原

事故复原是在闭塞机不能正常复原时采取的一种特殊方法，使用事故按钮复原闭塞设备，电路不检查任何条件，完全依靠人为保证。

因此《技规》规定：在半自动闭塞区间，遇到接车站轨道电路发生故障，闭塞设备停电后恢复供电，列车因故退回原发车站等情况时，车站值班员确认列车整列到达后，根据列车调度员命令，使用事故按钮，办理人工复原，并在《行车设备检查登记簿》内登记。

使用事故按钮办理区间复原前，相邻车站值班员必须共同确认"列车没有出发、区间空闲、列车整列到达"，由使用站报告列车调度员，签收调度命令后方可破除铅封，使用事故按钮使闭塞机复原，用毕应在《行车设备检查登记簿》登记。

未装有计数器的事故按钮，破封后不准连续使用。不论是否装有计数器，每一次办理事故复原，车站值班员都应在《行车设备检查登记簿》登记。使用后应及时加封，修复设备。

三、半自动闭塞系统的不足与改进

1. 不足

使用半自动闭塞的区段，区间没有列车占用检查设备，不能检查区间是否空闲，到达复原需人为确认。错误地使用事故按钮，以及列车在区间丢车或车辆溜逸至区间时，都有可能造成严重行车事故。

2. 改进方法

增加长轨道电路、计轴器等区间空闲检查设备，实现自动站间闭塞，以增加系统的安全性。只有区间空闲且对方没有办理发车进路时，车站才能开放出站信号。当区间列车到达确认区间空闲后，或者实现自动复原，或者与半自动闭塞结合，经人工操作后复原设备。

1）长轨道电路

单线区间采用长轨道电路作为区间空闲检查设备时，将区间分为三个轨道电路区段检查区间是否空闲，两端为原上、下行接近区段轨道电路，中间为 25 Hz 长轨道电路。长轨道电路工作稳定，投资省，但区间需要电源，且维修不便，一般用于区间不长、弯道不多、较为平坦的区段。

2）计轴设备

计轴设备是通过设置在区间两端的计轴点，对驶入和驶离区间的列车轴数进行记录，并经过传输线路将各自的轴数传递到对方站进行校核。只有当两端记录的轴数一致时，才认为列车完整到达，区间空闲。

目前多用计轴+64D 半自动闭塞的方法实现自动站间闭塞，其组成如图 6-3 所示，图中 T_1 与 T_2 为发送磁头，R_1 与 R_2 为接收。计轴技术的优越性在于：第一，能够对长区间进行检查；第二，使用微处理器与"故障—安全"的软件设计、控制技术和传输容错技术相结合，具有更高的可靠性、安全性和适用性；第三，技术成熟，在西方发达国家应用较为普遍，并有很好的经济、社会效益。

3）改进事故复原电路

由于事故按钮的特殊性，为避免误用事故按钮，保证行车安全，有的车站修改事故复原电路，采用了"延时确认、两次办理"的方式，有的车站采用控制台上对事故按钮人工加锁的方式。

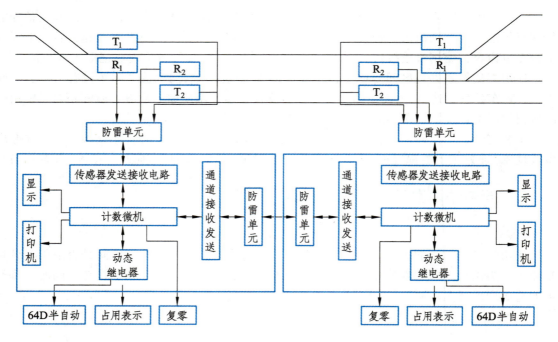

图 6-3　计轴+半自动闭塞设备组成框图

第三节　自动闭塞

一、自动闭塞简介

自动闭塞就是将站间区间划分为若干闭塞分区，闭塞分区入口处设通过信号机防护，在每个闭塞分区装设轨道电路，利用轨道电路的状态反映列车的占用和离去，并控制通过信号机随列车运行自动变化显示，指示追踪列车运行。

自动闭塞是一种先进的行车闭塞方法，每个闭塞分区内都装设轨道电路（或计轴器等列车检测设备），通过轨道电路将列车和通过信号机的显示联系起来，根据列车运行及有关闭塞分区的状态使通过信号机的显示自动变换。因为闭塞作用的完成不需要人工操纵，故称为自动闭塞。

自动闭塞与半自动闭塞相比，有以下优点：

（1）由于将站间区间划分为若干闭塞分区，可以增加行车密度和提高运行速度，因而显著提高了区间通过能力。

（2）由于不需要办理闭塞，简化了办理接发和通过列车的手续，提高了车站的通过能力，也减轻了车站值班员的劳动强度。

（3）通过信号机的显示直接反映区间列车位置及线路状态，保证了区间行车安全。

（4）自动闭塞还能为列车运行超速防护提供连续的速度信息，构成更高层次的列车运行控制系统，保证高速行车的安全。

二、自动闭塞分类

1. 按信号显示分类

自动闭塞按通过信号机显示制式可分为三显示自动闭塞和四显示自动闭塞。

三显示自动闭塞通过信号机有红、黄、绿三种显示，如图 6-4 所示，能预告列车运行前方两个闭塞分区的状态，基本上满足运行要求。

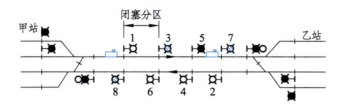

图 6-4　双线单向三显示自动闭塞示意图

与三显示自动闭塞相比，四显示自动闭塞通过信号机增加了绿黄灯显示，形成红、黄、绿黄、绿的信号显示序列，如图 6-5 所示。四显示自动闭塞与我国原有的三显示自动闭塞有本质的区别，是速差制自动闭塞，一般采用无绝缘轨道电路，能预告列车运行前方三个闭塞分区的状态，既能满足运行要求，又能保证行车安全，因此被广泛应用。我国目前应用的四显示自动闭塞主要有 UM 系列和 ZPW-2000A 型两种形式。

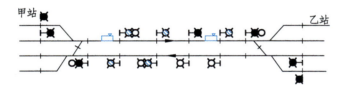

图 6-5　双线单向四显示自动闭塞

20 世纪 90 年代前，我国铁路大多采用三显示自动闭塞，追踪间隔为 10 min，后普遍压缩至 8 min。采用四显示自动闭塞和带有超速防护的机车信号后，在保证行车安全的前提下，可将列车运行间隔压缩至 6 min。随着列控系统车载设备、地面设备的应用，目前我国开行动车组的区段将行车间隔压缩至 5 min，国外高速铁路可将行车间隔压缩至 3 ~ 4 min，进一步提高行车密度。

2. 按行车组织方法分类

自动闭塞按行车组织方法主要可分为单线双向自动闭塞、双线单向自动闭塞、双线双向自动闭塞。

双线单向自动闭塞区段，每条线路仅在一侧设置通过信号机，只允许上行列车在上行线、下行列车在下行线按照自动闭塞方式运行。需要反方向运行时，只能采用电话闭塞方式行车。双线单方向自动闭塞如图 6-4 所示，它将一个区间划分为若干小段，即闭塞分区，在每个闭塞分区的起点装设通过信号机（图中的 1、3、5、7 和 2、4、6、8 信号机均为通过信号机），用以防护该闭塞分区。

双线双向自动闭塞区段，通过信号机设置与双线单向自动闭塞相同，但每条线都允许双方向运行列车。反方向运行有两种方式，一种是采用自动闭塞，一种是自动站间闭塞。这两种方式均不设置反向通过信号机，而是以机车信号显示作为行车命令，即以机车信号作为主体信号，如图6-5所示。

单线双向自动闭塞，多在铁路枢纽内应用，如图6-6所示。

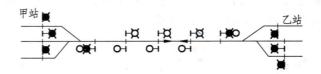

图6-6　单线双向三显示自动闭塞

3. 按设备放置位置分类

自动闭塞设备包括每个闭塞分区的接收和发送等设备，按设备放置位置可分为分散式自动闭塞和集中式自动闭塞。

分散式自动闭塞的设备放置在区间各信号点处。我国原有的三显示自动闭塞均为分散式自动闭塞，造价低，但由于设备安装在铁路沿线，受环境影响大，工作稳定性差，故障率较高，也不利于维护管理。

集中式自动闭塞的设备集中放置在相近的车站信号楼的继电器室内，用电缆与通过信号机连接，这种方式改善了设备的工作条件，提高设备的可靠性，便于维护，但需要大量电缆，因而造价较高。目前使用的UM71系列和ZPW-2000A型自动闭塞均为集中式自动闭塞。

4. 按传递信息特征分类

自动闭塞按传递信息特征主要有交流计数电码自动闭塞、极频自动闭塞和移频自动闭塞等。

交流计数电码自动闭塞是我国20世纪50年代从苏联引进，发送设备在一个周期内发送不同数目、不同长度的交流电码脉冲间隔也不同，接收设备根据接收到的不同电码脉冲数目控制通过信号机显示。这种设备存在应变时间长、信息量少、电路复杂等缺点，尽管经过了微电子化改造，但已经不是自动闭塞的发展方向。

极性频率脉冲自动闭塞（简称极频自动闭塞）以极性频率脉冲轨道电路为基础，以钢轨作为通道传递信息，不同信息的特征是靠两种不同极性和每个周期内不同数目的脉冲来区分。其设备采用电子电路，组匣方式；采用工频电源相位交叉来防止相邻轨道电路的干扰，用锁相原理使发送系统设备故障后导向安全，接收端设有抗交流工频连续干扰的抑制电路。极频自动闭塞设备简单，原理简明，容易掌握；轨道电路传输性能较好，长度可达2 600 m；断轨检查性能较好。但其信息简单，对于来自外界的交直流断续抗干扰性能差，对于邻线干扰和不规则的脉冲干扰没有防护措施，对于一般离散的脉冲干扰以及脉冲尾的干扰很难防护。极频自动闭塞设备不适用于电气化区段，因其对接触网火花、晶闸管调速机车的牵引和再生制动、斩波器机车牵引所引起的谐波干扰难以防护。

移频自动闭塞以移频轨道电路为基础，用钢轨传递移频信息。其采用不同载频交叉来防护相邻轨道电路绝缘节的破损、上下行邻线的串漏、站内相邻区段的干扰。对工频及其谐波的防护，采用躲开的方法，站内将载频选在工频的偶次谐波上，区间选在奇次谐波上。目前重点发展 ZPW-2000 移频自动闭塞。

5. 按是否设置轨道绝缘分为有绝缘自动闭塞和无绝缘自动闭塞

传统的自动闭塞在闭塞分区分界处均设有钢轨绝缘，以分割各闭塞分区。但钢轨绝缘的设置不利于线路向长钢轨、无缝化发展，钢轨绝缘损坏率高，影响了设备的稳定工作，且增加了维修工作量和费用。尤其是电气化区段，牵引电流为了通过钢轨绝缘，必须安装扼流变压器，缺点更显著，于是出现了无绝缘自动闭塞。

无绝缘自动闭塞以无绝缘轨道电路为基础。无绝缘轨道电路分谐振式和感应式两种，取消了区间线路的钢轨绝缘，满足了铁路无缝化、电气化发展的需要。

三、自动闭塞的工作原理

自动闭塞通过轨道电路等空闲检查设备自动检查闭塞分区占用与空闲情况，进而控制通过信号机自动变换信号显示，以指示追踪列车运行。下面结合图 6-7 说明自动闭塞的工作原理。

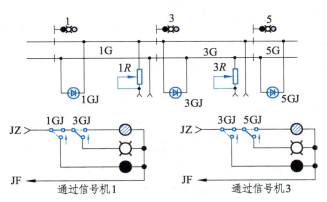

图 6-7　三显示自动闭塞工作原理

图 6-7 所示为三显示自动闭塞区段，每架通过信号机处为一个信号点，信号点的名称以通过信号机命名。比如，通过信号机 1 处就命名为 1 信号点，通过信号机 3 处就命名为 3 信号点。

通过信号机的不同显示是调整列车运行的命令。三显示自动闭塞通过信号机的显示意义分别如下：

一个绿色灯光——准许列车按规定速度运行，表示运行前方至少有两个闭塞分区空闲。

一个黄色灯光——要求列车注意运行，表示运行前方只有一个闭塞分区空闲。

一个红色灯光——表明该信号机所防护的闭塞分区有车占用或出现断轨等故障，列车应在该信号机前停车。

通过信号机平时显示绿灯，即"定位开放式"。只有线路出现断轨、断线故障或者有车占用等情况时，才显示红灯（停车信号），其他相关信号机也会自动转换显示。比如，列车驶入 3G 时，3G 闭塞分区的轨道电路被列车轮对分路，3GJ 打落，1G 无车 1GJ 吸起，通过

3GJ 的后接点沟通通过信号机 3 的红灯和通过信号机 1 的黄灯电路；同理，当列车驶离 3G 驶入 5G 时，3GJ 吸起，5GJ 打落，通过 3GJ 的前接点和 5GJ 的后接点沟通通过信号机 5 的红灯和通过信号机 3 的黄灯电路，通过信号机 1 显示绿灯。

四、自动闭塞的技术要求

自动闭塞设备应符合现行的铁道行业标准《铁路闭塞 第 1 部分：自动闭塞技术条件》（TB/T 1567—2019）、《铁路技术管理规程》（简称《技规》，下同）、《铁路信号设计规范》（TB 10007—2017）的规定，主要有：

（1）自动闭塞制式分为三显示和四显示两种。一般采用三显示自动闭塞，在新建或改建铁路上，列车运行速度超过 120 km/h 的区段应采用四显示自动闭塞。

（2）电气化区段的双线或多线自动闭塞，运输需要时可按双方向运行设计，其他区段的自动闭塞亦宜按双方向运行设计。当双线按双方向运行设计时，反方向可不设通过信号机，根据机车信号指示运行，亦可设计为自动闭塞或自动站间闭塞运行。

（3）客货列车混运的双线自动闭塞区段，列车追踪运行间隔符合下列规定：

① 双线三显示自动闭塞区段宜采用 7 min 或 8 min，有条件区间可采用 6 min。

② 采用四显示自动闭塞时，其列车追踪间隔宜采用 6 min 或 7 min。

③ 单线三显示自动闭塞宜采用 8 min。

④ 闭塞分区的划分根据实际情况可按规定的列车追踪间隔时间增加或减少。反向运行的列车追踪间隔时间可大于正向运行的列车追踪间隔时间。

（4）三显示自动闭塞宜在规定的列车追踪间隔时间内划分三个闭塞分区。

在区间内遇有困难的上坡道或从车站发车时划分三个闭塞分区有困难时，可按两个闭塞分区划分（按两个闭塞分区设置通过信号机，不得增加规定的列车追踪间隔时间，包括司机确认信号变换显示的时间）。从车站发车还应考虑确认出站信号机显示、车站值班员指示发车信号、车长指示发车信号及列车起动所需的时间。

三显示自动闭塞分区的最小长度，应满足列车的制动距离（该制动距离包括机车信号、自动停车装置动作过程中列车所行走的距离），其动作时间不应大于 14 s，其长度不应小于 1 200 m，但采用不大于 8 min 运行间隔时间时，不得小于 1 000 m。进站信号机前方第一个闭塞分区长度，一般不大于 1 500 m。

四显示自动闭塞在确定的运行间隔时间内按四个闭塞分区排列通过信号机。四显示自动闭塞每个闭塞分区的长度，应满足速差制动所需的列车制动距离。运行速度超过 120 km/h 时，紧急制动距离由两个及其以上闭塞分区长度来保证。

（5）通过信号机的设置，除应满足列车牵引计算的有关规定外，还应符合下列原则：

① 通过信号机应设在闭塞分区或所间区间的分界处，不应设在停车后可能脱钩的处所，并尽可能不设在起动困难的地点。

② 在确定的运行时隔内按三个或四个闭塞分区排列通过信号机时，应使列车经常在绿灯下运行。

（6）自动闭塞的通过信号机采用经常点灯方式，并能连续反映所防护闭塞分区的空闲和占用情况。

在单线自动闭塞区段，当一个方向的通过信号机开放后，另一方向的通过信号机须在灭灯状态，与其衔接的车站向区间发车的出站信号机开放后，对方站不能向该区间开放出站信号机。

（7）当进站或通过信号机红灯灭灯，其前一架通过信号机应自动显示红灯。

（8）在自动闭塞区段，当闭塞分区被占用或有关轨道电路设备失效时，防护该闭塞分区的通过信号机应自动关闭。

在双向运行区段，有关设备失效时，经两站有关人员确认后，可通过规定手续改变运行方向。

（9）自动闭塞应有与本轨道电路信息相适应的连续式机车信号。四显示自动闭塞必须有超速防护设备。

（10）在自动闭塞区段内，当货物列车在设于上坡道上的通过信号机前停车后起动困难时，在该信号机上应装容许信号。但在进站信号机前方第一架通过信号机上不得装设容许信号。

（11）自动闭塞电路及设备应满足铁路信号故障—安全原则。

（12）自动闭塞必须采用闭路式轨道电路。

轨道电路应能实现一次调整。在空闲状态下，当道砟电阻为最小标准值、钢轨阻抗为最大标准值，且交流电源电压为最低标准值时，轨道电路设备应稳定可靠工作。当电源电压和道砟电阻为最大标准值时，用标准分路电阻（0.06 Ω）在轨道电路任意点进行分路，接收设备应确保不工作。

轨道电路的设计长度应不大于极限传输长度的80%。

轨道电路钢轨绝缘破损时，通过信号机不应错误地出现升级显示。

轨道电路在工频交流、断续电流和其他迷流干扰的作用下，应有可靠的防护性能。

在电气化区段发生扼流变压器断线时，在两根轨条中无牵引电流及最不利道砟电阻的条件下，接收设备应确保不工作，若不能满足此要求，亦应满足扼流变压器断线条件下轨道电路的分路要求。

（13）当自动闭塞设备故障或外电干扰时，敌对信号机不开放。

（14）自动闭塞信号显示应变时间不应大于4 s。

（15）三显示自动闭塞信息量不应少于4个信息，四显示自动闭塞不应少于5个信息。

（16）自动闭塞的故障监测和报警设备应满足以下要求：

① 监测和报警设备发生故障时，应不影响自动闭塞正常工作。

② 监测设备应能连续监督有关设备工作状态。无论主机或副机发生故障均应报警，在双机并联使用时，其中一机故障应不中断系统的正常工作，当采用主、副机倒换方式时，若主机发生故障，应能自动接入副机工作。

③ 监测设备应能准确地判断故障地点和故障性质。

（17）自动闭塞设备宜集中装设。

（18）自动闭塞应有防雷措施，并符合铁路信号有关防雷规定。

第四节　通过信号机的设置

自动闭塞是利用通过信号机的不同显示来指挥列车追踪运行的一种行车闭塞方式，两列续行列车之间的空间间隔是由通过信号机的位置决定的。通过信号机的设置位置是根据规定的运行时间间隔、列车速度曲线以及线路地形，采用规定的设计方法，将给定的列车运行时隔换算为空间间隔来确定的，而不是等间隔设置的。现以三显示自动闭塞为例，说明通过信号机的设置方法。

1. 闭塞分区长度

即通过信号机之间的距离，每个闭塞分区的最小长度必须满足《列车牵引计算规程》规定的列车制动率全值的 0.8 的常用制动和自动停车装置紧急制动的制动距离。

我国的《铁路信号自动闭塞技术条件》中规定："三显示自动闭塞分区的最小长度范围为 1 000 ~ 1 200 m"。《技规》规定："列车在任何线路坡道上紧急制动距离需满足以下限制要求：运行速度不超过 120 km/h 的列车为 800 m；运行速度 120 ~ 140 km/h 的旅客列车为 1 100 m；运行速度 140 ~ 160 km/h 的旅客列车为 1 400 m；运行速度 160 ~ 200 km/h 的旅客列车为 2 000 m。"

2. 三显示制式闭塞分区长度与列车运行间隔时间的关系

根据轨道电路的安全及可靠动作的要求，闭塞分区的最大长度（进站信号机前方除外）最好不要超过轨道电路的极限长度，以免增加分割点的设备。进站信号机前方第一个闭塞分区的长度一般不小于 1 200 m，不大于 1 500 m。

这个要求是根据进站咽喉区的通过能力要符合区间的通过能力，以及要尽量减少同向到达列车的间隔时间，也就是必须缩减越行时的停留时间。如果同向到达间隔时间大于列车在区间的同向运行间隔时间时，就不可避免地要使列车堵在进站信号机外方。

这个要求并不能经常严格地遵守。因为考虑到闭塞分区的长度必须符合制动距离的要求，而制动距离在下坡道上可能大于 1 500 m，同时还要考虑到两架通过信号机的对称布置、显示距离和其他条件。因此，在个别有充分根据的情况下，进站信号机前方的闭塞分区长度允许大于 1 500 m。

3. 列车追踪间隔时分的计算（以三显示为例）

在同一方向的两列列车，彼此以闭塞分区相间隔追踪运行，前一列车的尾部与后一列车的头部之间所保持的最小间隔时间，称追踪间隔时间。

1）三显示自动闭塞区段，列车间隔三个闭塞分区，在绿灯下运行

如图 6-8（a）所示，追踪列车 2 通常在绿灯下运行。若先行列车 1 稍慢一点引起追踪间隔缩短，则列车 2 也有可能会遇到黄灯，但只要列车 2 稍调整一些速度，此现象很快就会过去。所以，对追踪列车来说，可以保证它大部分时间内是可以按该线路所允许的最高

速度运行。这说明三显示自动闭塞列车追踪要间隔三个闭塞分区是最理想的办法，其运行间隔时间按下式计算，即

$$I_{追} = \frac{0.06(3L_{闭} + L_{列})}{v_{平均}}$$

2）列车间隔两个闭塞分区，在黄灯下运行

如图 6-8（b）所示，其运行间隔时间按下式计算，即

$$I_{追} = \frac{0.06(2L_{闭} + L_{列})}{v_{平均}} + t_{确}$$

式中，$t_{确}$ 为司机确认信号变换显示的时间，一般为 0.25 min；$v_{平均}$ 为黄灯运行下的列车平均速度，单位为 km/h。

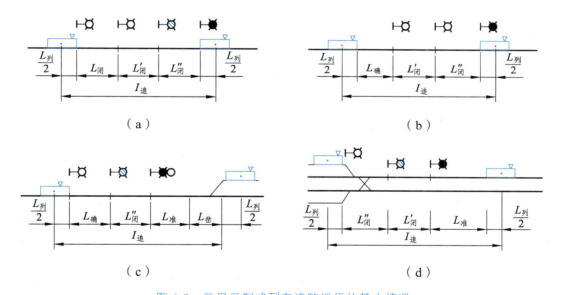

（a）　　　　　　　　　（b）

（c）　　　　　　　　　（d）

图 6-8　三显示制式列车追踪运行的基本情况

3）接近车站的间隔时间

如图 6-8（c）所示，其运行间隔时间可按下式计算，即

$$I_{追} = \frac{0.06(L_{列} + L_{岔} + L_{闭})}{v_{平均}} + t_{准}$$

式中，$t_{准}$ 为车站第二列列车准备进路的时间，单位为 min；电气集中车站 $t_{准} = 0.25$ min。

在进站区段上牵引条件困难而采用间隔两个闭塞分区时，最小运行间隔时间按下式计算，即

$$I_{追} = \frac{0.06(L_{列} + L_{岔} + L_{闭})}{v_{平均}} + t_{准} + t_{确}$$

自动闭塞区段车站同方向发车的间隔时间，如图 6-8（d）所示，其运行间隔可按下式计算，即

$$I_{追} = \frac{0.06(L_{列} + 2L_{闭})}{v_{平均}} + t_{准}$$

式中，$t_{准}$ 为车站值班员显示发车指示信号、车长指示发车信号、后行列车司机确认信号显示状态、开动列车的时间（按 1 min 计算）。

图 6-8 中 $L_{确}$ 为司机确认信号显示所需时间内列车运行的长度，$L'_{闭}$、$L''_{闭}$、$L'''_{闭}$ 为闭塞分区长度，$L_{岔}$ 为进站信号到警冲标的距离。

4. 区间通过色灯信号机布置原则

（1）区间通过色灯信号机在以货运为主的线路上，应按货物列车运行速度曲线及时间点布置，但闭塞分区长度应满足较高速度旅客列车制动距离要求；在以客运为主的线路上，应按旅客列车运行速度曲线及时间点布置。

（2）在一般情况下，应在两追踪列车之间以三个闭塞分区间隔布置通过信号机。在上坡道上列车运行速度低，当按三个闭塞分区布置，追踪间隔时间增大时，可按两个闭塞分区布置；技术作业站及单线区间的中间站，发车时应按两个闭塞分区布置。

（3）区间通过信号机，应在车站进站、出站信号机位置确定后布置。

（4）为了节省投资及维修方便，上、下行方向的通过信号机，在不影响行车效率和司机瞭望的情况下，尽可能并列布置。

（5）在利用动能闯坡和在列车停车后可能脱钩的处所，不宜设置通过信号机。在起动困难的坡道上，也应尽量避免设置通过信号机，如必须设置时，应装设容许信号。但进站信号机前方第一架通过信号机不得装设容许信号，并应涂三条黑斜线，以与其他通过信号机相区别。

（6）在大型桥梁上和隧道内，尽量避免装设通过信号机。凡需在这些建筑物出口处设置时，也应距该建筑物保留一个列车长度的距离，如受通过能力和制动距离条件限制，不能按此要求装设信号机时，可与有关方面共同协商解决。

（7）通过信号机在正常情况下，应设置在便于司机瞭望的直线上，在最不利条件下，信号机显示距离应不小于 200 m。

（8）乘降所前后的通过信号机设置地点，应会同铁路局有关单位共同研究确定，但不得影响通过能力。

（9）在无缝线路上设计自动闭塞时，对长钢轨接缝，即缓冲区，应详细调查了解，并应由铁路工务部门提供长轨的设计图纸，在不影响行车安全和效率的条件下，信号机尽可能设在长钢轨缓冲区的中心位置。如信号机布置的位置与缓冲区坐标相差很大时，应与工务部门协商锯轨或变更长轨的缓冲区位置。

在有计划装设自动闭塞的区段，设计无缝线路时，应预留自动闭塞通过信号机处的轨道电路绝缘轨缝，避免锯轨造成损失。

（10）信号机位置确定后，应进行编号，一般以信号机坐标千米数和百米数组成，下行编奇数，上行编偶数。例如，在 100 km+300 m 处设置并置通过信号机，下行方向的编号为1003，上行方向的 1002。

思政小课堂

智慧的铁路用"北斗"

——世界首条智能高铁新京张铁路

2019 年 12 月 30 日，世界首条智能高速铁路及 2022 年冬奥会重点配套项目——京张高铁开通运营。同时，崇礼铁路、大张高铁、张呼高铁也投入使用，京冀晋蒙的时空距离大为缩短……

京张高铁不仅缩短了时空距离，更体现了创新新高。作为世界上首条采用北斗卫星导航系统并实现自动驾驶等功能的智能高铁，京张高铁堪称"最聪明的高铁"……

北斗卫星导航系统由空面段、地面段和用户段三部分组成，可在全球范围内全天候、全天时为各类用户提供高精度、高可靠定位、导航、授时服务，并具备短报文通信能力，已经初步具备区域导航、定位和授时能力，定位精度 10 米，测速精度 0.2 米/秒，授时精度 10 纳秒……

扫码阅读全文

复习思考题

1. 什么是闭塞？我国铁路的基本闭塞有哪些？
2. 简要说明 64D 型继电半自动闭塞的设备组成及其作用。
3. 如何正常办理半自动闭塞手续？
4. 什么情况下办理取消复原？举例说明怎样办理。
5. 什么情况下办理事故复原？举例说明怎样办理。
6. 半自动闭塞有哪些不足？如何改进？
7. 与我国原有的三显示自动闭塞相比，四显示自动闭塞有哪些不同？
8. 简要说明自动闭塞的主要特点。

9. 举例说明如何计算三显示自动闭塞区段的追踪时间间隔。

10. 简要说明三显示自动闭塞区段通过色灯信号机的显示及其含义。

11. 简要说明区间通过色灯信号机的布置原则。

列车运行自动控制系统（Automatic Train Control，ATC）就是对列车运行全过程或一部分作业实现自动控制的系统，简称列控系统。

第一节　列控系统概述

一、列控系统的发展历程

传统的铁路信号对列车的控制完全取决于地面信号机的显示，随着铁路运输的任务越来越重，列车运行速度越来越快，保证运输安全的问题也越来越突出，完全靠人工瞭望、人工驾驶列车已经不能保证行车安全了。即使装备了机车信号和自动停车装置，也只能在列车一般速度运行条件下保证安全，却无法实现高速列车的安全保证，因为它们不能解决超速行车和冒进信号等问题。因此，需要研究列车运行控制系统，实现对列车间隔和速度的自动控制，进一步提高运输效率，保证行车安全。

要实现上述目标，不是简单的设备改进可以完成的，需要解决许多关键技术问题，例如：车-地之间大容量、实时、可靠信息传输，列车定位，列车精确、安全控制等。需要车载设备、轨旁设备、车站控制、调度指挥、通信传输等系统良好的配合才能实现，如果把前面讨论的系统称为传统铁路信号系统，那么，以现代列车运行控制技术为核心的信号系统可以称为现代铁路信号系统。

现代信息技术的迅速发展，对铁路信号技术产生了重要影响，为完善现代铁路信号系统提供了条件。列控系统是计算机、通信、控制等技术与信号技术的一个高水平集成与融合的产物，是轨道交通行车系统的"中枢与神经"，旨在利用各种先进的技术和设备，保证列车以最小安全间隔距离运行，以达到最大的运输能力。

列控系统根据前方行车条件，为每列车产生行车许可，并通过地面信号和车载信号的方式向司机提供安全运行的凭证。车载设备根据接收到的行车许可产生允许速度，当列车速度超过允许速度时控制列车实施制动，使列车降速甚至停车，防止列车超速颠覆或追尾等，保证行车安全。

二、列控系统的分类

西方发达国家在列控系统研究方面已有较长发展历史，比较成功的列控系统主要有：

日本新干线 ATC 系统，法国 TGV 铁路和法国高速铁路的 TVM300 及 TVM430 系统，德国及西班牙铁路采用的 LZB 系统，及瑞典铁路的 EBICA900 系统等。上述列车控制系统都具有自己的特点、不同的技术条件和适应范围，因此，列控系统可以分成许多类型。

1. 按照地车信息传输方式分

（1）连续式列控系统，如德国 LZB 系统、法国 TVM 系统、日本数字 ATC 系统。

连续式列控系统的车载设备可连续接收到地面列控设备的车-地通信信息，是列控技术应用及发展的主流。

采用连续式列车速度控制系统的日本新干线列车追踪间隔为 5 min，法国 TGV 北部线区间能力甚至达到 3 min。连续式列控系统可细分为阶梯速度控制方式和曲线速度控制方式。

（2）点式列控系统，如瑞典 EBICAB 系统。

点式列控系统接收地面信息不连续，但对列车运行与司机操纵的监督并不间断，因此也有很好的安全防护效能。

（3）点-连式列车运行控制系统，如 CTCS-2 级，轨道电路完成列车占用检测及完整性检查，连续向列车传送控制信息。点式信息设备传输定位信息、进路参数、线路参数、限速和停车信息。

2. 按照控制模式分

（1）阶梯控制方式，包括出口速度检查方式和入口速度检查方式。例如，法国 TVM300 系统采用出口速度检查，日本新干线传统 ATC 系统则采用入口速度检查。

（2）分级曲线控制方式，法国 TVM430 系统采用该控制方式。

（3）速度-距离模式曲线控制方式，采用该控制方式的有德国 LZB 系统、日本新干线数字 ATC 系统等。

3. 按照人机关系来分类，分为以下两种类型

（1）设备优先控制方式，如日本新干线 ATC 系统。

（2）司机优先控制方式，如法国 TVM300/430 系统、德国 LZB 系统。

4. 按照闭塞方式分

按照闭塞方式分为固定闭塞、准移动闭塞、移动闭塞等。

5. 按照功能、人机分工和自动化程度分

按照功能、人机分工和自动化程度分为列车自动停车（Automatic Train Stop，ATS）系统、列车超速防护（Automatic Train Protection，ATP）系统、列车自动控制（Automatic Train Control，ATC）系统、列车自动运行（Automatic Train Operation，ATO）系统。

第二节　列车速度控制模式

根据所需信号含义和速度控制方式的不同，速度控制方式可分为：阶梯速度控制方式和速度-距离模式曲线控制方式两大类。下面将分别介绍这两种速度控制方式的工作原理。

一、阶梯控制方式

每个闭塞分区设计一个目标速度。在一个闭塞分区中无论列车在何处都只按照固定的速度判定列车是否超速。

阶梯控制方式可不需要距离信息，只要在停车信号与最高速度间增加若干中间速度信号，即可实现阶梯控制方式。因此轨道信息量较少，设备相对比较简单，这种传统的控制方式是目前高速铁路最普遍采用的控制方式。

1. 阶梯控制方式的特点

后车与前车间的空间间隔被划分为若干个闭塞分区。闭塞分区的数量以划分的速度级别而定。列车在闭塞分区运行时只按照"固定"速度判定列车是否超速。只需对列车进入闭塞分区的速度或驶出闭塞分区的速度进行控制，就可以防止列车冒进信号。

阶梯控制又分为出口速度检查和入口速度检查两种方式。

一般称进入一个闭塞分区的速度为入口速度，驶离该闭塞分区的速度为出口速度。

2. 入口速度检查控制方式

列车在闭塞分区入口处接收到目标速度信号后作为本分区的允许速度。以此速度进行检查，一旦列车超速则自动实施常用制动。列车速度降至目标速度以下后自动缓解。阶梯控制入口速度检查控制方式如图 7-1 所示。

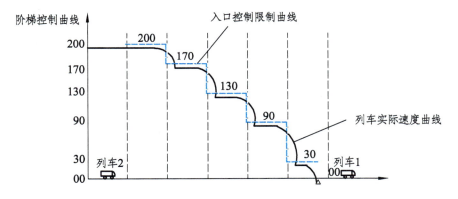

图 7-1　阶梯控制入口速度检查方式示意图

3. 出口速度检查控制方式

速度信号包含本分区入口速度及本分区目标速度；该方式要求司机在闭塞分区内将列车速度降低到本分区目标速度及以下；设备在闭塞分区出口检查速度是否达到目标速度。如果列车实际速度未达到目标速度以下则设备自动实施紧急制动使列车停车。阶梯控制出口速度检查方式如图 7-2 所示。

出口速度检查方式由于要在列车到达停车信号处（目标速度为零）才检查列车速度是否为零，如果列车速度不是零，设备才进行制动。由于制动后列车要走行一段距离才能停车，因此停车信号后方要有一段安全防护区。

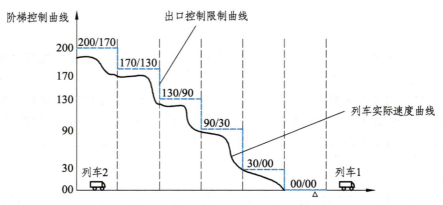

图 7-2　阶梯控制出口速度检查方式示意图

4. 阶梯控制方式存在的问题

由于线路上运行的各种列车制动性能各异，为了确保安全，系统只能按制动性能最差的列车性能来确定制动距离，这对于制动性能好的列车来说是个损失，影响进一步提高运行密度。ATP 制动控制只进行制动和缓解两种操作，不调整制动力大小，因此列车速度变化大，旅行舒适度差。

二、分段曲线控制方式

该方式要求每个闭塞分区入口速度（上一个闭塞分区的目标速度）和出口速度（本闭塞分区目标速度）用曲线连接起来，形成一段连续的控制曲线，曲线控制方式和阶梯控制方式一样，每一个闭塞分区只给定一个目标速度。控制曲线把闭塞分区允许速度的变化连续起来。地面设备传送给车载设备的信息是下一个闭塞分区的速度、距离和线路条件数据，没有提供至目标点的全部数据，所以系统生成的数据是分级连续制动模式曲线（即以分级小曲线的变换点连成的准一次制动模式曲线）。法国 TVM430 系统采用了这种方式，TVM430 是 TVM300 的换代产品，地面采用 UM2000 型轨道电路。分段曲线控制方式如图 7-3 所示。

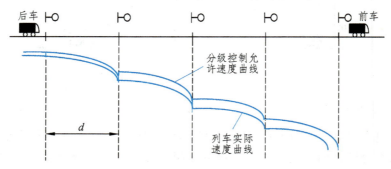

图 7-3　分段曲线控制方式示意图

在曲线控制方式下，列车在一个闭塞分区中运行时，列控设备判定列车超速的目标速度不再是一个常数，而是随着列车行驶不断变化，是距离的函数。因此，列控设备除了需要接收目标速度信息外，还要接收到闭塞分区长度及换算坡度的信息。TVM430 系统的轨道电路可以传递 27 bit 信息，其中目标速度信息 6 bit，距离信息 8 bit，坡度信息 4 bit。

三、速度-距离模式曲线控制方式

速度-距离曲线是指列车实时速度与制动距离间的关系曲线；根据列车前方的目标速度、目标距离，计算允许速度；与阶梯速度控制方式的最大区别在于：不仅体现了信号系统的速度含义，也加入了距离含义。

速度-距离模式曲线控制是一次制动方式，它根据目标速度、目标距离、线路条件、列车性能生成的目标-距离模式曲线进行连续制动，缩短了运行间隔，提高了运输效率，增加了旅行舒适度。为了实现这一方式，地面设备必须向列车发送前方列车的位置、限速条件等动态数据，以及线路条件等固定数据。

速度-距离模式曲线控制不再对每一个闭塞分区规定一个目标速度，而是向列车传送目标速度、列车距目标的距离（和 TVM430 不一样，它可以包括多个闭塞分区的长度）信息。列车实行一次制动控制方式。列车追踪间隔可以根据列车制动性能、车速、线路条件调整，可以提高混跑线路的通过能力。这种方式称为目标速度-目标距离方式（DISTANCE TO GO），是一种更理想的运行控制模式。连续曲线控制方式如图 7-4 所示。

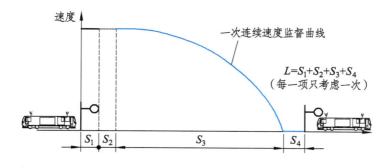

图 7-4　连续曲线控制方式示意图

连续曲线控制方式的特点：不必考虑每个闭塞分区速度等级；直接向列车传送停车点（目标点）数据信息；多种车型混跑时，通过能力大大提高。

第三节　列车运行监控装置

列车运行监控装置简称监控装置，缩写为 LKJ，是我国铁路研制的以保证列车运行安全为主要目的的列车速度监控装置。该装置在实现列车速度安全控制的同时，采集记录与列车安全运行有关的各种机车运行状态信息，促进了机车运行管理的自动化。

一、列车运行监控装置概述

1. LKJ 技术发展历程

我国列车运行监控装置的研发从 20 世纪 90 年代开始，1995 年形成全路普及的规模。先后经历了 JK-2H 和 LKJ-93 型，逐步发展为 LKJ2000 型。LKJ2000 型监控装置吸取了前两个型号的成熟技术，在技术等级、功能、性能和可靠性等方面有了较大程度的提高，并且在功能扩展和各项发展中的技术设备的接口方面作了适应设计，是国产最新一代监控装置。

2. LKJ 的特点

LKJ 的特点主要包括以下方面：①车载存储线路数据；②采用连续平滑速度模式曲线控制；③实时计算取得速度控制值；④统一的硬件结构和统一的基本控制软件体系；⑤主要控制过程全部采用计算机实现；⑥通过模块级主、从机热备冗余结构设计来提高系统可靠性；⑦采用图形化人机交互方式。

二、列车运行监控装置的组成

1. LKJ 的主要设备组成

LKJ 的主要设备包括主机、屏幕显示器、事故状态记录器等。主机为 LKJ 的控制中心，其内部由 A、B 两组完全相同的控制单元组成，每组有 8 个插件位置，各插件之间采用 VME 标准总线母板连接；屏幕显示器作为人机界面的显示器，有数码显示器和屏幕显示器两种；事故状态记录器俗称"黑匣子"，将记录 30 min 以内的最新列车运行状态数据（事故发生将自动停止记录），其记录密度大大高于监控主机数据记录密度，列车走行距离超过 5 m 时，将产生一次相关参数记录，事故状态记录器具备抗冲击性能。在发生事故后可以提供详细、准确的列车运行状态数据。

2. LKJ 的相关设备组成

LKJ 的相关设备包括转储器、机车安全信息综合监测装置、速度传感器、压力传感器、双针速度表等。数据转储器用于将车载记录数据转录到地面计算机系统分析处理，其内部数据存储器采用大容量非易失性存储器（可不带电池长期保存数据）；机车安全信息综合监测装置将轨道动态检测设备、弓网检测设备等与机车运行有关的安全检测及数据传输设备以标准模块单元置于工作平台中；速度传感器安装于机车轮轴上，适配于光电式或其他脉冲式速度传感器；压力传感器可以给装置提供列车管压力、均衡风缸压力、机车制动缸压力信号，压力传感器可以记录和检查机车小闸单独制动阀的情况；双针速度表的实际速度与限制速度指针依靠装置主机驱动，在装置关机的情况下，实际速度指针可由数模转换盒驱动。

三、列车运行监控装置的主要作用

列车监控装置具有实时监测列车运行状况、保障人员安全、实时监测设备状态、提高运行效率等重要作用，对于提高铁路运输的安全性和效率具有非常重要的意义。

其具体表现如下。

1. 监测列车运行状况

列车监控装置具备实时监控列车运行状况的功能，能够监测列车的速度、加速度、制动状态、运行轨迹、停靠站等信息。通过对这些数据的采集和分析，可以实现列车的精确控制和安全运行，从而保障人员安全和车辆安全。它通过机车信号设备或实现轨道电路信息采集的设备取用机车信号信息，并按照规定认定机车信号信息及其逻辑关系。

2. 保障人员安全

列车监控装置能够监测列车运行过程中人员的状态，及时发现并排除隐患，保障人员的安全。比如，可以监测车厢内温度、湿度、空气质量等指标，及时发现异常情况并作出相应的处理。

3. 实时监测设备状态

列车监控装置还可以实时监测列车设备的状态，如动力系统、制动系统、车门系统等，及时发现设备故障并采取维修和更换等措施。这对于确保车辆系统的正常运行和延长设备使用寿命都具有重要的意义。

4. 提高运行效率

列车监控装置能够提供运行数据和分析结果，帮助相关部门对运行效率进行评估和优化。通过对列车的运行数据进行分析，可以发现并改进低效运行方式，以降低运输成本和提高运输效率。

第四节   CTCS-2 级列控系统

高速铁路信号系统的核心是列控系统，控制列车的起动、运行、停车的全过程。中国列车运行控制系统（CTCS）标准体系始建于2004年，包含CTCS-0级至CTCS-4级五个等级。

CTCS-2 级列控系统的背景

一、CTCS 列控系统分级

针对中国铁路不同的线路、不同的传输信息方式和闭塞技术，CTCS 划分为 5 个等级，依次为 CTCS-0 ~ CTCS-4 级，以满足不同线路速度需求。

CTCS-0 级面向既有线，由通用式机车信号和运行监控记录装置构成。LKJ-15 通过 SIL4 级论证，可接收应答器信息；CTCS-1 级为面向 160 km/h 以下的区段，由主体机车信号和加强型运行监控记录装置组成。它需在既有设备的基础上强化改造，达到机车信号主体化的要求，增加点式设备，实现列车运行安全监控；CTCS-2 级为面向提速干线和高速新线，采用车地一体化设计，基于轨道电路传输信息的列车运行控制系统。适用于各种限速区段，地面可不设通过信号机，机车乘务员凭车载信号行车；CTCS-3 级为面向提速干线、高速新线或特殊线路，基于无线传输信息并采用轨道电路等方式检查列车占用的列车运行控制系统，点式设备主要传送定位信息；CTCS-4 级为面向高速新线或特殊线路，完全基于无线传输信息的列车运行控制系统，地面可取消轨道电路，不设通过信号机，由 RBC 和车载验证系统共同完成列车定位和完整性检查，实现虚拟闭塞或移动闭塞。

二、CTCS-2 级列控系统原理

CTCS-2 级列控系统是基于轨道电路和点式应答器传输列车行车许可信息，并采用连续目标距离-速度控制模式监控列车安全运行的列控系统。在 CTCS-2 级列控系统中，轨道电路实现列车占用检查并连续向列控车载设备发送前方空闲闭塞分区数量信息，应答器向列控车载设备发送闭塞分区长度、线路速度、线路坡度、进路信息、临时限速信息等信息，列控车载设备接收上述信息，通过"前方空闲闭塞分区数量"和"闭塞分区长度"信息，获得目标距离长度，并结合线路速度、线路坡度、进路信息、临时限速信息和对应列车的制动性能等参数，实时计算得到连续目标距离—速度控制模式曲线，并监控司机驾驶曲线处于连续目标距离-速度控制模式曲线下方，保证列车安全运行，如图 7-5 所示。

CTCS-2 级列控系统的控车原理举例

CTCS-2 级列控系统面向高速铁路、提速干线，采用车地一体化设计，地面可不设通过信号机，适用于各种限速区段，司机凭车载信号行车。

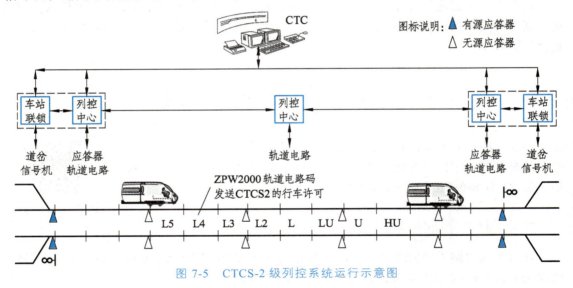

图 7-5　CTCS-2 级列控系统运行示意图

调度中心下达运行图至车站 CTC 分机，CTC 分机实时向车站联锁下发进路命令，向列控中心下达临时限速信息。车站联锁采集轨道电路的列车占用信息、道岔位置并进行处理。计算机联锁按照 CTC 下达进路的命令，控制道岔、信号机，排列进路，同时将进路信息发送给列控中心，列控中心根据进路信息和临时限速信息生成轨道电路编码和临时限速报文。列控中心将临时限速报文发送给应答器，将轨道电路编码发送给轨道电路；车载设备接收到轨道电路码序和应答器报文信息后，计算生成控制模式曲线，监控列车安全运行。

CTCS-2 级列控系统的控车原理

CTCS-2 级系统中轨道电路实现列车占用检查及完整性检查，并连续向车载设备传送空闲闭塞分区数量等信息。应答器向车载设备传输定位信息、线路参数、进路参数、临时限速和停车等信息。列控

CTCS-2 级列控系统的组成

中心具有轨道电路编码、应答器报文储存和调用、区间信号机点灯控制、站间安全信息（区间轨道电路状态、中继站临时限速信息、区间闭塞和方向条件等信息）传输等功能，根据轨道电路、进路状态及临时限速等信息产生行车许可，通过轨道电路及有源应答器将行车许可传给列控车载设备。

车载控制设备根据地面设备提供的信号动态信息、线路参数、临时限速等信息和动车组参数，按照目标-距离模式生成控制速度，监控列车安全运行。

2. 重要概念

1）行车许可

行车许可又称为列车移动授权，是列车安全运行的行车凭证。一个行车许可可以包括多个连续的锁闭进路。

2）目标距离-速度控制模式曲线

目标距离-速度控制模式曲线是根据目标速度、目标距离、线路条件、列车特性为基础生成的保证列车安全运行的一次制动模式曲线。目标距离-速度控制模式曲线反映了列车在各点允许运行的速度值。列控系统根据目标距离-速度控制模式曲线实时给出列车当前的允许速度，当列车超过当前允许速度时，设备自动实施常用制动或紧急制动，保证列车能在停车地点前停车。目标距离-速度控制模式曲线又分成两种：分段目标距离控制模式曲线和连续目标距离控制模式曲线，如图 7-6 所示。

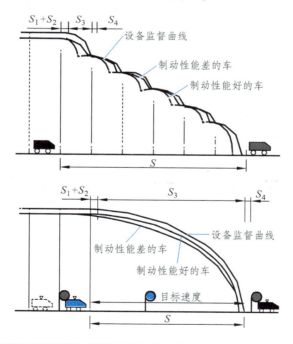

图 7-6　分段目标距离控制模式曲线和连续目标距离控制模式曲线示意

分段目标距离控制模式列车最大安全制动距离 $S = (S_1 + S_2 + S_3 + S_4) \times n$。

连续目标距离控制模式列车最大安全制动距离 $S = S_1 + S_2 + S_3 + S_4$。

其中，S_1 为车载设备接收地面列控信号反应时间距离；S_2 为列车制动响应时间距离；S_3 为列车制动距离；S_4 为过走防护距离；n 为列车从最高速度停车制动所需分区数。

我国 CTCS-2 级列控系统采用连续目标距离控制模式曲线。该方式不再对每一个闭塞分区规定一个目标速度，而是向列车传送目标速度、列车距目标的距离信息。列车实行一次制动控制方式，列车追踪间隔可以根据列车制动性能、车速、线路条件调整。这种方式缩短了运行间隔，提高了运输效率，增加了旅行舒适度。

3）目标速度

目标距离-速度控制模式曲线是针对目标速度和目标距离的控制，目标速度主要有以下几类：

（1）停车：0 km/h。

（2）普通道岔侧向限速：12 号道岔——45 km/h，18 号道岔——80 km/h。

（3）大号码道岔侧向限速：42 号道岔——160 km/h 等。

（4）临时限速。

3. CTCS-2 级列控地面设备构成

CTCS-2 级列控系统主要包括列控地面设备和列控车载设备，其中列控地面设备包括轨道电路、点式应答器、列控中心、临时限速服务器等；列控车载设备包括车载安全计算机、记录单元、人机界面单元、接口单元、应答器信息接收单元（BTM）及天线、轨道电路信息读取器（TCR）及天线等。CTCS-2 级列控系统构成如图 7-7 所示。

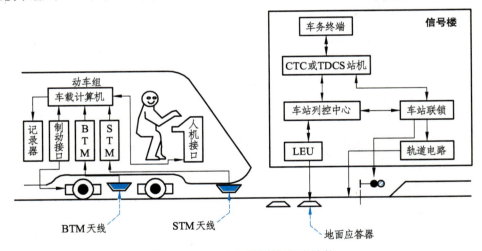

图 7-7　CTCS-2 级列控系统结构

三、CTCS-2 列控系统的特点

CTCS-2 级列控系统具有以下特点：

（1）采用统一制式的轨道电路，充分利用既有轨道电路信息降低了提速的工作量和成本。

（2）采用应答器提供线路数据和临时限速信息，能够满足机车和动车组跨线运行的需求。我国机车和动车组运行交路较长，且交路不固定，采用应答器可以充分利用成熟设备和规范。

（3）CTCS-2 级采用目标-距离方式，这样可以避免对信号布点的调整（既有干线的信号布点设计是按照速差方式进行的），也符合国际列控系统的发展趋势。

（4）采用"设备制动优先"的驾驶模式。法国列控系统采用司机制动优先模式，日本采用设备制动优先模式，我国 CTCS-2 级 ATP 车载设备采用设备制动优先模式。

（5）满足客货混合运输以及互联互通的需求。装备了 CTCS-0 级车载设备的货车和低速客车可在 CTCS-2 级线路上按照 CTCS-0 级运行，装备了 CTCS-2 级车载设备的动车组可以在 CTCS-0 级线路上按照 CTCS-0 级模式运行。

（6）研发并应用了车站列控中心 TCC。这样就解决了 LEU 存储量不足等问题，也提高了系统的稳定性。

四、CTCS-2 列控系统地面设备

CTCS-2 级列控系统地面设备由 ZPW-2000（含 UM 系列）轨道电路、点式应答器、地面电子单元 LEU、列控中心、车站联锁组成。

1. ZPW-2000 轨道电路

在 CTCS-2 级列控系统中，ZPW-2000 轨道电路负责占用检查及列控信息的连续传输，传输的列控信息包括：行车许可、空闲闭塞分区数量、道岔限速等。18 种低频控制信息的使用情况见表 7-1。

表 7-1　18 种低频控制信息的使用情况

机车信号信息名称	L3	L	L2	LU	U2	LU2	U	UU	UUS
低频/Hz	10.3	11.4	12.5	13.6	14.7	15.8	16.9	18	19.1
机车信号信息名称	U2S	L5	L6	L4	HB	无定义	HU	F	H
低频/Hz	20.2	21.3	22.4	23.5	24.6	25.7	26.8	27.9	29

2. 应答器

应答器是一种基于电磁耦合原理实现的地-车间高速数据传输的点式传输系统装置，用于在特定地点从地面向列车传送信息。

1）应答器的种类

点式信息由有源应答器和无源应答器提供，包括以下的信息：线路长度（以闭塞分区为单位提供）、线路坡度、线路固定限速、临时限速、级间切换、列车定位等。

2）应答器设置要求

进站信号机处设置有源应答器，提供接车进路参数及临时限速信息。接车进路建立后，进站应答器发送相应的接车进路信息。具有直股发车进路的股道应提供直股发车进路、前方一定距离内的线路参数和临时限速信息。

车站出站口处设置无源应答器和有源应答器。无源应答器提供前方一定距离内的线路参数；有源应答器提供前方一定距离内的临时限速。出站信号机处（含股道）原则上不设置应答器。ATP 车载设备通过成对的应答器识别运行方向。

区间间隔 3～5 km 设置无源应答器，提供正向运行前方一定距离内的线路参数及定位信息，原则上设置在闭塞分区分界处。除进出站口外，区间可不设置专用于反向运行的应答器。

根据需要可设置特殊用途的无源应答器，如 CTCS 级间转换等。CTCS 级间转换应分别设置具有预告、执行功能的固定信息应答器。

应答器的正线线路参数应交叉覆盖，实现信息冗余。

3. 地面电子单元 LEU

LEU 也叫轨旁电子单元，它是一种数据处理单元。当有数据变化时，LEU 依据变化后的数据形成报文并送给地面有源应答器进行发送。它经过 1 个冗余的、安全的串行链路（接口 S）接收列控中心发送的编码，并独立地驱动 4 个有源应答器，向有源应答器实时发送进路股道、临时限速信息报文。当 LEU 与有源应答器通信中断时，LEU 保障不产生危及行车安全的后果。当外部控制条件无效或通信故障时，LEU 应向有源应答器发送默认报文。

4. 列控中心 TCC

列控中心是 CTCS 的地面设备之一，它分别与车站信号联锁、调度集中 CTC、微机监测、LEU 等设备进行信息交换，获得行车命令、列车进路、列车运行状况和设备状态，通过安全逻辑运算，产生控车命令，通过有源应答器及轨道电路传送给列车，实现对运行列车的控制。

列控中心根据临时限速命令、车站进路状态，调用相应报文，通过 LEU 传至有源应答器；根据列车占用轨道区段及车站进路状态，控制轨道电路的载频、低频信息编码，并控制站内及区间轨道电路发送方向；根据列车在区间的走行逻辑，对轨道电路占用、出清、非正常逻辑进行判断和报警，并采取必要的防护措施。

列控中心完成区间信号机点灯控制，完成无岔站信号及进路控制，完成区间运行方向与闭塞控制。列控中心间实时传输区间轨道电路状态、临时限速信息、区间闭塞和方向条件等安全信息以及相关状态信息。

五、CTCS-2 列控系统车载设备

1. 主要功能

CTCS-2 列控系统车载设备的主要功能包括：列控数据采集，静态列车速度曲线计算，动态列车速度曲线的计算，缓解速度的计算，列车定位、速度的计算和表示、运行权限和限速在 DMI 上的表示。运行权限和限速的监控，即在任何情况下防止列车无行车许可运行，防止列车超速运行，防止列车溜逸。列车超速时，车载设备的超速防护具备采取声光报警、切除牵引力、动力制动、空气常用制动、紧急制动等功能。车载设备发生故障时，及时报警提醒机车乘务员并对故障设备进行必要的隔离，同时完成司机行为的监控、反向运行防护、CTCS-2 信息的记录。

2. 结构组成

CTCS-2 级车载设备结构如图 7-8 所示，动车组的两端各安装一套独立的 ATP 车载设备；总体结构采用硬件冗余结构，关键设备均采用双套，核心设备采用三取二或者二乘二取二结构；力求达到高安全性和可用性，安全等级达到 SIL4 级。

车载设备主要包括车载安全计算机、应答器信息接收模块、连续信息接收模块、司机操作界面等。

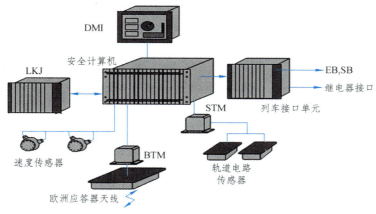

图 7-8　CTCS-2 列控车载系统组成示意图

车载安全计算机（VC）：车载安全计算机是 ATP 装置的核心部分，负责从 ATP 各个模块搜集信息，生成制动模式曲线，必要时通过故障—安全电路向列车输出制动信息，控制列车安全运行。为了保证列车控制的安全性和设备的冗余性，安全计算机一般采用二乘二取二或者三取二冗余结构，安全等级达到 SIL4 级。

应答器信息接收模块（BTM）：BTM 天线接收来自地面应答器的信号，传输至 BTM 模块进行信息解调处理。BTM 是一个采用二取二技术的故障—安全模块。通过一个专用信息接口和安全计算机同步。同时，它还提供通过应答器中点时的确切时间，能够让 ATP 车载设备在几厘米的准确范围内进行列车定位校准。

连续信息接收模块（STM）：通过 STM 天线接收轨道电路信号，解调轨道电路上传的信号信息，将解调的信息及时传递给安全计算机和列车运行监控记录装置。STM 模块是安全模块，可接收 ZPW-2000 系列轨道电路及 4 信息、8 信息、18 信息等传统移频轨道电路的信息。

司机操作界面（DMI）：通过声音、图像等方式将 ATP 车载装置的状态通知司机。司机可以通过 DMI 上的按键来切换 ATP 装置的运行模式或是输入必要的信息。DMI 为配备有带按钮的液晶显示器。MMI 安全等级为 SIL2 级。各 ATP 车载设备采用统一的显示界面和司机操作规程。ATP 车载设备应具备独立的输入手段，全部信息通过 ATP 车载设备输入，但非安全信息也可由列车运行监控记录装置提供。

列车运行监控装置（LKJ-2000）：200 km/h 动车组车载列控系统，同时装备 ATP 车载设备和列车运行监控装置 LKJ-2000。在 CTCS2 级区段，由 ATP 车载设备控车。在 CTCS-0、CTCS-1 级区段或在 CTCS-2 级区段 ATP 车载设备特定故障下，LKJ 结合 ATP 车载设备提供的机车信号或主体机车信号功能，控制列车运行，最高速度不超过 160 km/h。

LKJ 通过 ATP 车载设备接收或记录有关列控状态数据（含进路参数、列车位置等）及其对应的操作状态信息。

TCC 增加区间占用监督。车载设备增加站台信息提示、自动过分相、数据无线下载与诊断功能。C2+ATO 系统是在既有 CTCS-2 级列控系统的基础上，实现 ATO 功能，目前 C2+ATO 已在珠三角城际铁路运用。

第五节　CTCS-3 级列控系统

一、CTCS-3 列控系统概述

CTCS-3 级列控系统是基于 GSM-R 无线通信实现车地信息双向传输，轨道电路实现列车占用检查，无线闭塞中心（RBC）生成行车许可，应答器实现列车定位，同时具备 CTCS-2 级功能的列车运行控制系统。它面向提速干线、高速新线或特殊线路，基于无线通信实现目标距离控制模式和准移动闭塞方式，还可以叠加在既有干线信号系统上。CTCS-3 级适用于各种限速区段，地面可不设通过信号机，司机凭车载信号行车，满足客运专线和高速运输的需求，其运行示意如图 7-9 所示。

CTCS-3 级列控系统的系统背景

CTCS-3 级列控系统的控车原理

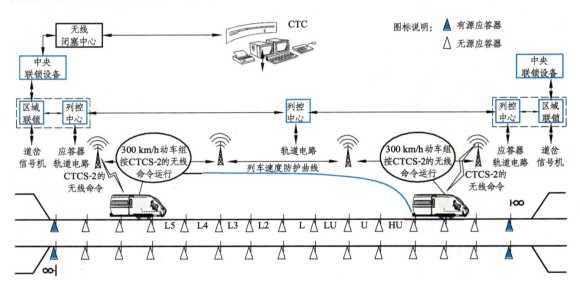

图 7-9　CTCS-3 列控系统运行示意图

CTCS-3 级列控系统包括地面设备和车载设备两部分，外部环境包括司机、列车、GSM-R 无线通信系统、联锁与调度集中 CTC 等地面外部设备、列控车载设备接口等，总体结构如图 7-10 所示。地面设备由移动闭塞中心（RBC）、列控中心（TCC）、ZPW-2000（UM）系列轨道电路、应答器（含 LEU）、GSM-R 通信接口设备等组成；车载设备由车载安全计算机

CTCS-3 级列控系统的组成

（VC）、GSM-R 无线通信单元（RTU）、轨道电路信息接收单元（TCR）、应答器信息接收模块（BTM）、记录单元（JRU/DRU）、人机界面（DMI）、列车接口单元（TIU）、测速测距单元等组成。

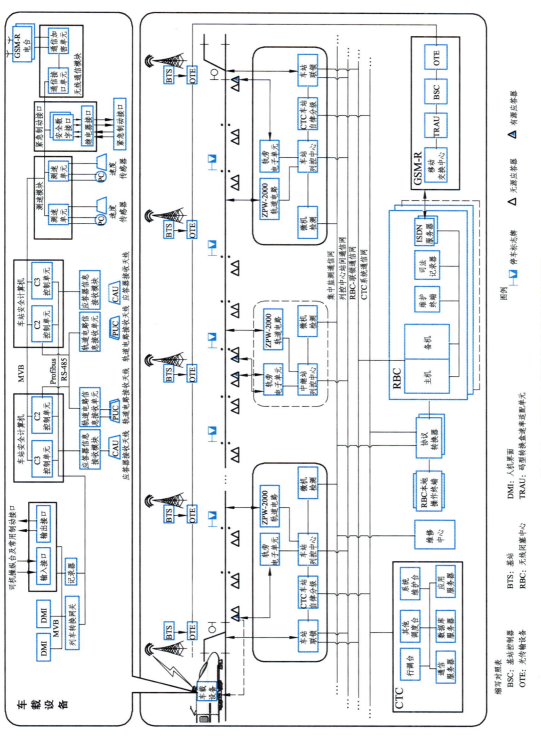

图 7-10 CTCS-3 级列控系统总体结构图

缩写对照表

BSC: 基站控制器
OTE: 光传输设备

BTS: 基站
RBC: 无线闭塞中心

DMI: 人机界面
TRAU: 码型转换备速率适配单元

图例

⊢▼ 停车标志牌 △ 有源应答器
△ 无源应答器 △ 有源应答器

二、CTCS-3 级列控系统地面设备

CTCS-3 级地面设备结构如图 7-11 所示，各地面设备的主要功能如下：

无线闭塞中心 RBC 根据轨道电路等外部地面设备提供的信息以及列控车载设备交互的信息生成发送给列车的信息（用于生成行车许可），并通过 GSM-R 无线通信系统将行车许可、线路参数、临时限速传输给 CTCS-3 级车载设备；同时通过 GSM-R 无线通信系统接收车载设备发送的位置和列车数据等信息。

列控中心 TCC 接收轨道电路的信息，并通过联锁系统传送给 RBC；同时，TCC 具有轨道电路编码、应答器报文储存和调用、站间安全信息传输、临时限速功能，满足后备系统需要。

应答器向车载设备传输定位和等级转换等信息；同时，向车载设备传送线路参数和临时限速等信息，满足后备系统需要。应答器传输的信息与无线传输的信息的相关内容含义保持一致。

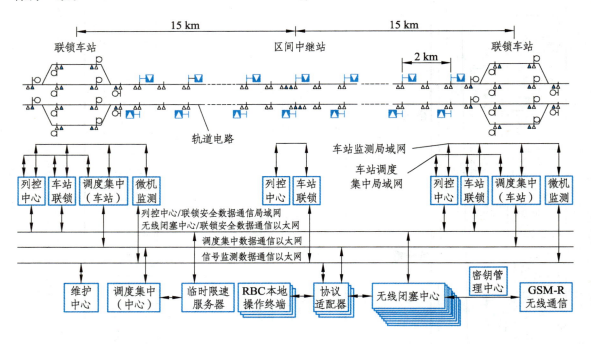

图 7-11　CTCS-3 级地面设备结构示意图

三、CTCS-3 级列控系统车载设备

车载安全计算机根据地面设备提供的行车许可、线路参数、临时限速等信息和动车组参数，按照目标-距离连续速度控制模式生成动态速度曲线，监控列车安全运行。

应答器信息接收模块（BTM）包括应答器信息传输模块和应答器天线，应答器信息传输模块通过和应答器天线连接，接收地面应答器的信息。

轨道电路信息接收单元（TCR）用于接收地面轨道电路的信息。

GSM-R 无线通信单元（RTU）用于实现 GSM-R 网络规定的 Um 接口协议栈，完成 GSM-R 网络定义的移动终端设备功能。

人机界面（DMI）实现司机与列控车载设备之间的信息交互。

列车接口单元（TIU）提供车载安全计算机与列车相关设备之间的接口。

记录单元（JRU/DRU）用于记录与列车运行安全有关的数据，并在需要时下载进行数据分析。

测速测距单元用于接收测速传感器等设备的信号，测量列车运行速度和运行距离。

四、CTCS-3 列控系统主要特点

CTCS-3 级列控系统具有如下特点：

（1）基于 GSM-R 实现大容量的连续信息传输，可以提供最远 32 km 的目标距离、线路允许速度等信息，满足跨线运营。

（2）CTCS-3 级列控系统满足跨线运行的运营要求，C3 系统通过在应答器里集成 C2 报文，满足 200～250 km 需求，C2 同时作为 C3 的后备系统。CTCS-3 系统地面设备的主要特点在于采用全线 RBC 设备集中设置。CTCS-2 级作为 CTCS-3 级的后备系统。无线闭塞中心（RBC）或无线通信故障时，CTCS-2 级列控系统控制列车运行。

（3）车地双向信息传输，地面可以实时掌握列车速度、位置、速度状态等，并可在 CTC 系统上实时显示。

（4）临时限速的灵活设置，可以实现任意长度、任意速度、任意数量的临时限速设置。

（5）按照 C3 技术标准，打造三个 C3 设备平台，实现互联互通。

（6）区间不设地面信号机，在闭塞分区分界处（尽量利用接触网杆）设置标志牌，标志牌设置如图 7-10 所示。

五、CTCS-3 列控系统新增设备

与 CTCS-2 级列控系统相比，CTCS-3 级列控系统主要增加了 RBC 和 GSM-R 及其相关设备。

1. 无线闭塞中心 RBC

RBC 的主要功能包括：通过列车的 CTCS 识别码获得列车的信息；通过轨道电路提供的列车占用信息跟踪区域内列车；根据微机联锁、轨道电路等系统提供的信息，生成管辖内每一列车的运行许可；接收调度集中系统（CTC）提供的临时限速信息；向管辖内列车传送列车当前运行许可、临时限速及线路参数。

RBC 根据从外部地面系统（联锁设备、相邻 RBC、临时限速服务器）接收到的信息（即股道占用、进路状态、临时限速等）以及与车载设备交换的信息（位置报告）生成发送给列车的控制命令，主要是提供行车许可，使列车在 RBC 管辖范围内的线路上安全运行，完成列车间隔控制和列车防护。如图 7-12 所示，RBC 根据列车位置报告在内部拓扑图上对列车

精确定位；根据列车前方进路状态和 RBC 允许的最大 MA 长度约束，将列车前方尽可能多的空闲进路分配给列车；计算出这些空闲进路的总长度，生成行车许可。

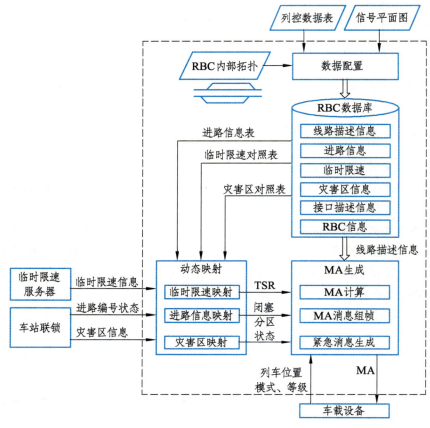

图 7-12　RBC 拓扑图

列车在 RBC 区域里运行时，每隔 6 s 或在特殊位置（每过一个应答器组等）向 RBC 发送一次位置报告信息，RBC 收到该信息后立即进行列车位置更新；RBC 每隔 6 s 向列车发送一帧消息，如果在规定时间（20 s）内，列车没有接收到任何消息，则列车认为通信会话终止。一个 RBC 最多能够同时管理 120 辆车。

正常的级间转换在转换区域自动进行；特殊情况下，停车后由司机进行级间转换。级间转换区域内的转换命令由 RBC/应答器提供。在转换点设置应答器组、在转换点前方适当距离设置预告应答器组。如图 7-13 所示，列车通过转换预告应答器时，GSM-R 车载电台注册到 GSM-R 网络；列控车载设备从应答器接收到呼叫 RBC 命令，与 RBC 建立通信会话，然后从 RBC 接收行车许可等信息；列车前端通过分界处的切换执行应答器后，车载设备自动切换到 CTCS-3 级控车。

RBC 采用双套冗余设备。当两套设备均故障后，受其控制的列车将中断与 RBC 之间的通信连接，通信超时后，由于列车不能从 RBC 收到任何消息，将实施制动。列车运行速度降至满足 CTCS-2 级系统运行所允许的速度时，自动转为 CTCS-2 级系统继续运行。

故障 RBC 设备区域内所有 CTCS-3 级列车注册信息将在 5 min 后被自动删除。列车经过 RBC 连接应答器，将呼叫 RBC 并重新进行注册并申请行车许可。列车在获得 CTCS-3 级的行车许可后，自动由 CTCS-2 级转换到 CTCS-3 级系统控车。

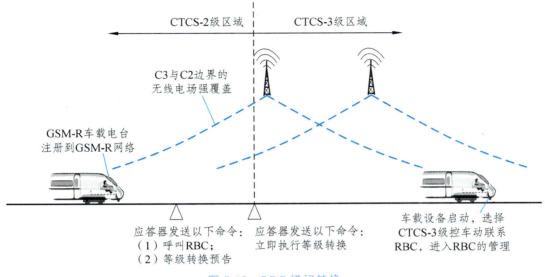

图 7-13　RBC 级间转换

2. GSM-R 通信网络

GSM-R 由移动交换中心（MSC）、基站控制器（BSC）、基站（BTS）、光传输设备（OTE）、移动终端（MT）、码型转换和速率适配单元（TRAU）等组成。

GSM-R 核心网包括移动交换子系统、GPRS 子系统、智能网子系统，应按照全路核心网建设规划建设，各条客运专线接入相关节点。

GSM-R 无线网络采用交织冗余覆盖方案，排序为奇数（1、3、5…）或偶数（2、4、6…）的基站其覆盖都分别能够满足系统规定的 QoS 指标，这种覆盖结构允许在单点（单个基站或单个直放站远端机）故障的情况下仍然能够满足系统规定的 QoS 指标。其交织冗余覆盖如图 7-14 所示。

切换区长度及位置选择满足《铁路 GSM-R 数字移动通信系统工程设计暂行规定》中相关规定。基站频率配置应满足各类业务正常应用的需求，在两个 RBC 交界区域，还应考虑从一个 RBC 向另一个 RBC 切换时每列车双移动终端使用的容量需求。

为列控系统提供的无线信道，容量应满足《铁路 GSM-R 数字移动通信系统工程设计暂行规定》中相关规定，列控系统每列车需要占用 1 个无线信道（RBC 间切换时占用 2 个），对于大型车站，由于停靠、通过的列车数量较多，需要占用大量的无线信道资源。

CTCS-3 必须以 CTCS-2 为后备，车载设备增加 CTCS-3、CTCS-2 行车许可安全比较。CTCS-4 正在研发、试用，目前在库格铁路试用，准备用于川藏、滇藏铁路及青藏铁路改造，改造时将采用北斗定位系统（BDS）代替 GPS 进行定位，5G-R 正在准备实施，列控联锁一体化（TIS）已在和若铁路使用。

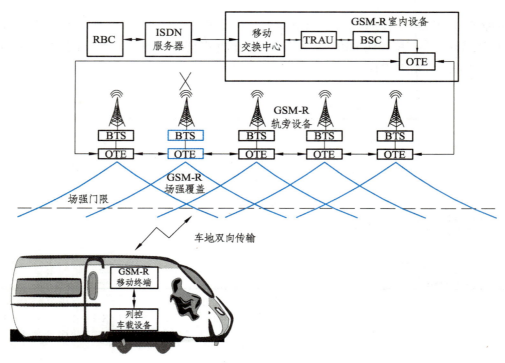

图 7-14　GSM-R 冗余覆盖示意图

第六节　国外典型列控系统

一、点式列控系统

瑞典铁路采用的列车速度控制系统是 ABB 公司生产的点式列车自动防护系统。这个系统完全依靠地面应答器给列车传输目标点的距离、目标速度、线路坡度等信息，车载中央控制单元根据地面应答器传至车上的信息（目标点的距离、目标速度、线路坡度等）以及列车的制动率，计算出两个信号机之间的速度控制曲线，并根据速度曲线对列车实施控制。

点式列车运行自动控制系统基本结构如图 7-15 所示，系统组成包括：地面应答器、轨旁电子单元（LEU）和车载设备。地面应答器与地面信号机设备相连，存放向列车传输的数据，地-车传输采用 FSK 方式。轨旁电子单元（LEU）是地面应答器与信号机的接口，可将不同的信号转换为约定的数码。

点式列控系统从原理上可实现阶梯控制和曲线控制。

点式列控系统优点：采用无源、高信息量地面应答器，结构简单，安装灵活，可靠性高，价格明显低于连续式列车运行自动控制系统。

点式系统的缺点：信号追踪性不佳。它只能在指定的信号点接收信息，如果列车经过某信号点之后，先行列车位置移动，地面信号发生了变化，车上控制系统不能立即知道，而必须等列车到达下一个信号点才能接收到。因此，点式列控系统限制了列车追踪间隔的进一步减少。

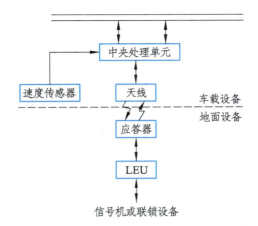

图 7-15 点式列车运行自动控制系统基本结构

二、轨道环线连续式列控系统

德国西门子公司开发了世界上首次实现连续速度控制模式的列车运行控制自动系统（LZB 系统），该系统利用轨道电缆作为车—地间双向信息传输的通道，利用轨道电路来检查列车占用情况。1965 年该系统首次运用在慕尼黑至奥斯堡的铁路线上，现在德国已装备了 2 000 km 铁路线，1992 年应用于西班牙马德里至塞维利亚的 471 km 高速线。

LZB 自动列车运行控制系统主要由两大部分组成：车载设备和地面设备。系统组成如图 7-16 所示。

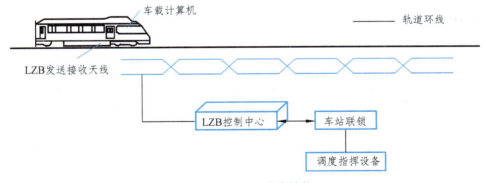

图 7-16 LZB 系统结构

地面设备主要由 LZB 控制中心、轨间感应环线、轨道电路和轨旁单元等组成。

地面控制中心储存线路参数等固定信息以及区间允许最高速度、限速区段等数据。控制中心从联锁系统、调度指挥系统接收信号开放条件、线路条件、区间临时限速等信息，通过轨间感应环线接收列车信息（制动类别、列车长度、制动能力等）及列车动态信息，接收上一个控制中心传递来的控制权。控制中心发送信息包括：向列车发送控制命令、向下一个控制中心转移控制权、向调度监督中心报告列车位置和列车速度等辅助信息。

LZB 连续式自动列车运行控制系统根据信号命令、列车运行信息、地面线路条件等因素制定机车运行速度曲线，实时传递给机车，机车接收到相关信息后，根据速度运行曲线自动控制列车运行。

245

轨间环线传递车-地信息的方式是一种既能保证行车安全，又能提高运行效率的准移动闭塞制式，它采用在钢轨中间敷设交叉环线（地铁一般25 m交叉一次，大铁路一般100 m交叉一次），来实现车-地信息的双向传递，车-地之间传递的是数字编码信息，是一种数字化的信息方式，信息的传输量大，降低了外界气候条件对车-地信息传递的干扰和影响，提高了系统的可靠性。

LZB连续式自动列车运行控制系统的列车运行间隔时间比较短，前后车辆时间间隔可以小于120 s，列车自动运行准点率比较高，地面信号机数量少，司机以地面控制信息作为主要的运行控制命令，行车指令连续显示，列车行驶速度连续监控，适用于大容量运输系统。

三、TVM430列车自动控制系统

TVM430系统是基于TVM300发展起来的，是为法国国铁公司高速列车开发的，此系统可以在不对列车制动性能提出更高要求的前提下，提高铁路的运营能力。表7-2是两者的比较表。下面主要是介绍TVM430列车自动控制系统。

表 7-2　TVM300 与 TVM430 两种系统的比较

系统型号/ 安装的列车型号	TVM300/ TGV-PSE	TVM300/ TGV-A	TVM430/ TGV-R	TVM430/ TGV-NG
最高时速/(km/h)	270	300	300	360
闭塞制动距离/m	2 100	2 000	1 500	1 500
正常制动距离/m	8 400	10 000	7 500	9 000
闭塞分区数/个	4	5	5	6
最小运行间隔/ min	5	4	3	2

TVM430主要由三部分组成，即地面设备、地-车传输设备和车上设备。

地面设备的主要功能：① 通过轨道电路进行列车检测；② 列车间隔条件的计算、编码，并向车上传输有关速度、目标距离、坡度、网络码等数据信息。为了保证线路的连续性，还要将数据传输到邻近的地面中心。

TVM430地面设备是一种高度集成化的电子设备，这一特性对于安装与维修具有费用低的优点。通过相对复杂信号对轨道电路电流的调制，来获得信息在轨道电路上的传输。

点式传输通道为补充轨道电路传输的信息，在特定地方的轨道上铺设点式环线。这样做既可以保证机车起动和停车功能，同时，也可监督超越绝对停车信号标志。其特征是：时分多重复用（PSK）；载频为125 kHz；速率为9 600 Baud。信息包括机车起动、停车、绝对停车点控制和辅助驾驶补充（受电弓、回路断路器、无线电等）。

车载设备根据轨道电路传送来的信息，为司机提供可靠的速度命令显示，并进行实际的列车速度控制。为此，车上使用一种速度表。在司机没有按显示速度运行的情况下，车载设备将自动启动列车制动系统。TVM430车载设备主要由两个机架组成，一个是电源和转换继电器机架（PIR）；另一个是处理机（PIC），执行所有计算处理工作。

四、ETCS 系统

在欧洲铁路网上，各个国家的铁路部门使用各自不同的信号制式管理列车的运营，列车运行控制系统（ATP/ATC）多达十余种，如 LZB 系列/FZB 系列、TVM 系列等，这些信号和控制系统互不兼容。因此，跨国境运营的列车要么穿过边境抵达另一个国家后停下来更换机车，要么根据运行线路的不同装备多种不同的控制系统（最多的有 6 种），当列车穿过边境抵达另一个国家后，切换相应的运行控制系统。当列车装备多种控制系统后，由于每种控制系统价格昂贵，使得列车运营及维护费用上升，同时所遇到的繁多的信号技术使得穿越边界的操作非常低效。

为此，欧洲多家铁路运营公司希望建立国际标准化的列车自动控制（ATC）系统，解决欧洲各国铁路互联互通问题，进一步提高列车运行的安全性和高效性，降低运营成本、增强竞争优势。1989 年以来欧盟委员会资助，由 AD-TRANZ、ALCATEL、ALSTOM、ANSALDO SIG-NAL、INVENSYS RAIL 和 SIEMENS 几大公司的专家参与，制订了欧洲铁路运输管理系统（European Railway Traffic Management System，ERTMS）与欧洲列车控制系统（European Train Control System，ETCS）需求规范，定义了系统框架和系列标准，并已纳入国际铁路联盟（UIC）标准。在此基础上成功构建了以功能分级，具有欧洲特色的列车控制系统。

1. ERTMS 体系结构

ERTMS 是以欧洲铁路运输管理（European Traffic Management Layer，ETML）为运输指挥基础，以 ETCS 为安全核心，以服务于铁路的全球无线移动通信系统（Global System Mobile Devoted to Railway，GSM-R）为传输平台的铁路运输管理系统。ERTMS 的组成如图 7-17 所示。

图 7-17　ERTMS 的组成

2. ETCS 系统构成

ETCS 首先是一系列具有可操作性的技术文件、标准、规范和概念，同时也涉及一系列信号安全系统。ETCS 系统主要由地面子系统和车载子系统两大部分构成。

地面子系统主要包括：欧洲应答器（Eurobalise）、轨旁电子单元（LEU）、无线通信网络（GSM-R）、无线闭塞中心（RBC）、欧洲环线（Euroloop）、无线注入单元（Radio in fill unit）。

车载子系统主要包括：ERTMS/ETCS 车载设备、铁路无线移动通信系统（GSM-R）、专用传输模块（Specific Trans-mission Modules，STM）。

3. ETCS 的分级

ETCS 的最大特色之一是根据功能需求和运用条件配置系统。用一个系统，以分级的概念实现原来多个系统为一个目标而完成的工作。ETCS 从运用角度分为 5 级（0～3 级、

0+级）。

1) ETCS 0级：ETCS车载设备+传统列控系统

0级主要是为了保证装配ETCS车载设备的列车，能在没有ETCS地面设备的线路、或尚不具备ETCS运营条件的线路上运行。既有地面信号系统完成列车占用检测和完整性监督。ETCS车载设备只显示列车速度，并只监督列车最大设计速度和线路最大允许速度。车载设备不提供机车信号功能，司机凭地面信号行车。除列车速度外，其他监督信息将不在列车的人机界面上显示。为实现制式转换或级间转换，在地面特定点（如制式分界点）必须增加应答器，车载设备接收应答器转换信息并完成转换功能见图7-18。

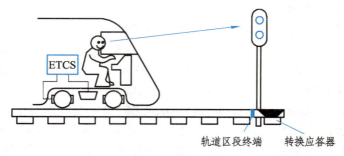

图7-18　ERTMS/ETCS 0级的应用

2) ETCS 0+级（STM）

0+级主要是为了保证装配ETCS车载设备的列车，在既有线运行时能够提供通用机车信号功能。在该级中，既有地面信号系统完成列车占用检测和列车完整性监督，并根据既有地面信号系统功能决定是否需要地面信号机。地-车信息传输采用既有方式，与0级不同的只是车载增加了STM，机车信号显示视国情而定。可以认为0+级是一个过渡级。应当注意到，尽管0+级可以通过采用STM专用传输模块实现不同制式信息的兼容接收，但仍需要采用不同的接收天线。在0级和0+级，列车控制以人为主，行车安全不由ETCS保证，如图7-19所示。

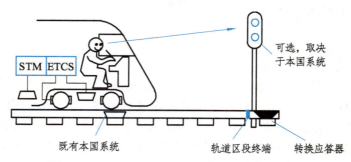

图7-19　ERTMS/ETCS 0+（STM）级的应用

3) ETCS 1级：地面信号+查询应答器+轨道电路

装备了ERTMS/ETCS的列车，在装备有点式传输设备欧洲应答器（Eurobalise）的线路上运行，地面向列车传输的信息完全依靠Eurobalise，轨道电路只完成轨道区段的空闲/占用检查和列车的完整性检查。该系统是典型的点式ATP，如图7-20所示。为了增加信息传输的覆盖范围，线路上可以安装欧洲环线Euroloop或者无线注入单元。因此，ERTMS/ETCS

等级 1 分成带注入信息和不带注入信息两种类型。

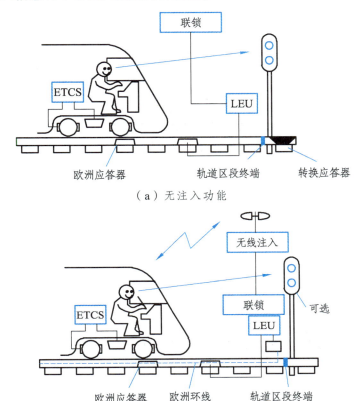

（a）无注入功能

（b）具有环线或无线注入功能

图 7-20　ERTMS/ETCS 1 级的应用

4）ETCS 2 级：轨道电路＋查询应答器＋GSM-R

司机完全依靠车载信号设备行车（可取消地面信号机）；通过 GSM-R 连续传送列车运行控制命令，车-地间可双向通信；在点式设备的配合下，车载设备对列车运行速度进行连续监控；依靠轨道电路或计轴设备检查列车占用和完整性；建有无线移动闭塞中心。该系统是基于移动通信的连续式 ATP，如图 7-21 所示。

5）ETCS 3 级：查询应答器+GSM-R

取消了传统的地面信号系统，列车定位和列车完整性检查由地面无线移动闭塞中心 RBC 和列车完整性验证系统共同完成。点式设备、GSM-R 是系统的主要设备。取消地面信号机和轨道电路后，室外线路上的信号设备减少到最低程度；列车追踪间隔依靠点式设备和无线移动闭塞中心实现，具有明显的移动自动闭塞特征，如图 7-22 所示。

基于上述原因，就产生了研制通用信号系统和新型列车控制系统的要求。这种通用信号系统应能满足：跨国境运营的列车能不受限制地穿越边界，提高了列车运行效率；信号和列车控制系统界面标准化，尽可能减少不同国家的特殊要求；通过鼓励对设备开放市场来产生商业吸引力，从而降低设备的成本。

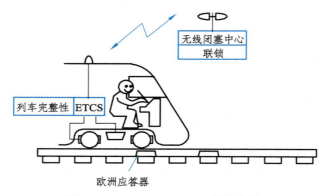

图 7-21　ERTMS/ETCS 2 级的应用

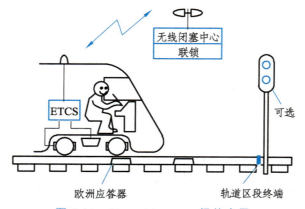

图 7-22　ERTMS/ETCS 3 级的应用

　　欧洲铁路运输管理系统 ERTMS 是欧洲铁路和欧洲信号工业在欧洲委员会的财政支持和国际铁路联盟 UIC 的支持下，经过大约 10 年的工作得到的结果。其目的是改善信号制式互不兼容的状况，在全欧洲范围内创立一个既可以兼容现有信号体制，又可以在各国统一推广使用的铁路信号标准，保证各国的列车在欧洲铁路网内的互通运营，提高运输效率。为实现欧洲铁路互联互通，欧盟组织确定了适用于高速铁路列控的标准体系，技术平台开放；基于 GSM-R 无线传输方式的 ETCS2 系统，技术先进，并已投入商业运营；欧洲正在建设和规划的高速铁路均采用 ETCS 列控系统，是未来高速列车控制系统的发展方向。

思政小课堂

安全生产无小事，安全责任大于天

——7·23 甬温线特别重大铁路交通事故

　　2011 年 7 月 23 日 20 时 30 分 05 秒，甬温线浙江省温州市境内，由北京南站开往福州站的 D301 次列车与杭州站开往福州南站的 D3115 次列车发生动车组列车追尾事故。此次事故已确认共有六节车厢脱轨，即 D301 次列车第 1 至 4 位，D3115 次列车第 15、16 位。造成 40

人死亡、172 人受伤，中断行车 32 小时 35 分直接经济损失 19371.65 万元。这就是 7·23 甬温线特别重大铁路交通事故。

　　2011 年 7 月 23 日 19 时 30 分左右，雷击温州南站沿线铁路牵引供电接触网或附近大地，通过大地的阻性耦合或空间感性耦合在信号电缆上产生浪涌电压，在多次雷击浪涌电压和直流电流共同作用下，LKD2-T1 型列控中心设备采集驱动单元采集电路电源回路中的保险管 F2（以下简称列控中心保险管 F2，额定值 250 伏、5 安培）熔断。熔断前温州南站列控中心管辖区间的轨道无车占用，因温州南站列控中心设备的严重缺陷，导致后续时段实际有车占用时，列控中心设备仍按照熔断前无车占用状态进行控制输出，致使温州南站列控中心设备控制的区间信号机错误升级保持绿灯状态……

扫码阅读全文

复习思考题

　　1. 什么叫速度-距离模式曲线控制？简述各种速度防护控制的不同点。

　　2. 简述列车运行监控装置 LKJ 的作用。

　　3. 阐述 CTCS-2 级列控系统的结构和控车原理，并从其系统组成入手，阐述每部分的功能。

　　4. 阐述 CTCS-3 级列控系统的控车原理，并从其系统组成入手，阐述每部分的功能。

　　5. 简述 RBC 系统的功能。

　　6. 说明列车运行过程中 RBC 切换的流程和工作原理。

　　7. 说明国外有哪些典型的列控系统，并阐述各自的特点。

第一节　进　路

通常，我们把列车或调车车列在站内运行时所经由的路径称作进路。

一、进路的类型与范围

进路按作业性质分为列车进路和调车进路。列车进路分为接车进路、发车进路、通过进路和转场进路。

在集中联锁车站，轨道区段是进路的基本组成单元，建立进路时要对轨道区段的空闲状态进行检查。每条进路的始端必须有相应的信号机来防护，从防护该进路的信号机至进路的终点，就是进路的范围。每一条进路都有确定的范围，始端处设置信号机，终端处也多以同方向的信号机为界，在进路终端处无信号机时，以车挡、站界标或警冲标为界，每一条进路包括若干个轨道区段，下面介绍各种进路及其范围。

进路的概念

进路的种类

进路的划分

进路的划分举例

1. 接车进路

凡是列车进站所经由的路径叫接车进路。接车进路的范围是从进站信号机至同方向的出站信号机（或进路信号机），包括咽喉区内的有关道岔区段、无岔区段和到发线。如举例站场（见附图 1）的下行 I G 接车进路，始端是下行进站信号机 X，终端是下行 I 股道上的出站信号机 X_I，进路范围从 X 至 X_I，其中包括 I 股道。

2. 发车进路

列车由车站发往区间所经由的路径叫发车进路，发车进路的范围是从出站信号机至反方向的进站信号机（区间双方向运行）或站界标（区间单方向运行）或阻拦的进路信号机，包括咽喉区内的有关道岔区段、无岔区段，不包括到发线。如举例站场（见附图 1）的上行 Ⅱ G 发车进路，始端是上行 Ⅱ G 的出站信号机 S_{II}，终端是 X_F，进路范围是由 S_{II} 至 X_F（不包括股道）。

3. 正线通过进路

列车由车站通过所经过的正线接车进路和正线同方向发车进路组成的进路，叫正线通过进路。例如，上行通过进路，由上行进站信号机 S 至上行发车口 X_F 信号机，包括上行 II G 接车进路和上行 II G 发车进路。

进路的
种类与划分

4. 调车进路

调车车列在站内进行调车作业时所经过的路径叫调车进路。调车进路的起点都是防护该进路的调车信号机，向不同去向调车终点不同。

（1）向咽喉区内某一信号点调车时，进路的终点为阻拦的调车信号机。如举例站场的 D3 至 D9 调车，始端是 D3，终端是 D9。

（2）向到发线调车时，进路的终点为阻拦的出站兼调车信号机或进路信号机。如举例站场的 D13 至 IG 的调车进路，始端是 D13，终端是 XI。

（3）向牵出线、停车线等尽头线调车时，进路的终点为车挡。

（4）向设有进站信号机的接车线路口调车时，进路的终点为反方向的进站信号机。

（5）向某一专用线或其他线路方向调车时，进路的终点一般为反方向的高柱调车信号机或规定的专用线或其他线路与车站的分界点。

调车进路有短调车进路和长调车进路。由一架信号机防护的调车进路为短调车进路或单元调车进路。由两架或两架以上信号机防护的进路，即由两段或两段以上的单元调车进路组合而成的调车进路称为长调车进路。如举例站场的 D3 至 IG 的调车进路，是由 D13 至 IG、D9 至 D13、D3 至 D9 三段单元调车进路构成的长调车进路。

长调车进路与短调车进路，不是指进路的长度的长与短，而是指调车进路中同方向调车信号机是一架还是多架。

5. 基本进路和变更进路

无论是列车进路还是调车进路，有时在进路的起点和终点之间有两条或两条以上不同的路径可以走，通常规定一条路径为基本进路，其他的为变更进路。一般选择其中一条路径最短、经过道岔最少、对其他进路影响最小的路径为基本进路，基本进路以外的其他进路都叫作变更进路。

如举例站场中，下行往 III G 接车的进路有 3 条，一条经由道岔 5/7 反位、9/11 定位、23/25 定位到 III G 的进路，一条经由道岔 5/7 定位、9/11 反位、23/25 定位到 III G 的进路，一条经由道岔 5/7 定位、9/11 定位、23/25 反位到 III G 的进路。规定经由道岔 23/25 反位到 III G 的进路为基本进路比较合适，同时还可以办理 5G 和北京东郊方向的接发车进路，另外两条就是变更进路。

二、进路状态

根据进路是否建立，可以将进路状态分成锁闭状态和解锁状态。

当进路处于锁闭状态时，进路上的所有道岔都被锁闭在规定位置，不能转换，防护进路的信号机才能开放，列车才能驶入该进路。

当进路处于解锁状态时，进路上的道岔可以转换，防护进路的信号机不能开放，不允许列车驶入该进路。

三、进路控制过程

要保证列车在站内行车安全，就必须保证列车所运行的进路安全，即防护该进路的信号机开放之前，将进路锁闭，再让列车通过进路。当列车通过进路之后，将防护进路的信号机关闭，并将进路解锁，以便排列其他进路。这种将进路由解锁状态转换为锁闭状态，由锁闭状态转换为解锁状态的控制过程，叫作进路的控制过程。

进路控制过程可分为进路建立过程和进路解锁过程。进路建立过程是从按压进路始端、终端按钮开始到防护该进路的信号机开放这一阶段。进路解锁过程指从列车或调车车列驶入信号机内方到出清进路中全部道岔区段并解锁的这一阶段。

1. 进路建立过程

进路建立过程可进一步分解成以下 5 个阶段：

（1）操作阶段。在办理进路时，操作人员按压进路的始端按钮和终端按钮，以确定进路的范围、方向和性质（指列车进路，还是调车进路）。

（2）选岔（路）阶段。根据已确定的进路范围，自动选出与进路有关的道岔，并确定它们符合进路开通的位置。

（3）道岔转换阶段。将选出的道岔转换到所需的位置。

（4）进路锁闭阶段。道岔转换完毕后，将有关道岔和敌对进路予以锁闭，确保行车安全。

（5）开放信号阶段。给出允许信号，指示列车或车列驶入进路。

2. 进路的解锁过程

进路的解锁过程是指将已被锁闭的道岔和敌对进路予以解锁。

进路的锁闭和解锁是两个极为重要的阶段。但比较起来，进路解锁尤为重要。因为进路因故不锁闭，信号不开放，这是安全的。即使错误锁闭了某一进路，也只是导致计划中的进路不能建立，影响运输效率。而已被锁闭的进路一旦错误解锁了，就意味着进路上的道岔可以转换，敌对进路可以建立，显然这可能会危及行车安全。

进路解锁过程分为两个阶段：

1）列车或车列未驶入进路阶段

在装有电气集中联锁设备的车站上，各个信号机的外方均装设一段轨道电路（对于列车接车进路和正线发车进路的接近区段应不小于列车制动距离 800 m；对于调车进路应不小于 25 m）作为接近区段。

当列车或车列尚未驶入接近区段时，允许值班人员立即使进路解锁而不会危及行车安全，这种解锁方式称为取消进路。当列车或车列已驶入接近区段时，若允许人工的"立即使进路解锁"，则可能因列车或车列来不及在信号机前面停下来而闯入进路，从而造成行车事故。因此，当接近区段有车时要人工使进路解锁，这就必须从信号关闭时算起，延迟一定时间后进路才可解锁。这段延迟时间是列车或车列司机看到停车信号后能够使车停下所需要的时间。目前规定，人工延时解锁的延迟时间对于列车进路为 3 min，对于调车进路为 30 s。

习惯上称人工延时解锁为人工解锁。

2）列车或车列驶入进路阶段

列车或车列驶入进路，只要列车或车列驶过进路中的道岔区段后，进路就可自动解锁。习惯上称这种解锁方式为正常解锁。

当进行转线调车作业时，整个调车进路分为牵出进路和折返进路。当调车车列驶入牵出进路后，只要整个车列运行到折返信号机的前方，就可建立折返进路。若车列没有完全通过牵出进路上的道岔区段而中途返回了，会导致牵出进路上的部分道岔区段不能按正常解锁方式解锁。为此，需要一种特殊的解锁方法，使牵出进路上未能正常解锁的区段也能自动解锁。习惯上称这种解锁方式为中途折返解锁或中途返回解锁。

当列车或车列通过了道岔区段或者调车车列已经折返，道岔区段本应自动解锁，但若在列车或车列运动过程中某段轨道电路工作不正常，破坏了自动解锁的条件，而使进路不能解锁，就需要操作人员介入使进路解锁，习惯上称这种解锁方式为故障解锁。

第二节　车站联锁关系

在车站内有许多线路，这些线路通过道岔连接，根据道岔的不同位置组成不同的进路，列车或车列是否能进入进路，是用信号机来指挥的。如果信号机显示的信号是指示列车或车列进入某一股道，而道岔的开通位置却是开通另一股道，就有发生行车事故的危险。列车或车列在站内运行必须依据信号机的显示条件来进行，信号机的显示与所建立的进路相符合。如进路上的轨道区段有车占用或道岔位置不正确，进路不能建立，信号不能开放；信号开放后，进路内的道岔不能再转换，与此进路有关联的其他信号不能再开放。这都属于联锁关系包括的基本内容。下面从四个方面加以介绍。

一、进路与道岔之间的联锁关系

1. 建立进路对道岔的要求

建立一条进路时，与进路有关的道岔锁闭在规定位置才能开放信号，如果与进路相关道岔开通位置不对，不允许开放信号。信号开放后，与进路相关的道岔必须被锁闭在规定的位置，进路解锁前不允许转换。如举例站场建立下行 IG 接车进路时，检查 1/3、5/7、9/11、13/15、17/19、23/25 号道岔在定位；建立上行 5G 往北京东郊方向发车进路时，检查 5/7、9/11、13/15 号道岔在定位，21 号道岔在反位。检查道岔在定位，直接标明道岔号码；检查道岔在反位，则在道岔号码外面加 "（ ）"，如 21 号道岔反位，记作 "（21）"。

单线与双线车站
道岔定位的规定

2. 防护道岔和带动道岔

1）防护道岔

为了保证作业安全，建立一条进路时，有时需要将不在所排进路上的道岔处于防护位置并予以锁闭，这种道岔称为防护道岔。

经由交叉渡线的一组双动道岔反位排列进路时，应使与其交叉的另一组道岔防护在定位。如举例站场上行 5G 发车时，1/3、9/11、21 号道岔需锁在反位，尽管 13/15 号道岔不在该进路上，但仍然要求 13/15 号道岔必须锁闭在定位，以防止 9/11 号道岔和 13/15 号道岔同时反位，在交叉渡线处造成车列的侧面冲突。

防护道岔标记为道岔号码外加"[ ]"。如果将 13/15 号道岔防护在定位，记作"[13/15]"；如果防护在反位，记作"[（13/15）]"。

2）带动道岔

为了满足平行作业的需要，排列进路时需要把某些不在进路上的道岔带动至规定位置，并对其锁闭，这种道岔称为带动道岔。

如举例站场下行 4G 接车时，要求 5/7、1/3、9/11、13/15 号道岔在定位，17/19、27 号道岔在反位。虽然 23/25 号道岔不在该进路内，但考虑平行作业的需要，需将其带动至定位。因 17 号道岔与 23 号道岔同属一个轨道区段 17-23DG，若 23/25 号道岔反位时建立下行 4G 接车进路，它就被锁在反位，不能再排经 23/25 定位的进路。如北京东郊方面至Ⅲ的接车进路须等 17-23DG 解锁后才能建立，这就影响了平行作业的进行，降低了效率。如果在建立下行 4G 接车进路时，将 23/25 带动至定位，就能满足平行作业的要求。

带动道岔标记为道岔号码外加"{ }"。如果将 23/25 号道岔带动至定位，记作"{23/25}"；如果将 23/25 号道岔带动至反位，记作"{（23/25）}"。

必须注意，防护道岔与带动道岔不同，对防护道岔必须进行联锁条件的检查，防护道岔不在防护位置，进路就不能建立。对带动道岔则无须进行联锁条件检查，能带动到规定位置就带动，带动不到也不影响进路的建立，它不涉及安全，只是影响效率。

二、进路与进路之间的联锁关系

1. 抵触进路

建立一条进路时，另外一条进路与该进路有重叠部分，如果两条进路经过的道岔位置不同，且在同一时间只能建立起一条进路。任何一条进路锁闭后，在其未解锁前，因为把有关的道岔锁住了，不可能再建立其他的进路。我们把这种用道岔位置可以区分的进路叫作抵触进路。

如举例站场中 D3 调车至 D9（检查 5/7 道岔定位）与 D3 调车至 D11（检查 5/7 道岔反位）就互为抵触进路，因为 5/7 不可能同时既在定位又在反位。

既然抵触进路不能同时建立，那么在抵触进路之间就不需要采取锁闭措施，没有必要列在联锁表内，也就是说在联锁表中不考虑抵触进路。

2. 敌对进路

同时建立有可能发生危险的任意两条进路互为敌对进路。如举例站场中下行 IG 接车进路和上行 IG 接车进路。

下列进路规定为敌对进路：

（1）同一到发线上对向的列车进路与列车进路。

（2）同一到发线上对向的列车进路与调车进路。

（3）同一咽喉区内对向重叠的列车进路。

（4）同一咽喉区内对向重叠的调车进路。

（5）同一咽喉区内对向重叠或顺向重叠的列车进路与调车进路。

（6）进站信号机外方列车制动距离内接车方向为6‰的下坡道，而在该下坡道方向的接车线末端未设有线路隔开设备时，该下坡道方向的接车进路与对方咽喉的接车进路，非同一到发线上顺向的发车进路以及对方咽喉的调车进路。

（7）防护进路的信号机设在侵限绝缘处，禁止同时开通的进路。

一些特殊情况的对向调车进路允许同时建立：

同一到发线上对向的调车进路允许同时建立，这样对调车作业较多的车站可提高作业效率。需要注意，在咽喉区内两端同时向同一无岔区段调车则属于敌对进路。

在任意时刻敌对进路必须互相照查，不得同时建立。

三、进路与信号机之间的联锁关系

由于任何一条进路的始端都有信号机防护，如果建立一条进路时，能保证与该进路相敌对的进路的防护信号机不开放，自然就排除了敌对进路建立的可能。下面介绍进路与信号机之间的联锁。

1. 敌对信号

敌对信号就是敌对进路的防护信号，检查了敌对信号未开放，就防止了敌对进路的同时建立。

电气集中电路是按咽喉来设计的，这里的敌对信号是指本咽喉的敌对信号，不包括对方咽喉的敌对进路的防护信号。对方咽喉的敌对进路的防护通过检查迎面进路的方式来实现。

为保证行车安全，建立一条进路，如果该进路的敌对信号未关闭时，防护该进路的信号机不能开放，否则可能造成列车或车列的冲突。信号开放后，与该进路敌对的信号也必须被锁闭在关闭状态，在该进路解锁前不能再开放。

2. 条件敌对信号

建立一条进路时，防护另一条进路的信号机，有时不允许其开放，即为敌对信号；在某些特定的条件下又允许其开放，即为非敌对信号，我们称这样的信号为条件敌对信号。

如举例站场中，D1 至 D15 的调车进路，D5 所防护的进路与上述进路为敌对进路，因此 D5 为敌对信号。SⅡ信号机防护的进路可以经由 17/19 道岔反位，也可经由 17/19 道岔定位至 D5，由于无岔区段一般较短，禁止同时由两个方向向该无岔区段调车，即 D1 至 D15 与 SⅡ 至 D5 的调车进路是敌对进路。但是，这两条敌对进路，只是道岔 17/19 在定位时才构成，反之则构不成。这种有条件的敌对进路在敌对信号栏记作 "<17/19>SⅡ"。

四、进路与轨道区段的联锁关系

为了保证行车安全，建立一条进路时，必须检查确保有关轨道区段空闲时才能开放信号。信号开放过程中，必须始终监督有关轨道区段的空闲情况。

下面分析对轨道区段空闲检查的情况：

（1）建立列车进路时，必须检查进路范围内各轨道区段的空闲。

（2）建立调车进路时，当调车进路最末区段为股道或无岔区段时，为了保证机车连挂或取送车辆的需要，尽管这些区段在调车进路的范围内，当股道或无岔区段有车占用时，允许向其排列进路，不检查其空闲。

（3）当有侵限绝缘时，经侵限绝缘一侧的轨道区段建立进路时，要对侵限绝缘相邻的另一区段进行有条件的检查，既要保证平行作业，又要防止发生侧面冲突。如举例站场的 21 号道岔和 25 号道岔之间设有侵限绝缘，当建立经由 21 号道岔反位的进路时，如果 23/25 号道岔在定位，必须检查 25DG 的空闲；如果 23/25 号道岔在反位，不需要检查 25DG 的空闲，即对 25DG 进行条件检查。同理，当建立经由 23/25 号道岔反位的进路时，也要对 21 号道岔进行条件检查。对侵限绝缘相邻区段的条件检查的标记与条件敌对相似，即区分条件用 "< >" 加在被检查区段的名称前面，如 "<23/25>25DG"，表示如果 23/25 道岔在定位，需要检查 25DG 空闲。

综上所述，建立一条进路必须检查的基本联锁条件有：进路空闲、道岔位置正确且被锁在正确的位置、敌对进路未建立且锁在未建立状态。只有实时对这些联锁条件进行检查，才能保证行车作业安全。

第三节　联锁图表

联锁图表是车站联锁设备间联锁关系的说明，采用图和表的形式来表示。它由信号平面布置图和联锁表两部分组成。联锁图表说明车站信号设备之间的联锁关系，显示了进路、道岔、信号机以及轨道电路区段之间的基本联锁内容。电路设计是根据联锁图表的要求严密进行的，联锁试验和竣工验收时也以联锁图表作为检查工程质量的重要依据。因此，联锁图表必须认真编制，避免任何差错和遗漏。

一、信号平面布置图

信号平面布置图是编制联锁表的主要依据，为满足编制联锁表的需要，信号平面布置图上应有以下主要内容：

（1）联锁区范围内的线路及非联锁区中与联锁区有密切联系的线路布置和编号，正线应以粗线标出。

（2）正线和到发线的接车方向，区间线路及机车走行线的运行方向。车站线路应以箭头表示其接车方向，双线双向运行时，实心箭头指示正方向，空心箭头指示反方向。

（3）联锁区范围内所有道岔的定位状态。

（4）信号机、信号表示器、轨道电路区段（含股道和无岔区段）等有关设备及其编号及符号。

（5）信号机的灯光配列。

（6）轨道区段的划分，对不与信号机并置和不是渡线上的绝缘节，应标出其坐标，侵限绝缘应用圆圈标出。

（7）与信号机位置有关的以及侵限绝缘处的警冲标坐标。

（8）信号楼（或车站值班员室）设置位置，并标出其中心公里标，联锁道岔和信号机距信号楼（或车站值班员室）中心的距离。

（9）进站信号机外方制动距离内接车方向平均换算坡度超过 6‰的线路下坡道示意图。

（10）站内的位置、宽度及线路间距，信号楼外墙至线路中心的距离。

举例站场的信号平面布置图如附图 1 所示。

信号平面布置图

顺向道岔与
对向道岔

二、联锁表

联锁表是根据车站信号平面布置图所展示的线路、道岔、信号机、轨道电路区段等情况，按规定的原则和格式编制的。联锁表以进路为主体，逐条把排列进路需要按压的按钮、防护该进路的信号机名称和显示、进路要求检查并锁闭的道岔编号和位置、进路应检查的轨道电路区段名称，以及与所排进路敌对的信号填写清楚。

联锁表有以下栏目：

（1）方向栏：填写进路性质（包括通过、接车、发车、转场、调车和延续进路）及运行方向。

（2）进路号码栏：按全站列车进路和调车进路顺序编号，也可按咽喉区、场分别编号。通过进路由正线接、发车进路组成，不另编号，仅将接发车进路号码以分数形式填写。例如，接车进路号码为 2，发车进路为 8，通过进路就写作"2/8"。

（3）进路栏：逐条列出联锁范围内的全部列车和调车的基本进路。在较大车站，列车进路同时存在两种以上方式时，除列出基本进路外，还需列出一条变通进路作为第二种进路方式。

进路栏的写法如下：

① 列车进路。

列车接至×股道时，应写作"至×股道"；

列车由×股道发车时，应写作"由×股道"；

通过进路应写作"经×股道向××方面通过"。

② 调车进路。

由 D××信号机调车时，应写作"由 D××"；

调车至某一顺向调车信号机时，应写作"至 D××"；

调车至×股道时，应写作"至×股道"；

向尽头线、专用线、机务线、双线出口等处调车时，应写作"向 D××"；

当进站信号机内方仅能作调车终端时，应写作"至××进站信号机"。

（4）排列进路按下按钮栏：顺序填写排列进路时应按下的始端按钮名称和终端按钮名称。

（5）确定运行方向道岔栏：当有两种以上方式运行时，为了区别开通的进路，填写关键对向道岔的位置。

（6）信号机栏：填写排列该进路时开放的信号机名称及其显示。色灯信号机按显示颜色表示，进路表示器一般以左、中、右区分，如超过三个方向以两组进路表示器组合后的灯位分别表示。

（7）道岔栏：顺序填写进路中所包括的全部道岔及防护道岔和带动道岔的编号和位置。其填写方式如：1/3，表示将 1/3 号道岔锁在定位；(5/7)，表示将 5/7 号道岔锁在反位；[9/11]，表示将 9/11 号道岔防护在定位；[（9/11）]，表示将 9/11 号道岔防护在反位；{23/25}，表示将 23/25 号道岔带动到定位；{（23/25）}，表示将 23/25 号道岔带动到反位。

（8）敌对信号栏：填写排列进路的全部敌对信号。

其填写方式举例如下：

列车兼调车信号机的填写方式：S3，表示 S3 信号机的列车信号和调车信号均为所排进路的敌对信号；S3L，表示 S3 信号机的列车信号为所排进路的敌对信号；S3D，代表 S3 信号机的调车信号为所排进路的敌对信号。

调车信号机的填写方式：D1，表示 D1 信号机为所排进路的敌对信号。

有条件敌对时的填写方式：<1>D1，表示经 1 号道岔定位的 D1 信号机为所排进路的敌对信号；<（3）>S3L，表示经 3 号道岔反位的 S3 信号机的列车信号为所排进路的敌对信号。

（9）轨道电路区段栏：顺序填写排列进路时应检查的轨道电路区段名称。

其填写方式举例如下：

3DG，表示排列进路时须检查 3DG 区段的空闲；<21>21DG，表示当 21 号道岔在定位时排列进路须检查侵限绝缘区段 21DG 区段空闲。

（10）迎面进路栏。

填写同一到发线（或场间联络线）上对向列车、调车进路的敌对关系，以及线路区段名称表示。

（11）其他联锁栏。

非进路调车：F，表示所排进路与非进路调车敌对。当有多处非进路调车时，以 F1、F2……表示。

得到同意：T，表示由本联锁区向其他区域排列进路需要取得对方同意。

延续进路：Y，表示所排接车进路延续至另一咽喉线路末端。

闭塞：BS，表示所排发车进路与邻站间的闭塞关系（含各种闭塞）。

（12）非进路联锁的联系关系应单独列表，包括非进路调车的进路上应锁闭的道岔编号及位置、进路上应开放的信号机、检查侵限绝缘区段及照查关系（敌对信号）。

表 8-1 为举例站场的联锁表，表中只列出下行咽喉的各列车进路和调车进路。

表8-1　平面布置联锁表

进路号码	方向	进路	进路方式	排列进路按下按钮	确定运行方向道岔	信号机名称	信号机显示	表示器	道岔	敌对信号	轨道区段	迎面进路列车	迎面进路调车	其他联锁
1	列车进路　接车　东郊方面	至5股道		XDLA、S5LA		XD	U、U		5/7、9/11、13/15、(21)	D11、S5	7DG、11-13DG、21DG、<23/25>25DG、5G	5G	5G	
2		至Ⅲ股道	1	XDLA、SⅢLA	13	XD	U		5/7、9/11、13/15、21、23/25	D11、SⅢ	7DG、11-13DG、21DG、25DG、ⅢG	ⅢG	ⅢG	
3		至Ⅲ股道	2	XDLA、D13A、SⅢLA	(13)	XD	U		5/7、(13/15)、[9/11]、17/19、(23/25)	S3	7DG、11-13DG、9-15DG、<21>21DG、17-23DG、25DG、ⅢG	ⅢG	ⅢG	
4		至1股道		XDLA、S1LA		XD	U、U		5/7、[9/11]、(13/15)、17/19、23/25	D11、D13、S1	7DG、11-13DG、9-15DG、17-23DG、1G	ⅠG	ⅠG	
5		至Ⅱ股道		XDLA、SⅡLA		XD	U、U		5/7、[9/11]、(13/15)、{23/25}、27	D11、D13、SⅡ	7DG、11-13DG、9-15DG、17-23DG、19-27DG、ⅡG	ⅡG	ⅡG	
6		至4股道		XDLA、S4LA		XD	U、U		5/7、[9/11]、(13/15)、{23/25}、(27)	D11、D13、S4	7DG、11-13DG、9-15DG、19-27DG、4G	4G	4G	
7	列车进路　发车　东郊方面	由5股道		S5LA、XDLA		S5	L	B-C	(21)、13/15、9/11、5/7	D11、XD、S5D	21DG、<23/25>25DG、11-13DG、7DG			BS
8		由Ⅲ股道	1	SⅢLA、XDLA	25	SⅢ	L	B-C	23/25、21、13/15、9/11、5/7	D11、XD、SⅢD	25DG、21DG、11-13DG、7DG			BS
9		由Ⅲ股道	2	SⅢLA、D13A、XDLA	(25)	SⅢ	L	B-C	(23/25)、17/19、(13/15)、[9/11]、5/7	D11、D13、XD、SⅢD	25DG、<21>21DG、9-15DG、11-13DG、7DG			BS
10		由Ⅰ股道		S1LA、XDLA		S1	L	B-C	23/25、17/19、(13/15)、[9/11]、5/7	D11、D13、XD、S1D	17-23DG、9-15DG、11-13DG、7DG			BS
11		由Ⅱ股道		SⅡLA、XDLA		SⅡ	L	B-C	27、(17/19)、{23/25}、[13/15]、[9/11]、5/7	D13、D11、XD、S1D	19-27DG、17-23DG、11-13DG、7DG			BS
12		由4股道		S4LA、XDLA		S4	L	B-C	(27)、(17/19)、{23/25}、[13/15]、[9/11]、5/7	D13、D11、XD、SⅡD	19-27DG、17-23DG、11-13DG、7DG			BS
13	列车进路　正方向发车　北京方面	由5股道		S5LA、XFLA		S5	L或LU、U	B-A	(21)、[13/15]、(9/11)、(1/3)	D9、D7、S5D	21DG、<23/25>25DG、ⅠDG、<5/7>5DG、ⅡAG			BS
14		由Ⅲ股道		SⅢLA、XFLA	(25)	SⅢ	L或LU、U	B-A	(23/25)、17/19、(13/15)、9/11、(1/3)	D7、D1、XF、SⅢD	25DG、<21>21DG、3DG、ⅠDG、<5/7>5DG、ⅡAG			BS
15		由Ⅲ股道	2	SⅢLA、BA、XFLA	(11)	SⅢ	L或LU、U	B-A	23/25、21、[13/15]、(9/11)、(1/3)	D9、D7、D1、XF、SⅢD	25DG、21DG、11-13DG、3DG、ⅠDG、<5/7>5DG、ⅡAG			BS

续表

方向	列车进路	进路	进路方式	排列进路按下按钮	确定运行方向道岔	信号机名称	信号机显示	表示器	道岔	敌对信号	轨道区段	迎面进路列车	迎面进路调车	其他联锁	进路号码
北京方面 列车进路	正方向发车	由I股道		S_ILA、X_FLA		S_I	L或LU或U	B-A	23/25、17/19、13/15、9/11、(1/3)	D_{13}、D_9、D_7、D_1、X_F、S_ID	17-23DG、9-15DG、3DG、<5/7>5DG、IIAG			BS	16
		由II股道	1	S_{II}LA、X_FLA	19	S_{II}	L或LU或U	B-A	27、17/19、1/3	D_{15}、D_5、D_1、X_F、S_{II}D	19-27DG、1/19WG、1DG、IIAG			BS	17
		由II股道	2	S_{II}LA、D7A或D9A、X_FLA	(19)	S_{II}	L或LU或U	B-A	27、{23/25}、(17/19)、13/15、9/11、(1/3)	D_9、D_7、D_1、X_F、S_{II}D	19-27DG、17-23DG、9-15DG、3DG、1DG、<5/7>5DG、IIAG			BS	18
		由4股道	1	S_4LA、X_FLA	19	S_4	L或LU或U	B-A	(27)、17/19、1/3	D_{15}、D_5、D_1、X_F、S_{II}D	19-27DG、1/19WG、1DG、IIAG			BS	19
		由4股道	2	S_4LA、D7A或D9A、X_FLA	(19)	S_4	L或LU或U	B-A	(27)、{23/25}、(17/19)、13/15、9/11、(1/3)	D_9、D_7、D_1、X_F、S_4D	19-27DG、17-23DG、9-15DG、3DG、1DG、<5/7>5DG、IIAG			BS	20
	反方向发车	由5股道	1	S_5LA、XLA	(7)	S_5	L	B-B	(21)、9/11、13/15、(5/7)	D_{11}、D_3、X、S_5D、X	21DG、<23/25>25DG、11-13DG、7DG、<1/3>3DG、IAG			BS	21
		由5股道	2	S_5LA、D7A或D9A、XLA	(11)	S_5	L	B-B	(21)、[13/15]、(9/11)、1/3、5/7	D_9、D_7、D_3、X、S_5D	21DG、<23/25>25DG、11-13DG、9-15DG、3DG、5DG、IAG			BS	22
		由III股道	1	S_{III}LA、XLA	(25)	S_{III}	L	B-B	(23/25)、17/19、13/15、1/3、5/7	D_9、D_7、D_3、X、S_{III}D	25DG、<21>21DG、17-23DG、9-15DG、3DG、5DG、IAG			BS	23
		由III股道	2	S_{III}LA、BA、XLA	(11)	S_{III}	L	B-B	23/25、21、[13/15]、(9/11)、1/3、5/7	D_9、D_7、D_3、X、S_{III}D	25DG、21DG、11-13DG、9-15DG、3DG、5DG、IAG			BS	24
		由I股道	1	S_ILA、XLA		S_I	L	B-B	23/25、17/19、13/15、9/11、(1/3)	D_{13}、D_9、D_7、D_3、X、S_ID	19-27DG、17-23DG、9-15DG、3DG、5DG、IAG			BS	25
		由II股道	1	S_{II}LA、XLA		S_{II}	L	B-B	27、(17/19)、13/15、1/3、5/7	D_9、D_7、D_3、X、S_{II}D	19-27DG、17-23DG、9-15DG、3DG、5DG、IAG			BS	26
		由4股道	1	S_4LA、XLA	(5)	S_4	L	B-B	(27)、(17/19)、13/15、9/11、1/3、5/7	D_9、D_7、D_3、X、S_4D	19-27DG、17-23DG、9-15DG、3DG、5DG、IAG			BS	27
	正方向接车	至5股道	1	XLA、S_5LA	(5)	X	U、U	B-B	(5/7)、9/11、13/15、(21)	D_3、D_{11}、S_5	IAG、5DG、<1/3>3DG、7DG、11-13DG、21DG、<23/25>25DG、5G	5G	5G		28
		至5股道	2	XLA、D7A或D9A、S_5LA	(9)	X	U、U		5/7、1/3、(9/11)、[13/15]、(21)	D_3、D_7、D_9、S_5	IAG、5DG、3DG、9-15DG、11-13DG、<23/25>25DG、5G	5G	5G		29
		至III股道	1	XLA、S_{III}LA	(23)	X	U、U		5/7、1/3、9/11、13/15、17/19、(23/25)	D_3、D_{13}、D_9、S_{III}	IAG、5DG、3DG、9-15DG、<21>21DG、17-23DG、25DG、IIIG	IIIG	IIIG		30

续表

方向		进路	进路方式	排列进路按下按钮	确定运行方向道岔	信号机 名称	信号机 显示	表示器	道岔	敌对信号	轨道区段	迎面进路 列车	迎面进路 调车	其他联锁	进路号码
列车进路	正方向接车	至Ⅲ股道	2	XLA、$D_{11}A$ 或 BA、$S_{III}LA$	(5)	X	U、U		(5/7)、13/15、9/11、17/19、21、23/25	D_3、D_{11}、S_{III}	IAG、5DG、<1/3>3DG、7DG、11-13DG、21DG、25DG、ⅢG	ⅢG	ⅢG		31
		至1股道		XLA、S_1LA		X	U		5/7、1/3、9/11、13/15、17/19、23/25	D_3、D_7、D_{13}、S_1	IAG、5DG、3DG、9-15DG、17-23DG、IG	IG	IG		32
		至Ⅱ股道		XLA、$S_{II}LA$		X	U、U		5/7、1/3、9/11、13/15、{17/19}、{23/25}、27	D_3、D_7、D_9、D_{13}、S_{II}	IAG、5DG、3DG、9-15DG、17-23DG、19-27DG、ⅡG	ⅡG	ⅡG		33
		至4股道		XLA、S_4LA		X	U、U		5/7、1/3、9/11、13/15、{17/19}、{23/25}、(27)	D_3、D_7、D_9、D_{13}、S_4	IAG、5DG、3DG、9-15DG、17-23DG、19-27DG、4G	4G	4G		34
	北京方面 反方向接车	至5股道	1	X_FLA、S_5LA		X_F	U、U		(1/3)、(9/11)、[13/15]、(21)	D_1、D_7、D_9、S_5	ⅡAG、1DG、3DG、<5/7>5DG、9-15DG、11-13DG、21DG、<23/25>25DG、5G	5G	5G		35
		至Ⅲ股道	2	X_FLA、$S_{III}LA$	(23)	X_F	U、U		(1/3)、9/11、13/15、17/19、(23/25)	D_1、D_7、D_9、S_{III}	ⅡAG、1DG、3DG、<5/7>5DG、9-15DG、<21>21DG、25DG、ⅢG	ⅢG	ⅢG		36
		至Ⅲ股道		X_FLA、BA、$S_{III}LA$	(9)	X_F	U、U		(1/3)、(9/11)、[13/15]、21、23/25	D_1、D_7、D_9、S_{III}	ⅡAG、1DG、3DG、<5/7>5DG、9-15DG、11-13DG、21DG、25DG、ⅢG	ⅢG	ⅢG		37
		至1股道	1	X_FLA、S_1LA	1	X_F	U		(1/3)、9/11、13/15、17/19、23/25	D_1、D_5、D_{13}、S_1	ⅡAG、1DG、3DG、<5/7>5DG、9-15DG、17-23DG、IG	IG	IG		38
		至Ⅱ股道	2	X_FLA、$S_{II}LA$	(1)	X_F	U		1/3、17/19、27	D_1、D_7、D_{13}、S_{II}	ⅡAG、1DG、1/19WG、19-27DG、ⅡG	ⅡG	ⅡG		39
		至Ⅱ股道	2	X_FLA、D_7A 或 D_9A、$S_{II}LA$	(1)	X_F	U		(1/3)、9/11、13/15、{23/25}、27	D_1、D_5、D_{13}、S_{II}	ⅡAG、1DG、3DG、<5/7>5DG、9-15DG、17-23DG、19-27DG、ⅡG	ⅡG	ⅡG		40
		至4股道	1	X_FLA、S_4LA	1	X_F	U、U		1/3、17/19、(27)	D_1、D_5、D_{15}、S_4	ⅡAG、1DG、1/19WG、19-27DG、4G	4G	4G		41
		至4股道	2	X_FLA、D_7A 或 D_9A、S_4LA	(1)	X_F	U、U		(1/3)、9/11、13/15、{23/25}、(27)	D_1、D_7、D_9、S_4	ⅡAG、1DG、3DG、<5/7>5DG、9-15DG、17-23DG、19-27DG、4G	4G	4G		42
	通过天津方面	经I股道		XTA、S_FLA		X/X_1	L或LU/L 或 LU 或 U	B-B	5/7、1/3、17/19、23/25、16、6/8、10/12、2/4	D_3、D_7、D_{13}、S_1、X_1D、D_{12}、D_{10}、D_8、S_F	IAG、5DG、3DG、9-15DG、17-23DG、IG、16-18DG、8-10DG、4DG	IG	IG	BS	32/87

续表

方向	进路股道方面	进路方式 排列进路按下按钮	确定运行方向道岔	信号机 名称	信号机 显示	表示器	道岔	敌对信号	轨道区段	迎面进路 列车	迎面进路 调车	其他联锁	进路号码
通过	经II股道方天津面	XFTA、SLA		XF/XII	UL	B	1/3、17/19、27、14、10/12、6/8	D1、D5、D15、SII、XIID、D6、S	IIAG、1DG、1/19WG、19-27DG、IIG、14DG、6-12DG、IIBG	IIG	IIG	BS	39/98
由 调车进路 D1	至D9	D1A、D7A		D1	B		(1/3)	XF、D7、(11)/S5L、<25>SIIIL、<15>SIL、<15>S4L	1DG、3DG、<5/7>5DG				43
	至D15	D1A、D5A		D1	B		1/3	XF、D5、<19>SIIL、<19>S4L	1DG				44
D3	至D9	D3A、D7A		D3	B		5/7、1/3	XF、D7、(11)/S5L、<15>SIIL、<15>SIL、SIIL、<15>S4L	5DG、3DG				45
	至D11	D3A、D11A		D3	B		(5/7)	X、<1>S5D、<7>SIIID、<(15)>S1D、<(15)>SIIID、<(15)>S4D	5DG、<1/3>3DG				46
D5	向D1	D5A、D1A		D5	B		1/3	D1<19>S4L、<19>S4L、XF	1DG				47
D7	向D1	D7A、D1A		D7	B		(1/3)	D1、<(11)>S5L、<15>SIIL、<15>SIL、<15>S4L、IIL、<15>S4L、XF	3DG、1DG、<5/7>5DG				48
	向D3	D7A、D3A		D7	B		1/3、5/7	D3、<(11)>S5L、SIIL、<15>SIL、<15>S4L、X	3DG、5DG				49
D9	至5股道	D9A、S5DA		D9	B		(9/11)、(21)	S5、X、<(1)>XF	9-15DG、11-13DG、21DG、<23/25>25DG	5G			50
	至3股道	D9A、S3DA		D9	B		(9/11)、[13/15]、21、23/25	SIII、X、<(1)>XF	9-15DG、11-13DG、21DG、25DG	IIIG			51
	至D13	D9A、D13A		D9	B		9/11、13/15	<5>X、<(1)>XF、<(11)>S5、<(19)>SIII、S1、<(19)>S1、<(19)>S4	9-15DG				52
D11	至5股道	D11A、S5DA		D11	B		9/11、13/15、(21)	S5、XD、<(5)>X	11-13DG、21DG、<23/25>25DG	5G			53
	至3股道	D11A、SIIIDA		D11	B		9/11、13/15、21、23/25	SIII、XD、X	11-13DG、21DG、25DG	IIIG			54
	至D13	D11A、D13A		D11	B		[9/11]、(13/15)	X、XD、<(13/15)>SIIIL、S1、<(19)>S4	11-13DG、9-15DG				55
D13	至III股道	D13A、SIIIDA		D13	B		17/19、(23/25)	X、<(13)>XD、<9>X、SIII	17-23DG、25DG	IIIG			56
	至1股道	D13A、S1DA		D13	B		17/19、23/25	S1、<(13)>XD、<9>XF	17-23DG	IG			57

续表

方向	进路	进路方式	排列进路按下按钮	确定运行方向道岔	信号机名称	显示	表示器	道岔	敌对信号	轨道区段	列车	调车	其他联锁	进路号码
D_{13}	至Ⅱ股道		$D_{13}A$、$S_{II}DA$		D_{13}	B		(17/19)、{23/25}、27	S_{II}、<(13)>X_D、<9>X、<9>X_F	17-23DG、19-27DG	ⅡG			58
	至4股道		$D_{13}A$、S_4DA		D_{13}	B		17/19、{23/25}、(27)	S"<(13)>XD、<9>X、<9>X_F	17-23DG、19-27DG		4G		59
D_{15}	至Ⅱ股道		$D_{15}A$、$S_{II}DA$		D_{15}	B		17/19、(27)	S_{II}、<1>X_F	19-27DG	ⅡG			60
	至4股道		$D_{15}A$、S_4DA		D_{15}	B		17/19、(27)	S_4、<1>X_F	19-27DG		4G		61
S_5D	至X_D		S_5DA、S_DDZA		S_5	B		(21)、13/15、9/11、5/7	X_D、D_{11}、S_5L	21DG、<23/25>25DG、11-13DG、7DG				62
	向D_3		S_5DA、D_3A		S_5	B		(21)、13/15、9/11、(5/7)	X、D_3、D_{11}、S_5L	21DG、<23/25>25DG、11-13DG、7DG、5DG、<1/3>3DG				63
	至D_7		S_5DA、D_9A		S_5	B		(21)、[13/15]、(9/11)	D_9、S_5L、X、<(1)>X_F	21DG、<23/25>25DG、11-13DG、9-15DG				64
$S_{III}D$	至X_D		$S_{III}DA$、S_DDZA		S_{III}	B		23/25、21、13/15、9/11、5/7	X_D、D_{11}、$S_{III}L$	25DG、5DG、21DG、11-13DG、7DG				65
	至D_7		$S_{III}DA$、D_9A		S_{III}	B		(23/25)、17/19、13/15、9/11	D_9、D_{13}、$S_{III}L$、<5>X、<(1)>X_F	25DG、<21>21DG、17-23DG、9-15DG				66
S_1D	至X_D		S_1DA、S_DDZA		S_1	B		23/25、17/19、(13/15)、[9/11]、5/7	X_D、D_{11}、D_{13}、S_1L	17-23DG、9-15DG、11-13DG、7DG				67
	至D_7		S_1DA、D_9A		S_1	B		23/25、17/19、13/15、9/11	D_9、D_{13}、<5>X、S_1L、<(1)>X_F	17-23DG、9-15DG				68
	至D_3		S_1DA、$D_{11}A$、D_3A		S_1	B		23/25、17/19、(13/15)	X、D_3、D_{11}、D_{13}、S_1L	17-23DG、11-13DG、7DG				69
$S_{II}D$	至X_D		$S_{II}DA$、S_DDZA		S_{II}	B		27、(17/19)、(13/15)、[9/11]、5/7	X_D、D_{11}、$S_{III}L$、S_1L	19-27DG、17-23DG、9-15DG、11-13DG、7DG				70
	至D_7		$S_{II}DA$、D_9A		S_{II}	B		27、(17/19)、13/15、9/11	D_9、D_{13}、$S_{III}L$、<5>X、<(1)>X_F	19-27DG、17-23DG、9-15DG				71
	至D_5		$S_{II}DA$、$D_{15}A$		S_{II}	B		27、17/19	D_{15}、$S_{III}L$、<1>D_1、<1>X_F	19-27DG				72
	至D_3		$S_{II}DA$、$D_{11}A$、D_3A		S_{II}	B		27、(17/19)、{23/25}、(13/15)、[9/11]、(5/7)	X、D_3、D_{11}、D_{13}、$S_{III}L$	19-27DG、17-23DG、11-13DG、7DG、5DG				73
S_4D	至X_D		S_4DA、S_DDZA		S_4	B		(27)、(17/19)、{23/25}、(13/15)、[9/11]、5/7	X_D、D_{11}、D_{13}、S_4L、<5>X、<(1)>X_F	19-27DG、17-23DG、9-15DG、11-13DG、7DG				74
	至D_7		S_4DA、D_9A		S_4	B		(27)、(17/19)、{23/25}、(13/15)、9/11	D_9、D_{13}、S_4L、<5>X、<(1)>X_F	19-27DG、17-23DG、9-15DG、11-13DG、7DG				75
	至D_5		S_4DA、$D_{15}A$		S_4	B		(27)、17/19	D_{15}、S_4L、<1>D_1、<1>X_F	19-27DG				76
	至D_3		S_4DA、$D_{11}A$、D_3A		S_4	B		(27)、(17/19)、{23/25}、(13/15)、[9/11]、(5/7)	X、D_3、D_{11}、D_{13}、S_4L	19-27DG、17-23DG、11-13DG、7DG、5DG				77

（由 调车进路）

第四节　电气集中联锁系统

一、电气集中联锁系统设备组成

电气（继电）集中联锁是指用继电的方法集中控制、监督全站的道岔、进路和信号机，并实现它们之间联锁关系的系统。继电集中联锁的全部联锁关系是通过继电电路实现的，联锁系统设备组成如图 8-1 所示。

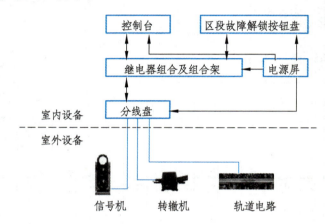

图 8-1　电气集中联锁系统设备组成示意图

由图 8-1 可知，电气集中车站的信号设备分室内、室外两大部分。室内设备主要有控制台、区段故障解锁按钮盘、继电器组合及组合架、电源屏、分线盘；室外设备主要有信号机、转辙机和轨道电路。

控制台是车站值班员指挥列车运行和调车作业的控制设备，用来控制道岔的转换和信号的开放，并对进路、信号、道岔进行监督。控制台设于信号楼控制台室或车站值班员室内。

区段人工解锁按钮盘是辅助设备，主要在更换继电器、停电恢复等情况下使设备解锁恢复电路的正常状态。另外，若道岔区段因故障不能解锁时，可以用它办理区段故障人工解锁；若设备发生故障时，用它实现对信号的强制关闭。

继电器组合及组合架是实现联锁控制的核心设备，它安放着控制和监督用的各种继电器。继电器插在继电器组合中，组合安装在组合架上，组合架设于机械室内。

电源屏是电气集中的供电装置，供给稳定、可靠、符合使用条件的各种交直流电源。要保证不间断供电，且不受电网电压波动和负荷变化的影响。

分线盘连接室内、室外设备，完成相互间的电气联系。分线盘设于机械室内。

信号机、转辙机、轨道电路作用和原理如前述。

二、电气集中联锁系统的基本工作原理

电气集中电路的结构采用站场型网络式结构。所谓站场型网络式结构就是指电路的图形结构形状模拟站场线路和道岔位置的形状。这种电路结构形式具有如下优点：

电路图形与站场形状相似，信号机、道岔和轨道电路区段可选用相应的组合类型图，只需要按照站场形状拼贴起来。每张组合类型图相当于一个模块，即电路采用模块化设计，使设计过程比较容易，使设计速度加快。

相同用途的继电器可以接在同一条网络线上，不需要反复检查同样的条件，这样既简化了电路，又减少了继电器接点，使电路动作清晰、规律性强、安全程度高。

电气集中电路主要由选择组电路和执行组电路两大部分组成，共有15条网络线。此外，还有道岔控制电路和信号机点灯电路等单元电路。

1. 选择组电路

选择组电路主要分为记录电路、选岔电路和开始继电器电路三部分。

记录电路由按钮继电器电路和方向继电器电路组成，主要作用是记录车站值班员按下按钮的动作，记录进路的性质和运行方向。

选岔电路由六条网络线组成，又称六线制选岔网络，主要作用是按照车站值班员的意图，经操纵后选出道岔的位置。

开始继电器的励磁网络是 7 线，凡是进路始端的信号机，在其信号组合里的开始继电器都接在 7 线网络上，用以检查进路的选排一致性。当进路上的道岔操纵继电器全部吸起，并且进路上的道岔都转换到规定位置给出相应的表示后，即进路的选出与进路排通一致，开始继电器方能吸起。

2. 执行组电路

执行组电路的任务如下：

（1）转换道岔——接通道岔启动电路，使道岔转换，并由道岔表示电路给出相应的道岔位置表示。

（2）锁闭进路——进路开通后检查开放信号的三项基本联锁条件，符合后锁闭进路。

（3）开放信号——进路锁闭后检查开放信号的全部联锁条件，符合后开放信号（包括引导信号）。

（4）解锁进路——当列车或车列通过进路或取消进路时完成解锁进路、取消进路、人工解锁进路、调车中途返回解锁、引导解锁以及故障解锁的任务。

（5）信息表示——在办理进路、解锁进路的过程中，控制台上有相应的表示，如进路光带、电流表、表示灯、电铃等。

执行组电路共有 8 条网络线，各网络线的主要用途如下：

（1）第 8 线为信号检查继电器 XJJ 的励磁网络线，用来预先检查开放信号的可能性，当道岔位置正确、进路空闲、未建立敌对进路，只有满足上述基本联锁条件，才能锁闭进路和开放信号。

（2）第 9 线为区段检查继电器 QJJ 和股道检查继电器 GJJ 的励磁网络。设有 Q 组合的轨道电路区段，均设有一个区段检查继电器 QJJ，当检查了本区段空闲后，本区段的 QJJ 才能吸起，实现区段锁闭。向股道建立进路时，GJJ 吸起，用它锁闭另一咽喉的迎面敌对进路。

（3）第 10 线为 QJJ 的自闭网络线。通过信号继电器 XJ 的励磁条件，使 QJJ 自闭。用来防止进路迎面错误解锁。

（4）第11线为信号继电器 XJ 的励磁网络。当全面检查了开放信号的联锁条件满足后，使 XJ 吸起。接通信号机点灯电路，开放信号。

（5）第12、13线为解锁网络，对称地接有两个进路继电器 1LJ 和 2LJ。用来实现进路锁闭，完成进路的正常解锁、取消、人工解锁、调车中途返回解锁和引导解锁等任务。

（6）第14、15线是控制台光带表示灯用的网络线。14线用于控制白光带，15线用于控制红光带。

在执行组电路中，除上述 8 条站场型网络外，还有道岔控制电路、信号机点灯电路、取消继电器电路、接近预告继电器电路、照查继电器电路、锁闭继电器电路以及各种表示灯电路、报警电路等。这些电路都不接在网络线上。

电气集中电路结构严密，虽然电路复杂，但电路动作层次分明、清晰、规律性强。电路动作应遵循以下步骤：

办理进路→进路选出→道岔转换→进路锁闭→开放信号→列车或车列进入→进路解锁。

第五节　计算机联锁

计算机联锁系统以计算机技术、控制技术和通信技术为基础，实现对车站信号设备的控制，计算机联锁的全部联锁关系是通过计算机程序实现的。它与继电集中联锁相比，具有十分明显的技术经济优势，是车站联锁设备的发展方向。近年来，先进控制技术、网络技术以及冗余容错技术的发展，使计算机联锁系统的技术水准不断提高。在铁路比较发达的国家，计算机联锁系统不再是孤立的车站信号控制系统，而是与列车控制系统、综合信息化系统融合在一起，共同完成列车运行安全保障和指挥行车的任务。

一、计算机联锁系统的功能

计算机联锁系统的功能：车站信号基本联锁功能；排列列车调车进路、引导、引导总锁闭、单操单锁、封闭道岔、单溜等；满足车站、编组场、枢纽等各种铁路信号作业要求；各种场间、站间联系与结合；信号相关设备诊断；与 CTC、TDCS、列控等系统交互信息。

二、计算机联锁系统的层次结构

现代车站联锁系统以色灯信号机、转辙机和轨道电路作为室外三大基础设备，以电气设备或电子设备实现联锁功能，并集中控制信号机和转辙机。

根据系统各主要部分的功能和设置地点的不同，系统一般分为人机会话层、联锁层、监控层（或称执行层）和室外设备层，其层次结构如图 8-2 所示。

人机会话层的设备设于车站值班室。人机会话层的功能有两个方面：一是车站值班员通过对其进行操作，向联锁层输入操作信息；二是接收联锁层输出的反映设备工作状态和行车作业情况的表示信息。

联锁层是车站联锁系统的核心，联锁层设备设在车站信号楼的机械室内。它的功能是实现联锁。联锁层除接收来自人机会话层的操作信息外，还接收来自监控层的反映信号机、转辙机和轨道电路的状态信息，然后根据联锁条件，对输入的操作信息和状态信息，以及联锁机构的当前内部信息进行处理，产生相应的输出信息，即信号控制命令和道岔控制命令，并交付监控层的控制电路予以执行。

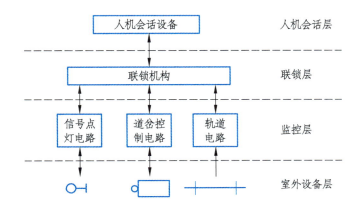

图 8-2 车站联锁系统层次结构

监控层是联锁层与各个监控对象之间的控制电路。其主要功能：接收来自联锁层的信号控制命令，改变信号显示；接收来自联锁层的道岔控制命令，控制转辙机，驱动道岔转换；向联锁层传输信号状态信息、道岔状态信息，以及轨道电路状态信息。这些分别通过信号控制电路和道岔控制电路来实现，信号控制电路和道岔控制电路要符合故障—安全原则。

三、计算机联锁系统的基本结构

计算机联锁系统不同于一般的工业控制系统，其以"故障—安全"为核心的高安全性，以及必须具备的高可靠、高可用、快速等特殊要求决定了计算机联锁系统的特殊性。为了满足系统对可靠性、安全性的苛刻要求，计算机联锁系统都采用冗余设计的方法。近年来，计算机联锁已由最初的单机系统、双机冷备系统发展成为双机热备、三取二、二乘二取二等高级冗余结构。

1. 双机热备结构

双机热备型联锁系统是目前已大量应用的联锁制式，其基本思想是"单机双软件保证安全，双机提高可靠性"，双机热备属于动态冗余结构，可以通过切换来动态改变系统配置。当主用系统发生故障时，备用系统可以自动转换为主用进行控制，大大地提高了系统的可靠性和可用性。

双机热备中的切换技术的基本思路是对模块不间断地进行检测，发现故障时就将该模块从系统中隔离出来，并及时将备用的模块投入使用。主要的方法有以下几种：自诊断切换法、比较切换法、仲裁切换法等。

图 8-3 所示为 TYJL-II双机热备型计算机联锁系统结构，主要由以下五部分组成：控制台、监控机、联锁机、执表机和电务维修机。控制台和维修机是单套配置；联锁机、执表机为主、备双套，具有热备和自动切换功能；监控机也实现了双机热备工作。

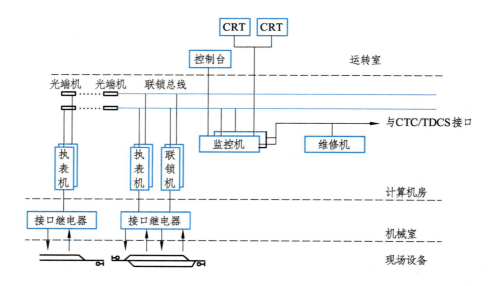

图 8-3　TYJL-II双机热备型计算机联锁系统结构

2. 三取二结构

三取二系统结构模型如图 8-4 所示，有三个主处理模块，每个主处理模块完全独立地与 I/O 子系统通信并执行联锁程序，3 个主处理器在每个循环周期比较数据，从而构成三取二系统。每个主处理器模块的时钟、电源电压、电路都完全独立。每个主处理模块中可以有多个处理器并行运行，完成各自的功能。

三取二系统的基本思想是"通过 TMR（三重模块化冗余）的硬件冗余方式，实现系统的高安全性和高可靠"，容错计算机联锁系统采用全面的硬件冗余，通过操作系统软件对以上硬件进行管理，容错计算机自身保证了系统的安全性，从而降低了应用软件的复杂性。

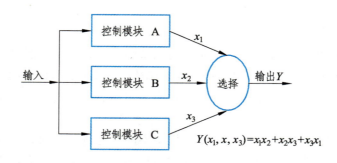

$$Y(x_1, x, x_3)=x_1x_2+x_2x_3+x_3x_1$$

图 8-4　三取二系统结构模型

我国通过技术鉴定的容错计算机联锁主要有铁道科学研究院的 TYJL-TR9 型。TYJL-TR9 型容错计算机联锁系统结构如图 8-5 所示，由容错联锁主机、监控机、控制台、电务维修机、系统电源、接口架及继电器组合架，以及与其配套的计算机检测系统（可选用）、远程诊断设备等组成。

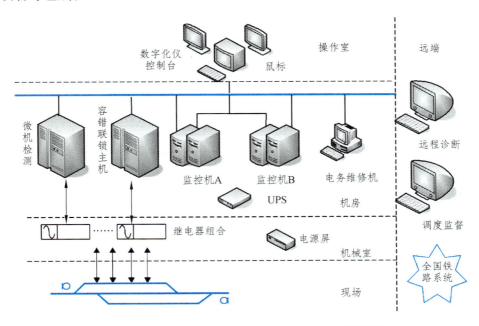

图 8-5　TYJL-TR9 型容错计算机联锁系统总体结构

3. 二乘二取二结构

随着高速铁路建设的发展，对计算机联锁的安全性、可靠性提出了更高的要求，因此，二乘二取二计算机联锁系统得到了应用和推广。该系统在系统硬件结构、故障安全、网络通信等方面更有优势。

二乘二取二计算机联锁核心部件是二取二安全型 CPU 板，在该板上集成了完全相同的计算机系统，包括时钟、RAM、ROM 和必要的接口电路，还集成了实现双机校核的总线比较电路。CPU-A 和 CPU-B 硬件完全相同，所装的系统软件和应用软件完全相同。正常情况下，A、B 两套 CPU 电路应当完全相同，此时，由该板驱动一个继电器，称作正常继电器，证明该印制板双套电路工作正常并且同步，可以运用，只有正常继电器接点闭合，才能给该板输出部分供电，形成真实的输出，从硬件上保证设备的安全。

我国属于二乘二取二计算机联锁的有 EI32-JD 型计算机联锁、DS6-K5B 型计算机联锁、ILOCK 型计算机联锁和 TYJL-ADX 型计算机联锁。

图 8-6 为 EI32-JD 型二乘二取二计算机联锁系统的体系结构。EI32-JD 型计算机联锁系统属于分布式计算机控制系统，也称集散型测控系统，其特点是分散控制，集中信息管理。系统包括人机会话层（操作表示层）、联锁运算层及执行层；有故障—安全性能，其关键部分采用双套热备，保证故障时不间断使用。

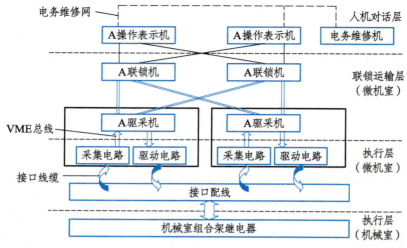

图 8-6　EI32-JD 计算机联锁系统——体系结构

思政小课堂

精益求精，大国工匠看"复兴"

——中国自主研发的标准动车组

2004 年，中国引进德国、日本等国的高速动车组技术，在消化吸收再创新的基础上，生产出了"和谐号"系列高速动车组，在较短的时间里满足了百姓出行的需要，然而基于不同平台研发出的"和谐号"车型，由于标准不统一，不能互联互通，难以互为备用，提高了运营和维修成本。

为全面提升中国高速铁路动车组设计、软件开发、制造技术水平，打造适合中国国情、路情的高速动车组设计制造平台，实现中国高速铁路动车组自主化、标准化和系列化，促进动车组由中国制造到中国创造的跨越，2012 年以来，在中国铁路总公司主导下，中国铁道科学研究院技术牵头，集合中车集团及相关企业的力量，开展中国标准动车组设计研制工作。

复兴号动车组列车,英文代号为 CR,列车水平高于 CRH 系列。三个级别为 CR400/300/200，数字表示最高时速，而持续时速分别对应 350、250 和 160，适应于高速铁路（高铁）、快速铁路（快铁）、城际铁路（城铁）。早期的两个型号是红神龙 CR400AF 和金凤凰 CR400BF，至 2022 年 12 月 23 日，复兴号涂装主要由"中国红""中国白""长城灰""国槐绿"4 种主色调构成……

扫码阅读全文

复习思考题

1. 什么是进路？什么是基本进路？什么是变更进路？举例说明。
2. 简述进路控制过程。
3. 车站联锁的基本内容是什么？举例说明。
4. 如何编制联锁表？有哪些内容？如何填写？
5. 电气集中联锁系统由哪些设备组成？各起什么作用？
6. 简述电气集中选择组电路的工作原理。
7. 简述电气集中执行组电路的工作原理。
8. 什么是计算机联锁？简述其特点。
9. 计算机联锁有哪几种冗余方式？比较他们的特点。

第一节　调度集中与行车指挥自动化

为满足铁路运输调度的要求，利用遥控遥信等远程技术对铁路车站信号设备、区间信号设备等进行远程控制和监测，这类铁道信号远程控制系统常被称为行车调度控制系统或调度集中/调度监督系统（Centralized Traffic Control，CTC）。在车站联锁、区间闭塞、调度集中等设备的基础上，广泛引入计算机技术，除实现调度集中的控制与监督功能外，还具有列车运行管理功能的调度指挥系统，称为行车指挥自动化。

一、调度集中概述

调度员通过调度集中设备可以直接控制所管辖区内各车站上的道岔和信号机、办理列车进路、组织和指挥列车的运行，并且通过遥信设备在调度所内可以直接了解现场道岔的位置、信号的开放、进路的表示等设备的状态和列车的运行情况。

国内外多年使用经验表明：调度集中在提高区段和枢纽的通过能力、减员增效、改善劳动条件和列车管理、实现行车指挥自动化等方面起到了重要作用。比如，单线区段采用调度集中后，区段通过能力就可以提高 21% ~ 24%。

二、调度集中的设备构成

调度集中设备主要包括铁路局调度所的设备和沿线各车站设备，调度所的设备除了调度集中总机、控制台、表示盘，还有列车运行图记录器、数据处理计算机、打印机等附属设备，各站设有调度集中分机。总机和分机之间由传输线相联系，传输距离较远的装有中继器，其布置概况如图 9-1 所示。

1. 表示盘

表示盘是各车站股道、道岔、信号的状态和列车运行位置的表示设备，上面还设有车次窗口表示车次号，帮助调度员更好地了解列车实际运行情况。

2. 调度集中总机

调度集中总机是整个系统的核心部分，既是控制命令的编制、发送设备，又是表示信息的接收、译码设备。

3. 调度集中分机

调度集中分机是各车站控制命令的接收、译码设备，又是表示信息的编制与发送设备。

4. 控制台

控制台是调度员直接操纵的设备，用以办理对各车站信号的开放、道岔的控制，目前采用键盘式。控制台除办理行车指挥外，还能进行调度所中设备本身的一些操作。

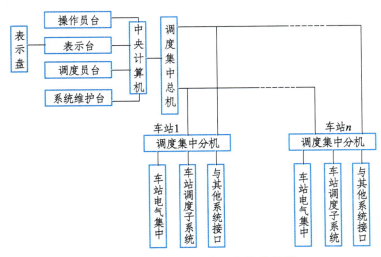

图 9-1　调度集中系统设备构成框图

三、调度集中的控制方式

1. 调度员控制

调度员直接办理所管辖各车站的进路和开放有关信号，可办理站控、局控、试排以及同意端站向调度集中区段发车等作业。调度员办理的各种命令在发往现场前，要经软件检查以确认其操作合法性及符合联锁条件。检查后若满足技术要求，调度员命令发至现场执行，检查不满足，则弹出对话框给出告警提示。

2. 车站控制方式

车站控制方式分为正常站控和非常站控两种。正常站控指调度员与车站值班员共同办理授权手续后，该站控制权由调度员控制转为车站值班员控制；非常站控是指当调度集中设备故障或车站发现有危及行车安全的情况时，车站值班员可破铅封，强行进行车站控制。

无论正常站控还是非常站控方式，必须办理上交手续才能恢复调度员控制。

第二节　列车运行图

铁路在组织客货运输过程中，要求各个部门、各个工种、各项作业之间相互配合、协调动作。列车运行图是协调铁路各部门和单位按一定程序进行活动的工具，它可以保证铁路运输工作的正常运行。

一、列车运行图的概念

列车运行图是用以表示列车在铁路区间运行及在车站到发或通过时刻的技术文件，是全路组织列车运行的基础。通常以图解法编制。其中规定了：各车次列车占用区间的先后程序；列车在每个车站的出发、通过和到达时刻；列车在区间的运行时间；列车在车站的停站时间以及机车交路、列车重量和长度等。

二、列车运行图的图形表示方法

列车运行图是运用"坐标原理"表示列车运行时间、空间关系的一种图解形式，是表示列车在各区间运行及在各车站停车或通过状态的二维线条图。

1. 列车运行图的图解表示

在列车运行图上，对列车运行时空过程的图解有两种不同的形式。一种为横轴表示时间，纵轴表示距离。目前我国铁路系统采用的是这种方式，时间为 24 小时制。图 9-2 是该种形式的列车运行图，图中各水平线为站名线，相当于各个车站到发线中心位置，水平线间的间距表示分界点间的距离；竖直线为时分线，用于等分时间；斜线表示列车的运行线，就是列车重心点移动的轨迹。斜线的斜率与列车速度成比例，斜线越陡，表示列车运行速度越快。

还有一种就是用横轴表示距离，纵轴表示时间，只被德国等少数国家的铁路部门所采用。

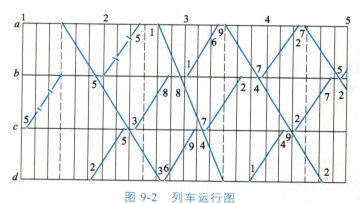

图 9-2　列车运行图

从图 9-2 中不仅可以看出列车在各站的到、发、通过时刻，还可以算出各列车在车站的停站时间和其在区间的运行时分。

2. 列车运行图的格式

列车运行图的格式有 3 种：二分格运行图、十分格运行图和小时格运行图。最常见的为十分格运行图，日常调度指挥工作中，调度员绘制实际运行图一般采用这种格式。它以 10 min 为单位用细竖线将时间轴加以划分，半小时格用虚线表示，小时格用粗线表示（见

图 9-3 ）；编制新运行图时，一般使用二分格运行图，每小格为 2 min（见图 9-4）；编制机车周转图和旅客列车方案图时，一般使用小时格运行图，每小格为 1 h（见图 9-5）。

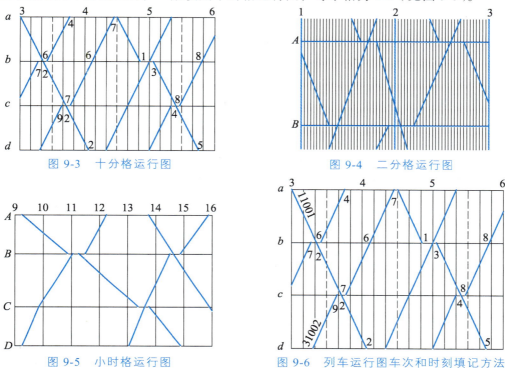

图 9-3　十分格运行图

图 9-4　二分格运行图

图 9-5　小时格运行图

图 9-6　列车运行图车次和时刻填记方法

3. 列车运行图的填记方法

在列车的运行线上要填写列车车次和时刻，上斜线代表上行列车，列车车次为偶数。下斜线代表下行列车，列车车次为奇数。不同种类的列车，可以用不同的颜色或者代表符号表示。列车运行线与站名线的交点，即为列车在该站的到、发或通过时刻，在十分格运行图上通常在两线相交的钝角处填写 10 min 以下的数字，如图 9-6 所示。

三、列车运行图的分类

列车运行图可以按照使用范围、区间正线数、列车运行速度、上下行方向列车数、同方向列车运行方式等进行分类。

按使用范围可以分为铁路内部使用的列车运行图和社会使用的列车运行图。在我国，前者通常以列车运行图的形式提供使用，后者有旅客列车时刻表和"五定"班列时刻表两种形式；按区间正线数可以分为单线运行图、双线运行图和单双线运行图；按列车运行速度是否相同可以分为平行运行图和非平行运行图；按上下行方向列车数是否相等可以分为成对运行图和不成对运行图；按同方向列车运行方式可以分为连发运行图和追踪运行图，前者同方向列车的运行以站间区间为间隔，单线区段采取这种运行图时，在连发的一组列车之间不能铺画对向列车。后者同方向列车的运行以闭塞分区为间隔，在装有自动闭塞设备的单线或双线区段上采用。随着客运专线的建设，按列车作用不同还出现了客运专线列车运行图和货运专线列车运行图。

上述分类都是针对列车运行图的某一特点而加以区别的。实际上，每张运行图都有多方面的特点，例如某一区段的列车运行图，它既是双线的、平行的，又是追踪的，如图 9-7 所示。

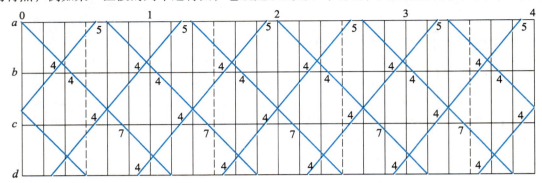

图 9-7　某一区段的列车运行图

四、列车运行图的组成要素

列车运行图的组成要素包括列车在区间的运行时分、列车在中间站的停站时间、列车在车站的间隔时间、自动闭塞区间追踪列车间隔时间等。

1. 列车在区间的运行时分

各种列车运行于两个站间所需要的时间，是按每一区间并分上下行方向确定的。各种列车的区间运行时分，一般除按照列车通过车站的条件查定以外，由于列车在车站起动、停车和通过速度有变化，还要查定列车在各车站起动的附加时分和停车的附加时分。

2. 列车在中间站的停站时间

列车在车站上进行各种作业及列车会车、越行等所需要的最小停车时分。上述作业主要包括旅客乘降，行李、包裹、邮件装卸，车辆摘挂，零担货物装卸，快运货物列车加冰和上水，以及机车上水、更换机车、摘挂补机、检查车辆等。

3. 列车在车站的间隔时间

车站为保证列车运行安全，办理列车到发和通过作业所需要的最小间隔时间，称为列车在车站的间隔时间，简称车站间隔时间。车站间隔时间主要包括单线区段相对方向列车不同时到达的间隔时间、单线区段会车间隔时间、同方向列车连发间隔时间、同方向列车不同时到发间隔时间和不同时发到间隔时间、相对方向列车不同时通过间隔时间。

4. 自动闭塞区间追踪列车间隔时间

在装有自动闭塞的区间同方向追踪运行的两列车彼此间以闭塞分区相间隔所需要的最小间隔时间，具体形式见第六章第四节相关内容。

5. 机车在本段、外段和车站的停留时间

客、货运机车在本段或外段及其所在站，从到达车站时起至由车站出发时止的全部停留时间包括三部分：机车在车站到发线的停留时间；机车出入段走行时间；机车在段内整备作业时间。

6. 列车在编组站、区段站及客、货运站的技术作业时间

主要包括到达解体列车和编组出发列车在到发线上的停留时间；无改编作业列车在到发线上的停留时间；客车底在客车本外段及其所在站的停留时间。

第三节　列车调度指挥系统（TDCS）

列车调度指挥系统也称铁路行车调度指挥系统（Train Operation Dispatching Command System，TDCS），是实现铁路各级运输调度对列车运行透明指挥、实时调整、集中控制的现代化信息系统。该系统是在运输调度管理信息系统 DMIS 基础上，利用信息技术、网络技术、控制技术等现代化手段取代了传统落后的行车指挥手段，采用并结合先进的铁路通信、信号、计算机网络、多媒体技术和数据库技术，通过铁路既有专用数据通道，将铁路总公司调度中心、铁路局中心、铁路车站，连接成一个实时、可靠、安全的 TDCS 网络。TDCS 是我国铁路调度指挥现代化进程中的重要环节，它采用现代信息技术改变传统落后的行车调度方式，以通信、信号、计算机网络、数据传输、多媒体等多学科为基础的一套分散控制、集中管理的综合性现代化运输调度指挥系统。

TDCS 的功能主要包括编制列车运行计划、自动采集列车运行时刻、自动绘制列车实际运行图、列车车次号的自动采集和跟踪、自动或人工调整阶段计划、向车站和机车自动下达阶段计划和调度命令、自动生成行车日志等。TDCS 的应用大大减轻了行车调度员和车站值班员的劳动强度，在实现透明指挥、提高效率、保证安全等方面发挥了重要作用。

一、TDCS 的构成与网络体系结构

TDCS 的设计分为三层网络体系结构，由国铁集团 TDCS 调度中心局域网、铁路局 TDCS 调度中心局域网、车站 TDCS 基层网三层有机组成，系统的重点在铁路局 TDCS 系统一层，是一个覆盖全路的现代化铁路运输调度指挥和控制系统，如图 9-8 所示。

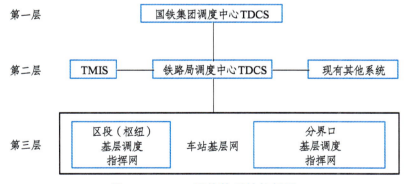

图 9-8　TDCS 网络体系结构框图

国铁集团调度指挥中心处于 TDCS 的第一层（最上层），是 TDCS 的核心，是全路运输调度指挥的心脏。它通过专线通道、数据网链路、路由器与各个铁路局调度指挥中心远程连接，进行信息交换，并建立全路各专业技术资料库。铁路总公司调度指挥中心能获得各

铁路局分界口、重要铁路枢纽、主要干线等的运输状况和 TDCS 调度监督等实时信息；同时还与 TMIS 及其他系统网络互联，在获得大量运输管理信息的基础上为铁路总公司领导的决策提供真实可靠的信息，实现调度指挥工作的现代化管理。

铁路局调度指挥中心 TDCS 处于第二层，它通过专线通道、数据网链路、路由器与铁路总公司、相邻铁路局调度指挥中心远程连接，进行信息交换。由于铁路局不仅是一个管理层，同时也是直接调度指挥行车的指挥层，因此，在完成基层网信息的汇总、处理和标准化，给铁路局各级调度提供监视信息的同时，还要将行车指挥信息（阶段计划、调度命令等）下达到所辖车站，由车站值班员负责执行落实调度指挥意图。

随着铁路运输和信号技术装备的发展，在装备分散自律调度集中系统 CTC 的部分区段和车站，以铁路局调度指挥中心下达的阶段计划为核心，CTC 设备可以代替车站值班员实现对列车进路、调车进路的自动控制。此时，铁路局调度指挥中心将不仅是指挥和管理中心，而且还是行车控制中心。

第三层（最下层）是基层网，它通过专线通道、数据网链路、路由器与铁路局调度指挥中心、相邻车站远程连接，进行信息交换。其主要包括车站联锁系统、区间闭塞系统、调度监督系统、无线车次号自动校核系统、车站值班员终端设备等。

TDCS 网络总体结构如图 9-9 所示。

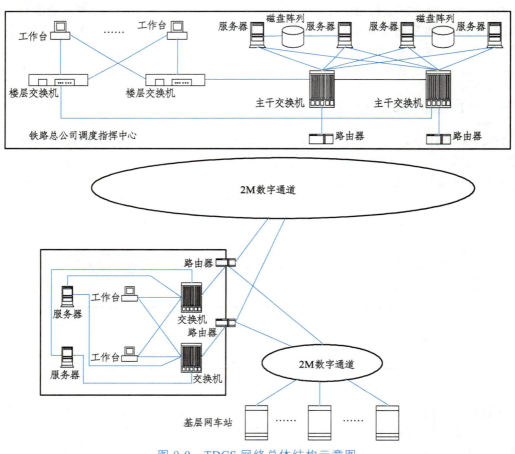

图 9-9　TDCS 网络总体结构示意图

二、铁路局调度指挥中心 TDCS 构成与功能

1. 构成

铁路局调度指挥中心 TDCS 由服务器、通信前置机、调度员机、计划员机、调度长台、电务终端、路局通信机、分界口通信机、UPS 以及相关网络通信设备等组成。服务器包括通信服务器、应用服务器、数据库服务器、磁盘阵列、TD 结合服务器等,网络通信设备包括硬件防火墙、交换机、路由器等,整个系统是一个双总线结构,如图 9-10 所示,(a)图中未注明的线均为网线。

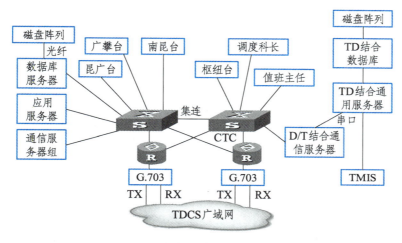

(a)示意框图

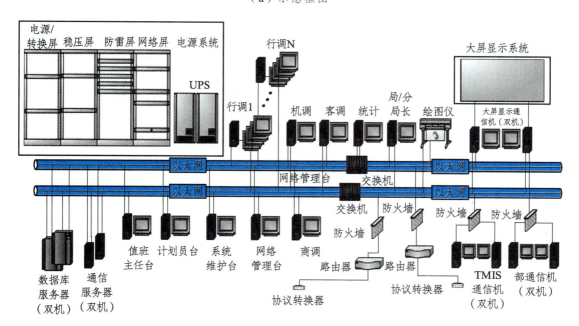

(b)结构示意图

图 9-10　铁路局 TDCS 调度指挥中心系统结构

2. 功能

铁路局不仅是一个管理层，同时也是直接调度指挥行车的指挥层。为实现管理层的职能，铁路局 TDCS 可以利用显示器或大屏幕所显示的干线宏观图、区段宏观图对所管辖区段的车站、分界口、编组站、枢纽的列车运行情况进行监视，对重点列车进行追踪，进行列车运行正点率统计和列车运行密度统计分析，进行信息汇总、处理，向铁路总公司和相邻铁路局提供行车信息；为实现指挥层的职能，铁路局 TDCS 应实时掌握所管辖区段的列车运行实际情况，及时下达阶段计划和调度命令，协调所辖区段的车、机、工、电、辆等各部门的工作，力争按列车运行图行车。

1）干线列车运行秩序的宏观监视

地理信息子系统显示的主要内容为铁路局管内的宏观地图，按铁路线的实际走向显示铁路局管辖范围内的铁路设施、设备位置和信息；统计列车正点率并显示和打印输出；实时动态监视主要干线上各调度区段的列车运行正点率情况，采用不同颜色的线条和文本表示正点率情况；统计列车运行正晚点现象并显示和打印输出；统计列车运行密度并显示和打印输出；实时动态监视主要干线列车运行密度，采用不同颜色的线条和文本表示不同的列车运行密度；跟踪重点列车，系统按照用户选定的列车，自动显示该列车的运行位置、正点和晚点情况。

2）列车运行实时监视和历史查询

包括站场实时表示信息显示、区段透明、列车运行回放等方面。铁路局 TDCS 系统利用基层网提供的信息，通过表示屏/背投或高分辨率显示器，为调度员提供调度区段内列车运行实际情况。调度员可以通过软件的菜单项选择查看部分车站的列车运行情况。站场显示可随意放大缩小，并可以根据实际需要同时显示调度区段内所有站或某一个站；系统内部每个调度台的显示范围除本调度区段所辖的车站站场外，均可显示相邻调度区段的相邻车站和区间信息；在正常情况下，系统会自动将列车的运行情况以数据文件的形式记录在本机的硬盘上，同时在应用服务器上也保存完整的备份。调度员可以选择工具条上的"回放"按钮，在弹出的对话框中输入起始时间、结束时间和回放速度，点击"确定"按钮，系统会将记录文件中的列车历史运行情况自动回放。回放时如果本地没有需要的数据文件，系统会自动从应用服务器调取相应的数据，并保存在本机，然后开始回放。

3）列车追踪

系统可以根据列车的运行状况和信号设备状态对列车车次号进行自动追踪，并采用无线车次号系统进行车次号自动校核。

车次号自动追踪是根据信号设备状态（占用、锁闭、信号开放）判断列车位置并随着列车的运行而不断移动列车车次，从而达到标识列车，自动采集列车到达、出发时刻的目的。

无线车次号校核是在机车和车站的联络过程中，向车站发送唯一标识列车的信息，车站无线接收设备收到信息后传送到 TDCS 基层设备，由 TDCS 基层设备校核车次的正确性，这是确保车次可靠性的保障措施，也是 TDCS 技术的关键。

4）列车运行图管理

主要包括基本运行图的维护、日班计划的生成及调整、阶段计划的生成及调整、阶段计划下达到车站、实际运行图的绘制和输出、统计分析等功能，如图 9-11 所示。

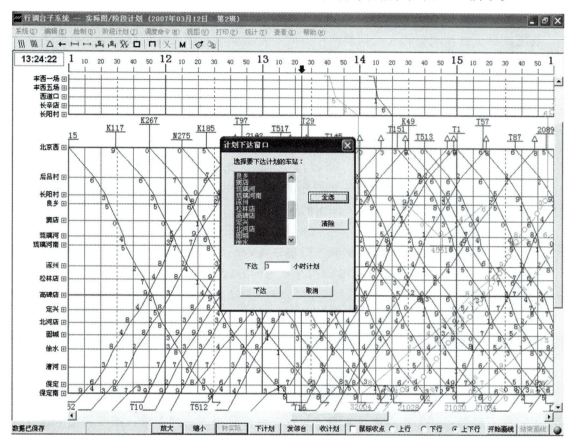

图 9-11　TDCS 系统行调台主界面

（1）基本运行图维护。

TDCS 基本运行图维护子系统，可以完成基本运行图的铺画、转换、修改和打印功能。实现了 TDCS/TMIS 结合的铁路局，基本运行图的数据也可以由 TMIS 来提供。

基本运行图主要包括以下信息：列车信息（车次、类别、运行等级）、区间运行时分、列车时刻表（车次、站名、到达时分、出发时分、停车原因、货物列车始发与终到站名及摘挂作业）、车站股道运用、站场数据、车站作业间隔时分、线路状态数据、有关运输管理信息、区间最大通过能力数据。

（2）日班计划的生成及调整。

计划员可根据当日行车工作计划以及其他实际情况，调出基本运行图数据。以基本运行图数据为基础进行修改或调整，形成日班计划。在实现 TDCS/TMIS 结合的铁路局，TDCS 可自动接收 TMIS 发送的日班计划。

日班计划包括以下内容：列车到达、出发时分；列车停运、加开；封锁区间、开通区间；股道封锁、区间慢行；接触网停电时间等。

（3）阶段计划的生成及调整。

阶段计划以日班计划为基础，结合列车运行的实际情况进行编制，其目的是按计划行车，并随时处理突发情况，如区间停车、列车晚点、设备故障等。阶段计划可以由系统自动生成，也可以由调度员人工修改。

系统提供了自动调整和人工调整两种方式。自动调整是指计算机根据调度员的指令，根据预先设定的各种参数，自动判别各种与列车运行有关的条件，并快速计算出一个结果。该结果仅仅解决了大部分有规律性的工作，许多相对特殊的工作在现阶段还无法处理，因此计算机提供了一个可供参考的初步的会让计划，是否实用还需要调度员认真地审核。首先要检查计划的合理性，对不符合自己需要的计划进行人工干预，干预后再次自动调整，如此反复，直到调整出一个满意的计划图。在人机交互过程中，调度员可以调整列车始发接入时间、区间运行时分、列车等级，可以指定列车停车站及停车时间，还可以组织列车反方向运行。这需要调度员扎实的业务知识和丰富的指挥经验，也是在列车调度指挥信息系统应用以后的新形势下，发挥调度员作用的重要环节。

（4）阶段计划下达。

经过调整后的阶段计划，由行车调度员确认无误后，通过网络下达到所管辖区段的各个车站 TDCS，阶段计划在车站 TDCS 以行车日志的方式体现。车站值班员在接收阶段计划后，要进行签收确认。

（5）实际运行图绘制和输出。

系统根据列车自动采点的情况自动描绘实际列车运行线，并生成实际列车运行图。每一班别应通过绘图仪打印输出。

（6）统计分析。

系统提供了运行图统计、分析的功能，可以随时输出 24 小时以内的统计报表。统计报表的主要内容包括：到发正点率日报表、运行正点率日报表、列车旅行速度和技术速度统计等。

5）TMIS 的界面和接口

以行调台为界，行调台的行车调度指挥的各项功能纳入 TDCS，其他调度台的调度管理信息由 TMIS 和其他系统完成。

由 TDCS 完成阶段计划的生成、自动和实际运行图的描绘，同时向车站值班员传送阶段计划各调度命令，向司机实时传送可视调度命令，并将阶段计划和实际运行图等信息传送给 TMIS；由 TMIS 生成基本运行图、日班计划，并将其传送给 TDCS。出发列车的编组信息由 TMIS 在铁路局实时传送给 TDCS。

6）车站自动报点

TDCS 在车次号自动跟踪的基础上，实现了自动报点的功能。列车经过车站时，或通过，或到开。无论通过或到开，都必须为列车准备进路，进路分为接车进路、发车进路、通过进路。车站为通过的列车准备通过进路，到达的列车准备接车进路，出发的列车准备发车进路。系统根据车站建立的列车进路类型，区分列车在车站为通过或到开。

对于到开列车到达时，当列车尾部驶入车站股道后，系统自动记录这一时刻并加上相应的附加时分（例如：客车加 1 min，货车加 2 min）作为列车到达时刻并通过网络发送到调度台；对于到开列车出发时，将列车头部驶出车站股道时刻减去相应的附加时分（例如：客车加 1 min，货车加 2 min）作为列车出发时刻并通过网络发送到调度台；对于通过列车，将列车尾部驶入车站股道的时刻和列车头部驶出车站股道的时刻两者平均值作为列车的通过车站时刻。

列车实际运行时刻到达调度台后，铁路局 TDCS 自动描绘实际运行线并生成实际列车运行图。

7）调度命令管理

调度员可通过系统网络和相应的设备向车站、机务段、车务段等安装了 TDCS 终端的站段随时发布调度命令。对于安装了调度无线传输设备的区段和机车，调度员还可以直接向机车发布命令。调度命令的编辑下达过程，包括车站接收、校验、签收几个步骤。

3. 车次号校核工作原理

1）车次号自动追踪基本原理

车次号自动追踪的原理：将每一站的每一股道、每一站的咽喉分别分配一个车次单元和一个临时车次单元，车次的跟踪就是车次在车次单元中的传递。

车次追踪程序周期性地检查接收到的信息，以便追踪列车的运行。标准的追踪模式有以下三种：

（1）进站追踪模式。

当列车占用二接近时，如果存在接车进路并且进站信号机开放，说明列车准备进站；如果进站信号机关闭并且进站信号机前方区段轨道电路占用，说明列车正在进站。这时，列车车次会从二接近车次窗移到进站车次窗。当列车完全进站后，将进站车次窗的车次传送到股道车次窗并清除进站车次窗。

（2）出站追踪模式。

当股道占用时，如果存在发车进路并且出站信号机开放，说明列车准备出站；如果出站信号机关闭并且出站信号机前方区段轨道电路占用，说明列车正在出站。这时，列车车次会从股道车次窗移到出站车次窗。当列车完全进入第一离去时，将出站车次窗的车次传送到第一离去车次窗并清除出站车次窗。

（3）自动闭塞区间追踪模式。

当本分区从列车占用到出清，则意味着列车进入下一闭塞分区，则将本分区的车次传送到下一分区。

2）无线车次号校核基本原理

无线车次号校核是将运行中的机车（列车）向地面（车站 TDCS、铁路局 TDCS）单方向可靠地传送数据，包括：机车（列车）的车次号、机车类型、机车号、所在公里标（位置）、速度、总重、换长和编组辆数等信息。在进、出站信号机处，机车电台向车站电台单向连续传送 2 次。第一次是在接收到车次号信息立即传送；延迟 3~5 s 后传送第二次。如果 TDCS 数据采集单元需要机车电台传送车次号信息时，机车电台正在通话，机车电台则将话音与数据信号同时调制，一起发出。

当车站数据接收解码器收到车次号信息时，对数据进行纠错、检错处理确认无误后，再通过公里标比较确认是否是本站管辖范围内的机车电台送来的信息，如果是则把接收到的无线车次号校核信息传送给 TDCS 车站分机，再经 TDCS 车站分机传送给 TDCS 中心，将车次号在相应的位置显示。

3）无线车次号校核与车次号自动追踪的软件处理过程

车站设备接收无线车次号后，通过网络传输到车次追踪程序。车次追踪程序通过无线车次号中的公里标找到对应的列车信号机，根据信号机找出列车进路，并判断进路的方向是否与车次号中的相同。对于接车进路，当进路已经有列车占用时，直接变更列车的车次号；如果进路没有占用，将进路对应的车次号变更为无线车次号发送的车次号，列车压入进路时，车次号自动变更。对于发车进路，当进路已经有列车占用时，直接变更列车的车次号；如果进路没有占用，可以沿着进路始端反向查找列车，找到列车后，变更车次号。

4）车次号显示

车次号在表示设备上的车次窗内显示。随着列车在车站与区间之间的移动，车次号将跟随列车所在的位置显示于车站股道内车次窗和闭塞区间的车次窗。列车车次号将自动在闭塞区间与车站之间、调度台之间以及调度所之间进行显示。

车站内每一到发线的车次窗，除了用来显示列车车次外，还可以显示早、晚点时刻。列车早、晚点窗口显示在车次号方框的尾部，晚点为蓝底白字、早点为红底白字，正点时不显示早晚点窗口。早晚点超过 99 min 后不显示数字，仅显示早晚点窗口，由调度员通过鼠标查询。货车早点不显示。

三、车站 TDCS 构成与功能

1. 构成

车站 TDCS 由 TDCS 采集分机、车务终端设备及网络通信设备构成，为保证信息安全和网络稳定，车站系统设双套 TDCS 站机（双机双屏）。信息采集设备包括网络型处理控制单元 NPC 板、数据采集单元 DIB 板、电源板及双机热备单元 STBY 板，DIB 板用来采集控制台表示信息，NPC 板用来将采集板采集到的信息传送到铁路局控制中心，同时将铁路局控制中心的信息传到车站。电源板给采集设备提供工作电源。STBY 板用来裁决并控制两套信息采集系统的主、备使用，保持主、备系统间的通信，保证只有主系统可以向外设发送数据（命令）。车站终端设备包括计算机、不间断电源（UPS）、打印机、音箱。信息传输设备包括集线器、路由器、协议转换器。

车站 TDCS 结构如图 9-12 所示。

2. 功能

1）车站 TDCS 采集分机功能

（1）采集控制台的信息：信息的采集是 TDCS 基层网的最基本功能，通过安装在每个站的车站分机，系统采集得到现场的动态信息（股道占用、信号开放、挤岔报警和灯丝报警等信息），同时通过传输设备将信息及时发送到铁路局 TDCS 中心和 TDCS 维护终端。

在计算机联锁车站，车站分机通过串行通信接口接收车站计算机联锁的电务维护台送来的站场表示信息（状态和控制信息）；在电气集中联锁车站，车站分机采集信号联锁设备的状态信息。

（2）实现站间透明：TDCS终端可显示本站站场信息及相邻车站、相邻区间的有关行车信息，如本站信号开放情况、区间信号开放情况、列车在区间的运行情况等，使值班员能够准确掌握所有区间列车的实际运行位置和运行速度，对于提前做好接发列车准备工作和提高车站通过能力非常有利。

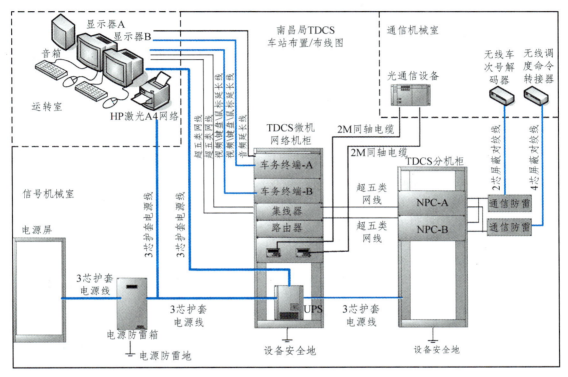

图 9-12　车站 TDCS 系统结构示意图

注：图中粗实线为电源电力线，细实线为设备通信连接线，虚线为不同单位间区域分割线；图中无线车次号和无线调度命令等功能不在此次开通之列，为以后升级预留功能，故与之相关的设备以及维护可以忽略。

（3）实现车次跟踪（车次能从始发站跟踪到终点站）：车站分机可通过列车占用和出清轨道电路的变化实现对列车车次的自动跟踪，实现列车的自动报点，并可显示列车的早点、晚点时分。实时采集列车到达、出发及通过点，自动填写车务行车日志，同时向调度台报点。

（4）接收行车调度命令、日班计划、阶段计划并可向行车调度发送影响行车的各种施工请求。车站值班员可对调度命令进行接收、签收、存储、查询和打印。当车站接收到新调度命令时，TDCS终端有声音报警，说明已收到调度命令。车站值班员应签收此调度命令，签收后的调度命令自动存入车站系统，车站值班员随时可进行查询和打印。TDCS可将行调台下达的调度命令、车站值班员拟写的行车凭证，通过 TDCS 设备、无线设备发送至机车。机车接收到调度命令、行车凭证后自动向车站终端发送回执信息，司机阅读后向车站 TDCS 终端发送签收回执信息。

（5）实现无线车次号（能接收机车发来的机车号、车次号、运行公里标、尾部风压信息，当运行速度或尾部风压低于某值时会报警）。车站 TDCS 接收机车传来的车次号信息，校核确认车站、运行方向及相关进路，从而确认或生成列车车次号。在始发站，车站值班员通过行车终端输入车次。TDCS 具有软件车次跟踪功能，能够根据轨道电路光带的变化，实现车次号的自动传递，但是由于多种原因，可能会造成信息丢失、时序错误等现象。尽管 TDCS 针对以上情况采取了很多处理措施，但是还不能保证百分之百的准确率，所以专门在 TDCS 终端上提供了修正车次号的手段，当车次追踪出现错误时可以进行人工修改。TDCS 允许车站值班员通过终端设备输入、更改车次号；车站值班员可进行人工报点，也可对到发点进行修改。

2）车站 TDCS 终端系统功能

负责将列车到达出发时刻上报铁路局 TDCS 系统，同时发送到相邻车站；上报小编组信息；提供给车站值班员实时站场显示和历史信息回放；接收行调台下达的阶段计划；记录行车日志；接收行调台下达的调度命令；上报某阶段点的现存车情况；确报查询等。车站值班员可以在车站 TDCS 终端上输入并向行车调度员上报现存车信息，方便行车调度员指挥行车和运行图、统计报表的绘制和打印。信息内容包括：存车股道、车辆类别、车辆数量、车辆去向和说明。车站值班员可接收调度员下发的列车甩挂车信息，并可进行存储和查询。车站值班员据此组织车站的摘挂作业。

车站 TDCS 与铁路局 TDCS 之间的通信以及车站系统和邻站之间的通信都是通过网络通信设备转发的。

四、中国国家铁路集团有限公司调度指挥中心 TDCS 构成与功能

1. 构成

中国国家铁路集团有限公司（以下简称"国铁集团"）调度指挥中心 TDCS，由高性能的服务器、工作站、计算机、网络设备及相应的软件构成，并通过专线和 X.25 分组数据网与各铁路局相连，接收全国铁路系统的各种实时信息与运输数据和资料，监视各铁路局、主要干线、路局交接口、大型客站、编组站、枢纽、车站、区间的列车宏观运行状态、运行统计数据、重点列车及车站的列车实际运行位置和站场状态显示，并建有全国铁路调度指挥系统数据库。铁路总公司调度指挥中心 TDCS 网络结构如图 9-13 所示。

2. 功能

国铁集团调度指挥中心 TDCS 并不负责具体的行车指挥工作，主要是接收各铁路局 TDCS 发送的列车运行状况、信号设备显示状态、列车早晚点、计划运行图、实际运行图、各种调度命令、施工、封锁信息以及气象、事故、灾害等，统计各局间分界口运输数据，为各专业调度提供实时监视及统计查询功能。

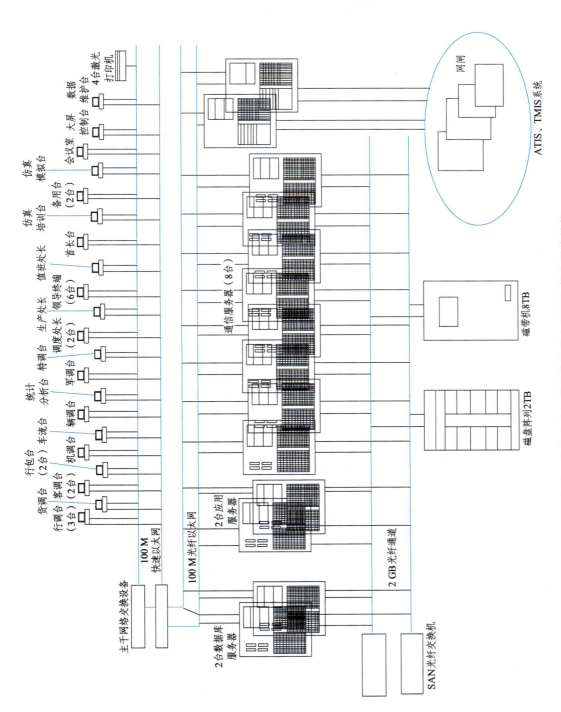

图 9-13　铁路总公司调度指挥中心 TDCS 部分网络结构

第四节　分散自律调度集中（CTC）

新一代分散自律调度集中系统（简称 FZ-CTC 系统）是以 TDCS 为平台，组建分散自律、智能化、高安全、高可靠的新一代调度集中系统，该系统采用智能化分散自律设计原则，以列车运行阶段计划控制为中心，兼顾列车与调车作业的高度自动化的调度指挥系统。

一、分散自律调度集中系统概述

分散自律概念最初源自日本东京圈城市铁路控制系统。由于日本是地震多发国家，为了使控制中心在遭受地震袭击瘫痪后，车站还能在一定时间内正常接发列车，日本东京圈城市铁路控制系统在车站设立了自律计算机，通过接收控制中心下达的运行计划，在与中心通信中断后自行接发列车。

为了解决行车和调车相互干扰的问题，必须实现在不影响列车运行的原则下，完成控制中心和车站通过调度集中系统自主进行调车的功能。这对于调度集中系统来讲是一种功能的分散，不同于传统意义上调度集中系统的集中控制，其出现了分布式控制的功能。如通过在车站设立自律机来完成按照列车运行计划和《站细》正常接发列车以及协调列车、调车冲突的功能，将完全可以实现列车和调车作业的统一控制。这一原则称为"分散自律"控制原则。因此，分散自律概念和日本铁路控制系统既相近，又有很大不同。

FZ-CTC 系统采用计算机分布式网络控制技术、信息化处理技术，将列车运行调整计划下传到各个车站自律机中自主自动执行，在列车运行阶段计划的基础上，解决列车作业与调车作业在时间与空间上的冲突，实现列车和调车作业的统一控制。另外，FZ-CTC 系统具备调车进路远程控制和智能化控制的功能，有效地解决了车站与调度中心频繁交换控制权进行调车控制的问题，非常适合我国铁路客货列车混跑、调车作业量大的运输特点。

二、分散自律调度集中系统整体结构

分散自律调度集中系统在系统构成上由调度中心子系统、车站子系统、网络子系统三部分构成，在运输指挥模式上由调度中心及车站两级构成。

1. 分散自律调度集中系统硬件结构

1）调度中心系统硬件结构

分散自律调度集中系统控制中心一般设在路局调度所，负责控制整个调度区段列车的运行。控制中心主要由数据库服务器、应用服务器（双机热备）、通信前置服务器、大屏显示系统、行调工作站（行调台）、助理调度员工作站（助调台）、综合维修工作站、CTC 维护工作站、网管工作站、打印设备、远程维护接入、TMIS 接口计算机以及局域网等设备组成。调度中心系统硬件结构如图 9-14 所示。

数据库服务器一般是由 2 台高性能的 64 位 RISC 服务器和磁盘阵列构成，并安装有集群软件和商业数据库。所有数据全部写在共享磁盘阵列中，保证双机切换时的数据完整和一致。

应用服务器是整个分散自律调度集中系统的核心，负责整个系统的数据收发、数据处理以及数据储存等工作。应用服务器由 2 台高性能 PC 服务器构成，2 台服务器互为热备，为系统的稳定运行提供保障。

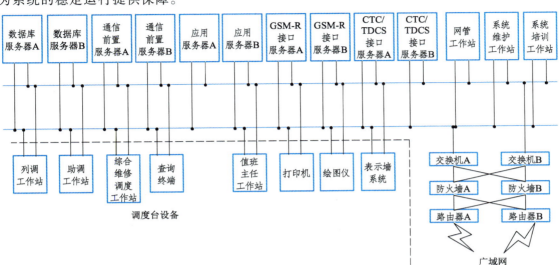

图 9-14　调度中心系统硬件结构

通信前置服务器一般是由 2 台高性能 PC 服务器构成，2 台服务器互为热备，用于调度中心和车站子系统之间的数据交换。

行调工作站一般是由 2 台安装了多屏卡的工作站构成，主要完成显现监控管辖区段范围内列车运行位置、指挥列车运行的功能（人工编制和调整列车运行计划、调度命令的下达、与相邻区段行调台交换信息），为 CTC 系统提供具体的列车会让方案，是分散自律调度集中系统完成自动控制功能的主要依据。

助理调度员工作站一般是由高性能 PC 工作站构成，主要实现调度中心人工进路操作控制、闭塞办理、区段解锁、非常处理等功能。同时还可实现无人车站调车作业计划的编制、调整、指挥以及在自律约束条件下的调车进路人工办理等调车相关功能。

CTC 维护台一般是由高性能 PC 工作站构成，主要用于系统设置、调试和技术支持。在授权的情况下，具有远程维护与技术支持功能。同时具有监视系统运行状况的功能，对系统、现场设备运用情况，操作命令，报警信息进行记录、分析、回放、输出和打印。综合维修工作站是由高性能 PC 工作站构成，主要用于设备日常维护、"天窗"修、施工以及故障处理方面的登、销记手续办理，并具有设置临时限速，区间、股道封锁等功能。

大屏显示系统是由高性能工业控制计算机、多串口卡、驱动卡、驱动分机构成，用于显示车站站场作业情况和区间列车运行情况等信息。通过观察大屏，行车调度指挥人员可以清楚地把握各自负责的调度区段内列车或车列的运行情况。TMIS 接口计算机是由 PC 工作站构成，通过 USB 接口与机房中的 TMIS 终端交换数据。网络设备主要包括 2 台高性能路由器、2 台高性能交换机、网络协议转换器和网络防火墙。电源设备主要包括可以转换 2 路电源的电源屏和 2 台构成双机热备的 10 kV·A 不间断电源。

2）车站设备硬件结构

车站系统主要设备包括车站自律机、车务终端、打印机、综合维修终端、电务维护终端、网络设备、电源设备、防雷设备、联锁系统接口设备和无线系统接口设备等。车站系统硬件结构如图 9-15 所示。

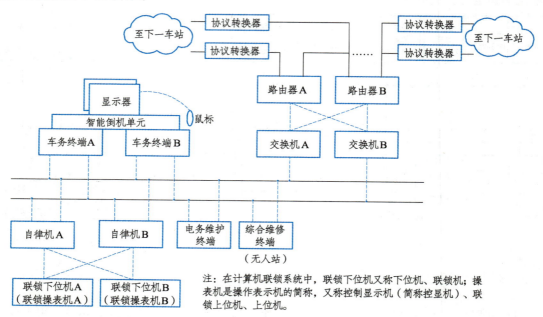

（a）计算机联锁系统的车站子系统结构示意图

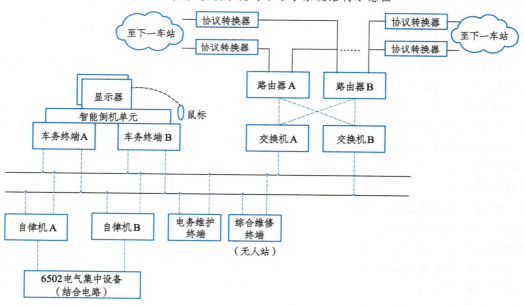

（b）6502 电气集中的车站子系统结构示意图

图 9-15　CTC 车站系统硬件结构

车务终端采用 2 台双机热备的低功耗工业控制计算机，主要完成运统报表的生成、站间透明的显示、车站调车作业计划的编制、调车进路的办理及其他控制操作。综合维修终端和电务维护终端（微机监测）采用低功耗工业控制机。网络设备一般包括 2 台路由器、2台集线器、2 台网络协议（如 G703/V.35 等）转换器。电源设备一般包括 2 台在线式不间断电源，为车务终端和车站自律机供电。

车站自律机一般由具有高可靠性能的专用计算机和采控设备组成，并通过串口和无线车次号解码器、无线调度命令转接器进行连接。车站自律机主要完成列车自动进路控制以及按照列车控制执行计划、《站细》《行规》及《技规》对列车进路和调车进路进行可靠分离控制。车站电源系统一般由电源防雷、UPS 不间断电源、各电源模块及汇流排组成。首先从电源屏给出一个独立的电源，送至电源防雷箱，然后根据需要分成几路，其中一路送至UPS，经过 UPS 的净化后送至机柜，再经过总开关送至各层电源模块进行工作。

2. 分散自律调度集中系统软件结构

分散自律调度集中系统的软件主要包括：通信服务子系统、自律控制子系统、控制计划编制子系统、列车进路控制子系统、调车进路控制子系统、综合维修子系统、车务终端子系统以及网络安全防护子系统和车地信息传输系统等。

分散自律调度集中系统硬件与软件相互配合，可实现车站与调度中心之间的信息传递和控制功能，车站系统与调度中心子系统的信息传递关系如图 9-16 所示。

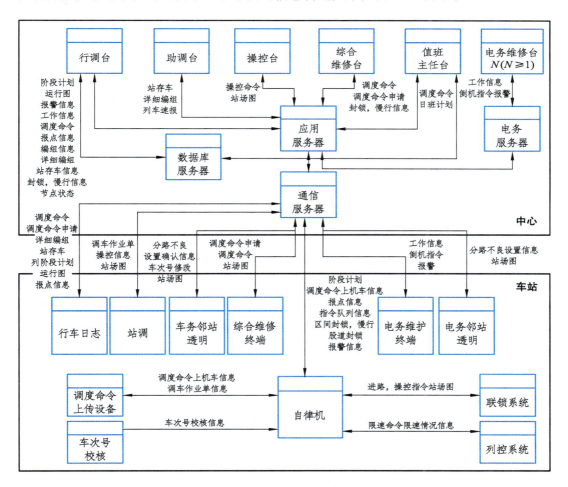

图 9-16　车站系统与调度中心子系统的信息传递关系

三、分散自律调度集中系统基本功能

分散自律调度集中系统具备以下基本功能：

（1）实时监视站场信号设备和列车运行状态，实现站间和区段透明显示。

（2）追踪列车运行位置和到发时刻，自动描绘列车实迹运行图。

（3）利用计算机辅助编制和调整列车运行计划，实现调度指挥计算机化，如图 9-17 所示。

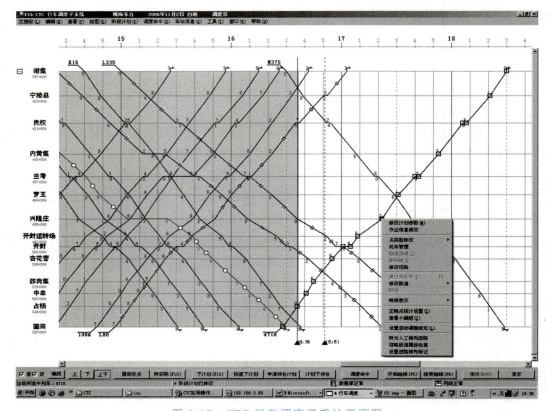

图 9-17　CTC 行车调度子系统界面图

（4）通过系统网络向车站下达计划和调度命令。

（5）通过系统网络和无线通信向机车下达调度命令、调车作业单、行车凭证和进路预告等信息。

（6）自动编制车站行车日志，生成运统 2、3 报表。

（7）追踪列车编组状态。

（8）遥控所有联锁设备按钮，具备列车、调车和非正常作业人工遥控功能。

（9）按照列车运行计划和车站站细，由自律机自动自主控制列车进路。

（10）按照调车作业计划，由自律机根据机车请求和列车运行状况，自动自主控制调车进路并对调车状况进行监控和报警。

（11）实现维修作业的综合治理和远程登、销记。

（12）具有完备的网络安全防护功能。

（13）实现 TMIS 和 TDCS 的结合和信息交换。

四、系统控制模式

分散自律调度集中系统具有两种控制模式：分散自律控制模式和非常站控模式。分散自律控制模式下，从进路控制方式角度出发，定义了两种进路控制方式：计划控制方式和人工按钮控制方式。

1. 分散自律控制模式

分散自律控制的基本模式是用列车运行调整计划自动控制列车运行进路。同时在分散自律条件下，调度中心具备人工办理列车、调车进路，车站具备人工办理调车进路的功能。

（1）计划控制方式：计划控制状态可由人工激活或禁止。它是指自律机是否将收到的列车运行计划作为检查进路合理性的依据，并根据计划产生控制进路。计划控制状态是本系统正常的进路控制状态。

（2）人工按钮控制方式：由操作员在操作员台或助理调度员台进行控制，或者由车站值班员在车务终端操作按钮进行控制。人工办理进路时，自律机根据这个计划进行进路的办理和列车计划的冲突检测，假如有冲突，则系统会弹出对话框告警，询问是否强行办理。

2. 非常站控模式

当分散自律调度集中系统发生故障或其他紧急情况时，车站值班员可以按下 6502 控制台上的紧急站控按钮，切断分散自律调度集中系统控制输出继电器的电源，直接通过控制台按钮的方式进行控制。计算机联锁车站则是在计算机联锁系统的操作界面上，进入非常站控，此时计算机联锁系统不再执行任何 CTC 的控制指令，由操作员操作按钮进行控制。

3. 控制模式的转换

在常态下，车站联锁系统处于分散自律控制模式。在发生故障出现危险情况时，由分散自律控制模式转为非常站控模式是无条件的，只需按下联锁操表机上"非常站控"按钮，即可将 CTC 控制模式转为非常站控模式。

非常站控模式在满足下列两个条件时，可通过再次按下联锁操表机上"非常站控"按钮，转换回分散自律控制模式：

条件 1：分散自律调度集中设备正常；

条件 2：非常站控下没有未完成的按钮操作。

思政小课堂

行车指挥为大家，畅通中原写芳华

——郑州局蒋涛

"D2774 次列车接近，2 道接车""G1588 次列车，3 道出站进路好了"……

2023 年 3 月 27 日 7 时许，旭日初升，郑州站信号楼内一派繁忙景象。一排排电脑屏幕不断闪烁着各种信息，电话铃声此起彼伏。蒋涛紧盯屏幕上的车次和股道信息，快速精准地发出一条条指令。10 分钟内，5 趟旅客列车出入郑州站，2 趟旅客列车在车站完成了机车换挂作业。

郑州站是全国重要的枢纽站，有 13 条股道、223 组道岔，承担着京广线、陇海线及联络线等 6 个方向的列车接发任务，高峰时段每 36 秒就办理一条列车进路。

蒋涛是中国铁路郑州局集团有限公司郑州站运转车间车站值班员，指挥"千军万马"有序进出郑州站是他的职责。在岗 12 年，他办理接发列车 37 万余列，从未错排过一次信号……

扫码阅读全文

复习思考题

1. 调度集中由哪些设备构成？
2. 调度集中的控制模式有哪些？相互之间是什么关系？
3. 什么是列车运行图？简述列车运行图的分类。
4. 列车运行图包括哪些组成要素？什么是车站间隔时间？
5. 简述 TDCS 的概念和网络体系结构，并说明每层的含义。
6. 铁路局调度指挥中心 TDCS 有哪些功能？
7. 铁路总公司调度指挥中心 TDCS 有哪些设备？有什么功能？
8. 简述 FZ-CTC 的系统控制模式及其转换条件。
9. 简述 FZ-CTC 的设备组成。
10. FZ-CTC 调度中心有哪些硬件设备？哪些采用了双机热备？为什么这样设计？
11. FZ-CTC 车站有哪些硬件设备？哪些采用了双机热备？为什么这样设计？
12. 车站自律机主要功能有哪些？
13. FZ-CTC 系统有哪些功能？

第一节　编组站概述

如前所述，车站是铁路线路上有站线的分界点，是铁路客、货运输的起始点和终止点。为办理列车的到发、会让、越行、解编以及客货运业务，在铁路沿线设置了许多不同类型的车站，如会让站、越行站、中间站、区段站和编组站。其中，区段站和编组站统称为技术站，都办理列车的接发、解编、机车的供应或换挂、列车的技术检查及车辆的检修等作业。

一、编组站与区段站区别

若仅从技术作业上看，编组站和区段站没有什么区别，但从作业的数量和性质、设备的种类和规模上看，两者之间又存在明显的区别。区段站以办理无改编中转车流为主，同时办理少量区段列车和摘挂列车的改编作业；而编组站按照编组计划要求，以办理改编中转货物列车为主，除办理通过车流外，主要是解体和编组直达、直通、区段、摘挂及小运转等各种货物列车，负责路网上和枢纽中车流的组织。车辆经过编组站改编后，又重新组成各种列车开出，所以编组站有"列车加工厂"之称。

在铁路网中，凡办理数量较大货物列车的解体、编组作业，并设有专用调车设备的车站称为编组站。编组站一般设在有大宗车流的地点，或在铁路网上大量车流集散地点。如大工业企业和矿山地区，多条铁路干线的交叉地点等。

二、编组站的主要作业与作业流程

根据编组站在路网和枢纽内的作用和所承担的任务及其作业对象，其主要办理以下几项作业：

1. 改编中转货物列车作业

改编中转货物列车作业是编组站的主要作业，包括列车的到达作业和解体作业，始发列车的集结、编组作业和出发作业。

2. 无改编中转货物列车作业

无改编中转货物列车作业比较简单，主要是换挂机车和列车的技术检查作业。办理的地点只限于在到发场（或专门的通过车场），作业时间较短。

3. 部分改编中转货物列车作业

部分改编中转货物列车除进行无改编中转货物列车作业外，有时还要变更列车重量、变更列车运行方向或进行成组甩挂等少量调车作业，一般在到发场或通过车场进行。

4. 本站作业车的作业

本站作业车（地方作业车）是指到达本枢纽或本站货场及工业企业线进行货物装卸或倒装的车辆，其作业过程较有调中转车增加了装卸车和取送车等内容，其重点是取送车作业。本站作业车的取送有编开枢纽小运转列车和调车取送两种方式。一般而言，当编组站设有货场并有工业企业线相连接且货运量较大时，固定配属专用调机担当取送作业。当本站货运量很小，枢纽内货运站运量较大且装卸车作业点多而分散时，主要采取枢纽小运转列车机车进行取送。

5. 机务作业

编组站的机务作业包括机车出段、入段、段内整备及检修作业。

6. 车辆检修作业

编组站上的车辆作业包括在到发线上进行的车列技术检查及不摘车的经常维修；在列检或调车过程中发现车辆损坏需摘车倒装后送往车辆段或站修所进行修理（即站修）；根据任务扣车送车辆段维修（即段修）。

7. 其他作业

根据当地需要，编组站有时还办理少量客运作业、货运作业、军运列车供应作业等作业。客运作业主要包括客票的发售、行包的承运、旅客的乘降及换乘等；货运作业主要包括货物装卸、换装整理、保温车加冰加盐、牲畜车上水、清除粪便、鱼苗车换水等。

一般情况下，为了减少对编组站解编作业的干扰，确保主要任务的完成，应尽量不在编组站上办理或少办理客、货运业务，编组站的作业流程如图 10-1 所示。

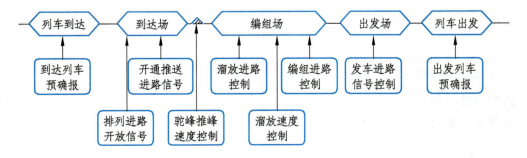

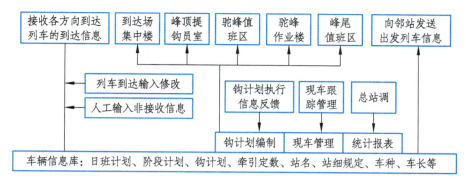

图 10-1　编组站作业流程示意图

三、编组站的分类

　　根据编组站在路网中的位置、作用和所承担的作业量，可以分为路网性、区域性和地方性编组站；根据编组站的规模和车场的配置可分为单、双向横列式，单、双向纵列式，单、双向混合式编组站。横列式的上、下行到发场与调车场并列配置；纵列式的主要车场顺序排列；混合式的部分主要车场纵列、另一部分车场横列。

　　路网性编组站是位于路网、枢纽地区的重要地点，承担大量中转车流改编作业，编组大量技术直达和直通列车的大型编组站。一般衔接 3 个及 3 个以上方向，日均出、入有调中转车达 6 000 辆，可以设置图 10-2 所示的单向纵列式或图 10-3 所示的双向纵列式和图 10-4 所示的混合式的站场，自动或半自动控制的驼峰。

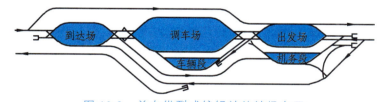

图 10-2　单向纵列式编组站的站场布置

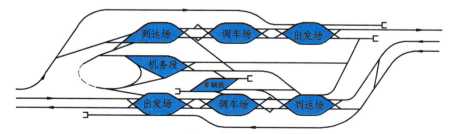

图 10-3　双向纵列式编组站的站场布置

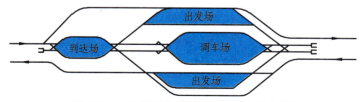

图 10-4　单向混合式编组站的站场布置

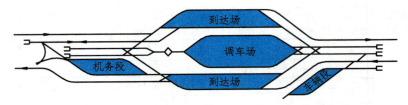

图 10-5　单向横列式编组站的站场布置

区域性编组站是位于铁路干线交会的重要地点，承担较多中转车流改编作业，编组较多的直通和技术直达列车的大中型编组站。一般衔接 3 个及以上方向上方向列车，日均出、入有调中转车达 4 000 辆，设有单向混合式、纵列式和双向混合式的站场，半自动或自动控制设备的驼峰。

地方性编组站是位于铁路干支线交会点和铁路枢纽地区港口、工业区，承担中转、地方车流改编作业的中小型编组站。一般为编组两个及以上去向的直通和技术直达列车，日均出、入有调中转车达 2 500 辆，设有单向混合式或如图 10-5 所示的横列式布置的站场，半自动驼峰。

四、编组站的调车设备

编组站的调车设备主要有牵出线和调车驼峰，其断面形式如图 10-6 所示。

牵出线调车是最基本的调车作业方式。牵出线有平面牵出线和特殊断面牵出线两种形式，前者是所有的线路的纵断面基本上是在一个水平面，就是牵出线与股道在同一水平面；特殊断面牵出线的纵断面不是一个水平面，而是牵出线的平面高于股道的平面。

调车驼峰是编组站调车作业的一项主要设备，是为了很好地完成解体与编组任务、缩短车辆在编组站停留时间，提高调车作业效率，将调车场始端道岔区前线路抬到一定高度，利用车辆在峰顶处具有的势能，使车辆自行溜到调车线上，以达到解体车列的目的。

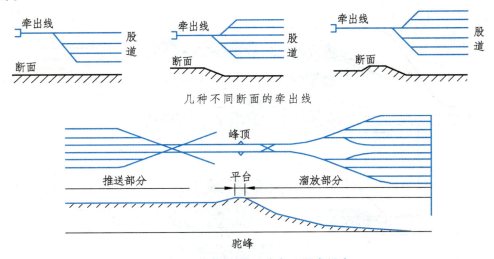

图 10-6　编组站的几种专用调车设备

第二节　驼峰概述

调车驼峰设在到达场与调车场相连接的咽喉处，是编组站调车作业的一项主要设备。利用调车驼峰，可以更好地完成解体与编组任务、缩短车辆在编组站停留时间、提高调车作业效率。

一、驼峰的分类

1. 按每昼夜解体能力分类

按每昼夜解体能力，驼峰可分为大能力驼峰、中能力驼峰及小能力驼峰三类。

（1）大能力驼峰——每昼夜解体能力 4 000 辆以上，调车线不少于 30 条，设 2 条溜放线，并设有驼峰溜放自动控制系统。

（2）中能力驼峰——每昼夜解体能力 2 000～4 000 辆，调车线 17～29 条，设 2 条溜放线，并设有溜放进路自动控制系统，且多数设有机车推峰速度自动控制系统、钩车溜放速度自动或半自动控制系统及推峰机车遥控系统。

（3）小能力驼峰——每昼夜解体能力在 2 000 辆以下，调车线 16 条及以下，设 1 条溜放线，多数设置溜放进路自动控制系统、驼峰机车信号设备或推峰机车遥控系统，也可采用简易的现代化调速设备。

2. 按技术装备不同分类

驼峰由推送部分、溜放部分和峰顶平台三个部分组成，根据其设备条件的不同可分为简易驼峰、非机械化驼峰、机械化驼峰、半自动化驼峰和自动化驼峰五类。

（1）简易驼峰——多数是利用原有调车场牵出线头部平地起峰修建，且一般推送坡较陡。简易驼峰分路道岔控制一般采用电气集中或非电气集中，制动工具主要采用铁鞋，一般设在调车线大于 5 条的区段站或区段站型的编组站上。

（2）非机械化驼峰——采用铁鞋或手闸作为调速设备，分路道岔采用自动集中或在现场人工操纵；一般设在调车线少于 15 条的中、小型编组站上。

（3）机械化驼峰——机械化驼峰分路道岔采用驼峰自动集中控制，调速设备以车辆减速器为主，铁鞋为辅助；一般设在调车线多于 15 条的大、中型编组站上。

（4）半自动化驼峰——在机械化驼峰的基础上，又在调车线上增设一个或两个目的制动位，同时增设测速、测长和半自动控制机等设备，分路道岔仍然采用驼峰自动集中控制。半自动化驼峰减速器的出口速度是人工给定的，而对减速器用半自动控制机实行闭环自动控制，实现目的调速。

（5）自动化驼峰——在半自动化驼峰的基础上，增设了测重、测阻、测气象（包括测风向、风速和气温）与计算机等设备。自动化驼峰各部位减速器的出口速度由计算机自动给出，且溜放进路的排列也是由计算机自动控制，不仅实现了目的调速的自动控制，还实现了间隔调速和溜放进路的自动控制。

二、驼峰的线路结构/平、纵断面

调车驼峰由推送部分、峰顶平台、溜放部分三大部分组成，如图 10-7 所示。将调车场始端道岔区前线路抬到一定高度，利用车辆在峰顶处具有的势能和钩车具有的功能，使车辆自行溜到调车线上，以达到解体车列的目的。

1. 推送部分与推送线

推送部分指经调车驼峰解体的车列第一钩车位于峰顶时，车列全长范围内的铁路线路，从峰顶到到达场中部的线路区段；推送线指从到达场出口咽喉最外方道岔的警冲标至峰顶的一段线路，是推送部分的一部分。设置推送部分的目的是得到必要的驼峰高度。

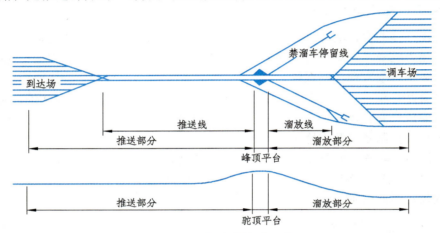

图 10-7　调车驼峰构成示意图

2. 峰顶平台

峰顶平台简称峰顶，指推送部分与溜放部分之间的平坦路段，一般采用 7.5～10 m。设计峰顶时要做到以下几点：保证作业安全，不损坏钩舌销；单个车辆脱钩时不降低峰高；不会导致车钩压不紧而产生的钓鱼现象；能满足禁溜线的道岔布置。设置峰顶平台的目的是连接两个不同方向的反坡，同时保证不降低驼峰的计算高度。

3. 溜放部分

溜放部分是由峰顶到编组线计算点之间的线路区段，应设计为面向调车场方向的连续下坡，由加速坡、中间坡、道岔区坡构成，如图 10-8 所示。

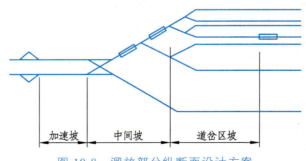

图 10-8　溜放部分纵断面设计方案

加速坡的坡度和坡段长度根据峰高按《站规》推荐值确定；加速坡与中间坡变坡点设在第一分路道岔前；中间坡（自第一分路道岔前至线束始端，保证易行车不超速）设计成二坡段，坡度据设置间隔制动位情况按《站规》推荐值确定；道岔区坡（线束道岔始端至车场制动位始端）设计成二坡段，变坡点设在调车场警冲标附近（最后分路道岔）。

溜放线指从峰顶到第一分路道岔始端的一段线路，是溜放部分的一部分，如图 10-7 所示。

4. 峰高与能高

驼峰的高度（简称峰高）是指峰顶平台与难行线计算点之间的高差，也称计算峰高。计算点是设计驼峰时人为规定的，不同类型的驼峰规定方式不同，与调速设备类型、地形、气候等相关。

下溜车辆每吨质量所具有的能量或所消耗的能量，可视为假想的高度。以米或毫米为计算单位来表示能量大小的高度，称为能高。能高线如图 10-9 所示。

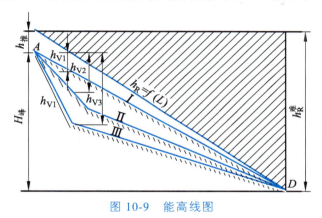

图 10-9　能高线图

第三节　驼峰信号设备

为了指挥调车作业，在驼峰范围内应设有各种信号设备（即驼峰信号设备）。驼峰信号设备包括信号机、轨道电路、转辙机、车辆减速器、电源、动力设备、控制设备等。控制设备包括手动控制、继电控制和计算机控制，不同类型的驼峰选用不同控制设备。图 10-10 所示为峰前到达场的驼峰调车场的信号设备布置图。

一、信号机

调车场头部咽喉的信号机，分为驼峰色灯信号机和调车信号机。调车信号机根据设置位置及联锁关系又分为峰上调车信号机和峰下线束调车信号机。除此之外，根据实际需要，还设有驼峰色灯辅助信号机、驼峰色灯复示信号机、线路表示器等信号设备。

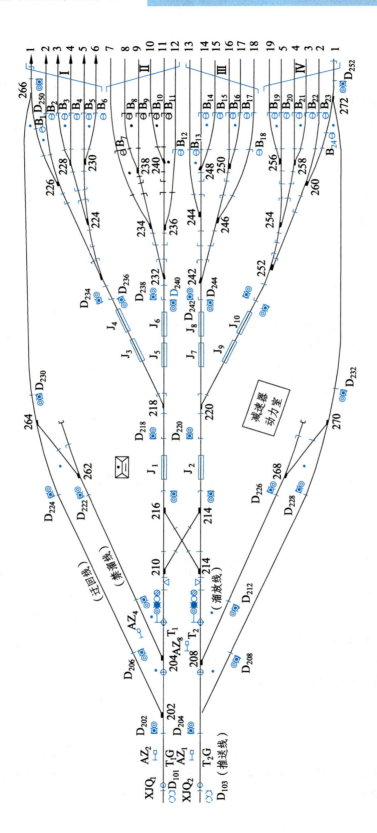

图 10-10　驼峰信号设备平面布置图

1. 驼峰色灯信号机

驼峰色灯信号机是用来指挥驼峰机车进行峰顶作业，指示能否溜放的信号机，每条推送线束设一架，为了保证有足够的显示距离，应设在峰顶平台与加速坡连接处的峰顶线路最高处。驼峰色灯信号机采用高柱、双机构、四灯七显示。驼峰信号机的表示规定，单推驼峰，其驼峰信号机用 T 表示；双推驼峰，其驼峰信号机用 T 加下标（信号机编号）表示，如图 10-10 中的 T_1、T_2。

驼峰信号机显示及现实含义如下：

一个绿色灯光 ——准许机车车辆按规定速度向驼峰推进；

一个绿色闪光灯光 ——指示机车车辆加速向驼峰推进；

一个黄色闪光灯光 ——指示机车车辆减速向驼峰推进；

一个红色灯光 ——不准机车车辆越过该信号机或指示机车车辆停止作业；

一个红色闪光灯光 ——指示机车车辆自驼峰退回；

一个月白色灯光 ——指示机车到峰下；

一个月白色闪光灯光 ——指示机车车辆去禁溜线。

2. 驼峰色灯辅助信号机及驼峰色灯复示信号机

1）驼峰色灯辅助信号机

当用驼峰信号机指挥推峰机车运行，且驼峰信号机的显示不利于司机瞭望时，要在峰前到达场每条到发线靠近驼峰的一端装设驼峰色灯辅助信号机，简称驼峰辅助信号机，采用透镜式色灯双机构的高柱信号机。

驼峰色灯辅助信号机的灯光排列：三显示区段为黄、绿、红、白，四显示区段为绿、红、黄、白。驼峰色灯辅助信号机用 TF 加下标表示，下标为该信号机所在线路轨道编号（到达场股道号）。

驼峰色灯辅助信号机显示的信号具有下列作用：

（1）一个黄色灯光 ——指示机车车辆向驼峰预先推送。

（2）当办理驼峰推送进路后，其灯光显示与驼峰信号机显示相同。

（3）到达场的驼峰色灯辅助信号机平时显示红色灯光，对到达列车起停车信号作用。

2）驼峰色灯复示信号机

在设有驼峰色灯辅助信号机的编组站，当其显示距离不能满足推峰作业要求时，根据需要可在到达场每股道上再装设一架驼峰色灯复示信号机，位置在驼峰辅助信号机前。

驼峰色灯复示信号机，采用透镜式色灯两个双机构的色灯信号机，方形背板。灯光排列，三显示区段为黄、绿、红、白；四显示区段为绿、红、黄、白。驼峰色灯复示信号机平时无显示，不起信号作用。当办理驼峰推送进路后，其显示方式与驼峰信号机或驼峰色灯辅助信号机相同。当办理驼峰预先推送进路后，其显示方式与驼峰色灯辅助信号机相同。驼峰色灯复示信号机用 FTF 或 FT 加下标表示，下标为该信号机所处的股道编号，如图 10-11 所示。

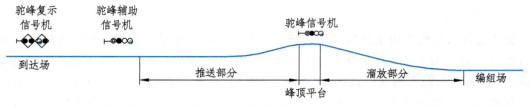

图 10-11　几种驼峰信号机的设置示意图

3. 调车信号机

调车信号机分为峰上调车信号机和峰下调车信号机两种。

峰上调车信号机是为指挥驼峰机车在峰上进行调车作业（如经迂回线向调车场输送禁溜车辆等）而设置的信号机，如图 10-10 中的 D_{202}、D_{204} 等。除此之外，有些调车信号机从位置看虽然设于峰下，但当它们开放时，与峰上进路实现必要的联锁关系，因此也属于峰上调车信号机，如图 10-10 中的 D_{214}、D_{216}。峰下线束调车信号机是为了指挥驼峰机车在线束间转线或上、下峰作业，设于每个线束头部的高柱调车信号机，如图 10-10 中的 D_{218}、D_{220}、D_{234}、D_{238} 等。

调车信号机的显示在第三章第五节已进行介绍，这里不再重复。

4. 线路表示器

线路表示器是当有两台以上机车在峰下进行作业，或调车线上瞭望线束信号机的显示有困难时，根据需要在各编组线上的设置，如图 10-10 中的 $B_1 \sim B_{24}$。线路表示器是上峰线束信号机的复示信号，平时处于灭灯状态，不起信号作用，当线束的上峰调车信号机开放时，根据道岔的开通位置，使该线束的相关线路表示器点亮白灯，指示该线路上的调机上峰作业。如图 10-10 中，当第I线束的上峰调车信号机 D_{236} 开放，并且该线束开通 2 道，则使线路表示器 B_2 点亮白灯，告知 2 道停留的调机司机上峰调车信号机已经开放。

二、转辙机

驼峰调车场使用的转辙机根据道岔使用位置的不同，可分为峰上道岔转辙机和峰下分路道岔转辙机。峰上道岔采用普通转辙机；峰下分路道岔，由于要求其动作迅速、安全可靠，所以均采用拉力较大的快动转辙机。目前，各驼峰场采用的转换设备有电动转辙机和电空转辙机两种。

目前使用的电动转辙设备，分路道岔以使用功率较大的 ZD_7 型电动转辙机为主，其动作时间只有 0.8 s；峰上及其他用途道岔以使用 ZD_6 型电动转辙机为主。

ZK 型电空转辙机动作时间为 0.6 s，与电动转辙机比较，具有动作快、拉力大和维修简单等优点，所以在有风压设备的驼峰调车场，应尽量采用 ZK 型电空转辙机。

三、轨道电路

驼峰调车场的轨道电路有峰上轨道电路、峰下分路道岔轨道电路、编组线警冲标区段轨道电路三种类型。

1. 峰上轨道电路

峰上轨道电路用于驼峰推送线与迂回线、禁溜线连接的咽喉区，且为了提高作业效率，峰上轨道电路区段应尽量划短。

2. 峰下轨道电路

峰下轨道电路是指设置于峰下线束或调车线分歧点的轨道电路。峰下轨道电路区段划分要求，为了减少前后两个溜放车组间的距离，提高解体作业的效率，应尽量减少轨道区段的长度，同时分路道岔轨道区段长度又不得小于经驼峰溜放的内轴距最大的四轴车其内轴距的长度，且分路道岔前应有足够长的保护区段，以保证车压上尖轨前道岔已转换完毕，使车辆安全通过该道岔。

为了防止由于轻车跳动使轨道电路瞬间失去分路作用，而造成道岔中途转换的危险，峰下分路道岔区内均采用双区段轨道电路（即驼峰轨道电路）。该轨道电路的工作原理已在第五章第五节介绍，这里不再重复。

3. 编组线警冲标区段轨道电路

为了检查溜放车组是否进入警冲标内方的编组线，在警冲标外方 3.5 m 至最后分路道岔的尾部绝缘间设置的轨道电路。编组线警冲标区段轨道电路可两股道合用一个轨道电路区段，也可以每股道各设一个。

四、按钮柱

按钮柱是为了方便现场作业人员发现危及作业安全时能及时关闭驼峰信号，一般在每架驼峰信号机的前方、其推送线的左侧适当地点设置。按钮柱一般每条推送线设两个，第一个设在峰顶脱钩点附近，距驼峰信号机 10～15 m，第二个距第一个 50～60 m。如图 10-10 中的驼峰信号机 T_1 设有 AZ_2 和 AZ_4，驼峰信号机 T_2 设有 AZ_6、AZ_8 等。按钮柱如图 10-12 所示。

图 10-12　按钮柱

五、限界检查器

凡装设减速器的驼峰场，为了检查车辆下部是否侵入车辆减速器限界，确定该车辆是否能顺利通过减速器，在其推送线上均应装设车辆限界检查器。若溜放车组不符合限界检查器规定的限界要求，不准溜放，以免撞坏减速器。车辆限界检查器一般设于距离峰顶 80～100 m 处，如图 10-13 中的 XJQ_1 和 XJQ_2。

图 10-13　车辆限界检查器

六、其他设备

信号楼内的设备主要有控制台、接口继电器组合架、电源屏、分线盘、检测设备等，轨旁设有钳夹式减速器、减速顶、缆索牵引加速小车等不同类型的车辆调速装置，如图 10-14 所示。

（a）车辆减速器

（b）减速顶

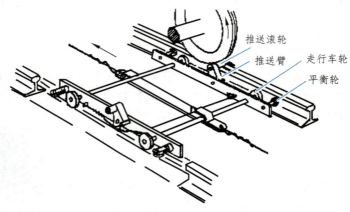

（c）缆索牵引加速小车

图 10-14　几种不同类型的车辆调速装置

第四节　驼峰自动化概述

随着国民经济的飞速发展，铁路的货物运量迅猛增长，使业已存在的运能和运量的矛盾日益突出。过去，大多数编组站利用机械化驼峰进行解体作业，曾发挥了它的优势，但随着经济增长对运能的要求，机械化驼峰已不能完全满足铁路运输发展的需要。为了更进一步提高铁路的运输能力，保证作业安全和改善职工的劳动条件，必须发展自动化驼峰，实现编组站运营管理和技术装备的现代化。

驼峰自动化要求驼峰场具备驼峰溜放进路自动控制、驼峰溜放速度自动控制、驼峰机车推峰速度自动控制等功能和自动化驼峰测量设备。

一、自动化驼峰测量设备

自动化驼峰测量设备包括测速设备、测阻设备、测长设备和测重设备。

1. 测速设备

在自动调速系统中，为了对减速器实行自动控制，需提供溜放车组在该调速部位的实际走行速度。为了取得这一数据，自动化驼峰必须具备测速设备。目前广泛采用多普勒雷达测速设备，我国驼峰一般采用 TZ-103 型驼峰测速雷达。

为了完成测速任务，要求测速设备必须满足以下要求：

（1）为了确保所测速度的精确性，要有足够的测速精度和测速距离。

（2）能连续测量溜放车组在减速器部位的运动速度和加速度。

（3）能反映车组的瞬时速度。

（4）受外界干扰影响小，能长期连续可靠地工作。

（5）设备造价、维修工作量和维修费用应尽量地少。

2. 测阻设备

车组在溜放过程中，溜放行程的长短取决于溜放速度，而溜放速度受车组溜放过程中阻力的影响较大。因此，在自动调速系统中，要实现精确调速，掌握车组的溜放阻力是非常关键的。在自动调速系统中，用来测量车组溜放阻力的设备称为测阻设备。

测阻的依据是能量守恒原理。车组在自由溜放过程中，具有的动能和势能，这些能量最终克服车组的溜放阻力而做功。

车组的溜放阻力，是在车组溜放过程中实际测试得到的。为了确保测得较为精确的阻力，测试阻力时，应选在平直（$i=0$）或坡度较为平缓的线路区进行。此外，由于测阻是在一定的气候条件下进行的，故测得的阻力中应包括基本阻力 w_J 以及风与空气阻力 w_F。

3. 测长设备

在自动调速系统中，调车线的空闲长度 $L_空$ 是指Ⅲ部位（即目的制动位）减速器的出口至最近停留车辆之间的距离。在自动调速系统中，测量了调车线的空闲长度，即掌握了车组的溜放距离，从而为给定Ⅲ部位减速器的出口速度提供了依据。可见，自动调速系统中必须具备测量调车线空闲长度的设备，即测长设备。

测长设备测量取得的调车线空闲长度，不仅可以作为自动调速系统判定第Ⅲ部位减速器出口速度的依据，在自动化系统中还有很多作用。例如，根据调车线的空闲长度和该线的现存车辆数，可推算出该线车组之间的"天窗"总长度，据此可判定机车是否需要下峰整理。又如，已知调车线的空闲长度，便可确定该线尚能容纳的车辆数，据此，计算机可自动编制出调车作业计划。

测长可利用不同的设备来实现，如短轨道电路测长设备、计轴器测长设备等，目前我国广泛采用的是音频轨道电路测长设备。

音频轨道电路测长的依据：在一定条件下，轨道电路的短路输入阻抗与短路点至始端（即送电端）的距离近似成正比。利用这种正比关系即可测得轨道电路区段的"空闲"长度。我国主要采用 TDC-103 型音频动态测长器。

4. 测重设备

由物理学知识得知，车组在溜放过程中加速度的大小与车组的重量有很大关系，因此，车组重量是自动调速系统所需要的一项重要参数。根据车组重量可决定非重力式减速器的制动等级、粗略估计车组的溜放阻力。另外在自动化的编组作业中，利用测重设备还可以统计编组列车的总重。因此，测重设备是自动化系统不可缺少的基础设备。

目前，各国所采用的测重设备种类很多，如称重轨、电容式重量传感器、电阻应变式重量传感器等。我国采用的主要是 T.Z.Y 型塞钉式压磁测重传感器。

压磁传感器是通过测量钢轨"腹板中性层"的剪应力来实现测重。根据材料力学理论，两根轨枕之间的钢轨，相当于一个"简支梁"，当车轮压上时，钢轨顶部受到压应力，底部受到拉应力，而钢轨腹板的中性层上"正应力"为零，剪应力却最大，其数值与车轮重量成正比。压磁测重传感器就是利用压磁传感器测量轮重所产生的剪应力，并将其变换成电信号来实现测重。

二、驼峰溜放进路自动控制

自动化驼峰采用微机控制系统，能实现自动储存进路命令和排列溜放进路，所以被称为驼峰溜放进路自动控制系统。

驼峰溜放自动控制系统的主要设备有：工业控制用微机、驼峰控制台、带键盘的显示终端、调车单打印机、峰顶摘钩显示盘和道岔转换设备等。

调车区长编制的解体作业计划，通过显示终端的键盘，一次性存储到控制微机中，不需驼峰值班员再办理储存作业。进行调车作业时，由控制微机向全场各调车作业点的打印机发出打印命令，各作业点打出的调车作业单，作为解体作业的依据。

溜放作业开始后，由于控制微机及时向有关分路道岔发出控制命令，使其在规定的时间内转换到要求的位置，为各车组逐段排列溜放进路。同时，峰顶摘钩显示盘可显示出当前的溜放钩序和最近三个车组的辆数，以便摘钩员摘钩，且在驼峰控制台上给出车次、钩序、股道和辆数等显示。

驼峰溜放进路自动控制系统扩大了储存容量，一次可储存七列（每列 50 钩）解体作业计划，还具有自动处理追钩、溜错股道和"钓鱼"等情况的功能。此外，该系统还具有检测、报警等功能。

三、驼峰溜放速度自动控制

驼峰溜放速度自动控制系统的设置主要是为了当驼峰解体车列时，能保证溜放车组间必要的间隔，使道岔按要求转换，不出现两溜放车组占用同一减速器，不发生追尾、侧撞等不安全现象，保证溜放车组进入调车线后仍能以允许的连续速度（不超过 5 km/h）与停留车安全连挂。它由调速设备、测量设备和控制设备组成。

调速设备分为点式和连续式两大类。点式调速设备主要是车辆减速器，如图 10-14（a）所示；连续式调速设备包括各种减速顶和绳索牵引推送小车，如图 10-14（b）和 10-14（c）所示。车辆减速器是驼峰调车场的主要调速设备，我国目前使用的车辆减速器均为钳夹式，制动时制动钳带动制动梁，制动夹板夹住车轮侧面，依靠摩擦力使车辆减速，如图 10-14（a）所示。我国目前已经形成 T·JK/T·JY 减速器系列。目前生产和使用的减速器，间隔制动多采用 T·JK3A 或 T·JY3A，目的制动多采用 T·JK2A 或 T·JY2A 型。

自动化驼峰的间隔调速和目的调速都是在计算机的控制下进行的。首先，利用测量设备测出与间隔调速有关的前行车组驶出调速位的出口速度、前后车组的距离、前后车组的难易组合情况、前后车组的分歧道岔位置，与目的调速有关的调车线的空闲长度、车组的溜放阻力、调车线的坡度、车辆的允许连挂速度等有关参数，经计算机采集并计算出减速器的最佳出口速度，自动控制减速器进行调速。

第五节　TW-2 型组态式驼峰自动控制系统

一、TW-2 型驼峰自动控制系统概述

TW-2 型驼峰自动控制系统曾经是中国铁路编组站历史上最成功的驼峰自动化设备，是北京通号研究设计院在 TW-1 基础上进行改进、提高的，它将已有的 TWJ-2 溜放进路控制系统、TWZ-1 自动集中系统、TWK-1 溜放速度控制系统、TWGC-1 工频测长器等子系统进行统一构造、统一管理、统一操作、统一监控、并基于双机热备的 TW 系统设计。

目前，TW-2 系统的功能模块包括：① 驼峰头部联锁；② 溜放进路自动控制；③ 一二部位减速器间隔自动控制；④ 三部位减速器目的自动控制；⑤ 股道空闲长度测量；⑥ 可控顶自动控制；⑦ 平面单勾溜放。一般在大能力综合自动化驼峰的组态选项为①～⑤的选项。

二、TW-2 系统的特点

（1）基于双机热备的 TW-2 系统，采用了按风险分散设计的集散式过程控制系统结构，为典型的 DCS 集散式控制系统，为控制级、管理级、操作级三级体系结构，如图 10-15 所示。首次在驼峰上采用了控制局域网（CAN）、以太网（Ethernet）、386EX 嵌入式专用控制

图 10-15　TW-2 系统的金字塔结构

器、智能 I/O、32 位编程、多媒体人机界面等先进技术。控制级与管理级间，以及控制级内各控制器之间采用了 1 M 控制局域网（CAN）进行通信联系；操作级与管理级间以及各级内之间采用 10/100 M 以太局域网络（Ethernet）通信。控制级为 Intel80386 专用嵌入式计算机，操作与管理级采用工业 PC 机 80486、P2 或 P3 CPU。

（2）采用了结构统一、简单、紧凑、配置灵活的硬件设计，以及若干新的插接技术，可以带电插拔更换插件。TW-2 系统结构设计为分上下层的集散式控制系统，下层可针对不同的控制范围和规模用不同种类和数量的硬件模块，比如减速器控制 JB、测长 CB、溜放进路控制 LB、联锁控制 ZB 等；而上层无论大小均采用一台工业 PC 机进行统一管理。

（3）技术成熟，性能稳定，适应性强，对不同室外设备适应范围较宽。其硬件、软件控制模块可按需配置和组合，适合大中小不同站场规模，适合于不同功能选择与取舍的场合。

（4）室内结构紧凑、室外设备少，维护工作量小。系统硬件集成度高，软件设计智能化，信息资源共享。对上层而言，针对不同的集成方式仅仅是软件模块的组态不同，硬件仅

仅是处理速度略有不同，上层机为通用系统机。下层机为专用处理机，采用硬件组态方式。各个功能模块在上层管理机实现数据资源共享，从而实现了各个功能模块之间有机的结合。

（5）实现了综合自动化的独特功能，使系统的可靠性、可用性和可维护性达到了相当实用的程度。

（6）先进的人机界面，统一的诊断报警记录和查询功能。操作级采用中文版 Windows NT Workstation 4.0 操作系统及多媒体技术，管理和控制一体化，特别是在管理方面使系统具有更大的发展空间。

（7）故障导向安全、故障软化、故障降级处理软件等不断成熟优化，风险高度分散，一般大驼峰设计在 20 多个独立节点，避免了局部故障全场失控的可能性。

（8）采用符合铁路信号的故障—安全技术的规范和设计方法。比如，驼峰溜放信号遇有溜放作业异常情况时，应与信号机内方的溜放进路发生联锁，及时关闭信号，故障导向安全。

三、TW-2 系统的结构

TW-2 型驼峰自动控制系统的结构如图 10-16 所示，包括调车进路控制、溜放进路控制等模块。

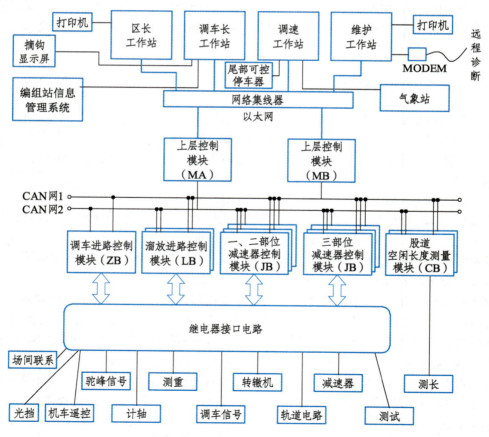

图 10-16　TW-2 系统结构示意图

四、驼峰机车推峰速度自动控制

驼峰解体车列，为了进一步提高作业效率，要求推峰机车应以允许的最高速度进行推峰。允许的最高速度受车组长度、相邻车组的分歧道岔位置、车组的溜放距离和相邻车组的难易组合情况等因素的影响，人工很难给出各车组的最佳推峰速度。利用计算机采集这些参数，并利用计算机计算出允许的最高推峰速度，然后通过遥控系统自动控制机车推峰，这就是所谓的驼峰机车推峰速度自动控制。

第六节　中国编组站调车自动化

中国编组站调车自动化主要表现为编组站综合集成自动化系统（CIPS）和编组站综合自动化系统（SAM）两大系统。CIPS 和 SAM 系统首次将综合自动化作为一个整体系统进行统一规划、设计和研究。通过系统整合或集成，进一步提高了编组站信息化和自动化程度。

一、编组站综合集成自动化系统 CIPS

编组站综合集成自动化系统（Computer Integrated Process System，CIPS）由北京全路通信信号研究设计院研发，先后在成都北、贵阳南和武汉北等站应用。

1. CIPS 系统结构与组成

CIPS 包括车站综合信息管理分系统和集成控制分系统，集成控制分系统主要包括调机自动化、联锁自动化、驼峰自动化、停车器控制自动化、外勤移动信息化以及信号监测等子系统，CIPS 的系统结构与组成如图 10-17 所示。

由图 10-17 可以看出，CIPS 系统可以表述为三个层次，核心层为共享信息平台；功能层为编组站典型的到、解、集、编、发基本生产功能；功能扩展层反映了 CIPS 在各个作业环节上的功能，该模型表述重点是编组站内所有的信息处理与自动控制功能均紧密围绕在同一个集中的共享数据平台而展开，各个功能产生的数据均被集成在共享数据平台上，同时也从数据平台上获取其他功能产生的数据，通过公共数据反映功能与功能之间的关系，实现功能与功能之间的衔接。

2. CIPS 系统的特点

编组站 CIPS 以集成为核心，将编组站以往独立运行的多个控制与信息单元系统组织成一个协同工作的、功能更强、有机组合的新系统，协调发挥各个分系统的优势，取得整体效益。编组站 CIPS 系统采用了信息集成、技术集成、功能集成、管控集成、网络集成、优化集成手段，实现了整个编组站包括运营决策、管理信息、生产调度、监督控制和直接控制在内的全部生产活动的综合自动化。

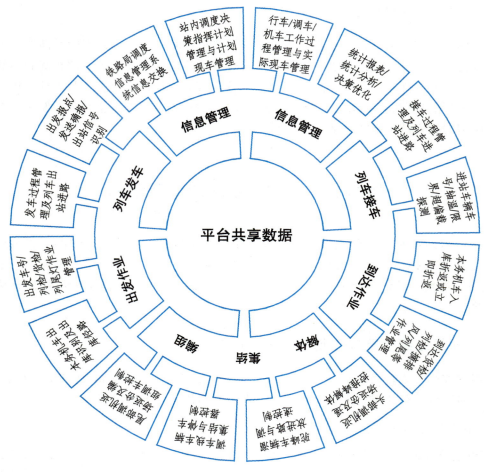

图 10-17　CIPS 的系统结构示意图

3. CIPS 系统的物理结构

图 10-18 结合编组站的环境，进一步表述了 CIPS 系统的物理结构，以及 CIPS 系统与编组站其他子系统和路局信息系统的关系。

从图 10-18 可以看出：CIPS 集成控制系统包括了联锁自动化分系统、驼峰自动化分系统、停车器控制分系统以及调机自动化分系统。具体到成都北编组站，过程子系统由 9 个分系统所组成（联锁 4、驼峰 2、停车器 2、调机 1），这些分系统除调机自动化系统外采用了集成创新路线，即在原来成熟的独立单元系统基础上，按照 CIPS 的功能要求进行二次开发。所有控制子系统均要求工作在 CIPS 环境下，能够完全按照 CIPS 管理系统的统一要求受控，提供与共享公共平台上的数据，并提供执行结果反馈。

CIPS 系统作为编组站的信息中心，应用信息集成手段，对其他各个独立建设的探测系统和单元信息系统中有共享价值的数据，经数据通信接口交换信息，详见《CIPS 综合管理系统信息联锁技术条件》。具体成都北编组站涉及的接口装置包括：平调系统（车地信令功能，平调灯显车载装置与 CIPS 环境下的调机自动化系统车载计算机接口，8 处）、脱轨器系统（4 处）、车辆安全探测（红外轴温探测，2 处）、ATIS 车站系统（车号识别数据）、货检安全系统（提供视频监视、预留电子铅封、限界检查、超偏载探测等功能）、机务段管理系统（提供本务机派班、机车出入机务段身份认证功能）、办公系统、气象站及场间 AEI（车号识别）。

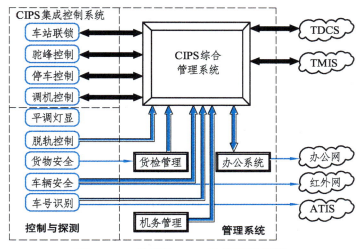

图 10-18　编组站 CIPS 结构及其环境

作为调度管理的信息源，CIPS 系统还分别与铁路局的 TMIS 系统（预确报、班计划）和 TDCS 系统接口，其接口方案基本保留原有铁路局信息系统与车站系统间的交换内容与方式，减少对铁路局系统的影响。

4. CIPS 系统的总体目标

（1）调度计划自动执行。
（2）调度决策指挥信息化与自动化。
（3）大幅度减员增效。
（4）全站集中办理。
（5）提高整体效率，减少车辆停留时间。
（6）提供列车密集到达解决方案。
（7）信息资源的充分利用。
（8）创建新一代编组站现代化模式。

二、编组站综合自动化系统 SAM

编组站综合自动化系统（Synthetic Automation of Marshalling Yard，SAM）由中国铁道科学研究院和中国铁路信息技术中心共同研发。首先在新丰镇编组站应用，是面向编组站各行车岗位日常作业的自动化系统。

1. SAM 系统结构与组成

SAM 有两个信息与处理平台，一个是由中国铁路信息技术中心开发的车站 2.0 系统（铁路编组站管理信息系统），另一个是中国铁道科学研究院研发的集中控制系统。两个平台各自有独立的数据库、网络和专设接口服务器，相互之间通过网络安全设备实现信息充分交换与共享。集中控制系统主要处理 TDCS 相关的行车信息和集中控制功能，与各个过程控制系统接口形成集中控制。

2. SAM 系统功能

1）路局与编组站的信息交互

SAM 系统与路局 18 个子系统接口，交换相关信息，从而实现局站一体化的设计思想。

2）运营管理与决策支持

决策支持指支持车站领导对全站资源、安全和技术运营方案进行科学管理；计划与统计分析指在计算机中检查日班和阶段计划的完成情况，并进行计划的调整；资源管理指实现对各种资源（含人力、设备）的管理；技术管理指建立《车站作业细则》数据库，使站细文本电子化。

3）作业过程自动控制

计算机联锁通过控制系统安全信息网接收编组站调度集中给出的进路始终端控制命令，实现在站调楼控制中心集中、自动控制进路。进而完成全部联锁功能，人机界面信息处理功能，输入、输出和执行控制功能，自动检测与诊断功能，非进路调车控制、平面溜放调车控制、站内道口控制，调度集中、调度监督以及其他系统接口、设备工作状态监测等。

4）货运管理

SAM 为编组站货运管理搭建计算机网络平台，保证实现计算机辅助编制货运计划、客户查询和到货自动通知等功能。

3. SAM 系统技术创新点

（1）局站一体化设计，发挥信息化整体效益。
（2）车站生产过程信息化，提高车站的自动化水平。
（3）适应新的管理模式，全面支持集中式管理。
（4）充分信息共享，提高作业效率。
（5）防止车站责任事故，保证调车安全。
（6）形成闭环控制，完整准确的统计分析。
（7）提高作业的智能化，实现编车优化。
（8）计算机和现场同步，提供准确的实时信息。

思政小课堂

亚洲作业量最大的列车编组站

——郑州北站

在京广、陇海两大铁路干线交会处，镶嵌着一颗璀璨的明珠，这就是亚洲作业量最大的列车编组站—郑州北车站。被誉为我国铁路的心脏，它连接华北、华东、华南、西北和西南铁路，是我国铁路交通的重要枢纽。

郑州北站站场南北长 6.63 公里，东西宽 0.8 公里，占地面积 5.3 平方公里，有"十里站场"之称。编组场内各种线路 228 条，线路总延长 454 公里，这个距离相当于从郑州到石家庄。郑州北站被称为全国设计布局最科学的编组站，有"编组站教科书"之称。

走进郑州北站，您一定会为她那恢宏的气势赞叹不已：编组站区，雄伟壮阔，车流滚滚，机声隆隆。铁道纵横如银链坠地，灯桥飞架似钢铁长虹；中间站区，一趟趟货物列车穿梭来往。这是一片奔涌着钢铁洪流、极富动感和活力的土地，一片充满雄浑之气、阳刚之美的土地……

扫码阅读全文

复习思考题

1. 编组站的主要作业包括哪些？
2. 驼峰如何分类？
3. 驼峰信号设备主要包括哪些？简述驼峰轨道电路的工作原理。
4. 驼峰信号机及调车信号机显示哪些意义？
5. 自动化驼峰对设备有哪些要求？
6. 自动化驼峰测量设备包括哪些？各自工作原理是什么？
7. 自动化驼峰调速设备包括哪些？
8. 简述 TW-2 系统的结构。
9. 简述 CIPS 系统的结构。
10. 简述 SAM 系统的技术创新点。

铁路信号集中监测系统 CSM，原名铁路信号微机监测 MMS，是铁路装备现代化的重要组成部分，可作为电务维护管理的辅助工具。

第一节 铁路信号微机监测系统（MMS）

一、发展信号微机监测系统的必要性

随着我国铁路运输事业的蓬勃发展，列车运行速度显著提升，列车运行密度不断增加，这对铁路信号系统提出了更为先进和严格的要求。信号机、道岔、轨道电路等铁路信号设备及它们的控制电路等是保证铁路行车安全的基础设备，这些设备能否正常运行以及它们的性能好坏，直接影响着整个铁路运输的效率和安全可靠性。车站电气集中、车站信号微机联锁、编组站道岔自动集中、编组站车辆自动溜放等先进设备的推广应用，大大提高了车站的通过能力和编组站的编解能力。然而，随着运输能力的增强，现场设备的操作频率也随之上升，设备出现故障的风险也随之增加。

因此，为了满足铁路运输发展的需求，信号系统必须在设备功能管理和维修体制等方面进行深入的改革。在维修体制的改革中，电务维修管理部门需要掌握更多关于信号设备实际运行中的质量信息和告警信息，这些信息对于判断设备运行状态、进行维修和调整至关重要。正是基于这样的需求，信号微机监测系统随着铁路信号设备维修体制的改革而得到了迅速发展。

二、信号微机监测系统的发展历程

铁路信号微机监测系统随着计算机技术的发展而发展，微型计算机技术、网络技术、数据通信技术、检测技术等的发展为微机监测系统的开发和应用提供了技术基础。

早在 1985 年，我国便开始了信号微机监测系统的研发工作。到了 1996 年，参与研制的单位已多达 20 余家，超过 100 个车站配备了微机监测系统。然而，由于各铁路局自行研制，缺乏统一的标准，各站系统基本独立，很少实现集中联网。为解决这一问题，1997 年，铁道部组织了两次大规模的调查研究，并据此制定了技术原则，组织了联合攻关。经过近六个月的努力，由多家研制单位组成的联合攻关组成功研制出了第一代 TJWX 型信号微机监测系统，并在五大铁路干线推广应用。2000 年，铁道部对原《微机监测系统技术条件》

进行了修改和完善，进行第二次联合攻关，开发了 TJWX-2000 型微机监测系统。该系统采用统一技术条件、统一软硬件结构、统一联网设备配置、统一采用部定点厂家生产的采集机和设备、统一组织工程实施，并具备全路联网功能，能够精确判断设备故障和违章操作带来的潜在风险，从而有效预防事故的发生。2006 年 8 月发布的《信号集中监测系统技术条件》（暂行）对《微机监测系统技术条件》进行了再次修改和完善，提出了许多新功能，包括多种轨道电路参数测试、列车信号灯回线电流测试，以及门禁、摄像、温度、湿度、烟雾、明火、水浸等环境监测。由此，研制了 TJWX-2006 型信号微机监测系统。

三、信号微机监测系统的主要功能

信号微机监测系统既是保证行车安全、加强信号设备接合部管理、监测铁路信号设备运用质量的重要行车设备，也是铁路装备现代化的重要组成部分。

其主要功能包括以下几个方面：

（1）为信号设备状态维修提供可靠的依据。

（2）帮助维修人员缩短故障延时。

（3）有利于分清故障责任。

（4）维修管理和信息共享。

（5）使集中维修成为可能。

（6）便于和其他专用系统结合。

四、信号微机监测对象的选择原则和硬件结构

信号微机监测系统选择监测对象时应遵循的原则包括：易受外界影响并易发生故障的设备；发生故障后影响范围大的设备；利于分析和判断故障；利于实现状态修；利于对使用及维护人员的主要操作实时监督。其硬件基本结构主要包括主机、检测量输入通道和人机对话设备 3 大部分，如图 11-1 所示。

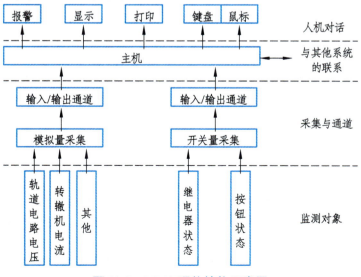

图 11-1　MMS 硬件结构示意图

第二节　铁路信号集中监测系统（CSM）

一、CSM 的体系结构

铁路信号集中监测系统体系结构包括系统配置的层次结构和数据通信的网络结构。体系结构的划分应符合电务部门维护和管理工作的实际需要。监测系统的层次结构为"三级四层"结构，三级为国铁集团、铁路局、电务段。四层为国铁集团电务监测子系统、铁路局电务监测子系统、电务段监测子系统和车站监测网，体系结构如图 11-2 所示。

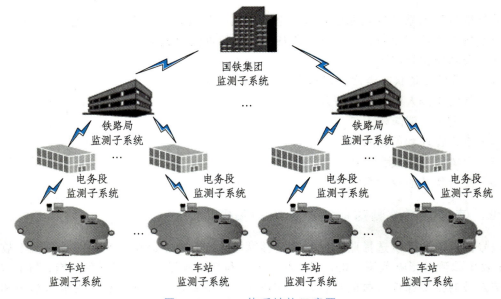

图 11-2　CSM 体系结构示意图

国铁集团监测子系统处于最高层，是现代化信号维护指挥的大脑。该子系统通过获取各个铁路局监测子系统的接口信息，监督和管理重要铁路枢纽和主要干线的信号设备。

铁路局监测子系统处于第二层，该子系统通过专线通道、数据网链路、路由器与国铁集团和相邻铁路局中心建立远程连接，进行信息交换。铁路局监测子系统不仅给各级电务管理者提供监视功能，同时会将电务段子系统的上传信息进行汇总、处理和标准化，以作为信号设备维护指挥的依据。

电务段监测子系统位于承上启下的位置，是核心部分，是监测系统的心脏。该子系统是为了适应铁路运输发展需要而扩充建立的。它是一个集中式、综合型、智能化的现代化接入中心，是综合通信、信号、计算机、网络、多媒体等多门学科技术的系统工程。该子系统的长足发展，极大改善了监测系统的接入能力，提高了监测系统的可靠性、稳定性、安全性和抗干扰能力，并且为各级领导的决策提供真实可靠的信息，逐步实现了信号维护工作的现代化、智能化管理模式。

车站监测子系统位于最底层，是整个系统的基础，是所有原始信息的源头。主要负责原始数据的采集、分类、处理和存储，实现车站信号设备、区间信号设备的实时监测、故障分析和诊断，并提供人机对话界面、显示各类站场信息，并及时显示各类告警信息。它由站机、采集机、网络设备、接口隔离组合、采集模块等设备组成。

二、CSM 的监测功能

CSM 是信号设备的综合集中监测平台，是保证行车安全、加强信号设备接合部管理、监测铁路信号设备运用质量的重要行车设备。它把传感器、现场总线、计算机网络通信、数据库等现代高新技术融为一体，不仅可以监测并记录信号设备的主要运行状态（如道岔位置、信号机点灯、轨道光带等开关量状态，轨道电压、道岔表示电压、道岔电流等模拟量状态），为电务部门掌握设备的运用质量和故障分析提供科学依据。还具有数据逻辑判断功能，当信号设备的工作情况偏离预定界限或者出现异常时及时报警，避免因设备故障或者违章操作影响列车的安全、正点运行。

1. 模拟量监测功能

1）外电网综合质量监测

监测内容包括外电网输入相电压、线电压、电流、频率、相位角、功率，监测点为配电箱（电务部门管理）闸刀外侧，外电网综合质量具体监测内容详见表 11-1。

表 11-1 外电网综合质量监测内容及标准

监测对象	AC 380 V 电压	AC 220 V 电压	电流	频率	功率
量程范围	0～500 V	0～300 V	0～100 A	0～60 Hz	0～30 kW
监测精度	电压±1%；电流±2%；频率±0.5 Hz；相位角±1%；功率±1%				
监测方式	周期巡测，周期≤1 s，变化测；电流采用开口式电流互感器检测				
采样速率	断相、错序、瞬间断电开关量的采样速率为 50 ms，电压、电流采样速率为 250 ms				

2）电源屏监测

监测内容包括：各电源屏的输入电压、输入电流；电源屏各路输出电压、输出电流；25 Hz 电源的输出电压、频率、相位角；监测点：非智能电源屏的转换屏输入端、其他非智能屏的电压输出保险后端。电源屏监测的具体内容详见表 11-2。

表 11-2 电源屏监测内容

监测对象	各电源屏输入电压、输入电流；电源屏各路输出电压、输出电流；25 Hz 电源输出电压、频率、相位角
输出报警标准	电源屏输出电压大于额定值的 3%或小于额定值的 3%时报警并记录，其他输出报警标准参见《铁路信号维护规则》
监测精度	电压：±1%；电流：±2%；频率：±0.5 Hz；相位角：±1%
监测方式	周期巡测，周期≤1 s，变化测；电流采用开口式电流互感器检测
采样速率	250 ms

3）轨道电路监测

不同类型轨道电路监测内容各有不同，详见表11-3。

表11-3　轨道电路监测内容

监测对象	交流连续式轨道电路	25 Hz 相敏轨道电路	高压不对称脉冲轨道电路	驼峰2.3轨道电路
监测内容	轨道继电器交流电压、直流电压	轨道接收端交流电压、相位角，变化测	接收端波头、波尾有效值电压，峰值电压，电压波形	驼峰 JWXC-2.3 轨道继电器工作电流
监测点	轨道继电器端或分线盘	轨道测试盘侧面端子或二元二位继电器端、局部电压输入端，相敏轨道电路电子接收器端，变化测	译码器相应端子	轨道继电器
监测量程	AC：0～40 V；DC：0～40 V	电压：0～40 V；相位角：0°～360°	0～100 V	0～800 mA
监测精度	±1%	电压：±1%；相位角：±1%	±2%	±3%
监测方式	站机周期巡测（周期≤2 s），变化测	站机周期巡测（周期≤2 s），变化测；轨道继电器励磁时测相位角，轨道占用时不测试相位角	站机周期巡测（周期≤2 s），变化测	站机周期巡测（周期≤2 s），变化测
采样速率	250 ms	500 ms	0.2 ms	250 ms

4）转辙机监测

不同类型的转辙机监测内容有所不同，详见表11-4。

表11-4　转辙机监测内容

监测对象	直流转辙机	ZYJ系列、S700K系列、ZDJ-9系列交流转辙机	驼峰 ZD7型直流快速道岔转辙机
监测内容	道岔转换过程中转辙机动作电流、故障电流、动作时间、转换方向	道岔转换过程中转辙机动作功率、电流、动作时间、转换方向	道岔转换过程中转辙机动作电流、故障电流和动作时间、转换方向
监测点	动作回线	电压采样在断相保护器输入端，电流采样在断相保护器输出端	动作回线
监测量程	电流：0～10 A（单机）；动作时间：0～40 s（单机）	电流：0～10 A（单机）；动作时间：0～40 s（单机）；功率：0～5 kW（单机）	电流：0～30 A；作时间：0～3 s
监测精度	电流：±3%；时间：≤0.1s	电流：±2%；功率：±2%；时间：≤0.1 s	电流：±3%；时间≤0.1 s
监测方式	根据1DQJ条件进行连续测试	根据1DQJ条件进行连续测试	根据1DQJ条件进行连续测试
采样速率	40 ms	40 ms	10 ms

5）道岔表示电压监测

监测内容：道岔表示交、直流电压；监测点：分线盘道岔表示线。定位：X4X2，反位：X3X5。定位：X1X3，反位：X3X2；监测量程：DC：0～100 V，AC：0～200 V；监测精度：±1%；测量方式：站机周期巡测（周期≤2 s），变化测；采样速率：500 ms。

6）电缆绝缘监测

电缆类型：各种信号电缆回线（提速道岔只测试 X4、X5；对耐压低于 500 V 的设备，如 LEU 等不纳入测试）。

监测内容：电缆芯线全程对地绝缘，测试电压：DC 500 V；监测点：分线盘或电缆测试盘处；监测量程：0～20 MΩ，超出量程值时显示"＞20 MΩ"；测量精度：±10%；测试方式：人工确认天气状况良好、拔出防雷或断开防雷地线后启动、自动测量，人工命令多路测试。

7）电源对地漏泄电流监测

监测类型：电源屏各种输出电源；监测内容：输出电源对地漏泄电流；监测点：电源屏输出端；监测量程：AC 0～300 mA，DC 0～10 mA；测量精度：±10%；测试方式：在天窗点内人工启动，通过 1 kΩ（DC）/50 Ω(AC)电阻测试电源对地漏泄电流值。人工命令多路测试。

8）列车信号机点灯回路电流的监测

监测内容：列车信号机的灯丝继电器（DJ，2DJ）工作交流电流；监测点：信号点灯电路始端；监测量程：0～300 mA；监测精度：±2%；测试方式：站机周期巡测（周期≤2 s），变化测；采样速率：500 ms。

9）集中式移频监测

不同集中式移频设备的监测内容有所不同，详见表 11-5。

表 11-5　集中式移频设备监测内容

监测对象	站内电码化	ZPW2000 系列、UM71 制式等集中式无绝缘移频轨道电路	半自动闭塞系统
监测内容	内发送盒功出电压、发送电流、载频及低频频率	发送器发送电压、电流、载频、低频；接收器轨入（主轨、小轨）电压，轨出 1、轨出 2 电压、载频、低频；模拟网络电缆侧发送电压、接收电压、发送电流	半自动闭塞线路直流电压、电流，硅整流输出电压
监测点	发送器（盒）功出端	发送盒（器）功出端，模拟网络电缆侧；接收衰耗器输入，接收盒（器）输入端	分线盘半自动闭塞外线、硅整流输出端
监测量程	发送电压：0～200 V（电化区段），0～50 V（非电化区段）；发送电流：0～5 A；既有移频：载频 0～1 000 Hz，低频 0～35 Hz，频偏 55 Hz；ZPW-2000 系列和 UM71：载频 1 650～2 650 Hz，低频 0～30 Hz，频偏 11 Hz	发送功出电压：0～300 V；发送电流：0～1 000 mA；接收电压：轨入电压 0～7 V，轨出 1、轨出 2 电压 0～3 V；载频：1 650～2 650 Hz；低频：0～30 Hz；模拟网络电缆侧发送电压：0～200 V；接收电压：0～15 V；电流：0～2 A	电压：±（0～200）V；电流：±（0～500）mA

续表

监测对象	站内电码化	ZPW2000系列、UM71制式等集中式无绝缘移频轨道电路	半自动闭塞系统
监测精度	电压：±1%； 电流：±2%； 载频频率：±0.1 Hz； 低频频率：±0.1 Hz	电压：±1%； 电流：±2%； 载频：±0.1 Hz； 低频：±0.1 Hz	电压±1%，电流±1%
监测方式	站机周期巡测（周期≤1 s）；根据轨道占用状态动态测试	站机周期巡测（周期≤1 s）；根据轨道占用状态动态测试	站机周期巡测（周期≤2 s）；根据闭塞按钮状态变化动态测试并形成电压、电流曲线
采样速率	250 ms	250 ms	100 ms

10）环境状态的模拟量监测

（1）温度监测。

监测内容：信号机械室、电源屏室、微机室环境温度；监测点：信号机械室、电源屏室、微机室内等处；量程范围：-10～60 ℃；测量精度：±1 ℃；测试方式：站机周期巡测（周期≤1 s）；变化测。

（2）湿度监测。

监测内容：信号机械室、电源屏室、微机室湿度；监测点：信号机械室、电源屏室、微机室等处；量程范围：0～100%RH；测量精度：±3%RH；测试方式：站机周期巡测（周期≤1 s）；变化测。

11）民用空调电压、电流、功率监测

监测内容：民用空调电压、电流、功率；监测点：信号机械室、电源屏室、微机室等空调工作电源线；量程范围：交流电压0～500 V，电流0～50 A，功率0～25 kW；测量精度：电压±1%；电流±2%；功率±2%；测试方式：站机周期巡测（周期≤1 s），变化测；量程范围：0～150 ℃；测量精度：±1 ℃；测试方式：站机周期巡测（周期≤1 s）；变化测。

12）防灾异物侵限监测

监测内容：防灾系统与列控系统分界口处接口直流电压；监测点：分线盘；量程范围：0～40 V；测量精度：±1%；测试方式：站机周期巡测（周期≤1 s），变化测；采样速率：250 ms。

13）站（场）间联系电压监测

监测内容：站（场）间联系线路直流电压、场间联系电压、自闭方向电路电压、区间监督电压；监测点：分线盘；量程范围：直流±（0～200）V；测量精度：±1%；测试方式：站机周期巡测（周期≤1 s），变化测；采样速率：250 ms。

2. 开关量监测功能

1）按钮状态监测

监测内容：按钮实时状态变化；监测点：列、调车按钮状态原则上采集按钮的空接点。

无空接点时，可从按钮表示灯电路采集。

2）控制台表示灯状态监测

监测内容：表示灯实时状态变化；监测点：对于列车、调车按钮继电器有空接点的，可从该空接点采集。有半组空接点的，可用开关量采集器采集。其他按钮状态原则上从按钮表示灯电路采集，无表示灯电路时，可从按钮空接点采集；控制台所有表示灯状态从表示灯电路采集；集中式自动闭塞的区间信号机点灯和区间轨道电路占用状态，从移频接口电路采集。

3）关键继电器状态监测

监测内容：根据系统软件实现监测功能的需要，具体选定功能性关键继电器进行采集；监测点：原则上从关键继电器空接点采集；只有半组空接点的，可采用开关量采集器采集；无法从空接点进行采集的关键性继电器，可采用安全、可靠的电流采样方案进行采集。

测试方式：站机周期巡测（周期≤1 s）。下位机采样周期小于等于150 ms，变化信息存储并自主上发。

4）其他开关量监测

提速道岔分表示采集：对提速道岔各个转辙机定反位状态进行监测、显示、存储；监测列车信号主灯丝断丝状态并报警，报警应定位到某架信号机或架群。通过智能灯丝报警仪（器）接口获取主灯丝断丝报警等信息，应定位到灯位；对组合架零层、组合侧面以及控制台的主副熔丝转换装置进行监测、记录并报警；对6502站道岔电路SJ第八组接点封连进行动态监测，记录并报警；环境监控开关量监测（具体项目可选）：电源室、微机室、机械室等处的烟雾、明火、水浸、门禁、玻璃破碎等报警开关量信息的采集、记录并报警。

3. 故障报警功能

监测系统根据设备故障性质产生三类报警和预警，三类报警分别是一级报警、二级报警和三级报警。

1）一级报警

指涉及到行车安全的信息报警。报警方式：声光报警，人工确认后停止报警，并通过网络上传到各级终端；报警内容：挤岔报警、列车信号非正常关闭报警、故障通知按钮报警、火灾报警、防灾异物侵限报警、SJ锁闭封连报警（仅限于6502站）。

2）二级报警

指影响行车或设备正常工作的信息报警。报警方式：声光报警，报警后延时适当时间自动停报，并通过网络上传到各级终端；报警内容：外电网输入电源断相/断电报警、外电网三相电源错序报警、外电网输入电源瞬间断电报警、电源屏输出断电报警、列车信号主灯丝断丝报警、熔丝断丝报警、转辙机表示缺口报警、环境监测（温度、湿度、明火、烟雾、玻璃破碎、门禁、水浸）等报警、道岔无表示报警、计算机联锁系统报警、列控系统报警、ZPW-2000系统报警、TDCS/CTC系统报警、智能电源屏报警等。

3）三级报警

指电气特性超限或其他报警。报警方式：红色显示报警，电气特性恢复正常后自动停报，可通过网络上传到车间/工区终端；报警内容：各种模拟量的电气特性超限报警、轨道长期占用报警（暂按占用超过 72 h 后报警）、监测系统与计算机联锁、TDCS/CTC、列控中心、ZPW2000、智能电源屏（UPS）、智能灯丝等系统通信接口故障报警，以及监测系统、采集系统、采集机和智能采集器通信故障报警。

4）预警

根据电气特性变化趋势，设备状态及运用趋势等进行逻辑判断并预警。报警方式：预警显示为蓝色。预警可通过网络上传到车间/工区终端；报警内容：各种设备模拟量变化趋势、突变、异常波动预警，道岔运用次数超限预警，其他预警及智能分析功能以及上述与报警相关的详细定义参见《信号集中监测系统预报警处理逻辑》。

三、CSM 与 MMS 的区别

相比 MMS 系统，CSM 系统新增了站（场）间联系电压的监测；更新明确了与其他设备的接口的方式和内容，主要包括联锁、列控、CTC、智能电源屏、ZPW-2000 等；根据站线需求增加了工区终端；融入了智能分析及辅助决策功能，并且加强了预警分析和故障诊断内容，明确了预报警范围、逻辑条件、报警机制；监测基层网络进行了加强，由 8~15 个站需要抽头回环中心，更迭为 5~12 个站需要抽头回环中心；明晰了环境监控相关内容，要求温湿度与民用空调纳入监控范围，烟雾、明火、水浸、门禁和玻璃破碎等作为可选采集条目；道岔表示采用了全新模式，提高了系统的安全性和可靠性；开关量监测增加了熔丝报警、提速道岔分表示、关键继电器状态的等开关量采样；电缆绝缘测试数量增加了由于道岔控制电缆绝缘测试方案的变化而引起电缆绝缘监测数量等。

第三节　TJWX-2000 型信号微机监测系统

一、TJWX-2000 型微机监测系统概述

TJWX-2000 型微机监测系统将现代最新技术、传感器、现场总线、计算机网络通信、数据库及软件工程融为一体，通过监测并记录信号设备的主要运行状态，为电务部门掌握设备的当前状态和进行事故分析提供科学依据。同时，系统还具有资料逻辑判断功能，当信号设备工作偏离预定界限或出现异常时，可以及时进行报警，避免因设备故障或违章操作影响列车的安全、正点运行。

二、TJWX-2000 型微机监测系统的系统结构

TJWX-2000 信号微机监测系统由车站系统、车间机、电务段管理系统、上层网络终端、广域网数据传输系统组成。

1. 车站系统

车站系统采用集散系统的系统结构，它是一个集中管理下的计算机分布系统，负责资

料的采集、分类和处理，包括站机、机柜、采集机、隔离转换单元等，其中站机又称总机、上位机，负责系统的人机对话、对采集资料进行分类，存储处理以及协调采集机的工作和联网通信；采集机负责被监测设备的各种原始数据的实时采集和预处理，并完成与站机的CAN通信。根据监测对象的不同又分为综合采集机、道岔采集机、轨道采集机、开关量采集机、移频采集机和其他专用采集机；隔离转换单元指各种开关量、模拟量传感器，主要完成监测系统与被监测对象间的电气隔离，使监测系统的在线监测或系统故障不影响现场设备的正常运行。

2. 车间机

车间机用于管理和查看所辖车站的资料，车间机以终端方式连至监测系统，以人机对话方式查看站机的所有资料。

3. 电务段管理系统

电务段网络管理系统作为微机监测系统的管理中心，负责管理资料和网络通信系统。

4. 上层网络终端

铁路局和国铁集团作为上层网络，以资料终端的方式在电务段服务器上登录，联至段微机监测网。进行人机操作，网络维护管理、查看实时站场和车站资料并作报表汇总等。

5. 广域网数据传输系统

TJWX-2000信号微机监测系统通过广域网数据传输系统把车站系统、车间机、电务段系统及上层网络连接起来。整个系统通信网络有两个层次，即以电务段服务器为中心，完成对车站站机信息采集处理的基层网络通信和对电务调度监视机、车间管理机和对路局、国铁集团管理机进行数据通信的高层网络组成。

三、TJWX-2000型微机监测系统的主要功能

TJWX-2000信号微机监测系统具有测试、监督告警、等功能。

（1）测试功能：包括电源屏监测、转辙机监测、轨道电路监测、电缆绝缘监测、电源对地漏泄电流监测、区间自动闭塞监测和站内电码化监测。

（2）监督告警功能：包括外电网波动与断电报警、三相电源断相与错序报警、道岔位置与道岔表示不一致报警、道岔挤岔报警、道岔表示缺口报警等。

（3）统计、报表与打印功能：包括控制台按钮使用次数统计、列车信号与调车信号使用次数统计、道岔动作次数统计、股道占用次数统计、区段运用次数统计、模拟量测试超标汇总，以及模拟量日报表、月曲线和年曲线。

（4）系统管理功能：包括操作日志、服务器运行记录、站机运行记录、分机运行记录、电子地图、网络拓扑管理、远程诊断功能。

（5）其他重要功能：包括站场显示与回放、车站办理进路记录、列车进路追踪、区间小循环系统的接口、系统自诊断与网络自适应功能、故障诊断与事故追忆功能等。

思政小课堂

埋头苦干 ＋ 抬头创新

——"工人院士"罗昭强

罗昭强，48岁，中共党员，曾获得国家科学技术进步奖二等奖、全国五一劳动奖章、中华技能大奖、火车头奖章等荣誉，是参加国家"十二五"科技创新成果展的10位高技能人才之一，领衔的"罗昭强国家技能大师工作室"被授予全国工人先锋号称号。

工作29年，罗昭强共完成4项发明专利、7项实用新型专利，申报15项国家专利，累计为企业节约成本近千万元，先后获得中华技能大奖、全国技术能手、全国五一劳动奖章、吉林省劳动模范、"吉林工匠"、火车头奖章等荣誉，享受国务院政府特殊津贴……

扫码阅读全文

复习思考题

1. 简述发展微机监测系统的必要性。
2. 微机监测系统的主要功能有什么？
3. 微机监测系统的监测内容有哪些？
4. 简述信号集中监测 CSM 系统的体系结构。
5. 简述信号集中监测 CSM 系统的监测内容。
6. 简述 TJWX-2000 型信号微机监测系统的结构。
7. 简述 TJWX-2000 型信号微机监测系统的主要功能。

参考文献

[1] 王瑞峰. 铁路信号运营基础[M]. 北京：中国铁道出版社，2008.

[2] 高继祥. 铁路信号运营基础[M]. 北京：中国铁道出版社，1997.

[3] 铁四院. 站场及枢纽[M]. 北京：中国铁道出版社，2006.

[4] 铁道部. 铁路信号施工规范（TB 10206—99）[M]. 北京：中国铁道出版社，2006.

[5] 常治平. 铁路线路及站场[M]. 北京：中国铁道出版社，2006.

[6] 国家铁路局. 高速铁路设计规范[M]. 北京：中国铁道出版社，2015.

[7] 国家铁路局. TB/T 1407.1-2018 列车牵引计算 第1部分：机车牵引式列车（TB 1407—1998）. 北京：中国铁道出版社，2019.

[8] 中国铁路总公司. 铁路技术管理规程（普速铁路部分）[M]. 北京：中国铁道出版社，2014.

[9] 国家铁路局. 铁路信号设计规范（TB 10007—2017）[M]. 北京：中国铁道出版社，2017.

[10] 铁道部. 铁路信号维护规则 技术标准1[M]. 北京：中国铁道出版社，2008.

[11] 林瑜筠. 铁路信号基础[M]. 3版. 北京：中国铁道出版社，2014.

[12] 刘朝英. 铁路信号概论[M]. 北京：中国铁道出版社，2011.

[13] 郭进. 铁路信号基础[M]. 北京：中国铁道出版社，2010.

[14] 林瑜筠 高速铁路信号技术（修订版）[M]. 北京：中国铁道出版社，2015.

[15] 中国铁路总公司. 铁路技术管理规程（高速铁路部分）[M]. 北京：中国铁道出版社，2014.

[16] 李文涛. 高速铁路列车运行控制技术 ——ZPW-2000 无绝缘轨道电路系统[M]. 北京：中国铁道出版社，2016.

[17] 林瑜筠. 新型移频自动闭塞[M]. 3版. 北京：中国铁道出版社，2007.

[18] 徐啸明. 列控车载设备[M]. 北京：中国铁道出版社，2007.

[19] 徐啸明. 列控地面设备[M]. 北京：中国铁道出版社，2007.

[20] 李凯. 高速铁路列车运行控制技术 ——CTCS-2 级列车运行控制系统[M]. 北京：中国铁道出版社，2016.

[21] 莫志松，郑升. 高速铁路列车运行控制技术 ——CTCS-3 级列车运行控制系统[M]. 北京：中国铁道出版社，2016.

[22] 王秉文. 6502 电气集中工程设计[M]. 北京：中国铁道出版社，1997.

[23] 林瑜筠. 计算机联锁[M]. 3版. 北京：中国铁道出版社，2013.

[24] 高速铁路列车运行控制技术 ——计算机联锁系统[M]. 北京：中国铁道出版社，2016.

[25] 胡思继. 列车运行图编制理论与方法[M]. 北京：中国铁道出版社，2013.

[26] 胡华彬，许冰. 铁路列车调度指挥[M]. 北京：中国财富出版社，2014.

[27] 铁道部运输局. 铁路列车调度指挥系统（TDCS）[M]. 北京：中国铁道出版社，2006.

[28]　刘朝英. 中国铁路分散自律调度集中[M]. 北京：中国铁道出版社，2009.

[29]　包振峰. 自动化驼峰基础设备[M]. 北京：中国铁道出版社，2008.

[30]　吴芳美. 编组站调车自动控制[M]. 北京：中国铁道出版社，2006.

[31]　包振峰. 自动化驼峰控制系统[M]. 北京：中国铁道出版社，2008.

[32]　国家铁路局. 铁路驼峰及调车场设计规范（TB 10062-2018）[M]. 北京：中国铁道出版社，2018.

[33]　贺清. 驼峰自动化系统技术原理及应用[M]. 成都：西南交通大学出版社，2016.

[34]　李萍. 铁路信号集中监测系统[M]. 北京：中国铁道出版社，2012.

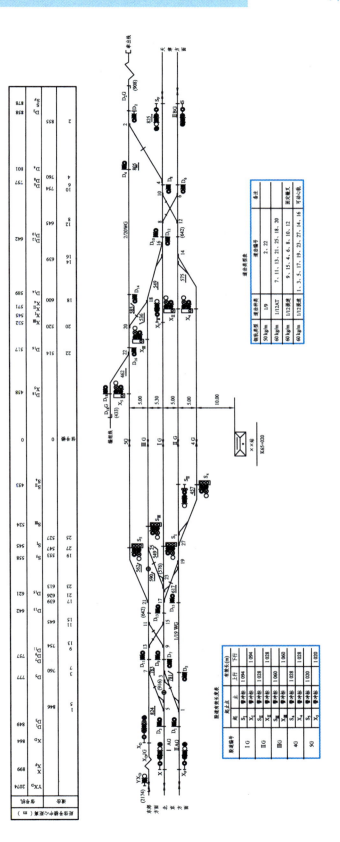

附图 1 信号平面布置图